Le concours Gendarme sous-officier externe

Benoît Priet
Catherine Baldit-Dufays
Marie-Annik Durand
Corinne Pelletier
Rénald Boismoreau
Thibault Couarc'h

DUNOD

Le contenu proposé dans cet ouvrage n'engage que les auteurs et l'éditeur et ne peut être considéré comme des informations officielles provenant de la gendarmerie nationale.

ISBN 978-2-10-057844-3

Table des matières

Partie 1 Composition

Partie 2 Aptitude professionnelle

Partie 3 Anglais

Partie 5 Entretien avec le jury

Partie 6 Épreuve physique

Compléments en ligne : mode d'emploi

Pour aller plus loin et mettre toutes les chances de votre côté pour réussir le concours, nous vous proposons des documents complémentaires (fiches de cours, exercices, concours blancs ou annales corrigées) accessibles sur le site Internet Dunod.

Comment y accéder ?

Sur le site **dunod.com**, connectez-vous à la page de l'ouvrage (grâce aux menus déroulants, ou en saisissant le titre, l'auteur ou l'ISBN dans le champ de recherche de la page d'accueil).

Sur la page de l'ouvrage, sous la couverture, cliquez sur le lien « Compléments en accès réservé ».

Quels sont les compléments disponibles pour cet ouvrage ?

Composition : annales 2012 corrigées

Entraînez-vous à l'épreuve de composition, le coefficient le plus important de la phase d'admissibilité.

Actualités des 12-24 derniers mois

L'épreuve de composition et l'exposé que vous aurez à faire lors de l'entretien avec le jury requièrent une bonne connaissance de l'actualité des 12-24 derniers mois.
Toutes les fiches synthétiques que nous vous proposons, aussi bien faites soient-elles, doivent être complétées par un contact régulier avec les sources d'information. Durant votre préparation du concours, suivez l'actualité et notez les noms des personnages importants, des institutions que vous ne connaissez pas bien.

1. Chefs d'États et de gouvernements
2. Dirigeants des grandes institutions
3. La France en chiffres
4. Le monde en chiffres
5. Grands événements de l'actualité récente
6. Thème fort de l'actualité

Anglais : Grammaire et vocabulaire

Perfectionnez votre grammaire et étendez votre vocabulaire.

1. Les noms indénombrables
2. *Which is which?*
3. Les liens logiques
4. Les verbes irréguliers
5. L'économie / *Economics*
6. La mondialisation / *Globalization*
7. La consommation / *Consumption*
8. Les médias / *The media*
9. La politique / *Politics*
10. L'environnement / *The environment*
11. L'écologie / *Ecology*
12. L'éducation / *Education*
13. Les sentiments / *Feelings*
14. Le vocabulaire britannique / américain

Présentation du concours

Depuis le 1er janvier 2012, le concours d'entrée à la gendarmerie au grade de sous-officier a fait l'objet d'une réforme.

Deux types de recrutement sont ouverts :

- le concours externe (ou concours 1) ouvert aux titulaires du baccalauréat (c'est le concours préparé dans cet ouvrage) ;
- le concours interne (ou concours 2) ouvert aux gendarmes adjoints volontaires, adjoints de sécurité, militaires sous contrat et réservistes de la gendarmerie (pour préparer ce concours, procurez-vous l'ouvrage : *Le Concours gendarme sous-officier interne*, Dunod, 2012).

1. Les conditions d'accès et l'inscription

Pour s'inscrire au concours il faut :

- être âgé de 18 ans au moins et de 35 ans au plus au 1er janvier de l'année du concours ;
- être titulaire d'un baccalauréat ou d'un diplôme ou titre enregistré et classé au niveau IV ;
- être de nationalité française ;
- être en règle au regard des dispositions du Code du service national ;
- présenter une moralité et avoir un comportement compatible avec l'exercice de la fonction de sous-officier de gendarmerie ;
- ne pas s'être déjà présenté trois fois aux épreuves d'un même concours.

Vous devez procéder à votre inscription sur le site internet du recrutement de la gendarmerie www.lagendarmerierecrute.fr. La liste des autorisés à concourir sera également consultable sur ce site. Vous serez ensuite convoqué aux épreuves d'admissibilité.

De la même manière, après la publication de la liste des admissibles sur www.lagendarmerierecrute.fr, vous serez de nouveau convoqué pour les épreuves d'admission.

2. Les épreuves

Les nouvelles épreuves du concours se divisent en deux parties :

- Les épreuves d'admissibilité. Ce sont des épreuves écrites à la suite desquelles une partie des candidats est éliminée.
- Les épreuves d'admission. Seuls les candidats reçus aux épreuves d'admissibilité peuvent d'y présenter. Il s'agit d'épreuves orales.

Ci-dessous, le détail des différentes épreuves et leur coefficient.

	Matière	Durée	Coeff.
Épreuves d'admissibilité (à l'écrit)	**Épreuve de composition** Rédaction d'un devoir de connaissances générales avec l'aide d'une documentation	3 h	5
	Épreuve d'aptitude professionnelle QCM portant sur des suites ou des ensembles logiques à résoudre	35 mn	2
	Épreuve de langue étrangère allemand, anglais, arabe littéral, espagnol, italien, portugais	30 mn	1
	Deux inventaires de personnalité Ils sont destinés à préparer, pour les candidats admissibles, leur entretien individuel avec un psychologue		
Épreuves d'admission (à l'oral)	**Entretien auprès d'un psychologue**		
	Entretien avec le jury Sujet d'ordre général portant sur les grandes questions d'actualité et/ou sur les motivations du candidat	10 mn de préparation + 20 mn d'entretien	7
	Épreuve physique gendarmerie (EPG)		3

Toute note inférieure à 6 sur 20 à l'une des épreuves, à l'exception de l'épreuve d'aptitude professionnelle et des épreuves de langue étrangère, est éliminatoire.

ATTENTION

Présentez-vous aux épreuves muni de votre convocation et d'une pièce d'identité.

a. Les épreuves d'admissibilité

L'épreuve de composition

En vous basant sur votre culture générale et un ou deux documents proposés, vous devez rédiger un devoir sur un sujet donné. D'une durée de 3 heures pour un coefficient 5 (plus de la moitié de l'écrit), la composition montre le souci d'évaluer les capacités d'analyse et de synthèse du candidat, son registre de langue, son orthographe, sa culture générale. Autant dire que c'est l'épreuve la plus difficile.

L'épreuve d'aptitude professionnelle

Présentée sous forme de 36 QCM à résoudre en 35 minutes, elle cherche à évaluer votre capacité de réflexion logique et d'adaptation. Les questions portent sur des suites ou des ensembles logiques à résoudre.

L'épreuve de langue étrangère

Vous avez le choix entre 6 langues : allemand, anglais, arabe littéral, espagnol, italien, portugais. L'épreuve prend la forme de 50 QCM : 20 questions de grammaire, 20 de vocabulaire/orthographe, 10 portant sur des tournures idiomatiques.

Deux inventaires de personnalité

Le candidat au concours de sous-officiers de gendarmerie sera soumis en même temps que les épreuves d'admissibilité, à deux tests de personnalité :

- un questionnaire évaluant les traits de caractère déterminant son adaptabilité à la fonction de gendarme et son futur comportement en situation professionnelle ;
- un test de gestion du stress.

L'un et l'autre visent à préparer, s'il est admissible, un entretien individuel avec un psychologue. Ils ne sont pas notés et n'entrent donc pas en compte dans le calcul de votre note pour les épreuves d'admissibilité.

b. Les épreuves d'admission

Entretien auprès d'un psychologue

Les résultats des tests de personnalité serviront de base à l'échange avec le psychologue. Le but de cet entretien est d'évaluer comment certains traits de votre personnalité se manifesteront concrètement en situation professionnelle.

Inventaires de personnalité et rapport d'entretien du psychologue constituent une aide à la décision sous la forme d'un avis transmis au président du jury d'examinateurs qui recevra le candidat lors de l'épreuve orale d'admission.

Entretien avec le jury

Cette épreuve est organisée en deux temps :

- la préparation et la restitution d'un exposé portant sur une question d'actualité ;
- un entretien de motivation.

Elle vise à mettre en valeur l'aptitude du candidat à intégrer le corps des sous-officiers de gendarmerie au regard de sa personnalité, ses motivations, sa culture générale, ses capacités d'expression et de raisonnement, sa vivacité d'esprit et son équilibre émotionnel.

Le candidat doit se présenter à cette épreuve avec sa convocation et un curriculum vitae.

Épreuve physique gendarmerie (EPG)

L'épreuve physique gendarmerie se compose de trois ateliers :

- un parcours d'obstacles (chronométré) ;
- une simulation d'un combat (chronométrée) ;
- un transport de poids (évalué : échec ou réussite).

Le jour de l'épreuve, présentez un certificat médical mentionnant l'aptitude à subir les épreuves sportives et datant de moins d'un an.

3. L'admission

Vous êtes admis !

La liste des candidats admis, et, s'il y a lieu, la liste complémentaire seront publiées sur le site Internet www.lagendarmerierecrute.fr.

La visite médicale

Avant leur intégration en école, les admis seront convoqués par le centre de sélection et de concours pour passer une visite médicale de sélection auprès d'un médecin militaire. Ce médecin déclare le candidat : –apte, –inapte temporairement pour une durée d'un à plusieurs mois : le départ en école ne sera prononcé qu'à l'occasion d'une nouvelle visite médicale, –définitivement inapte.

L'intégration en école

La formation initiale des sous-officiers de gendarmerie est dispensée au sein des écoles de gendarmerie de Chateaulin (29), Chaumont (52), Montluçon (03) ou Tulle (19). La formation des sous-officiers de gendarmerie, d'une durée de douze mois, a pour objectif de transmettre aux élèves gendarmes les exigences de la condition militaire et de leur dispenser les connaissances professionnelles nécessaires à l'exercice d'un métier dédié à la protection des personnes et des biens.

L'affectation en unité

La première affectation en unité est choisie par les élèves : –en fonction du rang de classement de chacun, –parmi les places offertes au choix par la direction générale de la gendarmerie nationale dans une brigade de gendarmerie départementale, un escadron de gendarmerie mobile ou une compagnie d'infanterie de la garde républicaine.

Certains élèves dont les compétences particulières (motocycliste, cavalier, musicien, secouriste en montagne, pilote ou mécanicien d'hélicoptère) ont été testées lors de la formation initiale peuvent être directement affectés dans une unité spécifique (escadron motocycliste, régiment de cavalerie, orchestres de la garde républicaine, orchestre de la gendarmerie mobile, unité de montagne, unité aérienne).

Le statut et la rémunération

La formation est rémunérée. Les sous-officiers de gendarmerie bénéficient d'un logement concédé par nécessité absolue de service. Ils servent sous statut militaire et bénéficient par conséquent de l'affiliation au régime de la sécurité sociale militaire et de la réduction de 75 % sur le tarif SNCF.

Mieux connaître la gendarmerie nationale

Initié en 2012 dans sa forme actuelle, le concours gendarmerie dispose d'une place à part dans le champ des concours administratifs. Il impose de bien appréhender l'identité spécifique de cette institution militaire. À l'oral, le jury évalue le degré de motivation, mais aussi l'adéquation du profil du candidat aux exigences de l'état de sous-officier de gendarmerie. Un seuil minimal de connaissances apparaît donc comme indispensable. Les pages qui suivent vous guideront pour mieux connaître la gendarmerie, à travers son histoire, ses valeurs, son organisation, ses missions et plus simplement le quotidien du gendarme.

1. Mieux connaître l'histoire

a. Origines

Les origines de la gendarmerie remontent à la maréchaussée royale créée initialement pendant la Guerre de Cent Ans pour faire respecter la discipline au sein des troupes. Par son implantation à travers le royaume, elle verra peu à peu ses compétences s'étendre aux bandits de grands chemins. En 1791, en pleine période révolutionnaire, la maréchaussée prend l'appellation de gendarmerie nationale. Sept ans plus tard, la loi du 28 germinal an VI lui confère l'essentiel de ses attributions et de son organisation.

b. Évolutions structurantes

Au fil des siècles, la gendarmerie participe à tous les conflits sur le sol français et à l'étranger. Elle prend directement part au combat ou elle assume son rôle historique de gardienne de la discipline dans les armées. Dans le même temps, elle s'organise pour remplir sa mission de police, garante de la paix et de l'ordre public au service des citoyens. En 1921, sont créés les premiers pelotons mobiles transformés en garde républicaine mobile en 1927, puis en gendarmerie mobile en 1954. Depuis la loi du 3 août 2009, la gendarmerie nationale est intégrée au ministère de l'Intérieur mais demeure néanmoins sous l'autorité du ministre de la Défense pour l'exécution de ses missions militaires.

c. Adaptations aux mutations

Évoluant au même rythme que la nation, l'institution s'enrichit d'unités spécialisées et adapte son organisation aux évolutions de la société. À titre d'exemple, l'émergence d'une menace terroriste dans les années soixante-dix conduit à la création en 1974 du GIGN, le groupe d'intervention de la gendarmerie nationale. Cette unité va sans cesse évoluer pour regrouper, depuis 2007, l'ensemble des moyens de la gendarmerie dédiés au contre-terrorisme. De même, l'émergence d'une société numérique conduit la gendarmerie à former des « cyber-gendarmes ».

Principaux repères chronologiques

1357-1453	Guerre de Cent Ans : naissance de la maréchaussée.
Le 25 janvier 1536	Une déclaration du roi étend les pouvoirs de la maréchaussée aux crimes de grands chemins.
Le 16 février 1791	La maréchaussée prend la dénomination d'un corps d'élite : la gendarmerie. Depuis 1993, chaque 16 février la gendarmerie rend hommage à ses morts.
Le 17 avril 1798	La loi du 28 germinal an VI fixe les grandes missions de la gendarmerie.
Le 1er février 1849	La garde républicaine est rattachée à la gendarmerie.
Le 20 mai 1903	Un décret organique détermine l'organisation générale de la gendarmerie nationale.
Le 21 février 1918	Les gendarmes deviennent sous-officiers.
Le 20 septembre 1954	Création de la gendarmerie mobile.
Le 13 février 1983	Début du recrutement des sous-officiers féminins.
Le 3 août 2009	Une loi précise les attributions des ministres de l'Intérieur et de la Défense et conforte les missions de la gendarmerie.

2. Mieux connaître les emblèmes et valeurs

a. Emblèmes

Comme les autres forces armées depuis le 1er Empire, la gendarmerie dispose d'un drapeau, emblème des valeurs partagées et de l'attachement à la France. Il est orné de deux devises : *Honneur et Patrie, Valeur et discipline*. Il présente le nom des principales batailles où les gendarmes se sont distingués : Hondschoote en 1793, Villodrigo en 1812, Taguin en 1843, Sébastopol en 1855, Indochine entre 1945 et 1954, AFN (Afrique du Nord) entre 1952 et 1962.

La grenade, insigne des troupes d'élite depuis le XVIIe siècle, est omniprésente sur les uniformes, les grades, les sceaux... Elle figure en place centrale sur les armoiries de la gendarmerie.

b. Serment et valeurs

Le passage à l'état de sous-officier se concrétise par une prestation de serment devant un magistrat.

« *Je jure d'obéir à mes chefs en tout ce qui concerne le service auquel je suis appelé et dans l'exercice de mes fonctions, de ne faire usage de la force qui m'est confiée que pour le maintien de l'ordre et l'exécution des lois* ».

Une fois assermenté, le sous-officier de gendarmerie devient dépositaire de l'autorité publique.

Ce serment qui date du milieu du XIXe siècle est complété par la charte du gendarme et la loi du 3 août 2009 qui rappellent avec force le statut militaire du gendarme et l'importance de valeurs aussi fondamentales que l'honneur, la discipline, la disponibilité, le courage ou le dévouement.

3. Mieux connaître l'organisation

a. La gendarmerie nationale

Forte d'environ 98 000 personnels militaires et civils, la gendarmerie assure une mission de service public consacrée à la sécurité publique sur plus de 95 % du territoire et au profit de plus de 50 % de la population. Garante de la protection des intérêts de la nation, elle assure ses missions de sécurité générale quels que soient la situation, le territoire ou le milieu. Elle est organisée autour d'un maillage territorial constitué de 3 200 unités complémentaires entre elles. La gendarmerie développe une forte proximité avec la population combinée à une capacité de montée en puissance et une réactivité permanente. Pour répondre à ces enjeux, son organisation est calquée sur celle du découpage administratif.

Organisation générale de la gendarmerie

<table>
<tr><td>Administration centrale</td><td colspan="2">Direction générale de la gendarmerie générale</td></tr>
<tr><td>Région zonale / région administrative</td><td colspan="2">Région de gendarmerie</td></tr>
<tr><td>Préfecture de département</td><td>Groupement de gendarmerie départementale</td><td rowspan="3">Groupement de gendarmerie mobile

Escadron de gendarmerie mobile</td></tr>
<tr><td>Sous-préfecture d'arrondissement</td><td>Compagnie de gendarmerie départementale</td></tr>
<tr><td>Canton</td><td>Brigade de gendarmerie départementale</td></tr>
</table>

b. La gendarmerie départementale

La gendarmerie départementale est structurée en « poupées russes » dans la mesure où chaque échelon peut bénéficier du soutien du niveau supérieur. Au cœur de ce dispositif, la brigade territoriale veille en permanence à la sécurité publique générale sur le territoire dont elle a la charge. Autonome ou associée à d'autres, elle bénéficie du soutien de la compagnie par le biais d'unités plus spécialisées telles que les pelotons de surveillance et d'intervention de la gendarmerie et les brigades de recherches judiciaires. L'échelon du groupement peut, quant à lui, mettre à disposition des moyens complémentaires (brigade départementale d'investigations criminelles, escadron départemental de sécurité routière...). Enfin, la région ou la DGGN disposent de capacités associées à des savoir-faire plus rares (moyens aériens, enquêteurs spécialisés, unités d'intervention, cellule psychologique...).

c. La gendarmerie mobile

La gendarmerie mobile participe au dispositif de sécurité générale aux côtés des unités territoriales et remplit des missions de maintien ou de rétablissement de l'ordre. Régulièrement projetée en métropole, outre-mer ou sur des théâtres d'opérations extérieures, elle se caractérise par la grande fréquence de déplacements des escadrons (environ 180 jours par an). Forte d'environ 15 000 hommes et de 108 escadrons, cette subdivision d'arme, réservée aux hommes pour les sous-officiers, tire sa force de sa cohésion, de sa résistance à l'effort et de sa polyvalence.

d. Garde républicaine et gendarmeries spécialisées

- La **garde républicaine** assure les missions de sécurité et les services d'honneur au profit des grandes institutions de l'État (Présidence de la République, Assemblée Nationale, Sénat, Premier ministre...). Située en région parisienne, elle regroupe deux régiments d'infanterie, un régiment de cavalerie ainsi que plusieurs formations spécialisées.
- La **gendarmerie des transports aériens**, rattachée à la direction générale de l'aviation civile, veille à la sécurité des plateformes aéroportuaires, au respect de la législation aéronautique et traite les accidents aériens civils.
- La **gendarmerie de l'air**, intégrée à l'armée de l'air, est dédiée à la sécurité des bases aériennes et aux enquêtes aéronautiques militaires.
- La **gendarmerie maritime**, intégrée à la Marine nationale, agit sur les approches maritimes littorales, les ports et les arsenaux. Elle est notamment dotée d'une quarantaine de patrouilleurs et vedettes.
- La **gendarmerie de l'armement**, intégrée à la délégation générale de l'armement, appuie les dispositifs de sécurité en œuvre au sein des établissements les plus sensibles.

D'autres formations spécifiques permettent, à l'étranger, de valoriser des accords de coopération ou d'assurer la sécurité d'emprises diplomatiques. Elles sont armées par des militaires volontaires pour vivre seuls ou avec leur famille une expérience d'expatriation temporaire.

4. Mieux connaître les missions et les métiers

a. Des fonctions et des grades

Lors de sa formation initiale le sous-officier acquiert des compétences dans l'ensemble des domaines qui touchent les missions de la gendarmerie. Affecté au sein d'une brigade territoriale ou d'un escadron de gendarmerie mobile à la sortie d'école, il a la possibilité au cours de sa carrière de choisir d'autres affectations géographique ou fonctionnelle. Il peut également accéder à de plus larges responsabilités et envisager une carrière de gradé ou d'officier.

Opportunités de carrière

Examen	Formation	Plage de grades
Certificat d'aptitude gendarmerie	12 mois de scolarité rémunérée	Élève-gendarme
Certificat d'aptitude technique	2 années de formation continue au sein de l'unité d'affectation	Gendarme sous-contrat
Diplôme d'officier de police judiciaire ou diplôme d'arme	2 années de formation continue au sein de l'unité d'affectation	Gendarme à major
Concours d'officier	2 ans de formation à l'EOGN	Gendarme de carrière & adjudant-chef à major

La majorité des officiers de gendarmerie sont issus du corps des sous-officiers. Cette promotion par voie de concours peut intervenir en début de carrière pour les sous-officiers titulaires d'une licence ou après une expérience d'encadrement pour les adjudants-chefs ou majors.

Principaux grades des militaires de la gendarmerie
(voir également les grades au verso de la couverture de l'ouvrage)

Gendarme adjoint volontaire	Gendarme adjoint	Brigadier	Brigadier-chef	Maréchal des logis
Gendarme	Élève gendarme	Gendarme sous contrat*	Gendarme de carrière*	–
Gradé	Maréchal des logis chef	Adjudant	Adjudant-chef	Major
Officier (subalterne)	Sous-lieutenant**	Lieutenant**	Capitaine**	–
Officier (supérieur)	Chef d'escadron	Lieutenant-colonel	Colonel	–
Officier (général)	Général de brigade	Général de division	Général de corps d'armée	Général d'armée

* Gendarme sous contrat et gendarme de carrière portent le même grade, pour autant, les statuts militaires prévoient une hiérarchie de fait entre le plus jeune et le plus ancien.
** Le passage des grades de sous-lieutenant à lieutenant et lieutenant à capitaine s'effectue à l'ancienneté.

À chaque grade correspond un niveau de responsabilité et d'encadrement, l'évolution de carrière est associée à plusieurs paramètres plus ou moins déterminants en fonction des postes : la réussite dans l'emploi, l'obtention de qualification particulière, la capacité potentielle à assumer une fonction de niveau supérieur, la mobilité, l'ancienneté dans le grade précédent.

b. Cadre général et emplois spécialisés

Le gendarme du cadre général a vocation à servir en unité opérationnelle polyvalente de type brigade en gendarmerie départementale et escadron en gendarmerie mobile. Au-delà des principales subdivisions d'arme, le sous-officier peut accéder à différentes spécialités dans les domaines de la sécurité publique, de la police judiciaire, de la sécurité routière ou du maintien de l'ordre... Les métiers suivants constituent quelques exemples courants :

- **Motocycliste :** Après une formation qualifiante au sein du centre de formation spécialisé de Fontainebleau, le gendarme motocycliste rejoint un peloton d'autoroute ou une brigade motorisée. Pilote de motocyclette de grosse cylindrée, il renforce le maillage territorial par une action visible de sécurité routière.
- **Maître-chien :** Les maîtres-chiens sont sélectionnés sur la base de tests physiques et psychologiques et en fonction des besoins. Une formation de plusieurs mois se déroule au centre national d'instruction cynophile de Gramat. Les équipes cynophiles se spécialisent alors dans la recherche de stupéfiants, d'explosifs, de personnes disparues...
- **Moniteur d'intervention professionnelle :** Spécialiste des techniques d'emploi de la force, le moniteur d'intervention professionnelle forme les autres militaires et apporte une expertise technique au commandement.
- **Technicien en identification criminelle :** Spécialiste des scènes de crimes, le technicien en identification criminelle apporte une expertise aux unités territoriales en police scientifique et technique.

- **Enquêteur N'Tech :** Il s'agit d'un officier de police judiciaire capable de renforcer les enquêteurs de terrain par l'exploitation de moyens associés aux nouvelles technologies.

On peut également citer les plongeurs, les spéléologues, les pilotes d'hélicoptère, les pilotes de vedette, les cavaliers, les spécialistes montagne... La gendarmerie, en tant que force humaine en perpétuelle évolution, dispose d'une gamme très large de spécialistes en fonction des milieux, des missions ou des domaines d'expertise requis.

5. Mieux connaître la vie du gendarme

La vie du sous-officier de gendarmerie dépend de la nature, de la situation géographique, et de l'activité propre à chaque unité.

a. La vie en école

Après la réussite au concours, l'accession au corps des sous-officiers de gendarmerie est précédée d'une formation rémunérée de 12 mois en internat au sein d'une des quatre écoles de gendarmerie : Chateaulin, Montluçon, Chaumont ou Tulle. Cette période permet d'appréhender les bases de la condition militaire et en particulier l'aptitude à servir en tous lieux et en toutes circonstances. Elle vise aussi à assimiler les bases du métier de gendarme en matière de polices judiciaire et administrative notamment. En cas d'échec, une dénonciation de contrat d'engagement peut être envisagée.

En fin de stage, l'élève gendarme choisit sa première affectation (escadron de gendarmerie mobile, brigade territoriale ou compagnie de la garde républicaine) et sa région en fonction des choix proposés et de son classement au sein de la promotion.

Répartition des phases de formation initiale

<table>
<tr><th>1re phase
4 mois
Formation militaire</th><th>2e phase
4 mois
Formation technique</th><th>3e phase
4 mois
Formation territoriale</th></tr>
<tr><td>Formation militaire générale
Techniques d'intervention
Sport
Communication</td><td colspan="2">Techniques d'intervention
Renseignement et police administrative
Moyens de lutte contre la délinquance
Formation militaire générale
Sport
Communication</td></tr>
<tr><td>Aguerrissement
Formation au combat</td><td>Stage de formation
au maintien de l'ordre
à Saint-Astier</td><td>Stage d'un mois
de découverte
en brigade territoriale</td></tr>
</table>

À sa sortie d'école, l'élève gendarme devient gendarme sous contrat le temps d'obtenir le certificat d'aptitude technique (il faut en général de 2 à 3 ans) qui attestera des compétences acquises.

b. Le quotidien en unité

S'il existe un formalisme de présentation propre au militaire, les relations de travail sont le plus souvent marquées par un esprit de franchise et de solidarité. En unité territoriale, le sous-officier développe une approche globale de sa mission de sécurité générale qui peut l'amener dans une même journée à remplir des services très diversifiés en phase avec l'urgence opérationnelle. Successivement chargé d'accueil, chef de patrouille ou enquêteur, il touche à toutes les dimensions des problématiques des polices administratives et judiciaires.

Les propos du directeur général de la gendarmerie lors de la commémoration de la bataille d'Hondschoote en 2008, résume bien la posture du gendarme : « *Parce qu'il est fils des armées, le gendarme est un militaire, parce qu'il est fils du territoire, le gendarme est toujours l'homme d'un terroir ; parce qu'il est fils de la loi, le gendarme en est le gardien intraitable ; parce qu'enfin il est fils du peuple, le gendarme en est le serviteur direct.* ».

Le gendarme peut se trouver dans différents types de position : en service, en astreinte, en quartier libre, en repos ou en permissions. Celles-ci déterminent son lien à l'emploi. Si la disponibilité constitue un impératif de la condition militaire en rupture avec d'autres emplois civils, elle est accompagnée de compensations qui permettent, dans une certaine mesure, de préserver le repos physiologique et la vie privée.

c. Les questions pratiques

Le logement de service correspond à une nécessité absolue à laquelle le militaire ne peut déroger. Intégré le plus souvent au sein d'une caserne, il est concédé gracieusement au militaire et à sa famille, il traduit de façon concrète la disponibilité au service.

La solde désigne le revenu net mensuel que perçoit un militaire de la gendarmerie. Elle s'échelonne de 1 500 à 3 500 euros environ pour un sous-officier et de 2000 à 6 000 euros environ pour un officier.

Les permissions peuvent être assimilées aux périodes de congé. Contreparties de la disponibilité, elles représentent 45 jours ouvrés soient 9 semaines par an. Elles peuvent être soumises à autorisation particulière pour certaines destinations hors Union européenne.

L'uniforme est fourni par la gendarmerie lors de l'incorporation puis entretenu par le gendarme sur la base d'une dotation annuelle. Il se compose de plusieurs tenues variables en fonction de la saison (hiver ou été) et de l'activité (tenue d'intervention, tenue de service courant, tenue de cérémonie). Son port en service est la règle.

L'arme de dotation est actuellement le *SIG SAUER 2022*, un pistolet automatique de calibre 9 mm. Elle est affectée de façon individuelle au gendarme lors de son arrivée au sein de son unité opérationnelle. Cette arme vient en complément d'un gilet pare-balles à port discret et de moyens de forces intermédiaires.

La carte professionnelle identifie le militaire de la gendarmerie. Au format carte de crédit depuis 2011, elle intègre une puce électronique et des données personnelles. Elle est complétée par une carte de circulation SNCF qui donne droit à une remise permanente de 75 % sur le prix des billets.

6. Mieux connaître l'environnement

a. Les personnels

Sur les 98 000 personnels de la gendarmerie*, on recense en 2011 environ :

- 70 000 sous-officiers et 6 000 officiers de gendarmerie ;
- 4 200 sous-officiers et 300 officiers du corps de soutien ;
- 15 000 gendarmes adjoints volontaires ;
- 2 500 personnels civils.

* *Source DGGN – Mémogend 2011 – excepte les formations spécialisées du ministère de la Défense qui représentent environ 3 000 militaires.*

À ces personnels d'active, il faut ajouter environ 25 000 réservistes qui renforcent momentanément les capacités opérationnelles des unités.

b. Les acronymes et la terminologie

L'utilisation d'abréviations ou d'acronymes est très courante au sein de la gendarmerie. Cet usage facilite les désignations lors des communications. La présente liste se restreint aux principales unités mais la plupart des mots ou expressions composés sont, en règle générale, réduits à leur acronyme :

BDRIJ : brigade départementale de recherche et d'investigation judiciaires

BMo : brigade motorisée

BTA : brigade territoriale autonome

BPDJ : brigade de protection de la délinquance juvénile

BR : brigade de recherches

BRI : brigade rapide d'intervention

COB : communauté de brigades

CORG : centre opérationnel de renseignements de la gendarmerie

DGGN : direction générale de la gendarmerie nationale

EDSR : escadron de sécurité routière

EGM : escadron de gendarmerie mobile

GIGN : groupe d'intervention de la gendarmerie nationale

IRCGN : institut de recherche criminelle de la gendarmerie nationale

PA : peloton d'autoroute

PGHM : peloton de gendarmerie de haute montagne

PI : peloton d'intervention

PI2G : peloton d'intervention inter-régional de la gendarmerie

PSIG : peloton de surveillance et d'intervention de la gendarmerie

SAG : section aérienne de la gendarmerie

SR : section de recherches

Pour une liste plus complète, vous pouvez consulter l'ouvrage : *Dictionnaire des abréviations de la Gendarmerie et de la Police*, Vincent Fayemendie, Dunod, 2012.

Enfin, il existe une terminologie propre à la gendarmerie qui recouvre en partie le champ lexical des armées et celui de la police.

7. Approfondir ses connaissances

De nombreux sites internet, blogs ou médias sociaux s'intéressent à la gendarmerie. Il est conseillé de se référer aux sites officiels pour obtenir les informations les plus fiables concernant les modalités du concours :

- www.interieur.gendarmerie.gouv.fr
- www.lagendarmerierecrute.fr
- www.defense.gouv.fr/gendarmerie

Ces références pourront utilement être complétées par une prise de contact avec une brigade locale et par des lectures d'ouvrages historiques ou juridiques.

Partie

1 Composition

Cette épreuve se présente, dans le nouveau concours, comme très complète. D'une durée de 3 heures pour un coefficient 5 (plus de la moitié de l'écrit), la composition montre le souci d'évaluer le candidat dans ses capacités d'analyse et de synthèse, son registre de langue, son orthographe, sa culture générale. Autant dire que c'est l'épreuve la plus difficile. Si nous voulons ordonner les exigences de l'épreuve, nous pouvons noter trois choses :

- la méthode de composition-synthèse de documents, c'est-à-dire à la fois les règles propres à la composition et celles de la note de synthèse ;
- la valorisation de la culture générale personnelle ;
- le niveau rédactionnel et orthographique.

Pour vous guider dans cette préparation, nous allons commencer par la méthodologie de l'épreuve, puis des rappels concernant les règles pour une rédaction et une orthographe de qualité, enfin nous vous proposerons des fiches de culture générale.

Chaque point sur les règles et conseils est suivi d'exercices d'application et la fin de cette partie compte un concours blanc.

Méthodologie de la composition

1.1

Sous-partie

L'épreuve qui vous est proposée n'est pas une composition au sens classique du terme. Elle est à mi-chemin entre la composition et la synthèse. Elle réclame donc de maîtriser les principes de ces exercices et de savoir ce qui ne doit pas être conservé. C'est donc une épreuve difficile et son coefficient suffit à montrer son importance.

Nous allons vous proposer une méthodologie spécifique, fondée sur les deux épreuves auxquelles elle se rattache. Elle sera suivie d'exercices d'entraînement.

1 Présentation matérielle

Une bonne méthode commence par le rappel de l'importance de la présentation. L'orthographe en fait partie, mais aussi la qualité graphique et la clarté visuelle de la copie.

RÈGLE 1 : La qualité de la graphie

L'écriture doit être claire, ni trop sophistiquée, ni enfantine

Il est évidemment difficile de changer complètement d'écriture pour la durée d'un concours. Néanmoins, certaines erreurs graphiques peuvent être facilement évitées. Ainsi, il ne faut pas :

- remplacer les points (de i et j) par de petits ronds ;
- mal former la fin des mots pour cacher les fautes d'orthographe ;
- former les « o » comme les « a », les « n » comme des « m » ou autres ambiguïtés spécifiques à votre écriture (à vous de les identifier en le demandant à votre entourage) ;
- former des lettres trop complexes en début de phrase ou de paragraphe ;
- mal former les accents (tous droits).

RÈGLE 2 : La clarté et l'efficacité de présentation

Une bonne présentation propose des parties et des paragraphes bien délimités. Au premier regard, le correcteur a déjà des repères de structure

Une composition est structurée en parties, sous-parties, paragraphes, phrases. Excepté la phrase, les autres éléments doivent apparaître nettement au 1er coup d'œil. Pour cela, voici quelques conseils :

- espacez entre eux l'introduction, le développement et la conclusion (2 ou 3 lignes) ;
- espacez les différentes parties et les transitions (1 ou 2 lignes) ;
- à chaque nouvel alinéa, commencez à écrire avec un retrait de quelques centimètres (ou 3 carreaux).

Une erreur fréquente est de mal construire les paragraphes. Rappelons qu'un paragraphe, qui désigne habituellement une section entre deux alinéas, est une unité. Il contient une idée majeure. Lorsque l'on change d'idée (pour critiquer la précédente ou poursuivre un raisonnement dans une autre direction) il faut un nouvel alinéa. En revanche, si l'on poursuit la même idée, il faut le faire au sein du même paragraphe. Évitez particulièrement le retour à la ligne après chaque phrase. Cela produit un texte mal structuré, une présentation confuse.

Outre ces rappels, notez ces conseils pratiques :

- Ne mettez pas trop de couleurs dans votre composition (deux au maximum, la seconde servant à souligner).
- Soulignez les titres des œuvres citées (y compris les documents joints) mais pas les citations ; elles doivent être entre guillemets.
- Exprimez-vous à la 1re personne du pluriel ou, à défaut, employez *on*. Ne dérogez pas à cette règle car le pronom *nous* a deux avantages : il est collectif, donc il invite le correcteur à suivre votre raisonnement, et il est humble car c'est une façon d'admettre que vous n'avez pas trouvé seul toutes les idées que vous proposez (d'autres les ont eues avant vous).
- Si vous devez faire une coupure de mot en fin de ligne, faites-la correctement. La coupure doit se faire entre deux syllabes ou entre les consonnes redoublées (le mot *apprendre* peut donc être coupé de deux façons *ap-prendre* ou *appren-dre*). Lorsqu'un mot est coupé le trait de séparation est indiqué en fin de ligne mais pas au début de la ligne suivante.

2 Le travail préparatoire

Dans la mesure où l'épreuve dure 3 heures, il faut consacrer environ la moitié du temps à votre travail préparatoire. Durant ce laps de temps, vous devez comprendre le(s) support(s), construire votre problématique, votre plan et rédiger votre introduction et votre conclusion.

RÈGLE 1 : Comprendre le(s) support(s)

Il faut identifier pour chaque texte son contexte, son thème et sa thèse

1re étape : Identifier les éléments du paratexte

À la réception du sujet, vous devez identifier les éléments du paratexte : le nom du journal, de l'auteur, sa date de parution, le titre de l'article, le chapeau (petit texte de présentation), les intertitres.

Un thème ne sera peut-être pas traité de la même façon par un journal de droite et de gauche. Pour vous guider voici les courants politiques des journaux généralistes nationaux (ces indications peuvent être inopérantes pour certains articles) :

- Tendance d'**extrême droite** : *Minute*, *Présent*.
- Tendance de **droite** : *Le Figaro*, *Le Point* (centre droit), *La Croix*, *Valeurs Actuelles*, *Le Monde Diplomatique*, *Le Parisien* (gaulliste).
- Tendance **centriste** (sociale-démocrate) : *Le Monde*, *Marianne*, *Time* (USA), *L'Express*, *The New York Times* (USA, démocrate), *The Independant* (GB), *El Pais* (centre gauche).
- Tendance de **gauche** : *Libération*, *France Soir*, *Le Journal du Dimanche*, *Le Nouvel Observateur* (centre gauche), *Der Spiegel* (all.), *The Times* (GB, travailliste), *The Guardian* (GB).
- Tendance d'**extrême gauche** : *L'Humanité*, *Charlie Hebdo*.

Vous noterez la présence de certains journaux étrangers dont les textes seront évidemment traduits.

2e étape : Lire les supports et identifier le thème, la thèse, l'antithèse

La 1re lecture doit se faire sans rien noter. Lorsque vous commencez à avoir une bonne compréhension du texte (2e lecture ou plus), identifiez son thème.

Qu'est-ce qu'un thème ?

Le thème est ce dont parle le texte. Il s'agit toujours du mot qui revient le plus dans le texte. Si vous n'avez aucune idée du thème comptez les mots qui reviennent le plus. Si deux ou trois mots reviennent très souvent (l'un revient 10 fois, l'autre 9 fois), le thème est constitué de ces mots.

Exemple

Soit la phrase de Jules César : « Je suis venu, j'ai vu, j'ai vaincu ».

Son thème est « je » qui revient 3 fois en 9 mots. L'identification de ce thème nous apprend que le locuteur (César) est égocentriste.

REMARQUE

Méfiez-vous des titres trompeurs pour l'identification du thème. Le contenu du texte est toujours plus fiable que le titre.

Une fois le thème identifié, vous devez trouver sa thèse.

Qu'est-ce qu'une thèse ?

C'est ce que l'auteur affirme à propos du thème (d'où l'importance de bien identifier le thème), son opinion.

Pour la découvrir, il est utile de penser au contexte en se demandant : « Qui parle de/à qui ? », « Où ? », « Quand ? », « Pourquoi ? »

REMARQUE

C'est là qu'intervient la culture générale du candidat. Pour la bonne identification du contexte, il est capital de connaître les débats actuels aux niveaux national et international et d'avoir une connaissance globale des institutions, des personnages publics, de leurs rôles, etc. Nous vous renvoyons à la sous-partie 1.4 où vous trouverez les fiches de culture générale.

Exemple

Si nous reprenons la phrase de César, pour identifier la thèse il faut rappeler le contexte : selon Plutarque, c'est ainsi que César a fait son rapport au Sénat de Rome après sa victoire rapide contre le roi de la région du Bosphore, Pharnace II en 47 avant J.-C.

Après un rappel de ces indications contextuelles, il faut répondre à la question : « Qu'est-ce que César affirme sur 'je' » ? Il affirme qu'il a tout fait, qu'il a acquis une victoire rapide par son talent de stratège.

Bien souvent dans un article, la thèse de l'auteur est en début ou en fin d'article, parfois même dans le titre.

Une fois la thèse identifiée, n'hésitez pas à souligner ou surligner les passages où l'auteur défend sa thèse et où il attaque l'antithèse. Cela vous servira pour citer le texte et pour élaborer l'antithèse.

Qu'est-ce qu'une antithèse ?

C'est l'opinion que l'auteur s'efforce de combattre. Il faut l'identifier et trouver ses arguments.

Exemple

La phrase de César a pour thèse : « J'ai tout fait » et l'antithèse sera donc « Il n'a rien fait ». Les arguments pour soutenir cette antithèse sont que César a une armée mieux équipée et plus expérimentée que son adversaire (le service militaire des Romains durait 20 ans !)

Une problématique peut être ainsi trouvée. À l'origine de la phrase de César, la question est : « Est-ce la stratégie de César qui a permis d'obtenir la victoire ou la qualité de son armée ? » Cette question pourra servir plus tard pour le sujet de composition. Elle sera peut-être la même que le sujet posé ou elle posera un des éléments du problème (auquel cas, vous saurez qu'il faut en faire une de vos parties).

→ *cf. 4. Entraînement : Exercice 1*

RÈGLE 2 : Exploiter les supports

Il faut savoir utiliser les informations objectives du texte, son vocabulaire technique, ses arguments, ses exemples

Les candidats ont souvent du mal à bien exploiter les documents parce qu'ils ne hiérarchisent pas bien les informations. Voici les distinctions que vous devez effectuer :

Partie informative / partie argumentative

Généralement au début du texte l'auteur informe. Il donne certaines valeurs avec la source. Ces valeurs peuvent être jugées objectives et donc exploitables pour votre analyse. En revanche, dans la suite du texte, vous pourrez trouver des interprétations de ces valeurs qui sont plus liées à la thèse de l'auteur. Ces arguments peuvent vous servir pour défendre sa thèse, mais ils ne peuvent être considérés comme parfaitement objectifs.

Arguments rationnels / arguments polémiques, d'autorité, d'affect

Dans le 1er cas, ces arguments sont recevables même s'ils sont toujours discutables. Leur contexte est rationnel et leur position est nuancée. Dans le 2e cas, l'intention de l'auteur est de provoquer, d'empêcher la discussion ou d'émouvoir. Ce genre d'argument ne peut être repris tel quel dans votre travail ; il n'est d'ailleurs pas constructif.

Exemples

Tant que la droite restera campée sur ses idéaux libéraux, elle obéira au capitalisme financier.

→ **Argument polémique :** c'est une provocation faite par un opposant politique. L'argument rationnel serait : *La droite, plutôt favorable au libéralisme économique, tend à privilégier le capitalisme.*

Quand l'INSEE dit, après une étude très précise, que les chiffres des prix à la consommation n'ont augmenté que de 2,5 % en 2011, il faut en conclure que la politique actuelle est efficace.

→ **Argument d'autorité :** le chiffre est rationnel, mais l'interprétation partisane. L'argument rationnel serait : *L'INSEE indique que les chiffres des prix à la consommation ont augmenté de 2,5 %, ce qui reste élevé mais inférieur à ce qu'on pouvait craindre.*

Il faut combattre la prostitution parce que des femmes et des jeunes filles seules et sans ressources sont victimes de la violence et du proxénétisme.

→ **Argument d'affect :** les prostituées sont représentées uniquement comme des victimes, ce qui ne peut être affirmé catégoriquement. L'argument rationnel serait : *La prostitution favorise la violence faite aux femmes et le proxénétisme ; son utilité sociale doit être évaluée au regard de sa nuisance.*

Exemple illustratif / exemple argumentatif

L'exemple illustratif a pour rôle d'aider à comprendre une idée complexe. Il peut être utilisé ou adapté au contexte. Un exemple argumentatif est là pour remplacer un argument rationnel parce qu'un chiffre, un témoignage, un cas concret est particulièrement représentatif d'une situation générale. Ce 2e type d'exemple est plus dangereux à exploiter car il a tendance à vous enfermer dans la pensée de l'auteur.

Vocabulaire technique / vocabulaire jargonnant

Le vocabulaire technique est à réutiliser parce qu'il est précis et bien choisi. Il est souvent présent dans des articles de presse spécialisée. Le vocabulaire jargonnant est souvent présent dans des textes d'auteurs généralistes qui veulent donner le sentiment de maîtriser le sujet. Vous identifierez facilement la différence : les textes au vocabulaire jargonnant utilisent beaucoup de mots complexes et peu définis, et les informations ne sont pas précises alors que les textes techniques sont denses et informatifs.

→ *cf. 4. Entraînement : Exercice 2*

RÈGLE 3 : Construire la problématique à partir du sujet

Il faut analyser le sujet et le mettre en relation avec les supports pour identifier la problématique

Dans l'épreuve de composition, les supports sont précédés ou suivis d'une question. Vous devez analyser les termes de cette question puis les lier aux documents déjà étudiés pour établir votre problématique.

1re étape : Les analyses conceptuelle et contextuelle

Pour faire l'analyse conceptuelle, il faut relever les mots les plus importants du sujet et les définir à partir de vos connaissances et des expressions dans lesquelles ce mot se rencontre.

Exemple

Le sujet est : « *A-t-on raison de maintenir le modèle de l'État-providence ?* »

Si le mot relevé est *raison*, ce mot peut signifier :

- Rationalité : capacité à raisonner, à évaluer, à calculer ou
- Justification : explication des raisons des choix.

Il faut ensuite établir le sens du mot dans le contexte de la phrase ; c'est l'analyse contextuelle.

Dans notre exemple, *raison* signifie surtout *justification*. Mais on remarque que l'autre sens n'est pas à écarter. Ainsi ce travail en deux temps pour l'analyse du ou des mots importants est positif.

2e étape : Construction de la problématique

Qu'est-ce qu'une problématique ?

Ce n'est ni une question, ni un problème. Une problématique est une tension, née de l'opposition entre plusieurs thèses ; cette tension vient de l'impossibilité de répondre facilement et immédiatement à la question. Une problématique est le plus souvent formulée en question. Pour bien l'exposer, il faut formuler une question qui rende compte des thèses opposées, de la pertinence de chacune et de leur incompatibilité.

Prenons un sujet comme illustration.

> Exemple
>
> *« Faut-il réduire le budget de la Sécurité sociale en France ? »*
>
> Deux thèses s'opposent :
>
> - *1re thèse :* cette réduction entraîne plus d'inégalités, la naissance d'une médecine à deux vitesses, l'impossibilité d'accès aux soins pour certains,
> - *2e thèse :* cette réduction équilibre les finances publiques et maintient la possibilité de conserver une Sécurité sociale à l'avenir.
>
> L'argument de la 1re thèse repose sur l'urgence de protéger chacun en temps de crise et la possibilité de repousser les échéances budgétaires ; l'argument de la 2e thèse repose sur l'urgence d'équilibrer les budgets en temps de crise et la possibilité de conserver une Sécurité sociale a minima.
>
> La problématique est : *Concernant la Sécurité sociale, l'urgence est-elle au maintien, voire au déploiement de la protection sociale afin de protéger les plus faibles ou au contraire à la maîtrise budgétaire afin de pérenniser notre système social ?*

Une bonne problématique doit être posée de façon suffisamment équilibrée et impartiale pour faire naître un vrai problème, c'est-à-dire le sentiment qu'il n'est pas possible de répondre facilement, sans développement.

Lorsque vous construisez votre problématique, vous devez proposer des arguments à mettre en tension. Ces arguments représentent les thèses des supports déjà étudiés. Ainsi n'avez-vous pas à tout inventer. La valorisation des thèses des textes (et éventuellement des antithèses) est un très bon point pour votre note finale.

→ cf. 4. Entraînement : Exercice 3

RÈGLE 4 : Élaborer le plan de la copie

Ce plan doit permettre de donner leur chance à la thèse et à l'antithèse, il doit être structuré en parties et cependant proposer une pensée continue

Recenser ses connaissances et idées : Pour construire le plan, nous vous conseillons de commencer par recenser toutes les idées dont vous disposez, qu'elles viennent du texte ou de votre culture générale personnelle. Vous ne noterez ces idées qu'en une formulation concise d'une ligne ou deux.

Organiser les connaissances et idées : Tracez deux colonnes sur votre brouillon : l'une pour la thèse (réponse « oui » à la question posée) et l'autre pour l'antithèse (réponse « non »). Puis faites correspondre chaque idée notée précédemment à un numéro et placez ce numéro dans le tableau. Enfin, hiérarchisez ces idées des plus simples (et moins fortes) aux plus sophistiquées.

Si la question est ouverte (on ne peut y répondre par « oui » ou par « non »), faites des colonnes selon les points de vue principaux.

Construire le plan : À présent, il faut organiser ces idées pour construire le plan. Un bon plan doit à la fois avoir des parties (2 ou 3) et aussi une continuité ; donc les arguments doivent se répondre, se compléter en une discussion qui ne s'achève qu'à la fin du développement.

D'une façon générale, 3 types de plans sont possibles :

Le plan dialectique

C'est le plan le plus utilisé ; il est particulièrement adapté quand il vous est demandé de discuter une opinion qui semble globalement admise ou au contraire qui est très contestée (il semble qu'il y ait peu débat).

Structure

I. Thèse défendue (vérité de la thèse)

C'est souvent la thèse du sens commun.

II. Réfutation de la thèse et antithèse

C'est souvent une thèse plus sérieuse, qui détruit le point de vue du sens commun sans toutefois en dire l'exact contraire (elle se nourrit du sens commun et le réoriente).

III. Synthèse, où l'on rapproche les deux points de vue opposés, au sein d'une unité ou d'une catégorie supérieure. Elle réunifie, sans opérer de compromis ni concilier de manière verbale.

Ici, il faut trouver une thèse qui, renvoyant les deux premières dos à dos, montre qu'elles sont toutes les deux également partielles, insuffisantes.

Avantages

- C'est un plan presque toujours applicable.
- Il permet de donner sa chance aux différents points de vue.

Inconvénients

- La synthèse est difficile à faire parce qu'il faut sortir de l'alternative.
- Les transitions entre les parties sont également difficiles. Il ne faut surtout pas dire le contraire de la 1re partie en 2e partie (faire la « girouette »), mais proposer les limites de ce qui précède.

Exemple

« L'égalité complète entre les hommes et les femmes est-elle souhaitable ? »

Sur ce sujet un certain consensus de la société se fait. La thèse est facile à trouver ; c'est plus difficile pour l'antithèse.

Plan possible :

I. La nécessité d'un progrès social vers plus d'égalité entre les hommes et les femmes.

II. Les excès d'un égalitarisme qui effacerait les différences.

III. Ce n'est pas l'égalité qui est souhaitable, mais le respect et la bonne entente ; l'égalité est un simple moyen, non une fin.

REMARQUE

Ce plan peut être simplifié sous la forme thèse/antithèse, qui a l'avantage d'être plus simple et de présenter les deux aspects du problème, mais l'inconvénient de ne pas toujours permettre de faire le tour du sujet.

Le plan thématique

Plan plus technique, il est adapté dans les sujets qui commencent par le verbe *pouvoir* et les questions ouvertes (auxquelles on ne peut répondre par « oui » ou par « non »). Il s'agit d'analyser le problème en traitant des principaux thèmes qui le composent. Pour cela, il faut rassembler des idées selon leurs critères communs.

Structure

I. Analyse de la situation (peut se faire plus rapidement en introduction)

II. 1er thème : le moins problématique

III. 2e thème : le plus problématique

IV. 3e thème (facultatif)

Avantages

- C'est un plan qui pousse à la précision et évite le bavardage.
- Il donne le sentiment d'un traitement complet du sujet.

Inconvénients

- La précision qu'il requiert le rend difficile.
- Il n'est pas toujours facile à adapter.

Exemple 1

« Peut-on tout dire dans une société démocratique ? »

Nous allons construire le plan autour des deux sens du verbe *pouvoir* : *avoir la capacité* et *avoir le droit*.

Plan possible :

I. Capacité d'expression : Il est nécessaire que nous disposions des moyens propres à notre expression, quelle que soit notre condition, notamment par le vote. C'est ce qui distingue une démocratie d'un totalitarisme.

II. Droit d'expression : Nous avons le droit de tout penser, mais il est légitime de limiter de nous-mêmes notre expression libre par respect pour les convictions de chacun.

Exemple 2

« Qu'est-ce qu'une éducation réussie ? »

Question ouverte avec des réponses très variées ; il faut éviter le catalogue de réponses.

Plan possible :

I. Niveau social (le plus évident) : Une éducation réussie, c'est une mise en œuvre des moyens pour favoriser le développement d'un être humain et son adaptation sociale, son respect des règles.

II. Niveau éthique : Une éducation réussie c'est une discipline susceptible de conduire à la formation de la personne (éthique).

III. Niveau philosophique : Une éducation réussie c'est un processus concernant le passage de la nature à la culture, et à la liberté.

Le plan analytique

Ce plan qui décompose un problème selon ses causes et conséquences après avoir présenté la situation est adapté pour les sujets où l'on vous demande d'expliquer, de justifier un point de vue. Il fonctionne également bien quand le sujet contient une affirmation implicite (ce qu'on appelle un présupposé).

Structure

I. Étude de la situation qui justifie l'affirmation contenue dans le sujet ou la question posée.

II. Analyse des causes de cette situation.

III. Analyse des conséquences ou commentaire.

Avantages

- Il permet de produire une copie bien structurée et progressive.
- Il est souvent utilisable dans les concours car les sujets lui correspondent bien.

Inconvénients

- Il nécessite une bonne culture générale pour être bien traité.
- Il ne se construit pas autour de la thèse et de l'antithèse, mais il faut tout de même donner leur chance aux deux.

Exemple

« Expliquez pourquoi l'énergie nucléaire ne semble plus être une énergie d'avenir. »

Ce sujet ne nous demande pas si le nucléaire est l'avenir ; il affirme que ce n'est pas le cas et nous demande de l'établir. Il ne faut surtout pas faire un sujet pour défendre le nucléaire.

Plan possible :

I. La situation : Après Tchernobyl et Fukushima, il semble que le nucléaire ne puisse plus être l'énergie du XXIe siècle.

II. Les causes : Énergie rentable et populaire il y a quelques années, il a pu y avoir un manque de rigueur dans la gestion (erreurs humaines) et une confiance excessive en l'énergie nucléaire. Peut-être aussi des lobbies.

III. Les conséquences : La nécessité de mieux sécuriser les sites et d'opérer des contrôles par des organes extérieurs ; la nécessité également de remplacer progressivement le nucléaire par d'autres sources d'énergies moins dangereuses.

REMARQUE

Certains ont l'habitude de tout rédiger au brouillon avant de recopier au propre, notamment parce qu'ils ne se font pas confiance. Ne le faites pas ! Il est inutile d'écrire deux fois la même chose. Le temps perdu sera mieux valorisé s'il sert à améliorer le plan ou la formulation d'un paragraphe difficile.

→ ***cf. 4. Entraînement : Exercice 4***

RÈGLE 5 : Rédiger l'introduction et la conclusion

Soignez la 1re impression et montrez que le sujet est important ; rappelez en fin de copie les grandes étapes de la composition

C'est bien dans le travail préparatoire qu'il faut rédiger l'introduction et la conclusion. Il est capital de soigner l'introduction car cela mettra le correcteur dans les meilleures dispositions.

Comment rédiger une introduction ?

Faites-la en trois étapes :

- **Présentation du sujet :** Amenez le sujet de façon agréable en évitant les formules trop générales comme « de tout temps », « tout homme », etc.
- **Formulation de la problématique :** Efforcez-vous de bien opposer les thèses principales pour montrer qu'il est difficile de donner une réponse immédiate et ainsi justifier l'existence de votre développement. Mettez votre problématique sous forme interrogative. N'hésitez pas à réécrire le sujet.
- **Annonce du plan de votre composition :** Faites une annonce agréable et rédigée. Ne vous dispensez pas de cette étape. Même les correcteurs qui n'aiment pas les annonces de plan sont bien contents d'avoir ce guide quand ils doivent corriger de nombreuses copies. Croyez-en mon expérience !

Au final, votre introduction formera un seul paragraphe de 8 à 12 lignes environ. Elle devra être enthousiasmante et percutante.

Comment rédiger une conclusion ?

Faites-la en deux étapes :

- **Rappel des grandes étapes argumentatives** de votre copie pour montrer la progressivité et l'exhaustivité (aspect complet) de votre réflexion.
- **Ouverture** sur une réflexion plus large et qui n'entre pas dans le cadre précis de la question que vous venez de traiter.

ATTENTION

L'ouverture ne doit pas porter sur un aspect du sujet que vous auriez dû traiter car ce serait un aveu d'oubli de votre part. Quand vous avez un doute sur une ouverture possible, soyez prudent et préférez encore ne pas en faire.

→ *cf. 4. Entraînement : Exercice 5*

La rédaction du devoir 3

Une fois votre travail préparatoire achevé, il doit vous rester environ 1 h 30 mn. Durant cette période vous allez composer en reprenant les supports, vos analyses et votre plan. C'est un travail précis qui demande de bien rédiger, d'être vigilant à la qualité de votre orthographe et au bon traitement du sujet.

Quelques conseils :

- Quand vous exprimez votre opinion, faites-le toujours avec humilité en n'hésitant pas à dire « il semble que... » plutôt que « il est un fait que... ». Ayez toujours le souci de donner sa chance à l'opinion adverse.
- Vérifiez régulièrement que votre travail répond bien au sujet ; vous n'êtes jamais à l'abri d'opérer un glissement vers un sujet proche et de commettre un hors-sujet.
- Relisez un paragraphe une fois terminé pour vérifier qu'il est clair.
- Quand vous changez la formulation d'une phrase vérifiez immédiatement l'orthographe car les finales de certains mots peuvent alors changer.
- Citez-le ou les textes qui vous servent de support. Ne vous contentez pas d'y faire référence.
- Utilisez des connecteurs pour structurer votre composition, sans usage abusif. Les candidats ont souvent tendance à mettre un connecteur de conséquence ou d'opposition quand les idées n'expriment pas cela.
- Faites une transition entre chaque partie. Une transition est un petit paragraphe (de 3 à 6 lignes) qui explique les limites de la partie précédente et la nécessité d'aborder le problème sous un angle nouveau.
- Rédigez au brouillon le ou les paragraphes qui vous semblent plus difficiles à formuler.
- Relisez votre copie en totalité avant de la rendre. Évitez la paresse finale de nombreux candidats qui les empêche de corriger quelques fautes ou de rectifier une tournure de phrase.

→ ***cf. 4. Entraînement : Exercice 6***

4 Entraînement : comme au concours !

Pour cette partie, nous vous proposons de traiter un sujet complet en suivant la méthodologie pas à pas et en vous aidant des deux textes proposés.

Le sujet est : *« Comment lutter contre la pratique des jeux dangereux par les enfants et les adolescents ? »*

Texte 1

Deux enfants sur trois connaissent un jeu dangereux

Dans certaines cours de récré, la quête de sensations des « jeux » d'évanouissement fait fureur.

Rêve indien, jeu du foulard, de la tomate ou du cosmos... 63 % des 6-15 ans connaissent au moins un de ces jeux d'apnée selon une enquête.

Vertiges, éblouissements, impression de planer... Dans certaines cours de récré, la quête de sensations des jeux d'évanouissement fait fureur. Rêve indien, jeu du foulard, de la tomate ou du cosmos : les noms ne manquent pas pour qualifier ces pratiques de non-oxygénation du cerveau, dangereuses et parfois mortelles. Mais mesurer l'ampleur du phénomène s'avère plus difficile. Près de deux enfants sur trois (63 %) de 6 à 15 ans connaissent au moins un de ces jeux d'apnée, selon une enquête Ipsos menée pour l'Apeas (Association des parents d'enfants accidentés par strangulation) auprès de 1 012 enfants. Un sur dix y a déjà joué, en compagnie de camarades dans 91 % des cas, indique aussi cette étude présentée ce matin au ministère du Travail, de l'Emploi et de la Santé qui la finance.

Informer les élèves

Dans la quasi-totalité des cas, cette pratique avait pour cadre une cour d'école, dès le primaire. « La majorité des enfants en entendent parler avant d'entrer au collège », souligne Catherine Vince, vice-présidente de l'Apeas. « Il y a des foyers d'infection, des écoles où 80 % des élèves sont confrontés à ces pratiques, et des établissements où l'on en n'entend jamais parler. »

Tentés par ces jeux qu'ils qualifient de rigolos pour faire comme les copains, désireux d'éprouver des effets bizarres, les plus jeunes n'ont pas conscience du danger. Un enfant sur deux ne sait pas qu'il peut en mourir et les trois quarts des 6-15 ans ignorent qu'ils peuvent convulser ou rester handicapé après un rêve indien. « Ce n'est pas une conduite à risque mais un jeu d'expérience qui pourrait être combattu efficacement si les enfants étaient informés des conséquences de la non-oxygénation du cerveau. Une explication fondée sur la physiologie, intégrée dans le cadre d'un cours de sciences naturelles, serait la manière la plus efficace de lutter contre ces pratiques », plaide l'Apeas, lasse de faire de la prévention au compte-gouttes, classe par classe.

●●● Entre 15 et 25 morts de mineurs après un jeu du foulard sont signalés chaque année à l'association. Le nombre réel de ces décès, classés parmi des accidents domestiques ou des suicides, est inconnu. L'Apeas appelle donc aussi de ses vœux une première enquête épidémiologique.

Source : www.lefigaro.fr, publié le 25 janvier 2012
Auteur : Agnès Leclair

Texte 2

Jeu du foulard : inconscients du danger

Le premier colloque international sur les pratiques d'évanouissement chez les jeunes se tient, aujourd'hui et demain, à Paris.
Le jeu du foulard, dans lequel les jeunes bloquent leur respiration jusqu'à l'évanouissement, provoque chaque année des accidents, parfois mortels, mais l'ampleur de cette pratique reste difficile à établir, expliquent parents et professionnels de santé à la veille d'un premier colloque sur le sujet.
« Jeu du foulard », où la respiration est bloquée par un lien ou les doigts, « jeu de la tomate », où le sternum est compressé, ou simple blocage de la respiration jusqu'à la perte de connaissance : ces conduites, qui ne sont pas nouvelles, sont restées peu connues jusqu'au début des années 2000.

« Inimaginable pour les parents »

Depuis, parents et scientifiques tentent de mesurer l'ampleur du phénomène, d'autant plus complexe à appréhender qu'il est parfois difficile d'établir si le décès est lié à une recherche de sensations fortes ou s'il s'agit d'un suicide.
Ce qui est sûr, c'est que « treize enfants sont décédés depuis le début de l'année, après une douzaine en 2008 », indique Isabelle Thomas, vice-présidente de l'Association des parents d'enfants accidentés par strangulation (Apeas), organisatrice, avec les ministres de la Santé et de l'Éducation nationale, du 1er colloque international sur les pratiques d'évanouissement aujourd'hui et demain à Paris.
« C'est à chaque fois dramatique, car c'est inimaginable pour les parents », note Patrice Huerre, chef du service psychiatrie de l'enfant et de l'adolescent de l'établissement public de santé Érasme à Antony (Hauts-de-Seine). Sans en arriver à un décès, ces conduites peuvent toutefois provoquer des séquelles neurologiques, réversibles ou pas, qui ne sont pas recensées. Une enquête réalisée en 2007 par Ipsos pour l'Apeas montrait que 4 % des plus de 15 ans qui connaissaient le jeu du foulard s'y étaient adonnés.
Grégory Michel, professeur en psychopathologie à l'université Bordeaux II, estime que ce phénomène doit être considéré au regard d'une augmentation des pratiques à risques en général.
Comme pour la consommation de drogue ou d'alcool, les enfants qui se sont essayés à l'évanouissement dans les cours d'école ou de collège sont en quête d'identité et sont curieux de braver l'interdit ou le danger. Sans avoir forcément conscience des risques encourus.

●●●

●●● Pour repérer les enfants adeptes, les associations donnent aux parents des pistes : traces sur le cou, yeux rouges, brusque repli sur soi...
« Il faut aussi contrôler ce qu'ils regardent sur internet, où des vidéos circulent », conseille Isabelle Thomas. « Ensuite, on peut avoir un dialogue franc, au même titre que des dialogues sur la drogue ou l'alcool », estime-t-elle.

Source : *L'Est Républicain*, publié le 3 décembre 2009

1. Identifiez le paratexte, ainsi que le thème et la thèse des supports. Trouvez leur antithèse.

2. Identifiez dans les supports les parties informatives et argumentatives, les arguments rationnels et polémiques, les exemples illustratifs et argumentatifs, le type de vocabulaire.

3. Analysez le sujet et formulez la problématique.

4. Élaborez le plan de votre composition après avoir noté sur un tableau thèse/antithèse les idées et connaissances que vous pouvez solliciter.

5. Rédigez l'introduction et la conclusion de votre composition.

6. Rédigez le développement de votre composition.

Corrigé

REMARQUE

Le corrigé qui suit est très détaillé. Lorsque vous réalisez votre propre travail préparatoire, il est inutile de tout rédiger.

1. Paratexte, thème, thèse, antithèse

Texte 1

Paratexte : Journal *Le Figaro* (journal de droite), texte d'Agnès Leclair, de 2012, intitulé *Deux enfants sur trois connaissent un jeu dangereux*. Le chapeau indique que le texte porte sur ces jeux vus du point de vue des enfants. L'intertitre montre l'objectif : informer les élèves.

Thème : Les jeux dangereux des enfants. Le mot *jeu* revient 10 fois et le mot *enfant* revient 7 fois (et deux fois le mot *élève*, ce qui situe le problème dans un contexte scolaire).

Thèse : L'inconscience et l'ignorance des enfants sont en cause ; la solution est de les informer. Antithèse : L'article ne met pas en avant la responsabilité des parents, enseignants, responsables. Il table plutôt sur la prise de conscience des enfants. La problématique à l'origine de ce texte est la même que celle qui nous est proposée.

Texte 2

Paratexte : Journal l'*Est républicain* (journal régional), texte sans auteur indiqué, de 2009, intitulé *Jeu du foulard : inconscients du danger*. Le chapeau indique qu'il porte sur la réflexion adulte autour de ce problème, et l'intertitre le confirme. On notera que ce texte est plus ancien que le précédent et que l'évolution de l'analyse et des chiffres peut être intéressante.

Thème : Les parents face aux jeux dangereux des enfants. 6 fois le mot *parent* (présent une seule fois dans le texte 1, pour traduire le sigle Apeas), 5 fois le mot *jeu*, 5 fois le mot *enfant* (uniquement après l'intertitre) et une fois le mot *adolescent* ; deux fois le mot *jeune* (et pas le mot *élève*).

Thèse : Le manque de connaissance et de contrôle des parents et des responsables est en cause ; la solution est d'informer les parents, de mieux surveiller les enfants et d'éduquer les enfants comme on le fait pour les (autres) drogues. Antithèse : L'article analyse surtout le point de vue des parents et des responsables des enfants. Les enfants et adolescents sont plutôt vus comme des victimes qu'il faut surveiller et protéger. La problématique est également la même que celle proposée.

2. Parties informatives et argumentatives, arguments, exemples, vocabulaire

Texte 1

Informatif / argumentatif : Ce texte est très globalement informatif. Il contient beaucoup de chiffres importants : 63 % d'enfants qui connaissent ces jeux, 10 % qui y ont déjà joué, 75 % environ ignorent les conséquences. Il devient argumentatif dans sa 2e partie lorsqu'il est choisi de citer l'Apeas : « Ce n'est pas une conduite... ». À partir de là une thèse se dégage.

Type d'arguments : L'argument invoqué est plutôt rationnel puisqu'il a pour source un organisme spécialisé et non le point de vue du seul auteur. Cependant cet organisme n'est pas scientifique. L'article a une connotation polémique en fin de ce 2e paragraphe « lasse de faire de la prévention au compte-gouttes », ce qui sous-entend que l'Éducation nationale n'a pas donné les moyens d'une vraie communication aux élèves.

Exemples : Le texte est trop court pour développer des exemples. Cependant certaines expressions des jeunes sont reprises après l'intertitre pour illustrer l'ignorance des jeunes (jeux *rigolos*, faire *comme les copains*, éprouver des *effets bizarres*).

Vocabulaire : Le texte est accessible mais il ne définit pas les jeux dont il parle (rêve indien, jeu du cosmos...) même si l'on devine de quoi il s'agit par le contexte. Il parle de l'Apeas (dont il traduit le sigle) et finit par l'enquête épidémiologie, c'est-à-dire une enquête d'épidémie, de contagion du phénomène.

Texte 2

Informatif / argumentatif : Ce texte est également informatif, moins en termes de chiffres que de définition des jeux dangereux. Les chiffres sont toutefois intéressants à comparer à ceux du texte précédent : 4 % qui se sont adonnés au jeu du foulard contre 10 % qui ont déjà joué à un jeu dangereux en 2012, et 12 décès par étouffement *ludique* en 2008, puis 13 en 2009 contre 15 à 25 pour le 2e texte (en 2010 ou 2011). On voit que ce texte s'adresse à un public qui ne connaît pas bien cela (les parents) et qu'il souhaite informer. Il devient argumentatif dans sa 2e partie, à partir de la référence à l'analyse de Grégory Michel qui associe ces jeux aux autres pratiques à risques des jeunes.

Type d'arguments : L'argument est rationnel puisqu'il se fonde sur l'analyse d'un spécialiste. Il n'y a pas de dimension polémique.

Exemples : Le texte est également trop court pour développer des exemples. Il renvoie plutôt aux expériences des médecins et d'Isabelle Thomas. Ceux-ci restituent ce qu'ils ont éprouvé dans des situations réelles.

Vocabulaire : Le texte est assez similaire au précédent du point de vue du vocabulaire. Il propose davantage de citations et moins d'expressions, ce qui le rend un peu plus sophistiqué (colloque, psychiatrie, psychopathologie). Il définit les jeux dont il parle (ce qui est normal, car il est plus ancien), et indique ce qu'est l'Apeas, comme le précédent.

3. Analyse du sujet et problématique

a. Analyse des concepts

Comment : Implique de rechercher une manière, un moyen. Il faut donc comparer des méthodes possibles.

Lutter : Peut avoir un sens actif, s'opposer, ou un sens passif, résister.

Pratique : Ce qui est relatif à l'action, à la mise en application.

Jeu : Divertissement (détourne de ce qui est important ou grave). Activité oisive.

Dangereux : Renvoie au danger, à une situation dans laquelle nous sommes menacés d'un mal quelconque.

Enfants : C'est l'être humain qui est dans sa période de développement. Biologiquement, on situe l'enfance de la naissance à la puberté, légalement jusqu'à 18 ans. Il est très dépendant de ses aînés. On parle parfois de préadolescents pour les 8-13 ans et d'adolescents au-delà.

Adolescents : La période de l'adolescence va généralement de 12-13 à 18 ans environ ; elle est caractérisée par de grands changements morphologiques et psychologiques. C'est une période de fragilité.

b. Analyse en contexte

Comment lutter : L'association de ces deux mots nous indique notre objectif. Il ne s'agit pas d'identifier des causes ou d'organiser une dialectique entre deux thèses, mais de donner des méthodes. *Comment* inaugure une question ouverte.

Jeux dangereux : Cette association est contradictoire. Alors que le jeu est un divertissement, une détente, le danger est inquiétant, menaçant. Cette opposition montre à la fois le côté désirable de ces pratiques (ce sont des jeux) et problématique (cela expose à un mal).

Lutter contre la pratique des jeux dangereux : L'association de ces termes montre que le sujet ne nous demande pas ce qu'il faut penser de ces jeux. Il est affirmé qu'ils sont à combattre (ce qui semble normal). Il n'est donc pas question de les défendre ou d'en étudier la valeur psychologique ou sociale (même si on pourra y faire rapidement référence), mais de donner des moyens de lutte. Le problème est plutôt d'ordre pratique.

Des jeux (...) des enfants et adolescents : Il y a une différence entre un jeu d'enfant et d'adolescent. D'abord parce que l'enfant peut être parfaitement inconscient ce qui n'est pas forcément le cas de l'adolescent, ensuite parce que l'adolescent a plus les moyens de ses ambitions, donc peut aller plus loin.

On notera pour finir cette analyse que la question est ouverte (on ne peut y répondre par « oui » ou par « non »).

c. Problématique

Deux thèses s'opposent (issues des textes) :

- 1re thèse : Pour lutter contre la pratique des jeux dangereux, il faut d'abord et surtout informer les enfants et les adolescents.
- 2e thèse : Pour lutter contre la pratique des jeux dangereux, il faut d'abord et surtout informer et former les parents et responsables.

Formulation de la problématique :

Pour lutter contre la pratique des jeux dangereux faut-il en priorité agir auprès des enfants et adolescents ou compter sur le rôle actif des parents et responsables ?

4. Connaissances

a. Recenser ses connaissances et idées

Connaissances : Types de jeux dangereux : rêve indien, jeu du foulard, de la tomate, du cosmos. Le 2e et le 3e sont définis au début du 2e texte. Le rêve indien consiste en une hyperoxygénation du cerveau suivie d'un blocage de respiration qui provoque un évanouissement et le jeu du cosmos ressemble au jeu de la tomate ou encore au jeu de la grenouille ou au rêve bleu (en référence au fait que la victime semble dormir).

À ces jeux concernant la respiration, on peut ajouter le jeu de l'aérosol qui consiste à respirer du solvant et des jeux violents comme le happy slapping, le petit pont massacreur, etc. (*Cf.* fiche n° 23 de culture générale p. 124)

Toutes ces pratiques sont associées à des drogues ou à l'alcool dans le texte 2.

À partir de ces connaissances, il faut formuler une définition des jeux dangereux, issue de l'analyse précédente et de ces types de jeux. On peut définir les jeux dangereux comme des activités considérées comme ludiques par ceux qui la pratiquent mais qui représentent un risque pour ceux qui les pratiquent ou les subissent.

Les autres connaissances dont nous disposons sont celles des deux textes : les chiffres (relevés plus haut), l'existence de l'Apeas et la signification de ce sigle ainsi que sa vice-présidente, Isabelle Thomas (la présidente de l'Apeas est Françoise Cochet depuis son origine en 2000).

Nous apprenons aussi l'aspect social (se joue en groupe, permet d'être intégré) et les signes de ces jeux (traces sur le cou, yeux rouges, etc.).

Enfin nous pouvons relever la qualification de ces actes ; ce ne sont pas des suicides ou des meurtres car l'intention n'est pas la mort mais le résultat peut le laisser penser.

Idées : Pour répondre au problème, il peut y avoir des actions sur les enfants et adolescents (information en cadre scolaire ou extrascolaire) et sur les personnes responsables des enfants et adolescents. Toutes ces actions sont préventives. La prévention est l'essentiel car l'action en situation est peu problématique dans la mesure où les enfants le font hors de la présence des adultes.

Au niveau des enfants, l'information peut se faire :

- par les cours (notamment en SVT) ;
- par l'intervention scolaire de personnes confrontées à ces pratiques (médecins, soignants, SAMU, gendarmes, parents, anciennes victimes, membres de la FCPE, proviseurs, enseignants, etc.
- dans les activités extrascolaires ;
- directement dans les familles (lettre d'information, Internet) ;
- par les médias, notamment les réseaux sociaux (création de vidéos dissuasives, de campagnes publicitaires, etc.).

L'avantage de cette information des intéressés est qu'elle va à la source, qu'elle anticipe le problème (l'idéal étant d'intervenir avant que les enfants ne connaissent ces pratiques) et qu'elle peut désacraliser ces pratiques et ceux qui les ont.

L'inconvénient c'est qu'il n'y a aucune garantie que ce soit dissuasif et même pour certains cela peut être incitatif (goût pour l'interdit et le danger, découverte de pratiques inconnues) ou tout à fait inefficace (désintérêt et apprentissage de certaines pratiques qui sont dépassées 3 ans plus tard par de nouvelles ayant d'autres noms).

Au niveau des parents, l'information peut se faire :

- dans les établissements scolaires lors des réunions de début d'année ;
- durant des colloques ;
- par des publicités, des films, des lettres d'information ;
- par les médecins de famille, les enseignants, etc.

Ces mêmes personnes (médecins, enseignants, etc.) doivent être informées régulièrement pour connaître les personnes à risques, les nouvelles pratiques.

L'avantage de l'information des responsables c'est l'application immédiate de mesures de surveillance, de diminution des facteurs de risques (jeux en bandes, objets dangereux, etc.). Il faut faire prendre conscience que cela peut toucher tout enfant et qu'il faut être vigilant sur certains signes.

L'inconvénient c'est l'infantilisation pour les adolescents, le manque de contrôle des parents et responsables sur les enfants (on ne peut pas toujours les surveiller), le retard que les responsables ont toujours sur les nouvelles pratiques. Si l'on garde le parallèle avec les drogues on constate que les parents sont peu informés et que l'action se fait directement sur les élèves.

b. Organiser les connaissances et idées

Comme la question est ouverte, nous allons faire un tableau suivant 3 idées majeures : les idées informatives qui expliquent la situation, les idées d'actions au niveau des enfants, et celles au niveau des adultes.

Informations	Action sur les enfants	Actions sur les adultes
(1) Définition des jeux en distinguant ceux dont il est question dans les textes et les autres (Apeas pour informer et lutter). **(2)** Situation évolutive (chiffres des deux textes) et de plus en plus inquiétante.	**(3)** Faire confiance aux enfants, permettre leur maturité et agir à la source. **(4)** Pour les plus grands, informer sur les pratiques et les risques par des personnes d'expérience ou des enseignants, et désacraliser ces pratiques. **(5)** Pour les plus jeunes, échanger avec eux, car ils gardent moins le secret.	**(6)** Faire connaître les pratiques aux professionnels et aux parents et faire le lien entre eux pour connaître les évolutions. **(7)** Impliquer tous, même ceux qui ne se sentent pas concernés (écoles calmes, parents très présents, etc.). **(8)** Tenir compte du caractère influençable des jeunes et lutter contre la diffusion de ces pratiques.

c. Construire le plan : plan thématique

I. La situation : la pratique des jeux dangereux est inquiétante et elle évolue dans le mauvais sens.

1. Qu'est-ce qu'un jeu dangereux et quels jeux existent ?
2. Quelle est la situation actuelle ?

II. Pour lutter efficacement, il faut agir à la source : les enfants et adolescents.

1. Informer les intéressés et les responsabiliser.
2. Pour les plus grands, la lutte passe par l'information.
3. Pour les plus petits, la lutte passe par l'échange.

III. Pour lutter durablement, il faut agir sur les responsables.

1. Informer les responsables pour agir conjointement et durablement.
2. Faire que tous se sentent concernés, pour mieux prévenir.
3. Apprendre à mieux contrôler les informations données aux jeunes.

5. Rédaction de l'introduction et de la conclusion

Introduction : Les années 2000 ont vu l'augmentation inquiétante de la pratique de jeux dangereux par les enfants et adolescents. Mal combattu, ce fléau ne cesse aujourd'hui de grandir et de toucher des populations de plus en plus jeunes. De telles pratiques sont difficiles à combattre parce qu'elles sont souvent faites en totale inconscience du danger et que les adultes responsables manquent d'informations sur des jeux toujours nouveaux. Pour lutter contre ces « jeux », faut-il en priorité agir auprès des enfants et adolescents en les informant et en les dissuadant ou compter sur le rôle actif des parents et responsables pour contrôler les jeunes ? Comment lutter efficacement contre ces jeux dangereux ? Après une analyse de la situation actuelle, nous évaluerons les actions possibles sur des jeunes et auprès des adultes responsables.

Conclusion : Nous voyons combien il est difficile de lutter contre les jeux dangereux. Une action auprès des jeunes est certes cohérente, mais elle risque de manquer d'efficacité et de pérennité, particulièrement face à un public très jeune. Quant à l'action auprès des responsables, elle est sans doute plus efficace mais elle risque d'être toujours en retard sur les évolutions. Elle reste cependant utile, particulièrement si les responsables sont informés par une enquête sur les populations à risques, les symptômes, et les moyens d'informer les jeunes sans les inciter ou les laisser indifférents. La solution probablement la plus efficace est celle d'une analyse sociale et psychologique des causes de telles pratiques pour en éviter les conditions ; mais il s'agit là de perspectives à long terme.

6. Rédaction du développement de la composition

Lorsque nous parlons de jeux dangereux, nous entendons par là toute activité considérée comme ludique par ceux qui s'y adonnent mais qui représente un risque pour ceux qui la pratiquent ou la subissent. Nous pouvons distinguer deux types de pratiques considérées comme des jeux dangereux : des jeux d'agression et des jeux de non-oxygénation.

Parmi les jeux d'agression, les plus connus et plus courants sont le happy slapping ou le petit pont massacreur. Dans le premier, l'objectif est de filmer l'agression d'une personne, et dans le second, le groupe frappe le joueur qui laisse passer le ballon entre ses jambes. Quant aux jeux de non-oxygénation, il en existe de nombreux : rêve indien, jeu de la tomate, jeu du cosmos, rêve bleu, et le plus connu, le jeu du foulard. Ces jeux contiennent généralement une phase d'hyperventilation (le jeune halète) puis d'apnée, aidée par un foulard ou par l'étranglement d'un camarade pour comprimer la carotide ce qui gêne le retour veineux (anoxie cérébrale) et entraîne des convulsions, des divagations, un étourdissement, qui amusent les autres jeunes.

Le danger de ces jeux est assez évident : les premiers peuvent tourner par incitation collective à frapper à mort un jeune et les seconds, par le blocage du retour veineux, peuvent avoir pour conséquences un œdème cérébral, des perturbations durables ou définitives du fonctionnement du cerveau avec des conséquences physiques et psychiques et parfois la mort par étouffement. Pour le seul jeu du foulard, une vingtaine d'enfants meurent en France chaque année.

Face à cette situation, des parents se sont organisés en association dès 2000, donnant naissance à l'Apeas (Association des parents d'enfants accidentés par strangulation) dont la présidente est Françoise Cochet, maman d'une victime du jeu du foulard. L'Apeas souhaite informer pour lutter contre ces pratiques à risques.

Cependant, malgré le travail de cette association (et d'autres), du ministère de l'Éducation nationale et de celui de la Santé, des praticiens de santé, des enseignants, etc. le phénomène gagne du terrain. Si, en 2007, 4 % des plus de 15 ans disaient s'être adonnés au jeu du foulard, en 2011, 10 % admettent avoir joué à de tels jeux et 63 % en connaissent. De plus, ces phénomènes touchent des enfants de plus en plus jeunes, parfois dès la maternelle. Il est donc urgent de trouver les modalités d'une action efficace.

Face à cette situation, il semble que pour lutter le plus efficacement possible il faille aller à la source. L'information des jeunes paraît prioritaire. Mais comment convaincre de la nécessité de changer les comportements d'une population jeune et peu consciente ?

L'évolution que nous venons de constater est due d'abord à la stimulation réciproque des jeunes. Ils le font le plus souvent (91 % des cas) en groupe et l'apprennent surtout à l'école ou sur Internet. « Tentés par ces jeux qu'ils qualifient de *rigolos* pour faire comme les copains, désireux d'éprouver des *effets bizarres*, les plus jeunes n'ont pas conscience du danger » constate Agnès Auclair dans son article du *Figaro* du 25 janvier 2012. Ces enfants sont aussi « en quête d'identité », selon l'*Est Républicain* ; ils veulent être connus et reconnus, être admis dans les groupes.

Face à ce constat, il semble qu'il faille mieux expliquer les dangers de ces jeux et désacraliser ceux qui prennent le plus de risques. Et cela doit se faire à l'école, endroit où ils découvrent bien souvent ces jeux. Selon le premier texte, « une explication (...) intégrée dans le cadre d'un cours de sciences naturelles, serait la manière la plus efficace de lutter contre ces pratiques », sans doute plus utile que la venue ponctuelle d'une association qui passerait, aux yeux de certains élèves, pour un moment ludique où l'on n'a pas cours. Il faudrait donc que cet enseignement fasse partie du programme.

Toutefois cette solution est surtout applicable pour les adolescents qui sont en mesure de comprendre et qui suivent des cours de sciences naturelles. Pour les plus petits cela n'est guère réaliste. Or, ils sont nombreux à s'exposer à ces dangers. Pour ceux-là, nous pouvons reprendre le conseil d'Isabelle Thomas, vice-président de l'Apeas : « On peut avoir un dialogue franc » avec les enfants. Bien souvent les plus petits n'en parlent pas parce que le sujet ne s'est pas posé avec les responsables ou parce qu'ils pensent qu'il ne faut pas en parler. Mais ils en parlent plus volontiers que leurs aînés, notamment parce qu'ils en sont fiers. Il serait bon de leur laisser la possibilité de le dire pour identifier ensuite lesquels il faut mieux informer.

Il est donc possible et efficace d'informer directement les jeunes, en adaptant la méthode à l'âge du public concerné.

Ce qui peut surprendre dans l'analyse précédente, c'est qu'il n'y ait pas déjà un recul du phénomène des jeux dangereux. Pourquoi les informations déjà données aux jeunes n'ont-elles pas empêché la progression du nombre de victimes ?

Constatons d'abord qu'il n'est pas certain que ce phénomène n'ait pas décru par rapport à ce qu'il aurait été sans le travail des responsables. Il est cependant effectif que la situation reste évolutive.

Le diagnostic qui peut être fait est qu'au-delà d'une information plus régulière en classe, il faut aussi une meilleure maîtrise du problème par tous les responsables : parents, enseignants, etc. Le texte 2 insiste sur l'inconscience des jeunes et sur le besoin qu'ils ont de repères dans un domaine où ils ne sont instruits que par d'autres jeunes. Il faut que les adultes soient informés des pratiques et de leurs évolutions. Bien souvent ces jeux ont des noms qui ne laissent pas soupçonner leur dangerosité, jeu de la grenouille, rêve bleu, et les responsables n'identifient pas le risque. Il est nécessaire que tous les responsables communiquent sur les évolutions qu'ils constatent ou entendent.

Mais cela n'est pas encore suffisant, car dans bien des cas les problèmes ne sont pas identifiés à temps parce que certains responsables excluent la possibilité de telles pratiques par les jeunes qu'ils éduquent et surveillent. Il faut informer chaque adulte des systèmes de propagation de l'information (bouche à oreille mais aussi et surtout Internet et ses réseaux sociaux) pour faire comprendre que chacun est exposé. Il faut aussi expliquer quels symptômes sont des indices : maux de tête, traces sur le coup, éraflures ou bleus régulièrement constatés, etc.

Il faut enfin contrôler les flux d'informations, notamment par une politique plus active d'interdiction de vidéos expliquant comment pratiquer des jeux dangereux ou, si c'est inefficace à cause de la déterritorialisation d'Internet, améliorer des systèmes de contrôles d'accès pour les mineurs sur les ordinateurs. C'est sans doute une limitation de la liberté des jeunes ; mais elle tient compte de leur vulnérabilité, de leur difficulté à reconnaître le danger. Dans la politique contre la consommation de drogue ou d'alcool, les interdits sont généralement plus efficaces que l'information pour les plus jeunes. Il faut en faire de même pour les jeux dangereux, même si cela ne dispense pas d'une explication des dangers, attentive à ne pas exciter la curiosité mais à faire réfléchir les enfants.

1.2

Sous-partie

Améliorer son niveau rédactionnel

L'épreuve de composition est résolument un test sur vos qualités rédactionnelles. Il est attendu que vous soyez capable de produire un texte clair en bon français avec un vocabulaire précis.

Dans ce chapitre nous allons vous donner de nombreux conseils pour vous améliorer dans ce domaine et montrer ainsi au correcteur que, pour vous, la forme est presque aussi importante que le fond.

Le vocabulaire

5

RÈGLE 1 : Bon usage des synonymes

Le synonyme élargit le vocabulaire du texte ; il peut aussi trahir le sens

Quand vous rédigez, il faut faire valoir vos connaissances en vocabulaire. Ne pensez pas que vous n'en avez aucune ; simplement reconnaissez que les mots de vocabulaire que vous possédez ne viennent pas spontanément quand vous rédigez.

Un bon exercice pour progresser en vocabulaire est de vous entraîner à trouver des synonymes des mots employés.

Exemple

Soit la phrase : « Ce que tu dis est bizarre ».

Sans être incorrect, le mot *bizarre* est un peu commun et guère précis. On pourra le remplacer par *étrange*, *étonnant*, *surprenant*, *curieux* ou mieux encore *extravagant*, *singulier*, *insolite*, *fantasque*, *baroque*. Or vous connaissez sans doute la plupart de ces mots.

Tous les synonymes ne sont pas interchangeables. Il ne faut pas penser que des synonymes sont des mots ayant exactement la même signification. Les synonymes parfaits n'existent pas.

Dans l'exemple précédent, il faudra donc se demander si *bizarre* signifie plutôt la surprise, l'inquiétude, la singularité (c'est unique), l'originalité. Vous vous rendrez alors compte que le synonyme que vous cherchez est l'occasion de préciser le sens de votre phrase et peut-être de votre pensée.

ATTENTION

Ne tombez jamais dans le pédantisme, sous prétexte d'utiliser un mot compliqué *qui fait bien*. Généralement cela produit l'effet contraire à ce qui est recherché (sur ce point *cf.* fiche 6, règle 1).

Entraînement

Exercice 1 : *Trouvez au moins 3 synonymes des mots proposés.*

1. complet
2. vrai
3. passager
4. casser
5. analyser
6. résumer
7. introduire
8. approfondir
9. conclure
10. partager

Exercice 2 : *Réécrivez les phrases suivantes en remplaçant les mots ou groupes de mots soulignés par des synonymes. Efforcez-vous de trouver le synonyme de plus précis et d'un registre de langue correct.*

1. J'ai fait ma composition et j'ai eu une bonne note.

2. Ca fait mal (psychologiquement) quand il y a des trucs qui ne vont pas dans la tête.

3. Si tu es gentil, je te donne un petit quelque chose.

Composition | Aptitude pro | Anglais | Entretien psy | Entretien jury | EPG

4. Dans la belle et grande maison, il fait chaud et il y a beaucoup de lumière.

5. La raison est une chose que l'on a raison de rechercher.

6. Il faut faire des lois nouvelles pour changer l'opinion des gens.

7. Un homme qui passait dans la rue m'a dit qu'il me connaissait.

8. J'ai une maison et j'ai du temps pour y travailler de mes mains.

Corrigé

Exercice 1 : *Nous ne donnons pas une liste exhaustive des synonymes mais les principaux.*

1. plein, total, intégral, entier, parfait, profond, exhaustif, accompli, bondé.

2. avéré, confirmé, objectif, fondé, exact, certain, indubitable, incontestable, juste, sincère, franc, authentique.

3. *événement passager :* éphémère, court, bref, provisoire, temporaire, transitoire, momentané, épisodique, fugace / *un passager :* voyageur.

4. *casser un objet :* briser, détériorer, fracasser, fendre, rompre, broyer / *casser une décision, une loi :* annuler, abroger.

5. décomposer, discerner, séparer, approfondir, évaluer, ausculter, chercher.

6. abréger, récapituler, synthétiser, condenser, réduire, limiter.

7. *introduire un objet :* insérer, enfoncer, mettre, glisser, ingérer, inoculer, incorporer, inclure, implanter / *introduire un discours :* présenter, commencer, débuter / *introduire qqn dans le monde :* présenter, placer, conduire, parrainer.

8. examiner, explorer, creuser, forer, fouiller, percer, comprendre, méditer, rechercher, sonder, perquisitionner, scruter, inspecter.

9. achever, terminer, finir, résoudre, arrêter, régler, déduire, signer.

10. distribuer, attribuer, répartir, diviser, fragmenter, fractionner, disjoindre, couper, scinder, morceler.

Exercice 2 : *Les synonymes proposés ne sont pas les seuls possibles, mais les plus évidents.*

1. Synonymes de fait : effectué, réalisé, écrit. Synonyme d'eu : obtenu.

2. Synonymes de Ca fait mal : C'est douloureux, pénible, éprouvant.

Synonyme d'il y a : nous ressentons.

Synonymes de des trucs qui ne vont pas : des troubles, des angoisses, de la détresse, du désarroi, de l'agitation, de l'inquiétude.

Synonymes de dans la tête : psychique, mental, moral, de l'esprit.

3. Synonymes de tu es gentil : tu agis/te comportes avec courtoisie, prévenance, politesse, affabilité, bienveillance.

Synonymes de donne : offre, accorde, remets, octroie, alloue.

Synonymes de un petit quelque chose : un cadeau, un présent, une faveur, un subside, une obole. Vous pouviez aussi expliciter le cadeau en guise de synonyme.

4. Synonymes de belle : magnifique, superbe, élégante.

Synonymes de grande : vaste, immense, spacieuse, imposante.

Synonymes de maison : demeure, villa, édifice (avec changement de genre).

Synonymes de il fait chaud : l'air (ou l'atmosphère) est chaleureux(-se), suffoquent(e), étouffant(e), doux(-ce), moite, agréable.

Synonymes d'il y a beaucoup de lumière : tout est lumineux, clair. Vous pouvez remplacer seulement par *lumineuse* si vous remplacez toute la fin de phrase par « l'atmosphère est chaleureuse et lumineuse » en employant *atmosphère* dans un sens figuré.

5. Synonymes de chose : faculté, capacité, qualité.

Synonymes de on a raison : il est juste, il est légitime, il est conseillé, il faut exhorter (à).

6. Synonymes d'il faut faire : il faut/il est nécessaire/la priorité est de voter, adopter, choisir, (voire) ratifier.

Synonymes de changer l'opinion : modifier/faire évoluer/infléchir l'avis, l'appréciation, la conviction, le jugement, le sentiment, l'idéologie, les préjugés.

Synonymes de des gens : des citoyens, du peuple, de la nation, du public.

7. Synonymes d'un homme qui passait : un passant, un quidam.

Synonymes d'a dit : a affirmé, a déclaré, a révélé, a expliqué, a signifié.

8. Synonymes d'ai : possède, suis propriétaire/locataire, détiens.

Synonymes d'ai : dispose, tire profit, profite.

Synonymes de travailler de mes mains : bricoler, travailler manuellement.

RÈGLE 2 : Le genre des noms

Certains noms ont un genre qui fait hésiter, d'autres ont un genre qui dépend de leur emploi

Noms dont le genre fait hésiter

Masculin			**Féminin**		
abîme	chrysanthème	intermède	absinthe	écritoire	scolopendre
aérolithe	décombres	interstice	acné	encaustique	spore
agrume	effluve	intervalle	acoustique	éphéméride	stalactite/stalagmite
amiante	éloge	ivoire	alcôve	épithète	
anthracite	élytre	jade	algèbre	épître	ténèbres
antidote	en-tête	obélisque	alluvion	espèce	urticaire
antre	épiderme	opprobre	anagramme	gemme	vis
apogée/périgée	épilogue	ovule	anicroche	icône	
	équinoxe	pétale	argile	idylle	
arcane	esclandre	planisphère	arrhes	oasis	
armistice	exode	pore	atmosphère	octave	
aromate	exorde	tentacule	câpre	omoplate	
asphalte	fastes	termite	céréale	once	
astérisque	globule	trille	clepsydre	opale	
augure	haltère	viscère	dartre	oriflamme	
causse	hémisphère	vivres	ébène	patère	
cerne	hémistiche		échappatoire	réglisse	

Exemples

C'est de *bon* augure / Avoir des cernes *brunis*. / *Une bonne* acoustique. / *Une* espèce d'idiot.

Noms dont le genre dépend de leur emploi

- ***Chose*** est féminin sauf dans *quelque chose*, *peu de chose*, *grand-chose*.

Exemple

C'est quelque chose *d'important*. (et non *d'importante*)

- ***Foudre*** est féminin, sauf dans l'expression *un foudre de guerre*. Il est également masculin quand il désigne un grand tonneau (*un foudre*).
- ***Merci*** est masculin sauf dans l'expression *être à la merci de qqn*.
- ***Orge*** est féminin sauf dans les expressions *orge perlé* (dépouillé de toutes ses enveloppes) et *orge mondé* (dépouillé de sa 1re enveloppe).
- ***Noël*** est masculin sauf quand il est précédé de l'article défini *la* (on ne peut donc pas dire « le Noël »).
- ***Pâques*** (fête chrétienne) est masculin singulier sauf quand il est associé à une épithète (joyeuses Pâques) ; il est alors féminin pluriel. *La* **pâque** (fête juive) est un mot féminin singulier.
- ***Amour, délice*** et ***orgue*** sont masculins au singulier (ex. : *Un doux amour*) et féminins au pluriel (ex. : *Des douces amours*).
- ***Gens*** est masculin pluriel sauf quand il est précédé immédiatement par un adjectif ayant une forme distincte au féminin. On écrira donc *ces gens bons* (l'adjectif suit) mais *ces bonnes gens* (l'adjectif précède).

Entraînement

Relever les fautes concernant le genre du nom et corrigez-les.

1. Il n'y a pas grand-chose de surprenante.

2. J'ai versé des arrhes très coûteux.

3. L'atmosphère est lourde.

4. Parler à intervalles régulières.

5. Une espèce de bonhomme fait une esclandre.

6. Un exode se fit parce qu'il n'y avait aucune autre échappatoire.

7. La bonne acoustique, d'une salle aux nombreux stalactites.

8. Le Noël fêté avec ces bons gens.

9. Une vis traînait sur cette autoroute.

10. Nous sommes à la merci d'une amiante présente dans certains bâtiments.

Corrigé

Phrases correctes : 3, 6, 9.

1. surprenant : *grand-chose* est masculin.

2. coûteuses : *arrhes* est féminin pluriel.

4. réguliers : *intervalle* est masculin.

5. un esclandre.

7. nombreuses : *stalactite* est féminin.

8. La Noël /ces **bonnes** gens : *Noël* est féminin s'il est précédé d'un article et *gens* est précédé immédiatement d'un mot féminin.

10. un présent : *amiante* est masculin.

RÈGLE 3 : La signification des paronymes

Les paronymes sont des mots dont la prononciation est proche, mais qui n'ont pas la même signification

Quand vous rédigez, vous ne devez pas les confondre, sans quoi votre phrase n'aurait aucun sens.

Exemple

« Pour *perpétrer* la race, les nazis ont *perpétué* de nombreux crimes. »
Cette phrase n'a pas de sens car *perpétrer* et *perpétuer* ont été confondus. Il faut dire : « Pour *perpétuer* la race, les nazis ont *perpétré* de nombreux crimes. »

Voici une liste indicative de 40 groupes de paronymes utiles.

1. **abhorrer** : détester.
   arborer : porter avec fierté.
2. **abjurer** : renoncer.
   adjurer : demander avec instance.
3. **acception** : signification.
   acceptation : accord.
4. **affiler** : aiguiser.
   effiler : défaire un tissu fil à fil (ou) rendre mince et long.
5. **agonir** : insulter.
   agoniser : mourir.
6. **alternance** : succession alternée.
   alternative : choix.
7. **amnistie** : pardon général.
   armistice : accord qui suspend les combats.
8. **anoblir** : donner un titre de noblesse.
   ennoblir : donner de la dignité.
9. **apurer** : vérifier des comptes financiers.
   épurer : rendre pur.
10. **assentiment** : consentement.
    ressentiment : désir de vengeance.
11. **avanie** : affront, offense.
    avarie : dommage matériel subi lors d'un transport.
12. **capiteux** : qui enivre.
    captieux : qui veut tromper.
13. **collision** : choc.
    collusion : entente secrète.
14. **conjoncture** : circonstances.
    conjecture : supposition.
15. (de) **concert** : ensemble.
    (de) **conserve** : en suivant la même voie.
16. **découpler** : séparer un couple.
    décupler : multiplier par dix.
17. **dénouement** : fin d'une intrigue.
    dénuement : misère, pauvreté.
18. **dilapider** : dépenser follement.
    lapider : tuer à coups de pierres.
19. **effraction** : fracture d'une porte pour voler.
    infraction : violation d'une loi.
20. **élucider** : résoudre.
    éluder : éviter.
21. **épancher** : répandre (ou) communiquer des sentiments.
    étancher : arrêter.
22. **errements** : procédés, habitudes.
    erreur : faute, méprise.
23. **exode** : émigration massive.
    exorde : début d'un discours.
24. **fétu** : brin de paille.
    fœtus : embryon de huit semaines.
25. **flagrance** : qualité de ce qui est flagrant.
    fragrance : odeur agréable.
26. **grabat** : lit inconfortable.
    gravats : débris d'un bâtiment.
27. **gradation** : progression par degrés.
    graduation : échelle graduée.
28. **habileté** : qualité de celui qui est habile.
    habilité : autorisé.
29. **ingénieux** : habile, débrouillard.
    ingénu : naïf.
30. **importun** : qui dérange.
    opportun : qui a lieu au bon moment.

31. **inanité** : inutilité.
inanition : épuisement par manque de nourriture.

32. **inclinaison** : état de ce qui est penché.
inclination : penchant naturel.

33. **infecter** : contaminer.
infester : envahir, ravager.

34. **perpétuer** : faire durer, transmettre.
perpétrer : commettre.

35. **pogrom** : massacre, pillage.
prodrome : signe annonciateur.

36. **prédiction** : annonce du futur.
prédication : formation religieuse.

37. **prescrire** : imposer, recommander.
proscrire : interdire.

38. **recouvrer** : récupérer, retrouver.
recouvrir : couvrir de nouveau.

39. **somptueux** : magnifique, fastueux.
(dépense) **somptuaire** : de luxe.

40. **suggestion** : conseil, influence.
sujétion : soumission.

Entraînement

Identifiez quel paronyme entre parenthèses complète correctement les phrases suivantes.

1. Ce n'est pas la bonne (acception/acceptation) de ce mot.
2. Il est essentiel de (perpétrer/perpétuer) certaines traditions.
3. Nous ne pouvons qu'admettre la (fragrance/flagrance) du crime.
4. Un (importun/opportun) gêne les vacanciers.
5. La (gradation/graduation) de ma règle est partiellement effacée.
6. Je vous fais une simple (suggestion/sujétion) pour vous corriger.
7. Lors du procès une (collision/collusion) a été découverte entre plusieurs employés d'une entreprise.
8. Le médecin (proscrit/prescrit) un puissant antalgique.
9. Le cousin du prévenu est (habileté/habilité) à témoigner.
10. Après un étourdissement, il a (recouvré/recouvert) ses esprits.

Corrigé

1. acception : définition, signification.
2. perpétuer : transmettre.
3. flagrance : caractère de ce qui est flagrant, incontestable.
4. importun : celui qui importune, qui dérange.
5. graduation : division d'un instrument de mesure.
6. suggestion : action de suggérer, de conseiller.
7. collusion : entente secrète contre quelqu'un, complicité.
8. prescrit : ordonne, libère par prescription.
9. habilité : autorisé légalement.
10. recouvré : récupéré, retrouvé.

RÈGLE 4 : La signification des homonymes lexicaux

Les homonymes sont des mots qui se prononcent de la même façon, mais s'écrivent bien souvent de façon différente et n'ont pas le même sens

Quand vous rédigez, vous ne devez pas les confondre, sans quoi votre phrase n'aurait aucun sens et/ou contiendrait des fautes d'orthographe.

Exemple

« Nous l'avons fait par acquit de conscience. »

Cette phrase est correcte parce que l'expression *acquit de conscience* signifie *pour acquitter sa conscience*, d'où le *–t* final (et non *acquis*).

Voici une liste indicative de 30 groupes d'homonymes utiles.

1. **acquis** : possession, acquisition.
   acquit : acquittement, soulagement.
2. **air** : gaz respirable. / mélodie.
   aire : surface.
   ère : période.
   haire : chemise de pénitence.
   hère : misérable.
3. **are** : mesure agraire.
   arrhes : avance financière.
   art : création esthétique.
   hart : pendaison.
4. **auspices** : présages (favorables).
   hospice : maison d'accueil des pauvres.
5. **bailler** : donner.
   bâiller : ouvrir la bouche à cause de la fatigue ou de la faim.
   bayer : dans l'expression *bayer aux corneilles*, ne rien faire, rêvasser.
6. **ban** : bannissement (être au ban de).
   banc : siège.
7. **cahot** : saut d'un véhicule provoqué par les ornières d'une route.
   chaos : désordre.
8. **ceint** : verbe ceindre, entourer.
   sain : en bonne santé.
   saint : parfait.
   sein : poitrine.
   seing : signature.
9. **censé** : supposé.
   sensé : de bon sens.
10. **détoner** : émettre un bruit violent en explosant.
    détonner : changer de ton.
11. **différend** : désaccord.
    différent : non identique.
12. **écho** : renvoi d'un son.
    écot : part de chacun.
13. **envi** : dans l'expression *à l'envi*, en rivalisant, sans limite.
    envie : désir.
14. **foi** : croyance.
    foie : organe du tube digestif.
    fois : marque la fréquence.
15. **fond** : base d'un objet.
    fonds : somme d'argent.
    font : forme du verbe *faire*.
16. **fore** : creuse.
    fors : sauf, excepté.
    fort : puissant.
17. **li** : mesure chinoise.
    lie : dépôt du vin (ou) ce qu'il y a de pire.
    lit : couche.
18. **maire** : élu local.
    mer : étendue d'eau.
    mère : maman.
19. **marc** : reste de fruits pressés.
    mare : étendue d'eau.
    marre : assez (en avoir marre).
20. **pair** : en nombre multiple de deux.
    paire : duo.
    perd : verbe perdre.
    père : papa.
    pers : de couleur bleu-vert.
21. **parti** : résolution.
    partie : portion.

22. **plain** : dans *plain-pied*, au niveau du sol. **plein** : rempli.	27. **tain** : métal appliqué derrière une glace pour en faire un miroir. **teint** : verbe teindre (ou) coloration de la peau. **thym** : plante vivace. **tint** : verbe tenir.
23. **prémices** : premiers signes. **prémisse** : début d'un raisonnement.	28. **tan** : écorce de chêne en poussière. **tant** : autant. **taon** : grosse mouche. **temps** : moment, durée.
24. **résonner** : renvoyer un son. **raisonner** : réfléchir.	29. **tribu** : groupe d'individus. **tribut** : ce qu'il faut donner.
25. **saut** : bond. **sceau** : cachet, signature. **seau** : récipient. **sot** : idiot.	30. **voie** : chemin **voix** : son, émission vocale.
26. **tache** : souillure, saleté. **tâche** : travail, activité.	

Entraînement

Identifiez quel homonyme entre parenthèses complète correctement les phrases suivantes.

1. Mon père s'est constitué (parti/partie) civile.

2. Il faut suivre la (voix/voie) de la sagesse, c'est-à-dire le chemin qui y mène.

3. Leur accord s'est conclu par un contrat sous (sein/sain/seing) privé.

4. Voilà un homme qui se tue à la (tâche/tache).

5. Il a dû payer un lourd (tribut/tribu) pour accéder à cet avantage.

6. Nous habitons une maison de (plain/plein)-pied.

7. Vous semblez malade ; vous avez un (tain/teint/thym) pâle.

8. Vous ne (résonnez/raisonnez) pas assez ; c'est pour cela que vous ne comprenez pas.

9. Ce (fond/fonds/font) de commerce a été racheté à pris d'or.

10. (Tant/Temps/Taon) pis pour ceux qui n'écoutent pas les recommandations.

Corrigé

1. partie : portion (on le constate avec le genre de *civile*).

2. voie : chemin, route. La fin de la phrase ne laissait aucune ambiguïté possible.

3. seing : signature.

4. tâche : ouvrage, travail.

5. tribut : ce qu'il faut payer.

6. plain : au niveau du sol (pensez à *plan*).

7. teint : coloration du visage (pensez à *teinte*).

8. raisonnez : réfléchissez, utilisez votre raison.

9. fonds : sommes d'argent.

10. Tant : autant, tellement.

Le registre de langue, les expressions et les effets de style 6

RÈGLE 1 : Le choix du registre de langue

Il faut écrire dans un registre de langue correct, ni trop familier, ni trop soutenu

Le registre de langue ou le style est l'utilisation de procédés de langue afin d'adapter son expression à l'auditoire.

Il est attendu du candidat qu'il soit capable de produire un texte dans un registre de langue correct. Il doit éviter tout ce qui est trop familier, voire grossier. Il faut notamment éviter d'écrire comme on parle en général.

Exemple

« Où tu vas ? »

Dans la langue familière, nous formulons ainsi la question. Même si cela est correct, il est préférable de dire : « Où vas-tu ? » parce qu'une question est mieux posée dans une structure sujet-verbe inversée.

Pour éviter cette familiarité, nous rappelons que les répétitions doivent être évitées, sauf si leur absence nuit à la clarté de la phrase. On évitera particulièrement de rédiger un texte à l'aide des cinq ou six verbes les plus courants (*avoir, être, aller, faire*, etc.) et l'on s'efforcera de diversifier sans trahir.

Exemple

« J'ai un chien et j'ai deux hamsters. J'ai aussi un petit chat dont je m'occupe et qu'a ma voisine »

Cet extrait contient quatre fois le verbe (ou auxiliaire) *avoir*. C'est beaucoup trop. De plus, la fin est ambiguë et mal formulée. Dites plutôt : « J'ai un chat et deux hamsters. Mais je m'occupe également du petit chat de ma voisine. » Remarquez que nous n'avons pas supprimé tous les emplois du verbe (ou auxiliaire) *avoir* ; il n'est pas interdit de l'utiliser.

Notez que l'emploi des auxiliaires *avoir* et *être* peut justifier une répétition.

Exemple

« Il a acheté une maison qu'il a vue dans un journal et qu'il a visitée deux fois. »

Sans être exceptionnelle, cette phrase est acceptable malgré trois occurrences de l'auxiliaire *avoir*.

Pensez également que certaines répétitions peuvent permettre plus d'expressivité.

Exemple 1

« Je n'écris *point d'amour*, n'étant *point amoureux*,

Je n'écris de *beauté*, n'ayant *belle* maîtresse... »

Ce début de poème de Du Bellay, dans *Les Regrets*, montre bien une insistance volontaire d'autant mieux exprimée par la répétition.

Exemple 2

« Moi, je t'écoute. »

Là encore le *moi je* qui est à éviter ordinairement peut favoriser l'insistance du locuteur.

Il faut également se prémunir contre un autre défaut qui est celui du pédantisme. Employer sans cesse un vocabulaire trop technique ou philosophique peut produire l'effet inverse de celui recherché : vous donnerez le sentiment d'être un candidat sans vocabulaire qui le cache derrière des mots techniques appris récemment. Un bon vocabulaire doit aussi s'intégrer naturellement dans le texte. C'est pourquoi un mot comme *bizarre* (*cf.* fiche 5, règle 1) n'est pas toujours à éviter.

Vous vous méfierez particulièrement de l'usage excessif des mots en *–isme*, en *–ité*, en *–ude* ou en *–ion*.

Exemple

« La systématicité de l'individualisme contemporain élude le procès d'une contemporanéité de la fraternité. »

Cette phrase est trop compliquée et permet finalement de dire peu de chose car elle exprime une idée très simple. Le mot *procès* y est employé dans le sens de *processus* (ce qui peut être ambigu). Nous pourrions la reformuler ainsi : « L'égoïsme actuel des hommes fait obstacle à la solidarité ». Cette phrase est correcte, plus claire, plus simple et malgré tout bien rédigée.

L'autre inconvénient d'un tel vocabulaire est le risque de faire des néologismes (la « systémation », la « rationabilité », la « bravitude », etc.) ou d'écrire des phrases qui n'ont aucun sens.

Exemple

« Dans sa giration autour de la périphérie du Soleil, la Terre rote »

Cette phrase ne veut rien dire. *Rote* est censé renvoyer à *rotation*, ce qui n'est pas le cas. Plus grave encore, l'idée sous-jacente est très simple : « La Terre tourne autour du Soleil ».

Entraînement

Exercice 1 : *Réécrivez les phrases suivantes dans un registre de langue plus soutenu. L'ordre des mots et des propositions peut être changé, mais l'idée essentielle de la phrase doit être respectée.*

1. Qui c'est qui t'a fait ça ?

2. La crise, c'est nul ; ça fait des tas de problèmes.

3. Si t'as pas de sous pour t'acheter des trucs, t'es pas considéré par les autres.

4. Le progrès technique est responsable de plein de problèmes, environnement, chômage, précarité et j'en passe.

5. Le bazar qu'y a eu en Libye, c'est pas fini.

6. L'école, ça aide à apprendre la vie, si on écoute ce que disent les profs.

7. Dans un concours, y en a qui prennent et y en a qui prennent pas ; faut accepter.

8. Si on fait toujours ce qu'on veut, on fait vite n'importe quoi.

9. C'est pas malin de dire toujours ce qu'on pense ; après on vous en veut et c'est tant pis !

10. En ce moment, les gens font plein de bébés ; ça fait progresser le nombre qu'on est en France et ça donne du boulot à plein de monde.

Exercice 2 : *Dans cet exercice, les phrases sont plus correctes que précédemment, mais il est possible de les améliorer. Identifiez l'élément perfectible et corrigez-le.*

1. L'économie nous dépasse ; elle est parfois incompréhensible.

2. Une somme conséquente a été employée pour l'investissement.

3. Voilà un homme sérieux ! Impossible de rigoler avec.

4. Il faut en penser quoi selon vous qui êtes des spécialistes ?

5. Nous admettons que oui, mentir n'est pas toujours la meilleure idée.

6. Il y a abus et abus ; tout dépend de quoi on abuse.

7. On ne peut pas lutter quand nous sommes faibles.

8. J'ai beaucoup investi dans l'immobilier : j'ai gagné de l'argent et parfois j'ai perdu ce que j'avais gagné.

9. J'ai zappé toute une partie du cours.

10. Nous vous communiquerons a fortiori demain ou le lendemain ces documents.

Corrigé

Exercice 1 : *La correction proposée est indicative. Vous pouvez trouver d'autres améliorations correctes. Il faut cependant qu'elles portent bien sur les éléments fautifs.*

1. *Qui t'a (vous a) fait cela ?*

2. *La crise que nous vivons est la cause de nombreux problèmes ; il faut souhaiter qu'elle finisse rapidement*. Dans cette phrase, il était difficile de conserver la structure maladroite. Il fallait interpréter *c'est nul*.

3. *Dans notre société, le respect est trop souvent lié au niveau de revenus.*

4. *Le progrès technique est responsable de nombreux problèmes. Le dérèglement climatique, le chômage ou encore la précarité en sont les conséquences principales*. Dans cette phrase, il n'était pas utile de tout changer.

5. *La révolution libyenne n'est pas complètement finie.*

6. *L'école nous aide à connaître la vie, si nous prenons la peine d'écouter nos enseignants.*

7. *Un concours est sélectif ; il faut l'accepter.*

8. *Il ne faut pas toujours suivre nos caprices car ils peuvent être irrationnels.*

9. *Il est prudent de ne pas toujours dire ce que l'on pense si l'on ne veut pas d'ennemis.*

10. *La France connaît actuellement un important taux de fécondité. La progression démographique est profitable à l'emploi.*

Exercice 2

1. *Le domaine de l'économie est déconcertant ; c'est même parfois incompréhensible*. Il faut corriger *l'économie nous dépasse* qui est imprécis.

2. Une *somme importante* a été investie. Il faut surtout corriger *somme conséquente* qui est incorrect pour signifier *somme importante*.

3. *Voilà un homme sérieux ! Impossible de plaisanter avec lui.* Il faut donner un synonyme à *rigoler* et éviter d'employer *avec* sans le mot qu'il introduit.

4. *En tant que spécialistes, pouvez-vous me dire ce qu'il faut en penser ?* Il est possible de rédiger une question sans inverser sujet et verbe de la proposition principale, mais il est recommandé de faire cette inversion tout de même.

5. *Nous admettons qu'effectivement le mensonge n'est pas toujours la meilleure solution*. Changez *que oui* qui n'est pas très châtié.

6. *Tout abus n'est pas condamnable. Tout dépend de ce dont on abuse*. Il faut supprimer la répétition d'*abus* et *abuse*.

7. *Nous ne pouvons pas lutter quand nous sommes faibles.* Il ne faut pas changer de personne (*on / nous*) dans une même phrase.

8. *J'ai beaucoup investi dans le domaine de l'immobilier avec un succès inégal.* Le raccourci final évite les répétitions.

9. *J'ai manqué (fait l'impasse sur) toute une partie du cours.*

10. *Nous vous communiquerons a priori ces documents demain ou le jour suivant. A priori* s'emploie à propos de ce qui n'a pas encore eu lieu, alors qu'*a fortiori* se rapporte à ce dont on a déjà fait l'expérience. En fin de phrase, il faut prendre garde à la répétition, c'est pourquoi l'on évitera *le surlendemain* même si c'est plus littéraire.

RÈGLE 2 : L'usage des expressions

Elles sont à utiliser avec prudence en évitant l'usage excessif ou inapproprié

Vous pouvez souhaiter employer certaines expressions, mais il faut toujours le faire sans excès car elles ont un sens convenu et elles sont la manifestation d'une pensée populaire.

Quand vous les employez, demandez-vous toujours si vous savez bien les orthographier.

Exemple

« Ce n'est qu'un pisaller. »

Cette phrase est incorrecte car « pisaller » (qui signifie *moindre mal*) s'écrit *pis-aller*.

L'excès de leur emploi peut donner un sens trop commun à vos phrases.

Exemple

« Si tant est que nous puissions nous vanter de cela, nous pouvons dire, bon an, mal an, que tout un chacun aurait fait de même. »

Dans cette phrase, on compte trop d'expressions (*si tant est / bon an, mal an / tout un chacun / faire de même*). Cela se rapproche d'un registre de langue familier alors même que l'orthographe de ces expressions n'est pas facile.

Demandez-vous aussi si vous êtes sûr que cette expression a bien le sens voulu.

Exemple

« La réforme du C.P.E. n'a pas fait long feu. »

Cette phrase n'a pas de sens dans la mesure où l'expression *faire long feu* signifie *ne pas fonctionner*. Donc cette phrase dit : « La réforme du C.P.E. a réussi » ce qui est presque le contraire du sens que le candidat voulait exprimer.

Enfin demandez-vous si l'expression existe ou si elle est correcte.

Voici quelques expressions ou tournures incorrectes accompagnées de leur correction :

Ne dites pas...	Dites plutôt...
à côté de (dans le sens d'*en comparaison*)	en comparaison
aller au coiffeur	aller chez le coiffeur
à l'avance	d'avance, par avance
alentour de qqch	autour de qqch
à nouveau	de nouveau
s'attendre à ce que	s'attendre que
causer à qqn	parler à qqn ou causer avec qqn
censément	je suppose ou est censé
ce que j'ai été content	comme j'ai été content
c'est là où je vais	c'est là que je vais
chaque (*les payer deux euros chaque*)	chacun (*les payer deux euros chacun*)
consentir à ce que	consentir que
conséquent (*achat conséquent*)	important (ou coûteux, etc.)
dans ce but	à cet effet
de façon/manière à ce que	de façon/manière à ou de façon/manière que
de mal en pire	de mal en pis
demander à ce que	demander que
de suite (*le faire de suite*)	tout de suite ou immédiatement
différencier	distinguer
disputer qqn	se disputer avec qqn
dites-lui-le / dites-vous-le	dites-le-lui / dites-le-vous (toujours le C.O.D. en 1er)
ennuyant	ennuyeux
émotionnant	émouvant
embrouillamini	embrouillement, confusion
en but à	en butte à
en outre de cela	outre cela
entre deux alternatives	dans l'alternative (l'alternative suppose déjà deux possibilités)
malgré que	malgré ou bien que
pallier à qqch	pallier qqch
partir à Paris	partir pour Paris
préférer sortir que de rester	préférer sortir plutôt que rester
ressortant à	ressortissant à (dans le sens *dépendre de*)
sans dessus dessous	sens dessus dessous
se rappeler de qqch	se rappeler qqch
solutionner	résoudre
se le souvenir	s'en souvenir
surtout que	d'autant plus que
tant qu'à vous	quant à vous
tel que (*tout est resté tel que*)	tel quel
trop de bonne humeur	de trop bonne humeur
vis-à-vis de qqn (ne signifiant pas *en face*)	envers qqn, à l'égard de qqn
voir à ce que	voir que
voire même	voire (évite la répétition)

RÈGLE 3 : L'usage des figures de style

Tout comme les expressions, elles sont à utiliser avec prudence en évitant l'usage excessif ou inapproprié

Vous devez particulièrement être prudent dans l'emploi des métaphores (sens figuré) et des comparaisons. Leur multiplication actuelle dans les textes est souvent préjudiciable à la clarté du texte, à son efficacité et à sa qualité littéraire.

Deux figures sont plus dangereuses encore : le pléonasme et l'ellipse.

Le pléonasme

Un **pléonasme** est une répétition. Il est fautif dès lors qu'il est involontaire.

Exemple

Il a monté en haut.

Il est évident qu'il est impossible de monter en bas.

Voici une liste des principaux pléonasmes :

agonir d'injures,
anéantir à rien,
applaudir des deux mains,
au grand maximum,
au jour d'aujourd'hui,
être avéré vrai,
car en effet,
chimère / rêve imaginaire,
collaborer / comparer ensemble,
descendre en bas / monter en haut,
double alternative,
deux jumeaux,
donc par conséquent,
enfin pour conclure/finir /terminer,
expérience pilote,
exulter de joie,
fourmiller de plein de détails,
incessamment sous peu,
logorrhée verbale,
monopole exclusif,
optimiser au maximum,
panacée universelle,
par exemple comme,
petit nain / grand géant,
potentiellement + mot en *–ible, –able* exprimant la possibilité,
prévoir d'avance,
principal protagoniste,
puis après / ensuite,
risque de menace,
se peigner les cheveux,
se réunir ensemble,
verbes en *s'entr...* + mutuellement / ensemble,
sommité la plus importante,
souhaiter des vœux,
vivre sa vie,
voir de ses propres yeux.

L'ellipse

Une **ellipse** est la suppression de mots qui seraient nécessaires pour la construction régulière de la phrase.

Exemple

Quand pars-tu ? – Demain.

Lorsque vous rédigez, vous pouvez avoir tendance à alléger la phrase en supprimant des mots qui seraient pourtant nécessaires. C'est particulièrement le cas avec les auxiliaires du *ne* de la négation.

Exemple

« Je ne pense comme toi. »

Cette phrase est incorrecte car l'adverbe *ne* doit être renforcé par un auxiliaire de négation (pas, point, etc.). Il faut donc écrire : « Je ne pense pas comme toi. »

Il est cependant obligatoire de supprimer cet auxiliaire dans certains cas :

- Dans les proverbes ou expressions

Exemple

Il n'est pire eau que l'eau qui dort.

- Quand la phrase commence par *que*

Exemple

Que ne le disiez-vous plus tôt ?

- Avec les verbes *savoir* ou *avoir* suivi de *que*

Exemple

Je ne sais que faire. / Je n'ai que faire de vos menaces.

Il est possible de supprimer cet auxiliaire dans d'autres cas :

- Dans des propositions au subjonctif qui dépendent d'un verbe négatif

Exemple

Il n'est personne si intelligente, qu'elle ne tombe dans ce piège.

- Avec les verbes *cesser, oser, pouvoir*

Exemple

Il ne cesse de se plaindre.

- Avec le verbe *savoir* quand il signifie *être incertain*

Exemple

Je ne sais s'ils m'écoutent.

- Dans des phrases interrogatives

Exemple

Qui ne le connaît ?

En dehors de ces cas, mettez un auxiliaire de négation.

La syllepse

Une autre figure de style, moins connue, est aussi l'occasion de fautes, c'est la **syllepse**. Elle consiste à accorder un mot d'après le sens et non d'après les règles de la grammaire. Là encore, une syllepse peut être voulue et correcte chez les grands écrivains, mais pour les autres elle est surtout une faute.

Exemple 1

« Ces personnes d'esprit, eux, ont compris votre exposé. »

Personnes est féminin pluriel, il ne faut donc pas remplacer ce mot par le pronom *eux* qui est au masculin pluriel.

Exemple 2

« Cette sentinelle était attentif. » (en parlant d'un homme)

Sentinelle est un mot féminin ; même si l'on parle d'un homme, il faut écrire *attentive*.

Les amphibologies

Enfin, méfiez-vous des **amphibologies**. Ce sont des structures qui peuvent être interprétées de deux façons différentes.

Exemple

« Je vous fais parvenir un paquet par le voisin, que j'ai ficelé auparavant. »

Telle que la phrase est écrite, il est possible de croire que vous avez ficelé le voisin avant qu'il n'envoie (on ne sait comment) le paquet. Il vaudra mieux écrire : « J'ai demandé au voisin de vous faire parvenir un paquet que j'ai ficelé ». Il est également possible de faire une répétition pour la clarté : « Je vous fais parvenir un paquet par le voisin, *paquet* que j'ai ficelé auparavant ».

Entraînement

Corrigez les erreurs concernant l'emploi des expressions et des figures de style dans les phrases suivantes.

1. Je demande à ce que vous compreniez que tout va de mal en pire.

2. Au jour d'aujourd'hui, nous ne sommes plus sûrs de quoi que ce soit.

3. C'est là où je t'emmènerai à l'occasion de nos vacances.

4. Nous serons au grand maximum entourés de quelques ennuyants.

5. Partirez-vous demain ? Je ne le crois.

6. Ce n'est pas la panacée universelle ; cela ne permet pas de tout solutionner immédiatement.

7. Entre ces deux alternatives, j'ai, tant qu'à moi, choisi la meilleure.

8. Les personnalités réunies, des ministres et des ambassadeurs, ont tous signé le document tel que.

9. J'ai cuisiné une tarte à ma fille qui n'est pas bonne.

10. Je ne ris malgré que j'en aie envie.

Corrigé

Les éléments modifiés sont soulignés.

1. Je demande que vous compreniez que tout va de mal en pis.

2. Aujourd'hui, nous ne sommes plus sûrs de quoi que ce soit.

3. C'est là que je t'emmènerai à l'occasion de nos vacances.

4. Nous serons au maximum entourés de quelques ennuyeux.

5. Partirez-vous demain ? Je ne le crois pas.

6. Ce n'est pas la panacée ; cela ne permet pas de tout résoudre immédiatement.

7. Entre ces deux possibilités, j'ai, quant à moi, choisi la meilleure / Dans cette alternative, j'ai, quant à moi, choisi la meilleure solution.

8. Les personnalités réunies, des ministres et des ambassadeurs, ont toutes signé le document tel quel.

9. J'ai cuisiné une tarte à ma fille ; cette tarte n'était pas bonne.

Cette phrase est une amphibologie : il est possible de comprendre que c'est la fille qui n'est pas bonne.

10. Je ne ris pas bien que j'en aie envie.

Composition

Aptitude pro

Anglais

Entretien psy

Entretien jury

EPG

7 Le bon usage des connecteurs, et autres mots de liaison

RÈGLE 1 : L'usage des connecteurs logiques

Lorsque vous écrivez, vous devez guider le lecteur par l'utilisation de connecteurs qui hiérarchisent, organisent les idées du discours

Le lecteur sera dans de meilleures dispositions si vous le guidez à l'aide des bons connecteurs.

Suivant la relation logique à exprimer, voici les principaux connecteurs :

- Connecteurs d'expression de la cause : *car, parce que, puisque, en effet*, etc.
- Connecteurs d'expression de la conséquence : *donc, par conséquent, partant*, etc.
- Connecteurs de relation d'opposition : *mais, cependant, néanmoins, pourtant, toutefois, par contre, en revanche, nonobstant*, etc.
- Connecteurs de liaison ou d'addition : *et, de plus, en outre*, etc.
- Connecteurs de simple enchaînement : *aussi, d'ailleurs, par ailleurs, d'autre part, or*, etc.
- Connecteur d'explication : *à savoir, savoir, c'est-à-dire*, etc.

Soyez prudent avec les connecteurs d'énumération qui, bien souvent, ne produisent qu'un exposé (et une superposition) d'idées là où l'épreuve réclame plutôt un enchaînement. C'est le cas notamment de *tout d'abord, ensuite, enfin* ou de *premièrement, deuxièmement*, etc. C'est bien souvent une mauvaise idée.

REMARQUE

Si vous avez tendance à manquer de rigueur dans l'organisation de vos idées, efforcez-vous d'utiliser des connecteurs (à bon escient) pour vous contraindre à mieux agencer vos idées.

Entraînement

Dans les textes suivants les connecteurs logiques manquent. Ajoutez-les afin de recréer un texte cohérent. Vous pouvez changer la ponctuation ou le découpage des phrases.

1. Notre système social protège les personnes les plus fragiles. Celles-ci sont aujourd'hui très menacées par les difficultés économiques de notre pays. Il est urgent de développer le lien social. Nous réussirons à soutenir chacun et à mieux nous connaître. Il faut réagir et ne pas céder au pessimisme.

2. La liberté est un sentiment naturel et souvent constructif. Elle peut détruire parfois si elle n'est pas maîtrisée. L'adulte est celui qui transforme son indépendance en liberté. Celui qui n'agit plus contre les autres et contre les lois. Il agit par lui-même. Il faut inciter les plus jeunes à construire leur liberté, non leur indépendance.

3. Notre époque est surprenante. Nous changeons d'avis bien souvent ; nous ne sommes pas toujours assez réfléchis. Nous décidons de façon immédiate ; il faudrait étudier davantage la question. Nous possédons toutes les ressources d'information : journaux, internet, livres. Les utilisons-nous à bon escient ? C'est bien là que se situe le problème.

Corrigé

1. *Les connecteurs choisis ne sont pas les seuls possibles.*

Notre système social protège les personnes les plus fragiles. Or, celles-ci sont aujourd'hui très menacées par les difficultés économiques de notre pays. C'est pourquoi il est urgent de développer le lien social. Ainsi nous réussirons à soutenir chacun et à mieux nous connaître. Il faut donc réagir et ne pas céder au pessimisme.

Or (ou un connecteur d'opposition) sert ici de liaison pour exposer la situation concrète qui nous intéresse. *C'est pourquoi* permet de mettre en relation cette situation concrète et son remède. *Ainsi* établit un 1er bilan des conséquences probables, et *donc* conclut.

2. *Dans ce petit texte, deux connecteurs d'opposition sont nécessaires ; n'employez pas le même mot !*

La liberté est un sentiment naturel et souvent constructif. Pourtant elle peut détruire parfois si elle n'est pas maîtrisée. L'adulte est celui qui transforme son indépendance en liberté, c'est-à-dire celui qui n'agit plus contre les autres et contre les lois mais qui agit par lui-même. Par conséquent il faut inciter les plus jeunes à construire leur liberté, non leur indépendance.

Pourtant marque l'opposition entre la 1re phrase et la suivante. *C'est-à-dire* permet d'introduire l'explication de la distinction qui précède. *Mais* marque l'opposition et *par conséquent* introduit le bilan.

3. Notre époque est surprenante. En effet, nous changeons d'avis bien souvent parce que nous ne sommes pas toujours assez réfléchis. Nous décidons de façon immédiate lorsqu'il faudrait étudier davantage la question. Pourtant, nous possédons toutes les ressources d'information : journaux, internet, livres. Mais les utilisons-nous à bon escient ? C'est bien là que se situe le problème.

En effet permet d'expliquer la raison (la cause) pour laquelle l'époque surprend. *Parce que* introduit la cause de ce qui précède. *Lorsque* (ou *quand*) permet d'exprimer la simultanéité et de proposer une vision alternative. *Pourtant* et *mais* marquent une opposition.

RÈGLE 2 : L'usage de certains adverbes et pronoms

Certains adverbes et pronoms sont plus difficiles d'utilisation parce qu'ils ont un sens particulier

Adverbes

Parmi les adverbes difficiles à utiliser, il faut nous arrêter sur *ci* et *là* et les mots qui en dérivent (*voici, voilà, ceci, cela*, etc.). Dans le langage courant, nous les considérons comme interchangeables. Or, dans les textes qui vous seront proposés, vous pourrez les rencontrer. Vous aurez alors besoin de bien connaître leurs différences pour éviter les contresens.

Exemple

« Il y a les banquiers et les architectes : ceux-ci sont appréciés pour leur rigueur, ceux-là pour leur sens de l'analyse. »

Il est bien difficile dans cet exemple de savoir qui est rigoureux et qui a le sens de l'analyse si l'on ne fait pas la différence entre *ceux-ci* et *ceux-là*.

L'adverbe *là* renvoie à ce qui est le plus éloigné et/ou à ce qui vient avant.

Composition | Aptitude pro | Anglais | Entretien psy | Entretien jury | EPG

Exemple

« Je suis mécontent ; dites-vous bien cela. »

L'adverbe *ci* renvoie à ce qui est le plus proche et/ou à ce qui vient après.

Exemple

« Dites-vous bien ceci : je suis mécontent. »

Dans le 1er exemple, nous voyons donc que ce sont les banquiers qui ont le sens de l'analyse (plus éloigné) et les architectes qui ont la rigueur.

Il faut également bien employer l'adverbe *pis* et ne pas le confondre avec *pire*. *Pis* s'emploie principalement dans des tournures anciennes ou des expressions. C'est ainsi qu'il faut dire *tant pis, au pis aller, aller de mal en pis, qui pis est* (= ce qui est pire), *dire pis que pendre, faire pis que tout cela, mettre/voir tout au pis*. Dans les autres cas, on emploiera *pire* et on évitera d'employer *pis* pour faire littéraire lorsque l'on est par sûr de son emploi.

Exemple

C'est *pire* que je ne le pensais. / Il a dit *pis que pendre* de son voisin.

Pronoms

Parmi les pronoms plus difficiles d'usage, il faut signaler l'emploi du pronom indéfini *on*. *On* est un pronom qui peut s'employer en concurrence de *nous* dans un registre plus familier. Il ne faut toutefois pas s'interdire de l'employer car des phrases toujours construites avec *nous* peuvent être chargées. D'autre part, *on* a une valeur plus neutre et anonyme que *nous* qui peut davantage convenir dans certains cas.

Exemple

On est toujours puni par où l'on a péché.

Dans cet exemple, *nous* est possible, mais cela changera la signification du proverbe, lui donnant un sens moins indéterminé.

Il faut cependant être attentif à ne pas alterner entre *nous* et *on*. Dans un même paragraphe, il faut conserver *nous* ou *on* pour désigner la ou les mêmes personnes.

On notera dans l'exemple précédent que le pronom *on* est précédé de l'article *l'*. C'est un usage propre à ce pronom. La présence de cet article rend la phrase plus littéraire ; cet article est toutefois toujours facultatif. Il est recommandé de ne pas l'employer en deux circonstances :

- En début de phrase : *L'on* vient vous voir.
- Quand il est précédé de *dont* (à cause de la répétition du son *on*) ou suivi d'un mot commençant par un *l-* (Si *l'on le* veut).

L'autre pronom difficile d'usage est le pronom relatif *dont*. Il signifie *de quoi* ou *d'où* et inclut donc une préposition. Il ne peut pas être employé avec des verbes construits sans préposition ou avec un antécédent contenant déjà une préposition.

Exemple 1

« C'est ce dont je me rappelle. »

Cette phrase que vous avez sans doute déjà entendue est fautive parce que le verbe *rappelle* s'emploie sans préposition ; on ne dit pas *se rappeler de qqch*, mais *se rappeler qqch*. Il faut dire : « C'est ce que je me rappelle. »

Exemple 2

« Une ville dont il ne se souvient plus du nom. »

Cette phrase est également fautive bien que le verbe *se souvenir* s'emploie correctement avec la préposition *de* (on se souvient *de qqch*). L'erreur vient du fait que *nom* est le mot auquel *dont* se rapporte (son antécédent) et qu'il ne devrait pas être précédé d'une préposition. Il faut dire : « Une ville dont il a oublié le nom ».

Entraînement

Identifiez puis corrigez les erreurs d'emploi des adverbes et pronoms dans les phrases suivantes. Il est possible que certaines phrases soient correctes.

1. Dites-vous bien cela : vous avez tort.

2. Voilà tout ce dont je me rappelle.

3. On a compris que nous ne sommes pas attendus.

4. Il a dit pire que pendre de son voisin.

5. N'écoutez ni les généreux, ni les avares : ceux-ci donnent tout sans compter, ceux-là ne donnent rien sans compter !

Corrigé

1. *Dites-vous bien* ***ceci...*** Le pronom se rapporte à ce qui suit.

2. *Voilà tout ce* ***que*** *je me rappelle*. On se rappelle *qqch* et non *de qqch*.

3. ***Nous*** *avons compris que nous...* Cela évite d'alterner *on* et *nous*.

4. *Il a dit* ***pis*** *que pendre de son voisin*. Expression figée avec *pis* et non *pire*.

5. *N'écoutez ni les généreux, ni les avares :* ***ceux-là*** *donnent tout sans compter,* ***ceux-ci*** *ne donnent rien sans compter ! Ceux-ci* pour les plus proches (les avares), *ceux-là* pour les plus éloignés dans la phrase (les généreux).

8 L'usage des modes et des temps, la correspondance des temps

RÈGLE 1 : L'usage des modes

La principale confusion est celle de l'indicatif et du subjonctif, mais aussi l'emploi abusif du conditionnel

L'indicatif est le mode du fait. On le retrouve dans les phrases déclaratives, interrogatives et exclamatives. Le subjonctif est le mode de l'hypothèse. Celui qui parle ne s'engage pas sur la réalité du fait dont il est question. On le rencontre souvent dans des propositions compléments, mais il peut aussi être employé dans des phrases simples.

Exemple

Il ne peut pas venir. / Je crains qu'il ne puisse pas venir.

Dans la 1re phrase l'indicatif s'impose parce qu'il s'agit d'une affirmation. Dans la 2de phrase, il s'agit d'une hypothèse.

Une faute courante de l'emploi des modes est celui du conditionnel après *si*. Le conditionnel qui est une sorte de futur dans le passé ne s'emploie jamais dans une proposition introduite par si.

Exemple

« Si j'aurais su, je ne serais pas venu. »

Il faut écrire : « Si j'avais su, je ne serais pas venu. »

RÈGLE 2 : L'usage des temps

Il faut savoir distinguer l'indicatif imparfait, temps des faits qui durent et le passé simple, temps plus ponctuel. Connaître aussi les règles de la correspondance des temps

Dans votre rédaction, vous pourrez être amené à écrire sur des faits passés. Le choix d'écrire entièrement au passé simple n'est jamais très judicieux car cela rend le texte un peu pédant et ce n'est pas non plus toujours assez expressif. Il faut savoir alterner entre passé simple et passé composé, sachant que ces deux temps sont très proches. La différence, c'est que le passé composé est plus en relation avec le présent.

Exemple

Tu es allé voir ta sœur. / Tu allas voir ta sœur.

Dans les deux cas, l'action est au passé, mais dans le 1er elle semble plus proche du présent que dans le 2nd.

Il faut également utiliser la différence entre ces deux temps et l'imparfait. L'imparfait est un temps du passé qui permet d'exprimer une durée dont on ne connaît pas précisément le début ou la fin. Il s'oppose aux deux temps précédents dans le récit.

Exemple

Quand je retournais chez mes parents, je voyais ma sœur. Un jour je constatai qu'elle était partie.

Dans cet exemple, *retournais* et *voyais* sont à l'imparfait et indiquent une action qui dure, mais *constatai* est du passé simple pour exprimer le caractère ponctuel, précis de ce moment dans le passé.

Lorsque vous employez une phrase dont l'une des propositions commence par *si*, certaines règles d'emploi des temps sont à respecter :

	La prop. principale est au...	... la subordonnée introduite par si est au...
1	futur simple	présent
2	conditionnel présent	imparfait
3	futur simple	passé composé
4	conditionnel passé	plus-que-parfait

Exemples

Exemple du 1 : Tu me préviendras si la fièvre monte.

Exemple du 2 : Tu me préviendrais si la fièvre montait ?

Exemple du 3 : Tu me préviendras si la fièvre a monté.

Exemple du 4 : Tu m'aurais prévenu si la fièvre avait monté ?

Dans les autres cas, le temps choisi dépend du rapport entre propositions.

Principale	Subordonnée à l'indicatif		
	antériorité	simultanéité	postériorité
Verbe au présent ou au futur → Je pense / je penserai	*Passé* qu'il mentait qu'il mentit qu'il a menti	*Présent* qu'il ment	*Futur simple* qu'il mentira
Verbe au passé → Je pensais, je pensai, j'ai pensé	*Plus-que-parfait* qu'il avait menti	*Imparfait* qu'il mentait	*Conditionnel prés.* qu'il mentirait

Principale	Subordonnée au subjonctif	
	antériorité	simultanéité & postériorité
Verbe au présent ou au futur ou au conditionnel présent → Je nie / je nierai	*Passé* qu'il ait mentait	*Présent* qu'il mente
Verbe au passé → Je niais, je niai, je nié	*Plus-que-parfait* qu'il eût menti	*Imparfait* qu'il mentît

Entraînement

Corrigez les fautes de correspondance des temps. Vous ne mettrez pas les verbes à l'infinitif.

1. Il faut que je peux continuer mon travail.

2. Qui a dit que je ne fais pas bien les tartes ?

3. Si, durant une longue période, j'aurais analysé le problème, je l'aurais résolu.

4. Je pensais qu'il viendra, mais je l'attends toujours.

5. Il voit que rien n'a correspondu à ce qu'il espérait.

6. Je marchais dans la campagne lorsque j'apercevais un chevreuil blessé.

7. Si vous aviez trouvé mon collier, l'aurez-vous rapporté ?

8. Reviendrez-vous avant que vous ayez achevé vos études ou après que vous aurez obtenu votre diplôme ?

9. Jean, si vous partez un peu plus tôt, vous n'auriez pas raté votre train.

10. Il est douteux que vous gagnez la partie.

Corrigé

1. *Il faut que je* ***puisse****...* Emploi du subjonctif dans une proposition subordonnée.

2. Phrase correcte.

3. *Si, (...)* ***j'avais*** *analysé le problème...* Jamais *si* suivi du conditionnel.

4. *Je pensais qu'il* ***viendrait****...* La principale (*Je pensais*) est à l'imparfait, la subordonnée doit être au conditionnel qui est un futur dans le passé.

5. Phrase correcte.

6. *Je marchais dans la campagne lorsque* ***j'aperçus/j'ai aperçu*** *un chevreuil blessé*. La principale (*Je marchais*) est à l'imparfait pour marquer une action qui dure, la subordonnée doit être au passé simple ou au passé composé pour indiquer une action ponctuelle (qui ne dure pas) dans le passé.

7. *Si vous aviez trouvé mon collier, l'****auriez****-vous rapporté ?* La principale (*l'auriez-vous rapporté*) doit être au conditionnel passé lorsque la subordonnée est à l'indicatif plus-que-parfait.

8. Phrase correcte. On emploie *avant que* + subjonctif et *après que* + indicatif. La raison est logique : dans la subordonnée introduite par *avant que*, le fait est hypothétique car il n'a pas encore eu lieu ; donc le subjonctif, mode de l'hypothèse, s'impose. Mais dans la subordonnée introduite par *après que*, le fait est certain car il est antérieur au fait exprimé dans la principale ; donc il faut employer l'indicatif, mode du fait.

9. *Jean, si vous* ***étiez parti*** *un peu plus tôt...* Même cas que la phrase 7.

10. *Il est douteux que vous* ***gagniez*** *la partie*. La principale (il est douteux) contient un verbe qui introduit une hypothèse ; la subordonnée doit donc contenir un verbe au subjonctif. Dans ces cas, n'hésitez pas à changer de verbe pour vérifier : *Il est douteux que vous puissiez...* et non *que vous pouvez...*

Longueur des phrases, phrases équivoques, ponctuation et majuscules 9

RÈGLE 1 : La longueur des phrases

Les phrases ne doivent pas être trop longues pour éviter les erreurs et lourdeurs de construction ; elles ne doivent pas non plus être trop courtes pour éviter d'écrire un texte sans contenu

La longueur de la phrase est importante pour la forme comme pour le fond. Pour la forme, il est recommandé de faire des phrases qui ne contiennent pas trop de subordonnées, sans quoi le texte est assez lourd. Et pour le fond, la phrase doit être d'une longueur moyenne pour permettre l'exposition des idées.

Exemple

« Mais pourtant je n'ai jamais su qui c'était, je ne l'ai jamais rencontré dans la ville et tandis que même le chanteur, le Suisse et les enfants de chœur avaient, comme les dieux de l'Olympe, une existence moins glorieuse où j'avais affaire à eux, comme maréchal-ferrant, crémier et fils de l'épicière, en revanche, comme je n'ai jamais vu que jardinant le petit jardinier en stuc qu'il y avait dans le jardin du notaire, je n'ai jamais vu le pêcheur que pêchant, à la saison où le chemin s'était touffu de feuilles des pruniers, de sa veste d'alpaga et de son chapeau de paille, à l'heure où même les clochers et les nuages flânent avec désœuvrement dans le ciel vide, où les carpes ne peuvent plus soutenir l'ennui de l'heure, et dans un étouffement nerveux sautent passionnément en l'air dans l'inconnu, où les gouvernantes regardent leur montre pour dire qu'il n'est pas encore l'heure de goûter. » Marcel Proust, *Contre Sainte-Beuve*.

Cet exemple est composé d'une seule phrase de 155 mots ! Il est possible de construire de telles phrases dans une recherche littéraire particulière et surtout quand on s'appelle Proust. Mais dans votre cas (et le mien !), il est recommandé de faire plus court. Vous constaterez d'ailleurs que cette phrase peut contenir certaines ambiguïtés.

Cependant, il faut éviter aussi le contraire. Si les phrases trop courtes sont utiles dans un contexte narratif, dans une composition elles ne permettent pas toujours de déployer une pensée.

Exemple

« La délinquance est grave. Surtout chez les mineurs. Elle vient de leur inexpérience. Ils sont aussi parfois peu encadrés. Ils n'ont pas assez de repères. »

Ces petites phrases courtes donnent, certes, du rythme, mais la réflexion manque de continuité. Il valait mieux écrire : « La délinquance est un problème grave, particulièrement chez les mineurs. Elle a notamment pour cause leur inexpérience, ainsi que leur manque de repères et d'encadrement. » Cette 2e rédaction est meilleure parce qu'elle utilise des connecteurs pour structurer des phrases un peu plus longues.

REMARQUE

N'hésitez pas à adapter nos conseils à votre propre niveau rédactionnel. Si vous jugez votre niveau faible ou fragile, choisissez de préférence des phrases un peu plus courtes. Dans le cas contraire, vous pouvez construire des phrases plus longues.

Composition | Aptitude pro | Anglais | Entretien psy | Entretien jury | EPG

Entraînement

Le texte suivant est constitué d'une seule phrase, récrivez-le en le ponctuant. Vous essayerez de faire le moins de changements possible et de veiller aux modifications orthographiques qui s'imposent.

Il y a de cela bien des années, quand ma feue grand-mère cuisinait, ce qui arrivait particulièrement le samedi, veille du grand repas familial, elle y mettait beaucoup d'approximations, qui d'ailleurs ne la gênaient guère car elle n'avait jamais aimé les mathématiques, et elle ne se trouvait jamais dépourvue par le manque d'un œuf ou d'un peu de farine puisqu'elle considérait que chaque ingrédient en valait bien un autre, mais elle y mettait aussi beaucoup d'amour parce qu'elle appréciait par-dessus tout plaire à ses chers petits-enfants, six beaux petits diables que nous étions, qui le lui rendaient bien en lui adressant les compliments que leur soufflait leur gourmandise, préoccupée d'être satisfaite le dimanche suivant, à moins que la tendresse grand-maternelle ne pût résister durant cette longue semaine.

Corrigé

Il y a de cela bien des années, quand ma feue grand-mère cuisinait, ce qui arrivait particulièrement le samedi, veille du grand repas familial, elle y mettait beaucoup d'approximations. Cela d'ailleurs ne la gênait guère car elle n'avait jamais aimé les mathématiques. Elle ne se trouvait jamais dépourvue par le manque d'un œuf ou d'un peu de farine puisqu'elle considérait que chaque ingrédient en valait bien un autre. Mais elle y mettait aussi beaucoup d'amour parce qu'elle appréciait par-dessus tout plaire à ses chers petits-enfants, six beaux petits diables que nous étions. Nous le lui rendions bien en lui adressant les compliments que nous soufflait notre gourmandise, préoccupée d'être satisfaite le dimanche suivant. Nous espérions que la tendresse grand-maternelle ne pourrait résister durant cette longue semaine.

RÈGLE 2 : Les phrases équivoques

L'équivocité des phrases dépend souvent d'un problème de longueur ou d'utilisation des pronoms

Les problèmes de clarté de l'expression nuisent directement à la notation finale. Une idée ne doit pas seulement être intéressante pour vous rapporter des points. Elle doit aussi être claire.

La longueur des phrases est un problème pour cette clarté. Nous l'avons vu précédemment. L'autre problème est le renvoi ambigu. Voyons cela par un exemple.

Exemple

« Nous avons écrit une lettre à ta sœur qui n'est pas gentille. »

Dans cette phrase l'ambiguïté vient de la double interprétation possible : est-ce la lettre ou la sœur qui n'est pas gentille ?

Ce type de cas est une amphibologie ; nous en avons déjà parlé précédemment (*cf.* fiche 6, règle 3)

Ce problème se retrouve également dans les phrases constituées de plusieurs compléments dont l'un comprend un verbe au participe. Si l'être ou la chose qui est sujet ne désigne pas le même être ou la même chose que celui qui fait l'action exprimée par le verbe au participe, l'ambiguïté est possible et la construction est incorrecte.

Exemple 1

« Espérant de vos nouvelles, veuillez agréer mes salutations respectueuses. »

Cette phrase est incorrecte car c'est *moi* qui espère et *vous* qui agréez. Il faut écrire : « Espérant de vos nouvelles, *je* vous prie d'agréer mes salutations respectueuses. »

Exemple 2

« Assis sur le banc, les éléphants nous regardent. »

La phrase doit vouloir dire que nous sommes assis sur un banc et que les éléphants nous regardent (les éléphants ne sont évidemment pas assis sur un banc). Il faut écrire : « Les éléphants nous regardent alors que nous sommes assis sur un banc ». Ici, l'ambiguïté est levée.

Entraînement

Repérez puis corrigez les ambiguïtés des phrases suivantes.

1. Marchant dans le désert, le serpent le suivait sans bruit.

2. Assis sous mon parasol, le vent balayait mon visage.

3. J'ai donné une pomme à ma sœur qui n'est pas bonne.

4. À peine arrivé, ma voisine a sonné chez moi pour me souhaiter la bienvenue.

5. En espérant avoir bientôt de vos nouvelles, veuillez trouver ces quelques fleurs.

6. Après s'être sauvée des flots, une autre tempête lui fut fatale. (Bossuet)

Corrigé

1. *Marchant dans le désert, il était suivi, sans bruit, par le serpent*. Ce n'est pas le serpent qui marche, mais un homme.

2. *Assis sous mon parasol, j'avais le visage balayé par le vent*. Ce n'est pas le vent qui est assis, mais moi.

3. *J'ai donné une pomme qui n'est pas bonne à ma sœur*. C'est la pomme qui n'est pas bonne et non ma sœur.

4. *À peine suis-je arrivé que ma voisine a sonné chez moi pour me souhaiter la bienvenue*. C'est moi qui arrive et non ma voisine.

5. *En espérant avoir bientôt de vos nouvelles, je vous prie de bien vouloir trouver ces quelques fleurs*. Ce n'est pas celui à qui on offre des fleurs qui espère avoir de ses nouvelles, mais celui qui les offre.

6. *Après s'être sauvée des flots, elle périt dans une autre tempête*. Ce n'est pas la tempête qui s'est sauvée des flots, mais la femme. Vous voyez que même les auteurs font de telles erreurs !

RÈGLE 3 : La ponctuation

La ponctuation, c'est l'ensemble des signes conventionnels qui servent à indiquer, dans l'écrit, des pauses, des intonations, etc. de la langue orale. Son bon usage permet la clarté de l'expression écrite

Un exemple montrera la nécessité du bon usage de la ponctuation pour éviter les erreurs d'interprétation.

Exemple

« J'ai dit que vous étiez un sot : c'est vrai. Je vous fais mes excuses : j'ai tort. »

Cette phrase semble signifier que la personne confirme ce qu'elle a dit et renonce aux excuses faites. Mais si l'on changeait quelque peu cette ponctuation le sens serait très différent : « J'ai dit que vous étiez un sot, c'est vrai. Je vous fais mes excuses, j'ai tort ».

Dans cette phrase, le sens est inversé. La personne confirme ce qu'elle a dit mais fait ses excuses. La différence vient de la valeur explicative des deux points, alors que la virgule marque une simple pose.

Parmi les signes de ponctuation, il y a le point, le point d'interrogation, le point d'exclamation, les points de suspension, les deux points, le point-virgule, la virgule, les parenthèses, les crochets, les guillemets, le tiret, la barre oblique. Nous rappelons l'usage des principaux.

Le point marque la fin de la phrase déclarative. Il est présent pour séparer nettement des idées. Il est suivi d'une majuscule. Il s'emploie aussi dans les abréviations.

Exemple

U.R.S.S.

Le point d'interrogation marque la fin d'une phrase interrogative.

Le point d'exclamation marque la fin d'une phrase exclamative.

Ils sont suivis d'une majuscule si la phrase est terminée (ils équivalent alors à un point). Ils sont suivis d'une minuscule si la phrase n'est pas terminée (ils équivalent à une virgule), sauf si le premier mot est un nom propre.

ATTENTION

Une phrase interrogative indirecte ou exclamative indirecte ne prend pas de point d'interrogation si elle est elle-même déclarative (ex. : *Je me demande s'il viendra*).

Les points de suspension, au nombre de trois, marquent la fin d'une phrase laissée inachevée. Cet inachèvement signifie que l'action évoquée n'est pas arrivée à son terme, que le locuteur hésite dans ses paroles, qu'il est interrompu. Les points de suspension sont suivis d'une majuscule si la phrase est terminée (ils équivalent alors à un point). Ils sont suivis d'une minuscule si la phrase n'est pas terminée (ils équivalent à une virgule), sauf si le premier mot est un nom propre.

Les deux points servent à introduire un propos, une explication, une citation, une énumération, une justification. Ils sont suivis d'une minuscule, sauf s'ils introduisent une citation. Il ne faut jamais mettre deux fois deux points dans une même phrase.

Le point-virgule sert à marquer une pause dans une phrase entre des propositions longues. Il joue le rôle d'une virgule en séparant davantage. Le point virgule est suivi d'une minuscule.

La virgule sert à marquer une pause de peu de durée à l'intérieur d'une phrase. Ce signe est le plus complexe à employer. Il s'emploie :

- entre des ***termes coordonnés*** :
  - sans conjonction de coordination ;
  - par une conjonction de coordination autre que *et, ou, ni*. La virgule précédant ces trois conjonctions est possible, mais rare et doit être justifiée par la présence d'un réel silence entre les termes qu'elle coordonne.

Exemple 1

Il est riche, mais avare.

Exemple 2

La terre était belle, et riche, et féconde.

- entre des ***termes subordonnés*** : la virgule est utilisée pour entourer des termes subordonnés qui ont une valeur explicative. Il faudra donc faire la différence entre :

Exemple 1

Je n'aime pas les chiens qui sont turbulents. (= Parmi les chiens, je n'aime pas ceux qui sont turbulents : valeur non explicative)

Exemple 2

Je n'aime pas les chiens, qui sont turbulents. (= Je n'aime pas les chiens parce qu'ils sont turbulents : valeur explicative)

Un complément circonstanciel placé en tête de phrase peut être suivi d'une virgule, principalement lorsqu'il est assez long.

Les virgules s'emploient pour encadrer des incises ou pour séparer des éléments répétés.

Exemple 1

Le temps est frais, le soleil rare.

Exemple 2

Sois sage, ô ma douleur, et tiens-toi tranquille.

Les parenthèses servent à isoler une idée que l'on pourrait supprimer sans modifier le sens de la phrase. Il ne faut pas mettre des parenthèses à l'intérieur d'une parenthèse. Le premier terme de la parenthèse commence par une minuscule (sauf si c'est un nom propre).

Les guillemets s'emploient pour encadrer une citation ou des paroles reproduites telles quelles. Si toute une phrase est entre guillemets, le point (ou point d'interrogation, d'exclamation, de suspension) se place avant la fermeture de ceux-ci.

ATTENTION

N'abusez pas des points d'exclamation, de suspension et des parenthèses, c'est un défaut qui fait ressembler votre écriture à celle des S.M.S. téléphoniques.

RÈGLE 4 : Les majuscules

L'emploi correct de la majuscule permet de guider le lecteur. Cet emploi dépend de la nature des mots ou de leur rôle dans le contexte

Certains mots prennent une majuscule quel que soit leur rôle :

- **les noms propres** (noms de lieu ou de personne n'étant pas utilisés d'après leur signification mais par convention). Les adjectifs correspondant à ces noms prennent une minuscule.

Exemple 1

Les habitants de *Paris* aiment le dynamisme de leur cité.

Exemple 2

La mode *parisienne* est réputée dans le monde entier.

- **les noms liés aux noms propres :** noms de dynastie, d'habitants.

Exemple

Les *Capétiens* ont régné en France près de mille ans.

REMARQUE

On notera que les noms de langues ou de disciplines ne prennent pas de majuscules (Ex. : Parler l'*allemand*.).

- **les noms employés occasionnellement comme noms propres** (titres d'ouvrages, d'œuvres d'art, nom des monuments, rues, véhicules, institutions, sociétés, points cardinaux, titres, dignités, etc.)

Exemple 1

J'ai lu *L'Énéide*.

Exemple 2

La *Bastille* fut prise en 1789. (Mais : La *bastille* est une tour servant de place forte.)

Exemple 3

J'habite dans le *Midi*. (Mais : Je visite le *midi* de la France.)

Exemple 4

Veuillez agréer, *Madame* la *Directrice*, l'expression etc. (Mais : J'ai rencontré *madame* Durand.)

Certains mots prennent une majuscule en fonction de leur situation dans la phrase :

- **les mots situés en début de phrase** ;
- **les adjectifs précédant un nom** dans le titre d'ouvrage, d'œuvres d'art, etc., quand ils sont joints au nom par un trait d'union, qu'ils servent de surnoms ou désignent les caractéristiques d'un nom commun géographique.

Exemple 1

Dans l'*Ancien* Testament, on trouve la Genèse. (Mais : Le Code *civil*. / L'auberge du Mouton *noir*.)

Exemple 2

Les États-*Unis*. (Mais : Les Nations *unies*.)

Entraînement

Mettez la ponctuation et les majuscules.

1. jean-paul mon voisin habite une maison au mobilier louis XV

2. au royaume-uni la reine élisabeth II vient de fêter les 60 ans de son règne

3. les lundis des mois de février ne trouves-tu pas qu'il est difficile de se lever

4. le code civil a été rédigé sous napoléon 1er et promulgué le 30 ventôse an XII

5. l'état français est très endetté le président de la république cherche à résoudre ce problème

6. j'ai lu le rouge et le noir de marie-henri beyle plus connu sous le nom de stendhal

Corrigé

1. *Jean-Paul, mon voisin, habite une maison au mobilier Louis XV.*

2. *Au Royaume-Uni, la reine Élisabeth II vient de fêter les 60 ans de son règne.*

3. *Les lundis des mois de février, ne trouves-tu pas qu'il est difficile de se lever ?*

4. *Le Code civil a été rédigé sous Napoléon 1er et promulgué le 30 ventôse an XII.*

5. *L'État français est très endetté ; le président de la République cherche à résoudre ce problème.*

6. *J'ai lu Le Rouge et le Noir (ou Le rouge et le noir) de Marie-Henri Beyle plus connu sous le nom de Stendhal.*

Composition
Aptitude pro
Anglais
Entretien psy
Entretien jury
EPG

Sous-partie

1.3 Améliorer son orthographe

Dans l'ancien concours, l'une des épreuves était la dictée et elle faisait le plus grand écrémage. Cette épreuve a disparu, mais les exigences orthographiques sont toujours là et des points vous seront ôtés si votre orthographe est déficiente.

Pour ceux qui ont des difficultés en orthographe, il semble toujours difficile de se dire qu'ils vont progresser en quelques conseils et effacer des années de difficultés dans ce domaine. Si vous pensez ainsi, changez votre façon de penser ! L'orthographe n'est pas du tout ou rien ; ceux qui y excellent ont tout simplement éliminé, au fur et à mesure, leurs fautes. Aussi, toute règle que vous maîtriserez en plus sera un avantage, quel que soit votre niveau global.

L'orthographe d'usage 10

Cette orthographe n'est pas toujours régulière, d'où la difficulté pour l'assimiler. Il est toutefois possible de repérer certaines règles utiles.

RÈGLE 1 : L'accent

C'est un signe auxiliaire qui se place au-dessus des voyelles (sauf *–y*)

Quand vous écrivez, il faut bien orienter vos accents ; l'accent aigu doit monter vers la droite, l'accent grave vers la gauche. On insistera jamais assez sur le fait qu'une phrase sans accents ou avec des accents mal formés peut être illisible.

Si vous ne savez pas accentuer, quelques règles vous feront rapidement progresser :

- Un *–e* suivi de consonnes redoublées ne prend jamais d'accent.

Exemple

essayer, mouette, errer

Cela signifie, en prenant la règle à l'envers, que si vous êtes sûr qu'un *–e* est accentué, alors il n'y a pas de consonnes redoublées qui suivent.

- Un *–e* suivi d'un *–x* ne prend jamais d'accent.

Exemple

examen, exister

- Un *–e* suivi d'un *–d*, *–f*, *–h*, *–r*, *–t* ou *–z* final ne prend pas d'accent.

Exemple

une nef, un beignet, un keffieh

Pour choisir le bon accent, voici un tableau qui récapitule les règles principales :

Accents	Emploi	Exemples
L'accent aigu se met sur *e*	– en finale d'un mot. – devant un *e* muet final. – devant *s* final du pluriel. – à l'intérieur d'un mot.	*vérité, liberté* *marée, journée* *vérités, prés, dés* (jeu) *ménage, digérer*
L'accent grave se met sur *e*,	– devant un *s* final. – devant une syllabe contenant un *e* muet (d'où un changement d'accent souvent constaté dans les mots de même famille).	*procès, près, dès* *frère, règlement* *misère / miséreux* (*misère* finit par *e* muet, pas *miséreux*)
parfois sur *a, u*	– pour distinguer les homonymes	*là / la, à / a, où / ou*

Accents	Emploi	Exemples
L'accent circonflexe se met sur toutes les voyelles sauf *y*	– pour marquer la perte d'une ancienne consonne (cas le plus courant). – pour marquer une voyelle longue. – pour distinguer les homonymes.	'forest' → *forêt* [pensez aux dérivés (*forestier*)] *arôme* *mûr / mur*
Le tréma	– sépare phonétiquement deux voyelles (toujours placé sur la 2e voyelle).	*maïs, ciguë* *une douleur aiguë*

REMARQUE

Concernant les hésitations sur les accents grave et aigu on retiendra ces mots.

Avec accent (lettre soulignée) : *élixir, énième, média, ténacité, vidéo*.

Sans accent : *a priori, (re)celer, gangrener, illettré, nécessaire, placebo, repartie (= capacité à répliquer), veto*.

Concernant les hésitations sur l'accent circonflexe, retenez les cas suivants : *bâiller, barème, crème/ chrême, drôle/ drolatique, fève, une gêne/ un gène, grâce/gracieux, jeune/jeûne/à jeun, symptôme/syndrome, trêve*.

RÈGLE 2 : Les autres signes auxiliaires

Il s'agit de la cédille et du trait d'union particulièrement

Même si des erreurs sur ces signes sont moins pénalisantes, il est facile d'en éliminer le plus grand nombre et c'est une précision requise pour une composition.

Voici un tableau qui vous rappelle les règles essentielles :

Accents	Exemples	Exceptions
La cédille se met sous *c* devant *a, o, u* pour conserver le son *–s*.	glace, glaçon	cercueil, écueil, cueillir et dérivés conservent le son *–k* en changeant *euil* en *ueil*
Un phénomène similaire se produit avec le *–g*. Pour conserver le son *–j* on ajoute un *e* devant *a, o, u* (ex. : nager, nous nageons, nageant, une nageoire). Dans *orgueil* et ses dérivés le son *–g* est maintenu en changeant *euil* en *ueil*.		
Le trait d'union se met dans : – les noms et adjectifs composés – les nombres inférieurs à cent – – les inversions sujet pronominal / verbe – les groupes au + adverbe – les groupes mot + ci ou là	– du lave-glace, mi-clos – quatre-vingts (mais cent vingt) – dit-il, dit-on – au-dessus, au-delà – cet homme-ci, là-bas	(*voir la remarque en dessous*) – pas de trait d'union quand il y a *et* (ex. : vingt et un) – au travers

REMARQUE

On notera l'orthographe de quelques mots souvent mal orthographiés.

Avec trait(s) d'union : *avant-hier, après-demain, c'est-à-dire, sur-le-champ (= immédiatement), toute-puissance/tout-puissant*.

Sans trait d'union : *château fort, feu follet, garde champêtre, huis clos, libre arbitre, Moyen Âge, parti pris, tout à coup, tout à l'heure*.

RÈGLE 3 : Les redoublements de consonnes

On ne redouble jamais une consonne précédée d'une voyelle accentuée et les consonnes *–j, –q, –v, –w, –x* ne sont jamais redoublées

En dehors de ces règles, il est recommandé de retenir l'orthographe de certains mots particuliers classés selon les lettres concernées.

B : Lettre rarement redoublée. On notera cependant *abbé*, *rabbin* ou encore *sabbat* et leurs dérivés.

C : Il est toujours redoublé quand le mot commence par *occu-* sauf pour *oculaire* et ses dérivés (*oculiste* notamment).

D : Lettre rarement redoublée. On notera qu'elle est redoublée notamment dans *addition*, *adduction*, *reddition* et leurs dérivés.

F : On notera la différence entre *le soufre* et *il souffre*, mais aussi *affoler, boursoufler/souffler, persifler/siffler*.

G : Peu redoublé, il l'est cependant dans *agglomérer*, *agglutiner*, *aggraver*, *suggérer* et leurs dérivés.

L : Il est souvent redoublé. On notera *accoler/colle, annuler/nullité, imbécile/imbécillité, mamelon/mamelle*.

M : On notera l'orthographe de *dommage* et ses dérivés, mais aussi *nominal/nommer*.

REMARQUE

Le *–n* devant *–b, –m, –p* devient *–m* (ex. : *combinaison, comment, rompre*), sauf dans *bonbon* (et ses dérivés), *embonpoint, néanmoins, mainmise, mainmorte*.

N : La plupart des verbes en *–aner* (les plus courants) prennent un seul *–n*. Les mots en *–nat* prennent un seul *–n* sauf notamment *championnat, paysannat, quinquennat/septennat, pensionnat*.

P : Lettre souvent redoublée. On notera que les mots qui commencent en *ap–* prennent *–pp* sauf notamment *apaiser, apercevoir, apeurer, apitoyer, aplanir, aplatir, apostropher*.

R : Lettre souvent redoublée. Attention à *courir* et *courrier*.

S : Il se redouble pour conserver le son *–s* quand il est placé entre deux voyelles. Associé à une consonne, il conserve le son *–s*. Toutefois dans certains mots, bien qu'employé seul, il conserve le son *–s* : *aérosol, asymétrie, dysenterie, présupposer, primesautier* (qui agit impulsivement), *resurgir, susurrer, vraisemblable* et leurs dérivés.

T : Lettre souvent redoublée. On notera *cahute/hutte*.

RÈGLE 4 : Les finales des mots

Elles sont souvent problématiques du fait de la présence de lettres muettes ou de sons qui peuvent être obtenus par différentes graphies

Voici quelques finales remarquables :

- Certains noms finissent, au singulier, par un *–s* ou un *–x*. Retenez les suivants : *houx, legs* (don par testament), *mets/entremets, pilotis, puits, relais, remords, remous*.
- Certains noms masculins ont une finale féminine tels *athée, génie, hyménée, mausolée* (monument aux morts), *messie, trophée*.
- ***–aindre*** : tous les verbes en *–eindre* prennent un *–e*, sauf *craindre, plaindre, contraindre*.
- ***–andre*** : tous les verbes en *–endre* prennent un *–e*, sauf *épandre, répandre*.
- ***–assion*** : tous les mots en *–ation* prennent un *–t*, sauf *compassion, passion*.
- ***–ussion*** : tous les mots en *–ution* prennent un *–t*, sauf *concussion* (vol d'argent public), *discussion, percussion, répercussion*.
- ***–euille*** : tous les noms masculins en *–euil* terminent par un *–l*, sauf *chèvrefeuille* (arbuste), *millefeuille, portefeuille*.
- ***–é*** : tous les noms féminins en *–é* prennent un *–e* final (*matinée*), sauf *acné, clé* (ou *clef*), *psyché* (miroir).

REMARQUE

Les noms féminins en *–té* ne prennent pas de marque du féminin (*lâcheté, pauvreté*), sauf les dérivés de mots finissant en *–t* (*nuit* ⇒ *nuitée*), en *–ette* (*assiette* ⇒ *assiettée*), et les noms dérivés de verbes finissant en *–ter* (*dicter* ⇒ *dictée*).

- ***–i*** : tous les noms féminins en *–i* (sauf ceux en *–is*) prennent un *–e* final (*vie*), sauf *fourmi*.
- ***–oi*** : tous les noms féminins en *–oi* (sauf ceux en *–oix*) prennent un *–e* final (*soie*), sauf *foi, loi, paroi*.
- ***–tiable*** : tous les mots en *–ciable* prennent un *–c*, sauf *insatiable*.
- ***–tier*** : tous les verbes en *–cier* prennent un *–c*, sauf *balbutier, initier*.
- ***–u*** : tous les noms féminins en *–u* prennent un *–e* final (*vue*), sauf *bru* (belle-fille), *glu, tribu, vertu*.

Entraînement

Exercice 1 : *Dans les phrases suivantes, mettez les accents.*

1. L'avenement d'un essayiste de renom nous etonnait sans nous effrayer.
2. Il exige des des qui ne soient pas pipes.
3. Le colereux educateur n'a pas apprecie la remarque de mon petit frere.
4. Mes erreurs lors de cet examen ont ete penalisantes.
5. Le poete ne sait pas la verite des choses mais il s'exprime avec grace.
6. Nos a priori nous empechent d'avoir la repartie necessaire.
7. La clef de ce probleme ne sera trouvee qu'avec tenacite.
8. Cet illettre est sans arret affaire a l'amelioration de son niveau de lecture.

Exercice 2 : *Relevez les mots fautifs et corrigez-les.*

1. acclamer
2. agglomérer
3. présupposé
4. septenat
5. répendre
6. domage
7. vraissemblable
8. apparaître
9. présidentiable
10. vertue
11. fiereté
12. discution
13. orgeuil
14. suggestion
15. rabin

Exercice 3 : *Dans les phrases suivantes, relevez les fautes d'orthographe d'usage et corrigez-les.*

1. La fillète est allée avant hier chez l'occuliste.

2. Il s'est appercu que deux cent trente huit bombons avaient été partagés.

3. A-t'il une prédilection pour les petits-suisses fruités ?

4. Ma brue n'aime pas faire le pied de grue ; elle se répend alors en reproches.

5. Il est à crindre que cette paroie ne cède ; espérons que ce sera sans domages.

6. La discution politique concernant le quinquenat présidenciel s'est faite sans le moindre remou.

7. Les festivitées n'ont pas appaisé tous les persiflages.

8. Le cliqueti de nos fourchettées avides qui ceuillent le met est asourdissant.

Corrigé

Exercice 1

1. L'avènement d'un essayiste de renom nous étonnait sans nous effrayer. Dans *avènement*, la syllabe qui suit celle où il y a un accent contient un *e* muet. Dans *essayiste* et *effrayer* le *e–* initial est suivi de consonnes redoublées ce qui n'est pas le cas dans *étonnait*.

2. Il exige des dés qui ne soient pas pipés. Il ne faut pas d'accent dans *exige* car le *e–* initial est suivi d'un *–x*. Dans cette phrase l'illustration de la nécessité des accents est évidente.

3. Le coléreux éducateur n'a pas apprécié la remarque de mon petit frère. On écrit *colère* (à cause du *–e* muet de la dernière syllabe) mais *coléreux*. Il en est de même pour *frère* qui finit par un *–e* muet.

4. Mes erreurs lors de cet examen ont été pénalisantes. Dans *erreurs* le *e–* initial est suivi de deux *–r*, dans *examen* il est suivi d'un *–x*.

5. Le poète ne sait pas la vérité des choses mais il s'exprime avec grâce. Le mot *poète* finit par *–e* muet et pas le mot *vérité*. Le mot *grâce* prend un accent circonflexe à la différence de *gracieux* ; on peut y retrouver la règle du *–e* muet car *grâce* finit par un *–e* muet.

6. Nos a priori nous empêchent d'avoir la repartie nécessaire. Pas d'accent dans *a priori* et toutes les locutions latines. Dans *nécessaire*, pas d'accent sur le 2ᵉ *–e* qui est suivi de *–ss*.

7. La clef de ce problème ne sera trouvée qu'avec ténacité. Pas d'accent dans *clef* car le *–e* est suivi d'un *–f*, mais il y en a un dans *clé*. Le participe *trouvée* prend un accent sur le 1ᵉʳ *–e* car il est au féminin et suivi d'un autre *–e*.

8. Cet illettré est sans arrêt affairé à l'amélioration de son niveau de lecture. Pour l'accent circonflexe d'*arrêt*, pensez à son dérivé *arrestation* ; la chute du *–s* est marquée par l'accent circonflexe.

Exercice 2

Mots corrects : 1, 2, 3, 8, 9, 14.

Correction des mots incorrects :

4. septennat
5. répandre
6. dommage
7. vraisemblable
10. vertu
11. fierté
12. discussion
13. orgueil
15. rabbin

Exercice 3

1. La fillette est allée avant-hier chez l'oculiste. Lorsque la finale *–ette* signifie *petite*, elle prend *–tt*. Le mot composé *avant-hier* prend un trait d'union. Le mot *oculiste* et ses dérivés prennent un seul *–c* à la différence des autres mots en *–oc*.

2. Il s'est aperçu que deux cent trente-huit bonbons avaient été partagés. Le verbe *apercevoir* prend un seul *–p* et on ajoute une cédille sous le *–c* dès qu'il est suivi d'un *–u*. Le nombre trente-huit est inférieur à cent donc il prend un trait d'union. Enfin *bonbon* est une exception de la règle du *–m* devant *–b*.

3. A-t-il une prédilection pour les petits-suisses fruités ? Une seule faute dans cette phrase, le trait d'union entre *t* et *il* et non une apostrophe car *t* n'est qu'une lettre phonétique et non la diminution d'un mot.

4. Ma bru n'aime pas faire le pied de grue ; elle se répand alors en reproches. Le nom *bru* est féminin mais il ne prend pas de *–e* final à la différence de *grue*. Le verbe *répandre* est une exception avec *épandre*.

5. Il est à craindre que cette paroi ne cède ; espérons que ce sera sans dommages. Le verbe *craindre* est une exception prenant un *–a*. Le mot *paroi* est féminin mais il ne prend pas de *–e* final. Enfin *dommage* prend *–mm*.

6. La discussion politique concernant le quinquennat présidentiel s'est faite sans le moindre remous. Le mot *discussion* prend un *–t* en anglais, mais *–ss* en français. *Quinquennat* prend *–nn*, et *présidentiel* conserve le *–t* de *président*. Enfin *remous* prend toujours un *–s*.

7. Les festivités n'ont pas apaisé tous les persiflages. Le mot *festivités* est un mot en *–té* qui ne vient pas d'un mot en *–t*, en *–ette* ou d'un verbe. *Apaisé* prend un seul *–p*.

8. Le cliquetis de nos fourchettées avides qui cueillent le mets est assourdissant.

Cliquetis prend toujours un *–s*. *Fourchettée* vient d'un mot en *–ette* d'où le *–ée* final. *Cueille* inverse le *–u* et le *–e* pour des raisons phonétiques et *mets* prend toujours un *–s*. Enfin *assourdissant* prend *–ss* pour entendre le son *–s*.

L'orthographe du verbe

11

RÈGLE 1 : L'accord du verbe

Le verbe (ou son auxiliaire) reçoit de son (ses) sujet(s) ses marques de nombre et personne

Exemple 1

Nous chantons.

Le verbe *chantons* s'accorde selon les nombre et personne de *nous*.

Exemple 2

Vous *avez* chanté.

L'auxiliaire *avez* s'accorde selon les nombre et personne de *vous*.

Les fautes d'accord viennent souvent d'un problème d'identification du sujet qui correspond au verbe. Pour identifier le ou les sujets, il faut se demander *qui est-ce qui ?* (pour une personne) ou *qu'est-ce qui ?* (pour un animal ou une chose) *fait l'action exprimée par le verbe*.

Exemple

Les enfants *chantent* fort.

Qui est-ce qui chante ? *les enfants*. *Chantent* est donc au pluriel.

C'est particulièrement utile en cas d'inversion du sujet et du verbe.

Exemple

Dans le bois *chantent* les coucous.

Qu'est-ce qui chante ? *les coucous* (et non *le bois*). *Chantent* est donc au pluriel.

Lorsque le sujet est un pronom, il faut donner au verbe le nombre et la personne de l'être ou de la chose que le pronom remplace.

Exemple

C'est toi *qui* **joues** le premier (Ici le pronom *qui* remplace *toi*, donc il faut mettre le verbe *jouer* à la 2e personne du singulier).

ATTENTION

- Si le verbe a deux sujets au singulier qui sont coordonnés, il faut l'accorder au pluriel. **Exemple** : *Pierre et Paul* jouent.
- Si ces sujets ne sont pas à la même personne grammaticale, c'est la personne la plus proche de la 1re qui commande le choix de personne. Ainsi, « moi + toi = nous », « moi + lui = nous », « toi + lui = vous ».

  Exemples : *Ton frère et toi* êtes très sympathiques.

  Toi et moi sommes les meilleurs amis du monde.

Cas particuliers

Cas 1 : Quand le sujet est *la plupart, beaucoup, quantité, peu* ou un équivalent désignant une quantité indéterminée, le verbe se met au pluriel.

Exemple

La plupart **pensent** comme moi.

Cas 2 : Quand le sujet est *ce* ou *c'* suivi du verbe être, ce verbe s'accorde avec l'attribut qui suit et non avec *ce* ou *c'*.

Exemple

Ce **sont** *les amis* de nos voisins.

ATTENTION

- Si l'attribut est *nous* ou *vous*, il faut laisser au singulier. **Exemple :** Les enfants, c'**est** *vous* qui avez gagnez.
- Les locutions *c'est-à-dire* et *si ce n'est* sont invariables.

Cas 3 : Le participe présent ne varie pas.

Rappelons que le participe présent se construit en *–ant* (ex. : *chantant*).

Exemple

Des individus **fuyant** leurs responsabilités.

Pour le vérifier, essayez de mettre au féminin. Si c'est possible, sans changer le sens global de la phrase, alors ce n'est pas un participe présent, mais un adjectif qui lui ressemble et l'accord est possible.

Exemples

Des *individus* **fuyant** leurs responsabilités. (On ne peut pas dire : « Des personnes 'fuyantes' leurs responsabilités ».)

Des *regards* **fuyants**. (On peut dire : « Des attitudes fuyantes ».)

Entraînement

***Exercice 1 :** Relevez les fautes d'accord du verbe dans les phrases suivantes.*

1. Le chat et la souris court.

2. Où travaillent votre père et son frère ?

3. C'est moi qui dit ce qu'il faut faire.

4. Matthieu et moi pensons que vous avez des excuses.

5. Au fond de nos poches, traîne quelques pièces.

6. Marie et vous avons bien des choses à nous dire.

7. Dans cette scène d'hiver passent, vision étrange, des traîneaux multicolores.

8. C'est moi qui es le maître et toi qui es le serviteur.

9. Certains me désapprouvent, mais la plupart fait comme moi.

10. Ce sont eux les coupables ; ce sont nous les victimes !

11. Ce ne sont pas les meilleurs juges de cette affaire.

12. Ces remèdes calmants nos angoisses sont les bienvenus.

Exercice 2 : *Corrigez les fautes d'accord du verbe dans le texte suivant.*

Bien peu pense qu'il est facile de progresser en orthographe. C'est bien dommage ! Car l'habitude aidant, nous connaissons mieux les règles de l'usage. Ce sont souvent les jeunes qui renonce à progresser parce que la plupart pensent que c'est dépassé. Les plus âgés comprennent la nécessité d'une orthographe solide. Ils ont fait l'expérience de son utilité. Mais les uns et les autres ne s'accorde pas souvent. Chaque génération possèdent ses priorités.

Et toi, mon ami, qui prétends être différent des autres, tu n'agit pas différemment. Tu médites plus sur le temps perdu dans les conjugaisons que sur leurs vertus. Toi et les tiens êtes d'accord pour affirmer que l'informatique et ses programmes corrigeront plus vite et plus sûrement nos erreurs que ne le fit les méthodes de nos vieux professeurs. Mais comment saurons-nous qu'ils nous corrigent encore, tous ces programmes, si personne n'est plus à même de les corriger ?

Corrigé

Exercice 1

1. courent. Accord du verbe *courir* avec les deux sujets coordonnés *chat* et *souris*.

2. Phrase correcte. Accord du verbe *travailler* avec les sujets coordonnés *père* et *frère*.

3. dis. Accord du verbe *dire* avec *qui*, mis pour *moi*, donc à la 1re personne du singulier.

4. Phrase correcte. Accord du verbe *penser* avec les sujets *Matthieu* et *moi*, soit 3e + 1re personne = 1re personne du pluriel.

5. traînent. Accord du verbe *traîner* avec le sujet inversé *pièces*.

6. avez. Accord du verbe *avoir* avec les sujets *Marie* et *vous* soit 3e +2^e^ personne = 2^e^ personne du pluriel.

7. Phrase correcte. Accord du verbe *passer* avec le sujet inversé *traîneaux*.

8. C'est moi qui suis... Accord du verbe *être* avec le sujet *qui*, mis pour *moi*, donc à la 1re personne du singulier.

9. font. Accord du verbe *faire* avec le sujet *la plupart*, donc au pluriel.

10. c'est nous... Accord du verbe *être* avec l'attribut *nous*, donc accord au singulier dans cette construction.

11. Phrase correcte. Accord du verbe *être* avec l'attribut *juges* ; il ne fallait pas le confondre avec la locution *si ce n'est* qui est invariable.

12. calmant. C'est un participe présent (on ne peut pas dire *calmante* dans la phrase proposée), il est invariable.

Exercice 2 : *Le texte comporte 6 fautes d'accord.*

§1 pense → pensent : accord avec le sujet *peu*, donc au pluriel

renonce → renoncent : accord avec le sujet *qui*, mis pour *jeunes*

s'accorde → s'accordent : accord avec les sujets coordonnés *les uns* et *les autres*

possèdent → possède : accord avec *génération*, donc au singulier. Notons que *chaque* est toujours suivi du singulier

§2 agit → agis : accord avec *qui*, mis pour *toi*, donc la 2e personne du singulier

fit → firent : accord avec le sujet inversé *méthodes*

RÈGLE 2 : L'accord du participe passé

Le participe passé a des règles d'accord qui dépendent de son emploi

Emploi	Règles	Exemple
Emploi sans auxiliaire ou avec *être*	accord avec le mot auquel il se rapporte	→ *une soirée réussie* → *La soirée est réussie.*
Emploi avec *avoir*	• pas d'accord, ou • accord avec le COD* s'il est placé avant	→ *Léa a réussi sa soirée.* → *Sa soirée, Léa l'a réussie.* (*l'*, féminin est COD)
Emploi avec *avoir* + *être*	accord avec le sujet	→ *Elles ont été réussies.*
Emploi avec *avoir* + *avoir*	• pas d'accord, ou • accord avec le COD placé avant	→ *Elles ont eu réussi.* → *La soirée, Léa l'a eu réussie* (*l'* est COD)

* Complément d'Objet Direct

REMARQUE

Quand il y a deux auxiliaires, celui qui est intercalé est toujours invariable.

Exemple : Elles ont *été* entendues. / Ils ont *eu* fini leur travail.

ATTENTION

Dans les propositions absolues (groupe de mots isolés dans la phrase) composées d'un sujet et d'un participe, le participe reste invariable lorsqu'il est placé avant le sujet et varie lorsqu'il est placé après.

Exemples : Vu *les intempéries*, la prudence s'impose.

Tout le monde sera convié, **y compris** *votre nièce*.

Tout le monde sera convié, *votre nièce* **comprise**.

Lorsque le participe est *étant donné, passé, mis à part*, l'accord reste possible.

Exemple : Étant **données** *les circonstances*, il est préférable de se taire.

Cas particulier : Le participe passé des verbes pronominaux

Un verbe pronominal est un verbe qui se conjugue avec le pronom personnel *se* mis à la même personne que le sujet.

Exemple

se parler, se dire, s'apercevoir, se cacher, etc.

Les verbes pronominaux se conjuguent aux temps composés avec l'auxiliaire *être*, mais l'accord de leur participe passé se comporte comme si l'auxiliaire était *avoir*. C'est pourquoi, si le pronom personnel peut être considéré comme un COD ou s'il y a un autre COD placé avant on accorde. S'il n'y a pas de COD ou s'il est placé après, on n'accorde pas.

Pour identifier le COD, il suffit de remplacer *être* par *avoir*.

Exemple 1

*Elle s'est **lavée** ce matin.* ⇒ Elle a lavé qui ? *se* (elle). *S'* est COD placé avant, donc on accorde.

Exemple 2

*Elle s'est **lavé** les cheveux ce matin.* ⇒ Elle a lavé quoi ? *les cheveux*. Cheveux est le COD placé après, donc on n'accorde pas. Dans ce 2e exemple, *s'* n'est plus COD mais COI [elle a lavé les cheveux de qui ? *de se* (d'elle)].

Entraînement

Exercice 1 : *Relevez les fautes d'accord du participe passé dans les phrases suivantes.*

1. Elle était émue par nos compliments.

2. Charmé, ils écoutèrent encore une fois cette mélodie.

3. Pierre et Florence étaient gênés par la tournure des événements.

4. Elles ont participées à cette compétition sportive.

5. Les fleurs dont j'ai parlées sont bien plus rares.

6. Ils ont été influencés par le vote de leurs parents.

7. Excepté Marie, tout le monde est venu.

8. Il l'a si bien compris, sa sœur, qu'elle n'a plus besoin de parler.

9. Passée la fête, adieu les saints.

10. Ces ennuis, il les a eu résolu par son acharnement.

11. Il se sont tout dit sur le quai de la gare.

12. Elles se sont amusé de leurs nombreux points communs.

Exercice 2 : *Corrigez les fautes d'accord du participe passé dans le texte suivant.*

En cette première journée de grandes vacances, les plages se sont vite remplies de vacanciers réjouis. Ils se sont appropriés le soleil et ils ont enduits leurs membres blanchâtres de crème bronzante. Leurs enfants aussi, ils les ont tartiné de pied en cap, puis les ont laissés clapoter dans l'eau pensant avoir acquis une longue tranquillité. Mais ils n'avaient pas quitté leurs bambins, que les petits étaient revenus vers eux, couvert de sable, prêts à partager leurs premières impressions.

Exceptées quelques minutes de calme gagnées grâce aux beignets consentis, cette première journée avait surtout été marqué par l'impossibilité de se reposer vraiment ; mais il restait l'espoir que le jour suivant serait ressourçant.

Ce n'est que quelque quinze jours plus tard, qu'ils avaient enfin compris, au moment de partir, que le repos les avait attendu chez eux, patiemment, durant toutes ces vacances. Car si les vacances sont le repos du travailleur, le travail est aussi le repos des vacanciers !

Corrigé

Exercice 1

1. Phrase correcte. Accord du participe *émue* avec le sujet *elle*.

2. Charmés. Accord du participe *charmés* employé comme adjectif avec *ils*.

3. Phrase correcte. Accord du participe *gênés* avec les sujets coordonnés *Pierre* et *Florence*.

4. participé. Emploi du participe *participé* avec l'auxiliaire *avoir*, sans COD placé avant ; c'est invariable.

5. parlé. Emploi du participe *parlé* avec l'auxiliaire *avoir*, sans COD placé avant (*dont*, mis pour *fleurs*, est un COI). C'est invariable.

6. Phrase correcte. Emploi avec deux auxiliaires ; *été* est toujours invariable et *influencés* s'accorde avec le sujet *ils*.

7. Phrase correcte. Emploi du participe *excepté* dans une proposition absolue. *Excepté* précède le mot auquel il se rapporte.

8. comprise. Emploi du participe passé *comprise* avec l'auxiliaire *avoir* et le COD *l'* (mis pour *sœur*) placé avant. On accorde.

9. Phrase correcte. Emploi du participe *passée* dans une proposition absolue. *Passée* précède le mot auquel il se rapporte, mais il peut tout de même varier.

10. résolus. Emploi avec deux auxiliaires ; *eu* est toujours invariable dans ce cas et *résolus* s'accorde avec le COD *les* mis pour *ennuis*.

11. Phrase correcte. Emploi du participe passé *dit* dans une construction pronominale. Le COD de *dit* est *tout*, donc l'accord se fait au masculin singulier.

12. amusées. Emploi du participe *amusées* dans une construction pronominale. Le COD d'*amusées* est *se*, placé avant, donc l'accord se fait au féminin pluriel.

Exercice 2 : *Le texte comporte 7 fautes d'accord.*

§1 appropriés → approprié : pas d'accord car dans ce verbe pronominal, le COD *soleil* est placé après

enduits → enduit : pas d'accord car ce verbe est employé avec l'auxiliaire *avoir* et le COD *membres* est placé après

tartiné → tartinés : accord avec le COD les, mis pour *enfants*, placé avant

couvert → couverts : accord avec le nom *petits*

§2 Exceptées → Excepté : pas d'accord car le participe est placé avant le mot auquel il se rapporte (*minutes*) dans cette proposition absolue

marqué → marquée : accord avec le sujet *journée* puisque l'auxiliaire de *marquée* est *être*

§3 attendu → attendus : accord avec le COD *les*, mis pour *ils*, placé avant

RÈGLE 3 : La conjugaison

La conjugaison est l'art d'énumérer les flexions d'un verbe selon le mode, le temps, la personne, le nombre et la voix

En français, la plupart des verbes sont réguliers, c'est-à-dire qu'ils appartiennent aux 1er et 2e groupes. Mais il ne faut pas négliger certains verbes du 3e groupe qui sont très courants (*aller, avoir, rendre*, etc.)

REMARQUE

Nous n'indiquerons que la conjugaison des temps simples puisque les temps composés ne nécessitent que la connaissance de la conjugaison des auxiliaires *être* et *avoir* aux temps simples + participe passé. Il faut bien sûr maîtriser parfaitement la conjugaison des auxiliaires.

Conjugaison aux temps simples des auxiliaires avoir et être

Avoir

Indicatif				Conditionnel	Subjonctif	
présent	**imparfait**	**passé**	**futur**	**présent**	**présent**	**imparfait**
ai	avais	eus	aurai	aurais	aie	eusse
as	avais	eus	auras	aurais	aies	eusses
a	avait	eut	aura	aurait	ait	eût
avons	avions	eûmes	aurons	aurions	ayons	eussions
avez	aviez	eûtes	aurez	auriez	ayez	eussiez
ont	avaient	eurent	auront	auraient	aient	eussent

Impératif présent : *aie, ayons, ayez*.

Participe présent (et gérondif) : *ayant* / passé : *eu*.

Être

Indicatif				Conditionnel	Subjonctif	
présent	**imparfait**	**passé**	**futur**	**présent**	**présent**	**imparfait**
suis	étais	fus	serai	serais	sois	fusse
es	étais	fus	seras	serais	sois	fusses
est	était	fut	sera	serait	soit	fût
sommes	étions	fûmes	serons	serions	soyons	fussions
êtes	étiez	fûtes	serez	seriez	soyez	fussiez
sont	étaient	furent	seront	seraient	soient	fussent

Impératif présent : *sois, soyons, soyez*.

Participe présent (et gérondif) : *étant* / passé : *été*.

ATTENTION

De nombreuses fautes sont commises au subjonctif présent. Observez bien les formes du singulier et notez aussi qu'il ne faut pas écrire que « nous ayions/soyions », que « vous ayiez/soyiez » mais *que nous ayons/soyons, que vous ayez/soyez*.

Évitez également la confusion entre *nous serons* (verbe *être*) et *nous saurons* (verbe *savoir*).

Exemple : Nous *saurons* bien comment nous comporter. (verbe *savoir*)
Nous *serons* bien nombreux demain. (verbe *être*)

Verbes réguliers

Les verbes réguliers sont des verbes qui ont les mêmes règles de construction dans toute leur conjugaison. Savoir en conjuguer un, c'est donc savoir tous les conjuguer.

On remarque certains points communs entre ces deux conjugaisons régulières :

- les mêmes terminaisons si on fait abstraction de l'affixe pour l'indicatif imparfait et le subjonctif présent ;
- la construction du futur simple à partir de l'infinitif + *–ai, –as*, etc.
- la construction du conditionnel à partir de l'infinitif + les terminaisons de l'imparfait ;

ATTENTION

Il ne faut pas confondre la terminaison de la 1re personne du futur simple *-erai* avec celle du conditionnel présent *-erais*. Pour les distinguer, retenez que le futur exprime une affirmation, un fait à venir, alors que le conditionnel exprime une hypothèse, un fait dont la réalisation est incertaine parce qu'elle dépend de celle d'un autre fait.

Exemples : Je *serai* là quand vous aurez besoin de moi. (C'est une affirmation)
Je *serais* là si vous aviez besoin de moi. (C'est une hypothèse)

Pour les distinguer nettement, changez de personne.

Exemples : Tu *seras* là quand... (futur) / Tu *serais* là si... (conditionnel)

- la présence d'un accent circonflexe uniquement dans trois cas de terminaisons : 1re et 2e personne du pluriel de l'indicatif passé simple et 3e personne du subjonctif imparfait ;
- la voyelle qui débute la terminaison du passé simple (*–a* au 1er groupe et *–i* au 2e) est la même que celle du subjonctif plus-que-parfait, et la suite de la terminaison est la même.

Verbes du 1er groupe : infinitif en –er (type : chanter)

Indicatif				**Conditionnel**	**Subjonctif**	
présent	**imparfait**	**passé**	**futur**	**présent**	**présent**	**imparfait**
Chant–e –es –e –ons –ez –ent	–ais –ais –ait –ions –iez –aient	–ai –as –a –âmes –âtes –èrent	–erai –eras –era –erons –erez –eront	–erais –erais –erait –erions –eriez –eraient	–e –es –e –ions –iez –ent	–asse –asses –ât –assions –assiez –assent

Impératif présent : *–e, –ons, –ez.*

Participe présent (et gérondif) : *–ant* / passé : *–é.*

ATTENTION

Ne pas confondre l'indicatif présent, 2e personne du singulier (*tu chantes*) et l'impératif présent singulier (*chante*).

Exemple : Tu *chantes* mal (indicatif), *chante* mieux. (impératif, c'est un ordre)

Ne pas confondre non plus le participe passé (*chanté*) avec l'infinitif (*chanter*). Pour cela, il suffit de remplacer le verbe du 1er groupe par un verbe du 3e groupe.

Exemple : Je me suis *press*... (*–é* ou *–er* ?) ⇒ Je me suis *dit* (et non *dire*), donc ce n'est pas un infinitif ; la réponse est *pressé*.

Verbes du 2e groupe : infinitif en –ir avec ajout de l'affixe –iss à certaines formes (type : finir)

Indicatif				Conditionnel	Subjonctif	
présent	**imparfait**	**passé**	**futur**	**présent**	**présent**	**imparfait**
Fin–is –is –it –issons –issez –issent	–issais –issais –issait –issions –issiez –issaient	–is –is –it –îmes –îtes –irent	–irai –iras –ira –irons –irez –iront	–irais –irais –irait –irions –iriez –iraient	–isse –isses –isse –issions –issiez –issent	–isse –isses –ît –issions –issiez –issent

Impératif présent : identique à l'indicatif présent aux mêmes personnes.

Participe présent (et gérondif) : *–issant* / passé : *–i*.

ATTENTION

Le participe passé de ces verbes ne prend pas de consonne finale muette au singulier (*fini*) à la différence de certains verbes du 3e groupe. Pour le vérifier, si vous avez un doute, mettez le participe au féminin (*fini* → *finie* mais pas « démi » mais *démis* → *démise*)

Cas particuliers

Cas 1 : Les verbes qui prennent un *–e* muet à l'avant-dernière syllabe dans leur conjugaison, changent ce *–e* en *–è*, sauf les verbes en *–eler* et *–eter* qui redoublent leur consonne finale.

Exemple

semer, semons ⇒ *je sème* / *appeler, appelons* ⇒ *j'appelle*

ATTENTION

Certains verbes en *–eler* et *–eter* restent réguliers, prenant un accent grave :

- *ciseler, geler, démanteler, écarteler, harceler, marteler, modeler, peler,*
- *acheter, crocheter, s'encasteler, fureter, haleter, et leurs dérivés.*

Cas 2 : Les verbes en *–guer* et *–quer* conservent les lettres *–gu* ou *–qu* dans toute leur conjugaison. Mais dès lors que l'on forme un nom ou un adjectif à partir de ces verbes, ce groupe de lettres disparaît.

Exemples

Un élève *conjuguant* des verbes. / La *conjugaison*.

Un patron *communiquant* son énergie. / Les vases *communicants*.

Cas 3 : Les verbes en *–yer* ont diverses conjugaisons suivant la voyelle qui précède *–yer*.

- Les verbes en *–oyer* et *–uyer* changent *–y* en *–i* devant un *–e* muet.

Exemple

essuyons (pas de *–e* muet) ⇒ *essuient* (*–e* muet).

- Les verbes en *–ayer* admettent l'orthographe en *–y* ou en *–i*.

Exemple
je balaye ou *je balaie*.

- Les verbes en *–eyer* conservent toujours leur *–y*.

Exemple
il grasseye, vous grasseyez (= prononcer les *–r* avec la gorge).

ATTENTION

Ne conjuguez pas *croire* ou *voir* sur le modèle de verbe en *–yer* ; « ils croyent » ou « ils voyent » sont des barbarismes. À éviter tout autant, « ils croivent ». Il faut écrire *ils croient, ils voient*.

Verbes irréguliers

Ces verbes sont placés dans le 3e groupe, lequel rassemble les verbes en *–ir* qui ne prennent pas l'affixe *–iss*, les verbes en *–re*, et ceux qui ont une conjugaison irrégulière ou incomplète (défectifs).

Il est difficile d'en dresser une liste exhaustive. Notons seulement les règles communes à plusieurs verbes :

- Les verbes en *–ir* ont les mêmes terminaisons que les verbes du 2e groupe, sans l'affixe (ex. : *dormir*).

  Exceptions : *assaillir, couvrir, cueillir, défaillir, offrir, ouvrir, souffrir, tressaillir* et leurs dérivés ont au présent de l'indicatif, et au présent de l'impératif les mêmes terminaisons que les verbes du 1er groupe (ex. : *ouvre, il assaille*).
- Les verbes en *–oir* prennent un *–u* à la place du *–i* en terminaison, à l'indicatif passé simple, au subjonctif imparfait et au participe passé, sauf *asseoir, surseoir, voir* et leurs dérivés qui prennent un *–i*.

Exemples
je voulus, que *je voulusse* / que *j'assisse*, que *je sursisse*

ATTENTION

Pouvoir, valoir, vouloir ont un indicatif présent en *–x, –x, –t, –ont, –ez, –ent*.

- Les verbes en *–re* ont les mêmes terminaisons que les verbes du 2e groupe à tous les autres modes et temps, sauf à l'indicatif présent. Les irrégularités portent plutôt sur le radical.

  À l'indicatif présent, leurs terminaisons sont *–s, –s, ø, –ons, –ez, –ent*.

  La 3e personne du singulier n'a pas de terminaison spécifique. Le verbe finit généralement par la dernière consonne de son radical : *il prend, il met, il vainc*, etc.

  Dans les verbes en *–re*, on rencontre aussi bien des passés simples en *–i* (*coudre, faire, luire ⇒ cousis, fis, luisis*) qu'en *–u* (*lire ⇒ lus*).

Cas particuliers

Cas 1 : Les verbes en *–indre* et *–soudre* ne conservent leur *–d* dans la conjugaison que s'il précède un *–r* ; de même, les verbes en *–aître* et *–oître* ainsi que *plaire* ont un accent circonflexe sur le *–i* s'il précède un *–t* dans la conjugaison.

Exemples

geindre, nous geindrons, il geint / connaître, nous connaîtrons, vous connaissez / plaisant, il plaît

ATTENTION

- Le participe passé du verbe *faire* est *faites* et non « faîtes ».
- Les 1re et 2e personnes du pluriel du passé simple prennent toujours un accent circonflexe sur l'avant-dernière syllabe, sauf s'il y a un tréma. C'est le cas de *haïr* qui garde son tréma et a donc pour forme *nous haïmes, vous haïtes*.

Cas 2 : Les participes passés *dû, redû, mû, crû, recrû* prennent un accent circonflexe au masculin singulier uniquement. En revanche les participes *accru, décru, indu* ne prennent jamais d'accent.

Exemple

Un salaire *dû* / une somme *due*.

Cas 3 : Quelques erreurs de conjugaison du 3e groupe à éviter :

- **Aller :** À l'indicatif présent, *ils vont* et non ils « allent ».
- **Envoyer :** À l'indicatif futur (et au conditionnel), *j'enverrai(s)* et non « j'envoyerai(s) ».
- **Acquérir :** À l'indicatif passé simple, *j'acquis* et non « j'acquéris », au futur simple (et conditionnel) *j'acquerrai(s)* et non « j'acquérirai(s) » et au participe passé *acquis* et non « acquéris ».
- **Tenir :** À l'indicatif passé simple, *je tins* et non « je tenis ».
- **Mourir :** À l'indicatif passé simple, *je mourus* et non « je mouris », et au participe passé, *mort* et non « mouru ».
- **Bouillir :** À l'indicatif présent, *ils bouillent* et non « ils bouent ».
- **Voir :** Au subjonctif présent, *que je voie, que tu voies, qu'il voie* et non « que je vois », etc.
- **Savoir :** Au subjonctif présent, *que je sache* et non « que je save ».
- **Asseoir :** À l'indicatif futur (et au conditionnel), *j'assiérai(s)* ou *j'assoirai(s)* et non « j'assoyerai(s) » ou « j'asseoirai(s) ».
- **Dire :** À l'indicatif présent, *vous dites* et non « vous disez » ou « vous dîtes ». De même *vous redites*, mais *vous contredisez, vous dédisez, vous interdisez.*
- **Conclure :** À l'indicatif futur (et au conditionnel), *je conclurai(s)* et non « je concluerai(s) ».
- **Vivre :** À l'indicatif passé simple *je vécus* et non « je vis » et au participe passé, *vécu*.
- **L'inversion impropre du sujet *je* et du verbe.** On peut faire cette inversion à l'indicatif présent pour *ai-je, dis-je, dois-je, fais-je, puis-je, sais-je, suis-je, vais-je, veux-je, vois-je*. En dehors de ces cas, l'inversion est impossible à l'indicatif présent, 1re personne, pour les verbes irréguliers. On évitera donc *mens-je, cours-je*, etc.

Entraînement

***Exercice 1 :** Relevez les fautes de conjugaison dans les phrases suivantes (verbes réguliers et auxiliaires).*

1. Il souhaitait que nous chantions plus fort.

2. Vous pensîtes du bien de vos camarades.

3. Il veut que je soies arrivée dans deux heures.

4. Ayiez au moins le courage de vos opinions ; ne soyez pas toujours hésitant !

5. Nous ne saurons pas présents ce soir ; nous regrettons ce contretemps.

6. Essai de suivre la conversation ; ne sois pas toujours dans la lune.

7. Il se démène pour que chacun jette les ordures en respectant le tri sélectif.

8. Ils volleyent de dos et ne voyent donc pas leurs coups.

9. Il y a eut un grand crissement qui a fini pas un choc.

10. Tu as préférer quitter ton travail que de travailler bénévolement.

11. Tu n'écoutes pas les conseils de tes supérieurs ; écoutes-les bien !

12. Il souhaitait qu'il finît son travail puis que nous téléphonassions à sa grand-mère pour lui souhaiter un bon anniversaire.

Exercice 2 : *Relevez les fautes de conjugaison dans les phrases suivantes (verbes irréguliers).*

1. Il faut que nous dormassions rapidement pour être en forme demain.

2. Je veut que l'on me comprenne.

3. Tu vaincs les difficultés par ton travail sérieux ; ne romps pas ton rythme de travail.

4. Connaîs-tu un homme qui résous ce genre de problème ?

5. Ne le dîtes pas, faîtes-le plutôt.

6. Les œufs bouent dans la casserole.

7. Nous concluerons ce contrat et la somme due sera versée.

8. Puis-je vous demander ce que vous avez acquéris lors de cette vente ?

9. Ouvre la porte pour que je voie qui arrive.

10. Il envoyera un faire-part de naissance ; cela plaît à tout le monde.

11. Où cours-je, où vais-je, dans quel état j'erre ?

12. Tu enfreins la loi et tu défailles à tes obligations.

Exercice 3 : *Corrigez les fautes de conjugaison dans le texte suivant.*

Il apparaît avec évidence aujourd'hui que rien ne résoud les difficultés économiques de notre pays. Que nous soyions compétents dans ce domaine ou que nous considérerions l'actualité en simples citoyens, nous ne croyons plus aux solutions rapides. Chacun se convainct qu'il est acquis que nous allons devoir faire des efforts. Les sommes dûes sont telles que nous ne résoudront le déséquilibre budgétaire qu'après que nous aurons décru nos dépenses publiques et accru nos recettes.

Mais toute la question est de savoir par où commencer. Car si nous envisagions d'abord de baisser nos dépenses, les plus pauvres connaisseraient des périodes très difficiles, et, que je sache, personne ne le souhaite. Et si nous préférions commencer par accroître les impôts, c'est l'investissement qui s'en ressentiraient. Or la croissance molle revêt un aspect tout aussi inquiétant pour l'économie que l'austérité.

Ce qui est certain, c'est que si nous sursoiions à la prise de décision, nous ne résoudrons rien, et pire encore, nous devrons affronter des difficultés bien supérieures quelque temps plus tard.

Exercice 4 : *Exercice récapitulatif : relevez et corrigez les fautes concernant le verbe dans le texte suivant.*

L'imagination des professeurs de français fût toujours intarissable. Que l'on pense seulement combien créèrent des textes truffés de pièges, combien produisèrent des phrases interminables, pour avoir la joie de vous piéger.

Vous vous convainquez cependant que c'est pour votre bien, que les règles qu'ils ont proposé à votre sagacité, ils les ont d'abord patiemment choisies pour vous libérer progressivement de votre ignorance crasse. Vous vous disez qu'il n'est pas possible qu'ils maudisent ainsi leur prochain, et qu'à moins que des événements tragiques aient eut lieu dans leur enfance, ils ne sauraient tant vous martyriser.

Si cette analyse n'est pas tout à fait erronée (il y a du bon en eux), elle doit pourtant être émie avec prudence. Car ces enseignants ont aussi développé un réel plaisir pour le piège. Ils se sont amusés de ces jouets éducatifs, se sont reprochés de n'en avoir pas trouvé davantage. Les trames qu'ils cousirent, telle l'araignée tissant sa toile, eurent l'avantage de leur beauté ; mais leur finalité resta toujours la capture et elles s'en tenirent à cet objectif.

Quand vous faites ces exercices, ne soyiez pas trop indulgent avec nous. Vous comme nous suivons un même but : vaincre. Mais nous, nous le fesons pour que vous acquériez des nouveaux savoirs ; nous provoquons les fautes au nom de la pédagogie !

Corrigé

Exercice 1

1. Phrase correcte.

2. pensâtes. Verbe *penser* à l'indicatif passé simple, 2e personne du pluriel.

3. que je sois. Verbe *être* au subjonctif présent, 1re personne du singulier.

4. Ayez. Verbe *avoir* à l'impératif présent, singulier.

5. serons. Verbe *être* (et non *savoir*) à l'indicatif futur simple, 1re personne du pluriel.

6. Essaie ou **Essaye**. Verbe *essayer* à l'impératif présent, singulier.

7. Phrase correcte.

8. voient. Verbe *voir* à l'indicatif présent, 3e personne du pluriel. Ne pas conjuguer comme certains verbes en *-yer*.

9. Il y a eu. Verbe *avoir* à l'indicatif passé composé, 3e personne du singulier. Le féminin n'est pas « eute » mais *eue*.

10. Tu as préféré. Verbe *préférer* à l'indicatif passé composé, 2e personne du singulier. Il ne peut s'agir d'un infinitif car on doit dire « Tu as dit » et non « Tu as dire ».

11. écoute (second verbe). Verbe *écouter* à l'impératif présent, singulier.

12. Phrase correcte. Les verbes *finir* et *téléphoner* sont au subjonctif imparfait.

Exercice 2

1. Que nous dormions. Verbe *dormir* au subjonctif présent, 1re personne du pluriel. Le subjonctif imparfait (*dormissions* pour cette personne) s'emploie quand le verbe de la proposition principale est au passé ; or ici il est au présent.

2. Je veux. Verbe *vouloir* à l'indicatif présent, 1re personne du singulier.

3. Phrase correcte.

4. Connais. Verbe *connaître* à l'impératif présent, singulier. *Résoudre* est bien conjugué.

5. dites / faites. Verbes *dire* et *faire* à l'impératif présent, singulier, sans accents.

6. bouillent. Verbe *bouillir* à l'indicatif présent, 3e personne du pluriel.

7. conclurons. Verbe *conclure* (et non « concluer ») à l'indicatif futur simple, 1re personne du pluriel. Le participe passé du verbe *devoir* ne prend un accent circonflexe qu'au masculin singulier.

8. vous avez acquis. Verbe *acquérir* à l'indicatif passé composé, 2e personne du pluriel.

9. Phrase correcte. On écrit *que je voie* au subjonctif présent, mais *je vois* à l'indicatif présent.

10. Il enverra. Verbe *envoyer* à l'indicatif futur simple, 3e personne du singulier. N'oubliez pas l'accent circonflexe dans *il plaît*.

11. Où est-ce que je cours ? L'inversion du sujet *je* et du verbe *courir* est impropre.

12. Phrase correcte.

Exercice 3 : *Le texte comporte 7 fautes de conjugaison.*

§1 résoud → résout : verbe *résoudre* à l'indicatif présent, 3e personne du singulier

soyions → soyons : verbe *être* au subjonctif présent, 1re personne du pluriel

considérerions → considérions : verbe *considérer* au subjonctif présent ; *considérerions* est du conditionnel présent

convainct → convainc : verbe *convaincre* à l'indicatif présent, 3e personne du singulier

dûes → dues : verbe *devoir* au participe passé, féminin pluriel (seul le masculin singulier prend un accent circonflexe)

§2 connaisseraient → connaîtraient : verbe *connaître* au conditionnel présent, 3e personne du pluriel

ressentiraient → ressentirait : verbe *ressentir* au conditionnel présent, 3e personne du singulier car l'accord se fait avec *qui* (mis pour *investissement*)

§3 sursoiions → sursoyons : verbe *surseoir* (différer, ajouter un délai) à l'indicatif présent, 1re personne du pluriel

Exercice 4 : *Le texte comporte 11 fautes concernant le verbe.*

§1 fût → fut : verbe *faire*, indicatif passé simple, 3e personne du singulier (ne pas confondre avec le subjonctif imparfait qui serait précédé de *que* ou d'un équivalent)

produisèrent → produisirent : verbe *produire*, indicatif passé simple, 3e personne du pluriel (la finale *–èrent* concerne uniquement les verbes en *–er*)

§2 proposé → proposées : participe passé du verbe *proposer* employer avec l'auxiliaire *avoir* ; le COD *qu'*, mis pour *règles*, est placé avant.

disez → dites : verbe *dire*, indicatif présent, 2e personne du pluriel

maudisent → maudissent : verbe *maudire*, subjonctif présent, 3e personne du pluriel (ne se conjugue pas sur le modèle de *dire*)

eut → eu : participe passé du verbe *avoir*, masculin singulier (son féminin est *eue* et non « eute »)

§3 émie → émise : participe passé du verbe *émettre*, employé avec l'auxiliaire *être* ; le sujet est *elle*

reprochés → reproché : participe passé du verbe *se reprocher*, dont le COD *de n'avoir pas trouvé davantage* est placé après (*ils ont reproché quoi ?*)

tenirent → tinrent : verbe *tenir*, indicatif passé simple, 3e personne du pluriel

§4 soyiez → soyez : verbe *être*, impératif présent, 2e personne du pluriel

fesons → faisons : verbe *faire*, indicatif présent, 1re personne du pluriel

L'orthographe du nom et de l'adjectif

12

RÈGLE 1 : La construction du féminin du nom et de l'adjectif

Elle se fait, quand cette forme existe, par ajout d'un *–e* final à la forme du masculin

Exemple

un *partisan*, une *partisane* / un esprit *partisan*, une attitude *partisane*

Il n'y a pas de changement quand le mot finit déjà par un *–e* (*un élève, une élève*), sauf si le féminin est en *–esse* (*un âne, une ânesse*, une œuvre *maîtresse*). D'autre part, tous les mots n'ont pas les deux genres, notamment les noms de choses n'ont qu'un genre.

Cas particuliers

Cas 1 : Certains noms et adjectifs redoublent leur consonne finale.

Consonnes redoublées	Exemples
–l : noms et adjectifs en *–el* et *–eil* + *gentil* et *nul*	*cruel ⇒ cruelle, vermeil ⇒ vermeille* *nul ⇒ nulle*
–n : noms et adjectifs en *–en*, *–on* + *paysan*	*indien ⇒ indienne, fripon ⇒ friponne* *paysan ⇒ paysanne* **Exception :** *mormon ⇒ mormone*
–t : noms et adjectifs en *–et* + *chat, boulot, maigriot, pâlot, sot, vieillot*	*muet ⇒ muette* *pâlot ⇒ pâlotte* **Exceptions :** *préfet, (in)complet, concret, désuet, (in)discret, inquiet, replet, secret* ⇒ féminin en *–ète*
–s : noms et adjectifs *bas, épais, gras, gros, las, métis, exprès*	*las ⇒ lasse* *exprès ⇒ expresse*

Cas 2 : D'autres noms et adjectifs sont plus irréguliers.

Types de modifications	Exemples
–c devient *–qu* dans *laïc, ammoniac, caduc, public, turc, franc* (le peuple).	*turc ⇒ turque, franc ⇒ franque* **À noter :** *franc* (qui fait preuve de franchise) ⇒ *franche*
–er devient *–ère*	*cuisinier ⇒ cuisinière*

Types de modifications	Exemples
–eur devient *–euse* si le mot dérive directement d'un verbe *–teur* devient *–trice* si le mot ne dérive pas directement d'un verbe *–eur* devient *–eure* dans *meilleur, majeur / mineur, antérieur / postérieur, citérieur / ultérieur, extérieur / intérieur, supérieur / inférieur.*	*menteur* ⇒ *menteuse* (verbe *mentir*) **Exceptions :** *éditeur, émetteur / récepteur, exécuteur, inspecteur, inventeur, persécuteur* ⇒ fém. en *–trice*, *enchanteur, vengeur* ⇒ fém. en *–eresse*. *amateur* ⇒ *amatrice* ('*amater*' n'existe pas) *supérieur* ⇒ *supérieure* un jour *ultérieur* ⇒ une date *ultérieure*
–gu devient *–guë*	*aigu* ⇒ *aiguë*
–x devient *–s* pour les noms et adjectifs en *–eux* + *époux et jaloux*	*sérieux* ⇒ *sérieuse* *jaloux* ⇒ *jalouse* *vieux* ⇒ *vieille*
– n devient *–gn* dans *bénin, malin*	*bénin* ⇒ *bénigne, malin* ⇒ *maligne*
féminin en *–lle* pour *beau, jumeau, nouveau, fou, mou, vieux*	*mou* ⇒ *molle* *vieux* ⇒ *vieille*
Remarque : Ces mots (sauf *jumeau*) ont un masculin en *–el*, devant un mot masculin commençant par une voyelle. (ex. : un *vieil* ami)	
addition d'un : *–d* dans *esquimau* *–s* dans *andalou* *–t* dans *coi**, *favori, rigolo*	*esquimau* ⇒ *esquimaude* *andalou* ⇒ *andalouse* *coi* ⇒ *coite*
modifications particulières dans *bref, frais, grec, sec, tiers*	*bref* ⇒ *brève, frais* ⇒ *fraîche* *grec* ⇒ *grecque, sec* ⇒ *sèche* *tiers* ⇒ *tierce*

* « rester coi » = rester sans voix à cause de l'émotion ou de la surprise

RÈGLE 2 : La construction du pluriel du nom et de l'adjectif

Le pluriel se forme généralement par ajout d'un *–s* final à la forme du singulier

Exemple

un *homme*, des *hommes* / des comportements *humains*

Il n'est cependant pas toujours possible de passer du singulier au pluriel, soit parce qu'il n'y a pas de pluriel, comme notamment pour les noms collectifs (ex. : du bétail) soit parce qu'il n'y a pas de singulier (ex. : les fiançailles, les annales), soit encore parce que l'ajout d'une marque du pluriel est impossible. Ce dernier concerne les mots qui finissent au singulier par –s, –x, –z.

Exemple

un *puits*, des *puits* / un *vieux* classeur, des *vieux* classeurs / un *nez*, des *nez*

Cas particulier : Certains noms et adjectifs prennent un *–x* au pluriel.

Cas du pluriel en *–x*	Exceptions avec pluriel en *–s*
Sans modifications :	
• Tous les noms et adjectifs en *–au*. **Exemple :** *un niveau, des niveaux*	*landau, sarrau*[1]. **Exemple :** *des sarraus*
• Tous les noms et adjectifs en *–eu*. **Exemple :** *hébreu, hébreux*	*bleu, émeu*[2]*, lieu*[3]*, pneu.* **Exemple :** *des émeus*
• Sept noms en –ou : *bijou, caillou, chou, genou, hibou, joujou, pou.*	Les autres noms en *–ou* ont un pluriel régulier **Exemple :** *un clou, des clous*
Avec modifications :	
• Tous les noms et adjectifs changent *–al* en *–aux* au pluriel. **Exemple :** un rival, des rivaux	*bal, bancal, cal, carnaval, cérémonial, chacal, fatal, festival, final, glacial, jovial, mistral, natal, naval, récital, régal.* **Exemple :** *des festivals*
• Dix noms changent *–ail* en *–aux* au pluriel : aspirail[4], bail[5], corail, émail, fermail[6], soupirail, travail, vantail[7], ventail[8], vitrail.	Les autres noms en *–ail* ont un pluriel régulier. **Exemple :** *un rail, des rails*
• Les noms suivants subissent d'autres modifications : – un œil ⇒ des yeux – un ciel ⇒ des cieux – un aïeul ⇒ des aïeux	– *œils* se rencontre dans les noms composés (ex. : des *œils*-de-bœuf) – *ciels* s'emploie hors des connotations religieuses (ex. : des *ciels* de lit) – *aïeuls* pour désigner les grands-parents et non pas tous les ancêtres.

[1] tablier d'écolier
[2] oiseau proche de l'autruche
[3] poisson
[4] ouverture dans un poêle
[5] contrat de location
[6] fermoir
[7] battant d'une porte
[8] partie mobile d'un casque

Entraînement

***Exercice 1 :** Complétez les phrases suivantes correctement ; certaines modifications sur les formes proposées seront parfois nécessaires.*

1. La paysan... n'est pas sot... ou idiot...

2. La petit... vieil... est discret... et fluet...

3. La berger... regarde le beau... épouvantail d'une œillade bref...

4. La tumeur bénin... provoquait une douleur aigu...

5. Cette ambassadeur... a un air rigolo...avec sa tenue grec...

6. La supérieur... du couvent est une rouspéteur...

7. La traître... est certainement une tiers... personne jaloux...

8. Les femmes qui sont inventeur... restent rares.

9. La détenteur... de cette lettre indiscret... ne devrait pas faire la malin...

10. Ce mou... emportement m'étonne d'une tel... bougre...

Exercice 2 : *Complétez les phrases suivantes correctement ; certaines modifications sur les formes proposées seront parfois nécessaires.*

1. Les carnaval... où des personnages caricatural... sont représentés.

2. Les nouveau... téléphone... sont bleu...

3. Les gaz... de schiste sont dangereux ; ils devraient être illégal...

4. Les Hébreux... et les Palestinien... sont rival...

5. Les détail... de ces émail... n'apparaissent pas aux œil... des passant...

6. Ces bocal... de cachou... et de pruneau... attirent en ces lieu...

7. Les landau... ne sont pas faits pour les baleineau... ou les girafeau...

8. Les genou... abîmé... avaient des bandeau... artisanal...

9. Les rite... ancestral... de nos aïeul... nous semblent aujourd'hui brutal...

10. Dans les chambre... royal... des ciel... de lit de la couleur des corail... servaient pour les cérémonial... biennal...

Corrigé

Exercice 1

1. *La paysanne n'est pas sotte ou idiote.*

2. *La petite vieille est discrète et fluette.* On n'oubliera pas l'accent de *discrète*. *Fluette* signifie *mince*.

3. *La bergère regarde le bel épouvantail d'une œillade brève.*

4. *La tumeur bénigne provoquait une douleur aiguë.*

5. *Cette ambassadrice a un air rigolo avec sa tenue grecque.*

6. *La supérieure du couvent est une rouspéteuse.*

7. *La traîtresse est certainement une tierce personne jalouse.*

8. *Les femmes qui sont inventrices restent rares.*

9. *La détentrice de cette lettre indiscrète ne devrait pas faire la maligne.* Le verbe « détenter » n'existe pas, donc on ne peut pas dire la « détenteuse ».

10. *Ce mol emportement m'étonne d'une telle bougresse.*

Exercice 2

1. *Les carnavals où des personnages caricaturaux sont représentés.*

2. *Les nouveaux téléphones sont bleus.*

3. *Les gaz de schiste sont dangereux ; ils devraient être illégaux.*

4. *Les Hébreux et les Palestiniens sont rivaux. Hébreux* et *Palestiniens* ne sont pas des noms propres, mais des noms issus de noms propres ; ils peuvent varier.

5. *Les détails de ces émaux n'apparaissent pas aux yeux des passants.*

6. *Ces bocaux de cachous et de pruneaux attirent en ces lieux.*

7. *Les landaus ne sont pas faits pour les baleineaux ou les girafeaux.*

8. *Les genoux abîmés avaient des bandeaux artisanaux.*

9. *Les rites ancestraux de nos aïeux nous semblent aujourd'hui brutaux.*

10. *Dans les chambres royales des ciels de lit de la couleur des coraux servaient pour les cérémonials biennaux. Biennal* : qui a lieu tous les deux ans.

RÈGLE 3 : Le nombre du nom et de l'adjectif

Le pluriel s'emploie, à propos de réalités quantifiables, toutes les fois que l'on désigne plusieurs de ces réalités

Si les règles du nombre du nom et de l'adjectif peuvent être rapprochées, il y a une différence importante : l'adjectif s'accorde avec le mot auquel il se rapporte (un nom, un pronom) alors que le nom ne s'accorde pas. Le choix du nombre du nom dépend du contexte (singulier si l'on désigne un seul être ou une seule chose, pluriel dans le cas contraire).

L'une des difficultés pour le nombre du nom est de bien identifier s'il est question de singulier ou de pluriel. D'une façon générale, celui qui rédige a une grande liberté dans le choix du nombre ; mais il faut respecter quelques règles contraignantes :

- Quand le nom désigne une réalité nécessairement unique, il faut le singulier (ex. : un fruit à *noyau*) et quand il désigne une réalité nécessairement multiple, il faut le pluriel (ex. : un fruit à *pépins*)
- Quand un nom prend une valeur générale, il faut le singulier (ex. : des sacs de *sable*) et quand il désigne une réalité nombreuse mais comptable, il faut le pluriel (ex. : un groupe *d'hommes*).
- Certaines locutions sont **toujours au singulier** : *agir à court / long terme, agir à l'emporte-pièce, être au banc des accusés, être / faire sur mesure, réclamer / demander à cor et à cri, remettre / être à flot* (mais *couler à flots*), *y aller / le faire en personne*, ainsi que la plupart des expressions avec *tout* adverbe (*tout feu, tout flamme*, etc.)
- Certaines locutions sont **toujours au pluriel** : *être à bout de forces, être aux pieds de quelqu'un* (mais *être au pied de quelque chose*), *être en bon / mauvais termes, en d'autres termes, faire à grands frais / à peu de frais / à moindres frais, inventer de toutes pièces, juger sur pièces, mettre / tailler en pièces*.

Il est important de noter que la tournure négative n'entraîne pas toujours le singulier. Si la tournure est négative, il faut mettre au positif pour déterminer le nombre.

Exemple 1

un fruit sans *noyau* ⇒ S'il y en avait, il y aurait *un seul* noyau.

Exemple 2

un fruit sans *pépins* ⇒ S'il y en avait, il y aurait *plusieurs* pépins.

Les règles sont les mêmes que précédemment. Toutefois certaines locutions ont leur propre nombre :

- Locutions ***toujours au singulier*** *: sans arrêt, sans certitude, sans commentaire, sans comparaison, sans contestation, sans conteste, sans contredit, sans délai, sans détour, sans doute, sans effort, sans égard, sans encombre, sans façon, sans fondement, sans histoire, sans interruption, sans prétention, sans raison, sans réserve, sans surprise, sans tambour ni trompette, sans transition.*
- Locutions ***toujours au pluriel*** *: sans à-coups, sans ambages, sans fleurs ni couronnes, sans limites, sans manières, sans phrases, sans principes, sans scrupules, sans témoins.*

L'accord de l'adjectif est plus simple ; il suffit de trouver son support (mot auquel il se rapporte).

Exemple

Cette petite fille, polie et discrète, est bien élevée.

Dans cet exemple *cette, petite, polie, discrète, élevée* renvoient au même nom *fille* d'où l'accord de tous ces éléments au féminin singulier.

Encore faut-il être attentif pour trouver ce support, notamment quand il est éloigné.

Exemple

Cette fille, qui avait séjourné chez nous pendant plusieurs mois, était bien élevée.

Dans cet exemple, *élevée* s'accorde avec *fille*, même si ces deux mots sont très éloignés.

Cas particuliers

Cas 1 : Le nombre des noms et adjectifs composés dépend de la nature des termes qui composent ces mots.

Règles d'accord	Composition des mots	Exemples
Accord des deux termes	nom + nom nom + adjectif adjectif + adjectif nom (+ préposition) + nom complément	*des sourds-muets* *des coffres-forts* des femmes *sourdes-muettes* *des arcs-en-ciel*
Accord du second terme	mot invariable + nom élément incomplet + nom élément incomplet + adj. *nu, mi, demi, semi* + nom *nu, mi, demi, semi* + adj.	*des avant-projets* *des gallo-romains* des hommes *gallo-romains* *des semi-remorques* des paupières *mi-closes*
Accord du second terme ou pas d'accord selon le sens	verbe + nom	*des couvre-lits* *des réveille-matin*
Pas d'accord	verbe + verbe verbe + mot invariable phrase	*des peut-être* *des touche-à-tout* *des qu'en-dira-t-on*

ATTENTION

Demi s'accorde en genre dans *une (deux, trois, etc.) heure(s) et demie*, parce qu'on considère qu'il s'agit d'une heure et de la moitié d'une heure.

En revanche, la locution *à demi* est toujours invariable.

Cas 2 : Les noms propres et les noms occasionnels sont invariables.

Exemple

Les *Martin* habitent la maison voisine. / Avec des *si* on mettrait Paris en bouteille.

Cas 3 : Les adjectifs numéraux sont tous invariables sauf *un* qui varie en genre et *vingt* et *cent* qui varient en nombre quand ils sont multipliés et placés en fin d'un nombre.

Exemple 1

quatre-vingts

Exemple 2

quatre-vingt-un (*vingt* ne finit pas le nombre)

On notera que *mille* peut s'écrire *mil* lorsqu'il s'agit d'années et qu'il n'est pas multiplié.

Exemple

l'an *mil* neuf cent douze

ATTENTION

Zéro, *million* et *milliard* ne sont pas des adjectifs, mais des noms. Ils varient normalement.

Exemple : Ce sont des *zéros*.

Cas 4 : Les adjectifs de couleur sont invariables.

- Quand ce sont des adjectifs composés.

Exemple

des pulls *bleu marine*

- Quand ce sont des noms employés comme adjectifs.

Exemple

des livres *orange*

Exceptions : *écarlate* (pierre), *mauve* (plante), *pourpre* (colorant) et *rose*, pourtant issus de noms, varient.

Cas 5 : Les mots employés comme adjectifs sont toujours invariables. Il peut s'agir :

- de noms

Exemple

des airs *bon enfant*

- d'adverbes

Exemple

des gens *bien*

Cas 6 : Les adjectifs employés comme adverbes sont toujours invariables. Pour les reconnaître on peut faire correspondre aux adjectifs des formes d'adverbe en *–ment*.

Exemple

Cette personne voit *clair*. (= *clairement*, donc invariabilité)

Cas 7 : L'adjectif *possible*, construit avec un superlatif (*le plus, le moins*), est invariable.

Exemple

Dire le plus de bêtises *possible*.

Dans les autres cas, il est variable.

Exemple

Dire toutes les bêtises *possibles*.

Cas 8 : Les adjectifs *quelque*, *tout* et *même* sont difficiles à bien accorder car on les confond facilement avec les adverbes qui leur correspondent. Voici un tableau pour distinguer les deux natures :

Nature	Méthode d'identification	Exemples
Adjectif : accord avec le mot auquel ils se rapportent (complète un nom ou un pronom)	*quelque* = plusieurs *ou* un certain *tout* = l'ensemble de *ou* n'importe quel *même* = identique	Ils ont *quelques* **regrets**. Il est venu *quelque* **temps**. *Tous* mes **voisins** sont présents. *Toute* **idée** est recevable. Ils ont les *mêmes* **amis**.
Adverbe : invariabilité (complète un adjectif ou un adverbe)	*quelque* = environ *ou* aussi *tout* = totalement* *même* = aussi	Il y a *quelque* quinze ans. *Quelque* étranges que soient vos justifications, j'y crois. La famille *tout* entière est là. Il y a les parents, les amis *même*.

ATTENTION

Cas exceptionnel, l'adverbe *tout* peut varier pour que l'on entende le second *–t*, lorsqu'il précède un mot féminin commençant par une consonne.

Exemple : Elle est *toute* contrariée.

REMARQUE

Tout peut également être **nom** et **pronom**.

- **Nom**, quand il a un déterminant et qu'il ne complète pas un nom. Il a alors un masculin pluriel particulier, *touts*.

  Exemple : Les *touts* sont nécessairement plus grands que leurs parties.
- **Pronom**, quand il remplace un nom ou un autre pronom. On entend alors le *–s* final au masculin pluriel.

  Exemple : Ils sont *tous* venus me voir.

Entraînement

Exercice 1 : *Complétez les phrases suivantes correctement ; certaines modifications sur les formes proposées seront parfois nécessaires.*

1. Ce livre d'image... est accompagné d'histoire... inventé... de toute... pièce...

2. Vos grand...–parent... fêtent leurs quarante... an... de mariage.

3. Sur la table, des cahier... rouge... et des livres orange... sont posés à côté de deux Odyssée... d'Homère.

4. Quelque... amis ont accepté à grand... frais de participer à l'achat des pull... bleu... clair...

5. De toutes les histoires possible..., ce sont celles de tout... les jours qui sont les moins probable...

6. Les tout...–petit... dorment agglutiné... sous des couvertures rose...

7. Les milliard... perdus par cette entreprise vont entraîner deux mille... licenciement...

8. Les vêtement... chocolat... ne sont pas parfaitement de la couleur des chocolat... que nous mangeons.

9. Mes grand...–tante... voient net... avec leur... nouvelle... lunette... de vue.

10. Des grand... tout... et des petit... rien... ont parfois les même... effet...

Exercice 2 : *Dans les phrases suivantes, relevez les fautes et corrigez-les.*

1. Les habits vieux verts ne sont pas facile à porter.

2. Il y a quelques temps que nous n'avons plus les mêmes préoccupations.

3. Toutes les situations possibles doivent être envisagées.

4. Ma grande-mère vient de fêter ses quatre-vingt ans.

5. Quand elles sont toutes étonnées, leurs visages deviennent pourpres.

6. Les rendez-vous ont été pris, quelque improbables que soient leurs dates.

7. Les tous petits sont endormis, mêmes les plus turbulents.

8. Après avoir prononcé le plus de mensonges possibles, les détenus ne dirent mot à propos des deux million volés.

Corrigé

Exercice 1

1. Ce livre d'images est accompagné d'histoires inventées de toutes pièces. L'expression *de toutes pièces* est toujours au pluriel.

2. Vos grands-parents fêtent leurs quarante ans de mariage. *Grands-parents* est toujours au pluriel.

3. Sur la table, des cahiers rouges et des livres orange sont posés à côté de deux Odyssée d'Homère. Les noms propres d'ouvrages sont invariables.

4. Quelques amis ont accepté à grands frais de participer à l'achat des pulls bleu clair. *Quelques* s'accorde avec *amis* dont il est l'adjectif ; il peut être remplacé par *plusieurs*.

5. De toutes les histoires possibles, ce sont celles de tous les jours qui sont les moins probables. L'adjectif *possibles* s'accorde parce qu'il n'est pas précédé de *les plus* ou *les moins*.

6. Les tout-petits dorment agglutinés sous des couvertures roses. Dans le nom composé *tout-petits*, *tout* est un adverbe (remplacez-le par *totalement*) et *petits* est un adjectif.

7. Les milliards perdus par cette entreprise vont entraîner deux mille licenciements.

8. Les vêtements chocolat ne sont pas parfaitement de la couleur des chocolats que nous mangeons. Dans le 1er usage de chocolat, il s'agit d'un adjectif de couleur issu d'un nom, donc il est invariable. Dans le 2e usage, il s'agit du nom, donc il est variable.

9. Mes grands-tantes voient net avec leurs nouvelles lunettes de vue. Dans le nom composé *grands-tantes*, *grand* ne varie pas en genre comme dans *grand-mère* mais il varie en nombre. *Net* est un adjectif employé comme adverbe ; il est donc invariable. *Lunettes* est au pluriel quand il désigne les lunettes de vue (par opposition à la lunette astronomique).

10. Des grands touts et des petits riens ont parfois les mêmes effets. *Touts* est le pluriel du nom *tout*.

Exercice 2

1. 2 fautes : **vieux vert / faciles**. Les adjectifs composés de couleur sont invariables.

2. 1 faute : **quelque temps**. *Quelque* est adjectif et signifie *un certain*.

3. Aucune faute.

4. 2 fautes : **grand-mère / quatre-vingts**. Dans *grand-mère*, *grand* ne varie pas en genre mais peut varier en nombre. Dans *quatre-vingt*, on met un trait d'union car le nombre est inférieur à *cent* et on met un *–s* final à *vingt* car il est multiplié.

5. 1 faute : **tout étonnées**. *Tout* est invariable quand il est adverbe et placé devant un adjectif commençant par une voyelle. *Pourpres* varie ; c'est une exception.

6. Aucune faute. *Rendez-vous* est un nom composé invariable. *Quelque* est employé comme adverbe devant un adjectif.

7. 2 fautes : **tout-petits / même**. Le nom *tout-petit* est composé d'un adverbe et d'un adjectif ; seul l'adjectif varie. *Même* est un adverbe quand il peut être remplacé par *aussi*.

8. 2 fautes : **le plus de mensonges possible / millions**. L'adjectif *possible* construit au superlatif est invariable. Le nom *million* est variable, tout comme *zéro* et *milliard*.

13 L'orthographe des autres mots de la phrase

RÈGLE 1 : La construction des adverbes en –ment

Elle s'obtient généralement par le féminin de l'adjectif + –ment

Exemple

grand, grande ⇒ grandement

Parfois on ajoute un accent aigu.

Exemple

profond, profonde ⇒ profondément

Cas particuliers

Cas 1 : Quand l'adjectif termine au masculin par une voyelle autre que –*e*, l'adverbe se construit sans –*e* final.

Exemple

vrai ⇒ vraiment.

Certains adjectifs finissant en –*u* au masculin ont un adverbe en –*ûment* : *assidu*, *congru* (= qui convient), *continu, cru, dû, goulu, indu, nu*.

Cas 2 : Quand l'adjectif termine au masculin par :

- –*ant* ⇒ adverbe en –*amment*
- –*ent* ⇒ adverbe en –*emment*

Ces deux finales se prononcent de la même façon.

Trois adverbes en –*ent* se construisent normalement : *lentement, présentement, véhémentement*.

Cas 3 : Des inclassables, *gentiment, impunément, brièvement* (bref).

Entraînement

Formez des adverbes en –ment à partir des adjectifs suivants en veillant à les orthographier correctement.

1. sage
2. cruel
3. joli
4. savant
5. continu
6. gentil
7. impuni
8. intense
9. intelligent
10. bref

Corrigé

1. sagement

2. cruellement : formé à partir du féminin *cruelle*
3. joliment : l'adjectif finit par une voyelle donc on n'ajoute pas de *–e*.
4. savamment : adjectif en *–ant*, donc adverbe en *–amment*
5. continûment : adjectif en *–u* qui prend un accent circonflexe (exception)
6. gentiment : exception
7. impunément : exception
8. intensément : ajout d'un accent aigu sur le *–e* en passant de l'adjectif à l'adverbe
9. intelligemment : adjectif en *–ent*, donc adverbe en *–emment*
10. brièvement : exception

RÈGLE 2 : Les homonymes grammaticaux

Les homonymes sont des mots qui se prononcent de la même façon, mais s'écrivent bien souvent de façon différente

Exemple
hors / or

Il faut savoir les distinguer graphiquement car on rencontre trop souvent des fautes dans ces mots.

Voici les principaux :

Liste d'homonymes	⇒ Moyen d'identification	Exemples
a (verbe) **à** (préposition)	⇒ *possède* ⇒ dans les autres cas	Il *a* une voiture. Une scie *à* bois.
alentour (adverbe) **alentours** (nom)	⇒ *autour* (utilisé sans article) ⇒ dans les autres cas	Il y a la forêt *alentour*. Il y a la forêt aux *alentours*.
aulx (nom) **ô** (interjection) **au, aux** (article)	⇒ pluriel de *ail* ⇒ introduit une apostrophe ⇒ *à le, à les*	Des *aulx* à tunique. *Ô* temps, suspends ton vol. Aller *au* bois.
aussi tôt (adverbes) **aussitôt** (adverbe)	⇒ indique une comparaison ⇒ *tout de suite*	Il est parti *aussi tôt* que moi. Il est parti *aussitôt*.
bien tôt (adverbes) **bientôt** (adverbe)	⇒ *très tôt* ⇒ *prochainement*	Je trouve qu'il arrive *bien tôt*. Je sais qu'il arrive *bientôt*.
ça (pronom) **çà** (adverbe) **sa** (adjectif)	⇒ *cela* ⇒ utilisé avec *là* ⇒ *la sienne*	*Ça* a pris du temps. On voyait, *çà* et là des oies. C'est *sa* chemise.
ceci, cela (pronoms) **ceux-ci, ceux-là** (pronoms)	⇒ remplace un mot singulier ⇒ remplace un mot pluriel	*Cela* est évident. *Ceux-là* sont coupables.
ce (pronom démonstratif) **se** (pronom personnel)	⇒ *cela* ⇒ remplacer par *me*	*Ce* sera très amusant. Il *se* dit que tout fini bien.
ces (adjectif démonstratif) **ses** (adjectif possessif)	⇒ sert à désigner ⇒ marque la possession	*Ces* chaussures sont à moi. Il doute de *ses* capacités.
davantage (adverbe) **d'avantage(s)** (nom)	⇒ *plus* ⇒ *de bénéfice, de profit*	Ce film me plaît *davantage*. J'y vois plus *d'avantages*.

Liste d'homonymes ⇒ Moyen d'identification	Exemples
dès (préposition) ⇒ *à partir de* **des** (article) ⇒ indique une quantité	Nous partirons *dès* l'aube. Ils mangent *des* petits pois.
dû (verbe) ⇒ participe du verbe *devoir* **du** (article) ⇒ *de le*	Il faut payer son *dû*. La couleur *du* ciel.
et (conjonction) ⇒ *ainsi que* **est** (verbe) ⇒ présent du verbe *être*	Paul *et* son père sont revenus. Il *est* temps de dormir.
hors (préposition) ⇒ *à l'extérieur* **or** (conjonction) ⇒ indique la transition d'idées	Il est *hors* de la ville. Il m'attendait ; *or* je l'ignorais.
la (article) ⇒ devant un nom féminin **là** (adverbe) ⇒ *ici* **l'a** (pronom + verbe) ⇒ remplacer *a* par *ont*	*La* poupée de chiffon. Il n'est pas *là*. Il *l'a* vu hier.
leur (adjectif ou pronom) ⇒ singulier **leurs** (adjectif ou pronom) ⇒ pluriel **Remarque :** leur**s** ne peut pas être pronom **personnel**, mais seulement pronom **possessif** ou adjectif **possessif**.	Ils ont *leur* frère près d'eux. Ils ont *leurs* frères près d'eux. Ils *leur* disent la vérité. (**pers.**) Ce sont les *leurs*. (**poss.**)
ni (conjonction) ⇒ souvent répété : *ni... ni* **n'y** (adverbes) ⇒ utilisé avec *pas, point, rien*	Il n'est venu *ni* lundi *ni* mardi. Il *n'y* a rien à espérer de cela.
notre / votre (adjectif) ⇒ précède un nom **nôtre / vôtre** (pronom ou adjectif) ⇒ utilisé sans nom	Il a pris *votre* voiture. Cette voiture est *vôtre*.
on (pronom) ⇒ *nous* **ont** (verbe) ⇒ *avoir*, remplacer par *a*	*On* voit la mer au loin. Ils *ont* du temps à perdre.
ou (conjonction) ⇒ *ou bien* **où** (pronom) ⇒ indique le lieu	Veux-tu de l'eau *ou* du vin ? *Où* irez-vous en août ?
plutôt (adverbe) ⇒ *de préférence* **plus tôt** (adverbes) ⇒ *avant*	Tout *plutôt* que le déshonneur. Il a dîné *plus tôt* que moi
pourquoi (adverbe ou pronom) ⇒ *pour quelle raison* **pour quoi** (préposition + pronom) ⇒ *dans le but de*	*Pourquoi* vivons-nous ? Venir ! *Pour quoi* faire ?
près (adverbe) + de ⇒ *à proximité de* **prêt** (adjectif) + à ⇒ *disposé à*	Il est *près* de moi. Il est *prêt* à tout.
quand (conjonction) ⇒ indique le temps **quant** + à (préposition) ⇒ *pour ce qui est de* **qu'en** (pronoms) ⇒ *que... de cela*	*Quand* nous reverrons-nous ? *Quant* à moi, je reste le même ! *Qu'en* est-il de votre santé ?
quelle (adjectif) ⇒ suivi d'un nom **qu'elle** (conjonction + pronom) ⇒ suivi d'un verbe	*Quelle* heure est-il ? Il faut *qu'elle* m'écoute.
quelque (adverbe ou adjectif) ⇒ *plusieurs* ou *aussi* **quel que** (adjectif + pronom) ⇒ suivi du verbe être au subjonctif	*Quelques* personnes attendent. *Quel que* soit votre avis, on vous écoute.
quoique (conjonction) ⇒ *bien que* **quoi que** (pronoms) ⇒ *quel que soit ce que*	J'irai *quoique* ce soit risqué. J'irai *quoi que* tu dises.
sans (préposition) ⇒ *privation (opposé à avec)* **c'en** (pronoms) ⇒ *cela en* **s'en** (pronoms) ⇒ avec un verbe pronominal	Une chemise *sans* poche. *C'en* est trop, je suis révolté. Il *s'en* aperçoit bien tard !

Liste d'homonymes ⇒ Moyen d'identification		Exemples
si (conjonction / adverbe) *tellement* **s'y** (adverbes) **ci** (adverbe)	⇒ *en supposant que /* ⇒ *se... à cela* ou *se... ici* ⇒ *là*	Si *je* viens, serais-je attendu ? Il est *si* facile de se tromper ! Il *s'y* consacre totalement. Ces temps-*ci*, il fait froid.
sitôt (adverbe) **si tôt** (adverbes)	⇒ *dès que* ⇒ *tellement tôt*	*Sitôt* qu'il parla, il m'exaspéra. Il est si *tôt* que tous dorment.
son (adjectif) **sont** (verbe)	⇒ remplacer par *ses* ⇒ remplacer par *est*	C'est *son* manteau. Ils *sont* partis.
voir (verbe) **voire** (adverbe)	⇒ *regarder* ⇒ *et même*	C'est ce que nous allons *voir*. Il est taquin *voire* exaspérant.

Entraînement

Corrigez les fautes présentes dans les phrases suivantes (quand il y en a).

1. J'ai aussitôt vu qu'il n'y a avait rien alentours.

2. Où as-tu trouvé çà ?

3. Il c'en est fallu de peu que je leurs dise.

4. Pourquoi que ce soit on conteste ses décisions.

5. Quoique vous disiez, je suis prêt à en débattre.

6. Quand il parle ainsi, il est surprenant, voir impressionnant.

7. Hors de ce secteur vivent des voyageurs ; ils s'y installent temporairement.

8. Où sont nos ancêtres, la se trouvent nos racines.

9. Il aurait du davantage écouter les conseils des votres.

10. Il n'avait pas sitôt fini son discours, qu'a l'instant la foule se montra près à le suivre.

Corrigé

1. Alentour : c'est l'adverbe et pas le nom.

2. ça : peut être remplacé par *cela*.

3. s'en / leur : *s'en* est employé devant un verbe et *leur* également.

4. pour quoi : préposition + pronom.

5. quoi que : ne peut être remplacé par *bien que*.

6. voire : ce n'est pas le verbe et il peut être remplacé par *et même*.

7. Aucune faute.

8. là : indique le lieu.

9. dû / vôtres : *dû* est le participe du verbe *devoir* et *vôtres* est un possessif employé sans nom.

10. à / prête : *à* n'est pas une forme du verbe *avoir* et *prête* signifie *disposée à*.

RÈGLE 3 : Orthographe de mots souvent mal écrits

Voici quelques mots qui n'ont pas été rencontrés dans les règles qui précèdent et dont l'orthographe est à remarquer

accès, excès
ambigu (fém. ambiguë)
b.a.-ba
business
certes
c'est-à-dire
chaque jour (sans –s)
cobaye
controverse
dégât
(aux) dépens (de)
le désir / je désire
dilemme, indemne
ébriété
est-ce que
existence, existentiel
un fait
fascisme
guet-apens
handicap
hormis, parmi
loquace
malgré
ouï-dire
plus-value
pouls
selon
stèle
superflu
tabou
le travail / je travaille
vice versa
vraisemblable
y a-t-il

Culture générale

1.4

Sous-partie

L'épreuve de composition requiert de votre part une certaine culture générale. Dans la mesure où les supports proposés sont liés à l'actualité, et aux grands thèmes de société, il est nécessaire d'avoir en tête certaines connaissances indispensables pour comprendre les supports et apporter des informations personnelles. Cela vous permettra de valoriser votre réflexion.

Dans un souci d'efficacité, nous avons divisé la culture générale en deux parties :

- la première est présente dans cet ouvrage : elle est constituée de 14 fiches portant sur des thèmes généraux ;
- la seconde est accessible sur le site des éditions Dunod (pour y accéder, se référer au mode d'emploi « Compléments en ligne » en début d'ouvrage) : elle contient des fiches d'actualité qui sont régulièrement actualisées.

Toutes les fiches synthétiques que nous vous proposons, aussi bien faites soient-elles, doivent être complétées par un contact régulier avec les sources d'information. Durant votre préparation du concours, suivez l'actualité (plutôt à la radio qu'à la télévision), lisez des articles dans la presse quotidienne et hebdomadaire, et notez les noms des personnages importants, des institutions que vous ne connaissez pas bien.

En un mot, soyez actifs devant l'information !

Histoire de France de la Révolution à 1958

14

1789	juin : proclamation de l'Assemblée nationale qui devient Constituante 14 juillet : prise de la prison de la Bastille 4 août : abolition du Régime féodal et des privilèges 26 août : vote de la Déclaration des Droits de l'Homme et du Citoyen
1792	22 septembre : abolition de la royauté et proclamation de la République
1793	Exécution de Louis XVI ; début de l'insurrection vendéenne 5 septembre : début de la Terreur sous Robespierre (loi des suspects)
1794	Abolition de l'esclavage par la Convention ; chute de Robespierre
1799	Coup d'État du 18 brumaire par Bonaparte ; début du Consulat
1802	Bonaparte consul à vie
1804	Promulgation du Code civil 2 décembre : Sacre de Bonaparte ; il devient l'empereur Napoléon 1er
1804-1815	Empire ; il prend fin après les « cent jours » et la défaite de Waterloo
1815-1830	Restauration (de la monarchie) : Louis XVIII puis Charles X
1830	Prise d'Alger ; début de la colonisation en Algérie 28, 29, 30 juillet. : les « Trois Glorieuses » ; fin de la Restauration
1830-1848	Monarchie de Juillet : Louis-Philippe 1er
1848-1851	2e République ; 10 déc. 48 : Louis-Napoléon Bonaparte élu Président
1851	2 décembre : Coup d'État de Bonaparte ; début de l'Empire
1852-1870	Second Empire
1869	Ouverture du canal de Suez
1870	Guerre franco-prussienne ; défaite française de Sedan. Fin de l'Empire
1870-1940	3e République
1881	Lois sur les libertés de presse, de réunion et d'enseignement
1882	Lois Jules Ferry : enseignement primaire gratuit, laïque et obligatoire
1894	Début de l'affaire Alfred Dreyfus : lieutenant-colonel condamné à tort pour haute trahison.
1898	Article « J'accuse » d'Émile Zola sur l'affaire Dreyfus (dans l'« Aurore »)
1905	Loi de séparation de l'Église et de l'État
1914-1918	1re guerre mondiale
1916	Bataille de Verdun, victoire française
1918	11 novembre : armistice de Rethondes (traité de Versailles en 1919)

1929	Début de la crise économique mondiale après le « Jeudi Noir » à New York
1936	Front populaire : gouvernement Léon Blum. Semaine de 40 h, congés payés
1939-1945	2de guerre mondiale
1940	17 juin : Philippe Pétain est président du Conseil puis chef d'État 18 juin : Appel du général Charles de Gaulle à la résistance, depuis Londres 22 juin : Signature de l'armistice avec l'Allemagne
1944	3 juin : Le CNL (Conseil National de la Libération) gouvernement provisoire 6 juin : Débarquement de Normandie puis (25 août) libération de Paris
1945	8 mai : Capitulation de l'Allemagne
1946-1958	IVe République ; présidences de Vincent Auriol puis de René Coty

Histoire du Monde de 1944 à nos jours

15

1944	Accords de Bretton Woods ; création du FMI (Fonds Monétaire International)
1945	Création de l'ONU (Organisation des Nations Unies)
1947	Présentation du Plan Marshall, aide financière des USA à l'Europe
1948	Création de l'État d'Israël
1949	OTAN (Organisation du Traité de l'Atlantique Nord) créée contre l'URSS Création de la République populaire de Chine par Mao Zedong
1953	Mort de Staline
1955	Conférence de Bandung : création du tiers-monde politique Pacte de Varsovie entre pays de l'Est (contre l'OTAN)
1957	Spoutnik, 1er satellite (soviétique) dans l'espace
1959	Fidel Castro au pouvoir à Cuba
1960	60 : Création de l'OPEP (Organisation des Pays Exportateurs de Pétrole)
1961	Gagarine, 1er homme (soviétique) dans l'espace Construction du mur de Berlin
1962	Crise des missiles de Cuba
1965-1973	Guerre du Vietnam
1967	Guerre israélo-arabe des 6 Jours
1968	Printemps de Prague pour la liberté en Tchécoslovaquie : invasion de l'URSS
1969	Armstrong, 1er homme (USA) sur la Lune
1973	Guerre israélo-arabe du Kippour Choc pétrolier : prix du pétrole doublé
1979	Guerre de l'URSS en Afghanistan
1978-2005	Pontificat de Jean-Paul II, 1er pape polonais
1980	Fondation de Solidarnosc, contre le communisme (leader : Lech Walesa)
1980-1988	Guerre Irak-Iran
1986	Explosion du réacteur de la centrale nucléaire de Tchernobyl
1989	Chute du mur de Berlin
1990	Unification allemande (RFA-RDA)
1991	1re Guerre du Golfe contre l'Irak (participation de la France) Fin de l'URSS ; début de la CEI (Communauté des États Indépendants)

1991-2001	Guerres en Yougoslavie (99, OTAN en guerre contre la Serbie)
2001	11/09 : Attentats d'Al-Kaïda ; chute du World Trade Center (New York) Début de la guerre des USA contre le terrorisme en Afghanistan
2003-2011	2e guerre du Golfe (sans la France) ; chute de Saddam Hussein
2004	Révolution Orange en Ukraine
2008	Crise financière des subprimes Barak Obama élu président aux USA (démocrate)
2011	Début des révolutions arabes ; chute et mort de Kadhafi en Lybie Tsunami au Japon ; fusion de 3 réacteurs de la centrale de Fukushima
2012	Répression sanglante de Bachar el-Assad en Syrie

Institutions de la Ve République

16

La Cinquième République entre en vigueur le 4 octobre 1958. Elle est souhaitée par Charles de Gaulle pour diminuer le pouvoir des Chambres et augmenter celui du peuple et de l'exécutif. Elle est approuvée par référendum à 82 %.

L'exécutif : il fait appliquer la politique courante et la loi

Le président de la République

- **Élection :** Il est élu au suffrage universel direct sur deux tours pour 5 ans (7 ans avant 2000), mandat renouvelable une fois. Il siège au palais de l'Élysée. Tout candidat doit être français, avoir au moins 18 ans et 500 signatures d'élus.
- **Attributions :** 1er personnage de l'État, il dirige la diplomatie, promulgue les lois et signe les ordonnances et les décrets délibérés en Conseil des ministres. Il est un organe d'arbitrage entre les pouvoirs publics. Il a le droit de gracier. Il est gardien de la Constitution, et chef des Armées.
- **Responsabilité :** Civilement et pénalement irresponsable durant son mandat.
- **Pouvoir de nomination :** Il nomme seul le Premier ministre, un tiers des membres du Conseil constitutionnel et un tiers des membres du CSA (Conseil Supérieur de l'Audiovisuel). Il nomme avec le Premier ministre les titulaires des hautes fonctions : conseillers d'État, préfets, recteurs...

Le Premier ministre

- **Nomination :** Il est nommé librement par le président de la République, mais en pratique c'est un politique soutenu par l'Assemblée nationale. Ses services sont installés à l'hôtel Matignon.
- **Attributions :** Il dirige l'action gouvernementale et l'administration française, joue un rôle d'intermédiaire entre la majorité de l'Assemblée nationale et le gouvernement. Il est responsable de toute l'organisation de la défense nationale. Il dispose de l'initiative des lois et assure leur exécution.
- **Fin des fonctions :** Elle intervient lors d'une nouvelle élection législative (mais il peut être maintenu ensuite), par une démission spontanée ou une perte de confiance de l'Assemblée, par la révocation par le président de la République.

Le gouvernement

- **Nomination :** Les ministres sont nommés par le président sur proposition du Premier ministre. Chaque ministère à son propre siège : Quai d'Orsay (Affaires étrangères), Hôtel de Beauvau (Intérieur), Bercy (Économie), Hôtel de Bourvallais (Justice ou Chancellerie – garde des Sceaux), Hôtel de Roquelaure (Écologie), Palais Royal (Culture).
- **Composition :** Le nombre de ses membres est variable. Il y a une hiérarchie des ministres, en commençant par les ministres d'État, puis les ministres ordinaires, assistés des ministres délégués, et les secrétaires d'État.
- **Conseil des ministres :** Il se tient tous les mercredis matin à l'Élysée. Il est présidé par le chef de l'État qui décide de l'ordre du jour. Le Conseil adopte les projets de loi qui seront déposés devant le Parlement.

- **Fin des fonctions :** La fin d'un gouvernement est liée au sort de son Premier ministre. Le président et son Premier ministre peuvent opérer un remaniement en demandant la démission d'un ou de plusieurs ministres.

Le législatif : il édicte les lois et contrôle l'exécutif

- **La loi** est une règle juridique prescrite par le Parlement. Elle est générée par le Premier ministre (on parle alors de projet de loi), ou par des Députés ou des Sénateurs (on parle alors de proposition de loi). Le projet (ou la proposition) est ensuite examiné(e) par les deux Chambres du Parlement qui peuvent faire des amendements. Une fois la loi acceptée par les deux Chambres, elle peut éventuellement être soumise à un contrôle de constitutionnalité par le Conseil constitutionnel, puis elle est promulguée et publiée au Journal officiel.
- **Le règlement** est aussi une règle juridique, mais il est édicté par une autorité administrative. Ce sont les décrets pris par le président de la République, les arrêtés pris par les ministres, les préfets, les sous-préfets et les maires.

REMARQUE

Le référendum populaire est un pouvoir législatif exceptionnel. Il peut modifier la Constitution ou la loi. Il est décidé à l'initiative du président de la République.

Le Parlement, organe du pouvoir législatif

- **Composition :** Deux Chambres, le Sénat (chambre haute) qui siège au palais du Luxembourg et compte 348 Sénateurs et l'Assemblée nationale qui siège au palais Bourbon et compte 577 Députés. L'ensemble du Parlement forme en réunion solennelle le Congrès, qui peut modifier la Constitution.
- **Élection :** Les Sénateurs sont élus au suffrage universel indirect par les grands électeurs (députés, conseillers régionaux et généraux, délégués des conseils municipaux) pour 6 ans et les Députés sont élus au suffrage universel direct par circonscription pour 5 ans. Chaque Chambre a son propre président élu par cooptation (élection parmi les membres). Le président du Sénat assure l'intérim de la présidence de la République en cas de vacance du pouvoir exécutif (ce fut deux fois le cas d'Alain Poher, en 69 et en 74).
- **Attributions :** Le Parlement propose, délibère, vote ou rejette les lois. L'Assemblée nationale s'occupe particulièrement de contrôler l'action du gouvernement et d'évaluer la politique publique ; elle peut renverser le gouvernement. Le Sénat vote le budget de l'État.

Le judiciaire : il contrôle l'application de la loi et punit son non-respect

L'organisation juridictionnelle est divisée en 2 ordres de trois degrés chacun :

- ***l'ordre judiciaire*** qui intervient dans les litiges concernant les particuliers,
- ***l'ordre administratif*** qui intervient dans les litiges intéressant l'État, lorsqu'un texte du pouvoir exécutif a été mal appliqué.

	ORDRE JUDICIAIRE Civil, Pénal	ORDRE ADMINISTRATIF
Haute juridiction	Cour de Cassation	Conseil d'État
2e degré	Cour d'Appel (assises pour les crimes)	Cour administrative d'Appel
1er degré	Juridictions de première instance : prud'hommes, tribunal de police, de commerce, cour d'assises, tribunal correctionnel, etc.	Tribunal administratif

Autres organes constitutionnels

- **Le Conseil constitutionnel** comprend 9 membres nommés pour 9 ans (3 par le président de la République, 3 par le président du Sénat, 3 par le président de l'Assemblée nationale), ainsi que des membres de droit (présidents de la République sortis de charge). Il veille à la régularité des élections et contrôle la conformité de certains actes à la Constitution.

REMARQUE

Depuis 2008, la QPC (Question Prioritaire de Constitutionnalité) peut être posée lors d'un procès par une des parties. La juridiction saisie du litige détermine si la QPC remplit les conditions, c'est-à-dire si elle s'applique bien au procès, si elle n'a pas déjà été traitée et si elle présente un caractère sérieux. Si elle estime la question valable, elle la transmet à la juridiction supérieure puis au Conseil constitutionnel pour décision. La QPC permet une amélioration de la cohérence du droit.

- **La Cour des Comptes** contrôle *a posteriori* les finances publiques, la gestion des administrations, la Sécurité sociale, les entreprises publiques et leurs filiales.
- **Le Conseil économique et social** donne des avis sur les projets ou propositions de lois et sur les problèmes à caractère économique et social.
- **Le Conseil supérieur de la magistrature** garantit l'indépendance de la magistrature. Présidé par le chef de l'État, il est composé du ministre de la Justice et de neuf membres nommés par le président de la République.
- **La Haute Cour de Justice et la Cour de Justice de la République** rendent la justice politique. Ses membres (des Députés et Sénateurs), jugent pour haute trahison le chef de l'État (Haute Cour) ou un ministre (Cour de Justice).
- **Le Conseil d'État** est consulté obligatoirement par le gouvernement sur ses projets de lois et d'ordonnances, et facultativement sur des projets de décrets et des demandes d'avis. Il est aussi à la tête des juridictions administratives.

17 Histoire de la Ve République

1958	Insurrection à Alger : putsch d'Alger Charles de Gaulle appelé comme président du Conseil (1er ministre). Réforme constitutionnelle, approuvée par référendum à 78 %
1959	Bombe A française Charles de Gaulle président ; Michel Debré 1er ministre (59-62), André Malraux (écrivain, prix Goncourt) ministre d'État de la Culture (59-69)
1960	Accession à l'indépendance des pays d'Afrique francophone
1961	Référendum approuvant l'autodétermination de l'Algérie Putsch des généraux en Algérie pour conserver l'Algérie française
1962	Accords d'Évian entre la France et le FLN algérien ; fin de 8 ans de guerre Georges Pompidou 1er ministre à la place de Debré (62-68) Référendum sur le suffrage universel direct (« oui » à 62 %)
1965	De Gaulle réélu (pour la 1re fois au suffrage universel direct)
1966	Sortie de l'OTAN (retour en 2009 sous Nicolas Sarkozy)
1968	Bombe H française Grèves et mouvement des étudiants ; accords Grenelle Alain Poher, président du Sénat, de 68 à 92 (intérim de la présidence de la République en 69 et 74)
1969	Référendum sur la régionalisation et la réforme du Sénat : refus des Français. Départ du général de Gaulle. Georges Pompidou élu président
1970	Mort du général de Gaulle
1974	Mort de Pompidou ; Valéry Giscard d'Estaing élu président 1er ministre : Jacques Chirac (74-76) ; loi sur l'IVG et majorité à 18 ans
1981	François Mitterrand président ; 1ers ministres : Pierre Mauroy (81-84) puis Laurent Fabius (84-86) ; abolition de la peine de mort, semaine de 39 h, nationalisations, retraite à 60 ans (en 82), création du RMI
1986	Législatives ; victoire RPR-UDF ; 1re cohabitation, Chirac 1er ministre
1988	Mitterrand réélu face à Chirac ; 1ers ministres : Michel Rocard (88-91), Édith Cresson (91-92), Pierre Bérégovoy (92-93)
1993	Législatives ; victoire RPR-UDF ; 2e cohabitation, É. Balladur 1er ministre
1995	Chirac élu président face à Lionel Jospin ; Alain Juppé 1er ministre
1997	Législatives ; victoire PS ; 3e cohabitation ; Lionel Jospin 1er ministre Mise en place des emplois jeunes, de la semaine de 35 h, de la CMU (99)
2002	Chirac réélu face à Jean-Marie le Pen (FN) ; 1ers ministres : Jean-Pierre Raffarin (02-05) puis Dominique de Villepin (05-07). Nicolas Sarkozy ministre de l'Intérieur (02-04 et 05-07), et de l'Économie (04)

2003	Été caniculaire : environ 15 000 morts en France
2005	Réforme du CNE (Contrat Nouvelle Embauche) mais échec (en 2006) du CPE (Contrat Première Embauche) du gouvernement Villepin
2007	Nicolas Sarkozy élu contre Ségolène Royal ; François Fillon 1er ministre Paquet fiscal, RSA (Revenu de Solidarité Active), réforme des retraites
2008	Réforme de la carte judiciaire et des collectivités territoriales

18 Collectivités territoriales françaises

Département	Région
Collectivités territoriales décentralisées	
101 dont 5 DROM	27 dont 5 DROM
D(R)OM : Département (et Région) d'Outre-mer. Ce sont la Guadeloupe, la Martinique, la Guyane, la Réunion et Mayotte (depuis 2011 pour cette dernière). Ne pas confondre avec une **COM**, Collectivité d'Outre-mer (anciens TOM), tels St-Pierre-et-Miquelon, Wallis-et-Futuna, Saint-Martin, Saint-Barthélemy.	
Représentants élus	
Conseillers généraux (1 par canton)	Conseillers régionaux
Membres élus pour 6 ans au suffrage universel direct. Un président pour chaque conseil, élu parmi les membres. Il est l'exécutif.	
Compétences	
Aide sociale, culturelle, aux associations, aux entreprises, aux communes, voirie départementale, organisation et gestion des transports scolaires et urbains, construction et entretien des collèges.	Aide sociale, sanitaire, culturelle, soutien de l'économie, aménagement du territoire, entretien des routes nationales, des ports et aéroports, des parcs naturels, organisation du transport ferroviaire, construction et entretien des lycées.
Représentant (de l'État) nommé par l'exécutif : le préfet	
Compétences	
Le préfet de département veille à l'application et au respect des lois, fait le lien avec l'exécutif, est responsable de l'ordre public, dirige les fonctionnaires de l'État.	Le préfet de région dirige les autres préfets du département en plus de ses attributions départementales.

REMARQUE

En mars 2014, les 6 000 conseillers régionaux et généraux seront remplacés par 3 500 conseillers territoriaux qui siégeront au sein des deux conseils. Le but est une meilleure répartition des compétences entre les conseils. Le conseiller territorial sera le principal interlocuteur local, surtout des maires.

Commune
Plus petite division administrative. La France compte 36 680 communes en 2011.
Représentants élus
Conseillers municipaux, élus pour 6 ans au suffrage universel direct. Le maire et ses adjoints sont élus parmi les conseillers pour exécuter les décisions du Conseil.
Compétences : Le Conseil vote le budget, gère le patrimoine de la commune, exerce une action sociale auprès des défavorisés, fixe les effectifs du personnel municipal. Le maire dirige la police municipale (si elle existe), nomme les employés communaux dont il est le supérieur hiérarchique.
Représentant de l'État : le maire
Compétences : Officier d'état civil, et de police judiciaire, il peut constater certaines infractions. Il a des compétences administratives (publication des lois, organisation des élections, recensement, délivrance du permis de construire).

19 Union européenne

L'Union européenne (UE) est une organisation internationale de 27 États. Elle compte environ 500 millions d'habitants et représente le 1er PIB au monde (environ 15 000 milliards d'euros). Elle est fêtée le 9 mai (déclaration Schuman), a pour drapeau 12 étoiles d'or sur fond bleu, pour hymne l'*Ode à la joie* de Beethoven et pour devise « Unie dans la diversité ».

Pays membres et date d'adhésion

[en gras les pays de la zone Euro]

Belgique, **France**, **Italie**, **Luxembourg**, **Pays-Bas** et RFA en 1957, Danemark, **Irlande** et Royaume-Uni en 1973, **Grèce** en 1981, **Espagne** et **Portugal** en 1986, **Autriche**, **Finlande** et Suède en 1995, **Chypre**, **Malte**, **Slovénie**, Pologne, Hongrie, Tchéquie, **Estonie**, Lettonie, Lituanie et **Slovaquie** en 2004, Bulgarie et Roumanie en 2007.

La RDA est membre en 1990 après réunification de l'**Allemagne** en 1989.

Organisation

Pouvoir politique : Le Conseil européen

Composé des chefs d'État et de gouvernement (27 membres), il définit les orientations politiques de l'UE et respecte ainsi la souveraineté des États. Présidé par Herman Van Rompuy, il siège à Bruxelles.

Pouvoir exécutif : La Commission européenne

Composée de 27 commissaires (1 par État), elle propose et met en œuvre les politiques communautaires. Gardienne des traités et de l'intérêt général de l'UE, elle a un droit d'initiative dans les domaines douaniers, écologiques, le marché intérieur et la monnaie unique. Présidée par José Manuel Barroso, elle siège à Bruxelles.

Pouvoir législatif : Le Parlement européen et le Conseil de l'UE

Le Parlement compte 736 membres élus pour 5 ans directement par les citoyens des États membres. Il est co-législateur avec le Conseil de l'UE, il vote seul le budget. Son président est Martin Schultz ; il siège à Strasbourg.

Le Conseil (des ministres) de l'Union européenne est composé des ministres des États concernés par le sujet. Il élabore le projet de budget avec le Parlement et l'adopte après vote du Parlement. Il décide seul des moyens de recettes. Il fixe les orientations de la politique de change (monétaire). Sa présidence est rotative (changement d'État tous les 6 mois) ; son siège à Bruxelles.

Pouvoir judiciaire : La Cour de Justice

Elle garantit le respect de la législation et est créatrice du droit européen.

Autres assemblées et organes de l'UE

- **La Cour des comptes** contrôle l'utilisation du budget de l'UE.
- **Le Comité économique et social** exprime l'opinion de la société civile dans les domaines économique et social.
- **Le Comité des Régions** est porte-parole des collectivités territoriales.
- **La Banque centrale européenne (BCE)**, présidée par Mario Draghi, elle assure la stabilité et la crédibilité de l'euro et de la politique monétaire.
- **La Banque européenne d'investissement** a pour rôle d'emprunter sur les marchés pour financer les projets d'investissements européens.

Grandes dates

1950	9 mai : Discours de **Robert Schuman** (ministre français) appelant à mettre en commun les productions de charbon et d'acier sous une Haute Autorité commune. À l'initiative notamment du Français **Jean Monnet**.
1951	18 avril : **Création de la CECA** (Communauté Européenne du Charbon et de l'Acier) entre la France, la RFA, le Benelux et Italie.
1957	25 mars : **Traité de Rome** ; **création de la CEE** (Communauté Économique Européenne), autonome en financement. Institution de la PAC (Politique Agricole Commune) pour développer la ruralité et moderniser l'agriculture et de la CEEA (Communauté Européenne de l'Énergie Atomique) pour favoriser l'indépendance énergétique.
1965	Fusion des communautés européennes la CEE, la CECA et la CEEA.
1986	Signature de l'**Acte unique** européen qui élargit les compétences de la CEE aux domaines de la recherche et du développement et crée le Conseil européen. Création du marché commun.
1992	Signature du **traité de Maastricht** qui crée l'UE. Création de la citoyenneté européenne : libre circulation dans l'UE et droit de voter et d'être élu dans le pays où l'on réside (statut d'étranger communautaire) aux élections locales et européennes. Accord sur la création d'une monnaie unique et de la BCE (créée en 1998). L'Union est fondée sur trois piliers : l'unité institutionnelle et historique, la communauté politique, la coopération policière et judiciaire.
1999	Entrée en vigueur du **traité d'Amsterdam** qui met en place l'**espace Schengen** sur la libre circulation des biens et des personnes. **Mise en place de l'euro** pour les transactions (la monnaie papier apparaît en 2002).
2002	**Traité de Nice**. Adoption de la charte des droits fondamentaux et réforme des institutions pour aider l'adhésion des pays d'Europe centrale.
2007	**Traité de Lisbonne**. Modification du texte de la Constitution de 2004 (rejeté par référendum en France en 2005), ratifié par le Parlement français en 2008 et par les derniers pays fin 2009.
2009	Élection d'un président du Conseil européen (Herman Van Rompuy), et d'un représentant de la diplomatie européenne (Catherine Ashton). Ils entrent en fonction en 2010 pour 2 ans et demi.

20 Paix et sécurité internationales

Les organismes d'État (l'ONU et ses principaux organes)

ONU : Créée en 1945 pour remplacer la SDN (Société des Nations) qui n'avait pu empêcher la guerre, l'ONU promeut la paix internationale. Pour cela elle cherche à faciliter la coopération des États, le développement économique, la promotion les droits de l'homme. Elle compte 193 États, son siège est à New York, son secrétaire général est le Coréen Ban Ki-moon (jusqu'en 2016).

- **OMS :** L'Organisation Mondiale de la Santé promeut la santé publique internationale. Son siège est à Genève.
- **UNICEF :** Le Fonds des Nations unies pour l'enfance (UNICEF en anglais) est spécialisé dans la protection des enfants et des mères.
- **UNESCO :** L'Organisation des Nations unies pour l'éducation, la science et la culture (UNESCO en anglais) contribue à la paix par l'éducation, la science et la culture. Son siège est à Paris.
- **CIJ :** La Cour Internationale de Justice règle les conflits juridiques entre les États ou entre États et organes internationaux. Elle siège à La Haye.
- **FAO :** L'Organisation des Nations unies pour l'alimentation et l'agriculture (FAO en anglais) lutte contre la faim dans le monde.
- **HCR :** Le Haut-Commissariat des Nations unies pour les réfugiés promeut le droit d'asile (Convention de Genève de 1951). Il siège à Genève.
- **AIEA :** L'Agence Internationale de l'Énergie Atomique combat la prolifération d'une énergie nucléaire militaire. Son siège est à Vienne.

Autres organismes d'État (indépendants de l'ONU)

- **OTAN :** L'Organisation du Traité de l'Atlantique Nord assure la défense des pays occidentaux et leur stabilité (initialement contre le communisme).
- **FMI :** Le Fonds Monétaire International promeut la coopération monétaire les États pour la stabilité économique et combat la pauvreté. Sa directrice est Christine Lagarde (jusqu'en 2016) après démission de D. Strauss-Kahn.
- **CPI :** La Cour Pénale Internationale juge les personnes pour crime contre l'humanité, génocide, crime de guerre. Créée en 2002, elle se tient à La Haye.

Les organisations non gouvernementales (ONG)

- Fondées sur le bénévolat, la neutralité, l'humanité, l'indépendance, l'universalité.
- **CICR :** Le Comité International de la Croix Rouge, plus ancienne organisation humanitaire (1863), défend la vie et la dignité des personnes en cas de guerre ou d'autres violences. Fondée par des Suisses, son siège est à Genève.
- **AI :** Amnesty International défend les droits de l'homme : libération des prisonniers d'opinion, abolition de la peine de mort, des tortures et autres crimes.
- **Autres ONG :** Médecins sans frontières, Armée du Salut, Ordre de Malte, etc.

Sécurité intérieure 21

Aspects généraux

La violation de la loi est une infraction. Il existe 3 types d'infractions : le crime (le plus grave), le délit et la contravention.

- Le crime caractérise tout acte passible d'au moins 10 ans de prison et 3 000 € d'amende. Parmi les crimes, on trouve le meurtre, le viol, le trafic de drogue. Un crime est jugé en cour d'assises. La peine maximale est la perpétuité avec période de sûreté de 30 ans, depuis l'abolition de la peine de mort en 1981.
- Le délit est jugé par le tribunal correctionnel. Il peut entraîner des peines de prison (jusqu'à 10 ans), des amendes ou des travaux d'intérêt général.
- La contravention est jugée au tribunal de police ou devant le tribunal de proximité. La peine est au maximum de 3 000 € d'amende.

LOPPSI 2 : Loi d'Orientation et de Programmation pour la Performance de la Sécurité Intérieure qui concerne la sécurité intérieure sur 5 ans par le recours aux scanners corporels, aux mouchards informatiques, au filtrage d'Internet...

Garde à vue : Maintien à disposition par la police ou la gendarmerie d'une personne soupçonnée d'une infraction dans le cadre d'une enquête judiciaire. Sa durée est de 24 h, prolongeable à 48 h. Le gardé à vue doit être informé des raisons de sa situation et avoir la possibilité d'un entretien avec son avocat.

Sécurité routière

Elle définit l'ensemble des mesures pour éviter les accidents de circulation (permis à points, en 92, installation des radars automatiques en 2004, etc.).

Alcool au volant : En France, c'est la 1re cause d'accidents. L'alcoolémie d'un conducteur comprise entre 0,25 et 0,39 mg/l d'air expiré (ou 0,5 et 0,78 g/l de sang) vaut une contravention de 4e classe (perte de 6 points). Au-delà, c'est un délit.

Vitesse au volant : Retrait de points et amende forfaitaire.

Dépassement de 1 à 19 km/h	→ 1 point	Amende : 68 € (minorée : 45 €)
Dépassement de 20 à 49 km/h	→ 2 à 4 points	Amende : 135 € (minorée : 90 €)
Dépassement de 50 et plus	→ 6 points	Amende : 1 500 € (délit)

Infractions sur Internet

La déterritorialisation d'Internet favorise la cybercriminalité commise impunément (pédopornographie, trafic, vol d'informations, etc.).

ACTA : L'Accord Commercial Anti-Contrefaçon est un traité international signé par de nombreux États en 2012 pour protéger la propriété intellectuelle.

MégaUpload : Site de téléchargement illégal, dirigé par Kim Schmitz et fermé en 2012 par le FBI. En réaction, le mouvement **Anonymous** a attaqué plusieurs sites Internet et organisé des manifestations au nom de l'accès libre à la culture.

HADOPI : La Haute Autorité pour la Diffusion des Œuvres et la Protection des droits sur Internet, créée en 2009, vise à protéger les œuvres et à encourager les téléchargements légaux par la menace de suspension de l'accès à Internet.

22 Écologie

Accords internationaux et nationaux

- **Protocole de Kyoto :** Traité international de 2005 pour la réduction de 5,2 % des gaz à effet de serre d'ici 2012 (par rapport à 1990). Il devrait être prolongé.
- **Grenelle de l'environnement :** En France, ensemble de rencontres pour le progrès de la politique environnementale dirigées par le ministre de l'Écologie Jean-Louis Borloo en 2007. L'échec de la taxe carbone (non constitutionnelle), voulue par Nicolas Hulot, et les désaccords sur le nucléaire ont diminué ses effets.

Personnalités et associations

- **Greenpeace :** ONG fondée en 1979 pour la protection de l'environnement. Célèbre pour l'affaire Rainbow Warrior, bateau de l'ONG coulé par les services secrets français en 1985, alors qu'il allait à Mururoa (lieu d'essais nucléaires).
- **Raoni Metuktire :** Chef de tribu d'Amazonie opposé à la déforestation dès 1970 (aujourd'hui 1/5e de la forêt a disparu). Médiatisé, il permet la création de la plus grande réserve de forêt tropicale du monde au Brésil.
- **Hans Jonas :** Philosophe allemand, inspirateur du principe de précaution.
- **José Bové :** Militant français altermondialiste ; opérations contre les OGM.

Vocabulaire

- **Principe de précaution :** En cas d'incertitudes écologiques, il faut remettre à plus tard une décision (formulé en 1992 dans la déclaration de Rio).
- **Commerce équitable :** Fondé sur de nouveaux chemins commerciaux, ce système permet que le producteur et ses collaborateurs soient mieux rémunérés.
- **Empreinte écologique :** Calcul de l'exploitation réelle d'une population par rapport à la surface bioproductive disponible. Cela montre la surconsommation des ressources naturelles par certaines populations.
- **OGM :** Organisme Génétiquement Modifié. Produit vivant au patrimoine génétique modifié par l'homme. Utilisés dans la recherche, la médecine, l'agro-alimentation, ces organismes sont plus résistants, plus efficaces. Leur dangerosité est mal évaluée et la contamination et stérilisation des cultures non OGM pose problème. Malgré des réticences, la France les autorise depuis 2000.
- **Agriculture biologique (AB) :** Méthode de production basée sur le respect de la biodiversité et des cycles naturels, et le refus d'une production intensive ou des OGM. En France, elle repose sur le décret de 1981 qui établit qu'un produit est biologique s'il contient moins de 5 % d'ingrédients non biologiques. Le logo AB apparaît en 1993. On compte 3 % de surface agraire AB en France en 2011 (16 % en All.). La France produit 8 % de l'alimentation bio de l'UE.
- **Décroissance :** Choix politique du ralentissement économique pour réduire l'exploitation de la nature et sortir des excès de la société de consommation.

Protection sociale et Santé publique 23

Système de protection sociale et de santé

En France, il dépend de la Sécurité sociale, groupe d'institutions qui protègent financièrement face aux risques de la vie. Elle possède 4 branches :

- **Branche maladie** (la plus importante et la plus déficitaire), pilotée par la CNAM (Caisse National d'Assurance-Maladie) au niveau national et par la CPAM (Caisse Primaire d'Assurance-Maladie) au niveau local (101 en France).
- **Branche vieillesse** et veuvage (retraites), pilotée par la CNAV (Caisse Nationale d'Assurance-Vieillesse).
- **Branche famille** (dont logement, handicap, etc.), pilotée par la CNAF (Caisse Nationale des Allocations Familiales) au niveau national et par la CAF au niveau local (123 en France).
- **Branche accidents du travail** et maladies professionnelles.

La Sécurité sociale rembourse environ 75 % des dépenses de soins (budget de 300 milliards) ; le reste est couvert par les ménages (10 %), des mutuelles (8 %) et des sociétés d'assurance et institutions de prévoyance (6 %). Les 1,2 % restants correspondent à la CMU (Couverture Mutuelle Universelle) qui aide, depuis 2000, ceux qui ne sont pas couverts par le régime de la Sécurité sociale ou qui sont très démunis (SDF, étrangers en situation régulière). Pour les étrangers en situation irrégulière, il existe l'AME (Aide Médicale d'État).

Financement : Cotisations sociales des salariés et des employeurs, CSG (Contribution Sociale Généralisée) et CRDS (Contribution pour le Remboursement de la Dette Sociale) prélevées sur tout revenu.

L'**URSSAF** (Union de Recouvrement des cotisations de Sécurité Sociale et d'Allocation Familiale) assure le recouvrement des cotisations pour financer la Sécurité sociale et l'**ARS** (Agence Régionale de Santé) rationalise les dépenses hospitalières et médicales ; elle remplace en 2010 la DRASS et la DDASS.

Santé publique

Le *Code de la santé publique* détermine le champ du droit de la santé publique.

- **Médicament générique :** Médicament de même principe actif et parfois de même excipient qu'un médicament *princeps* (= de marque), mais moins cher.
- **Toxicité minérale :** Elle concerne notamment des matériaux comme l'amiante (n. masc.), matériau à texture fibreuse très isolant, utilisé dans le bâtiment et les vêtements (interdit en 1997), ou encore le gaz de schiste.
- **Loi Évin :** Loi de 1991 (renforcée en 2006) qui interdit de fumer dans les lieux publics et limite la publicité pour l'alcool.
- **Drogue :** Substance chimique ou naturelle capable d'altérer l'activité neuronale. Elle peut entraîner une dépendance (particulièrement l'héroïne), et/ou exposer à une forte toxicité et à l'isolement social (cas de la cocaïne).
- **Jeux dangereux :** Activités considérées comme ludiques mais qui représentent un risque pour ceux qui les pratiquent ou les subissent. Ce sont des formes de drogues, où le jeune développe une dépendance.

– ***Jeux d'apnée :*** Rêve indien/bleu, jeu du foulard, de la tomate, du cosmos. Après une phase d'hyperventilation (le jeune halète) puis d'apnée aidée par un foulard ou par l'étranglement d'un camarade pour comprimer la carotide ce qui gêne le retour veineux (anoxie cérébrale), le jeune convulse et divague. À ces jeux on peut ajouter le jeu de l'aérosol qui consiste à respirer du solvant. → **Apeas :** L'Association des parents d'enfants accidentés par strangulation est créée en 2000 ; sa présidente est Françoise Cochet.

– ***Jeux d'agression :*** Happy slapping, vidéolynchage ou bouc-émissaire (un jeune filme une agression gratuite) ; petit pont massacreur, jugement, cercle infernal (le groupe frappe celui qui laisse le ballon passer entre ses jambes), jeu des couleurs (victime choisie selon la couleur de ses habits), jeu de Beyrouth (victime frappée aux parties génitales si elle ignore quelle est la capitale du Liban).

– ***Jeux liés à l'alcool :*** Binge-drinking ou eyeballing où l'on boit avec les yeux (ce qui peut rendre aveugle) soi-disant pour s'enivrer plus rapidement.

- **Cancer :** Tumeur maligne qui se développe par prolifération des cellules qui migrent vers d'autres parties du corps (métastases). La leucémie est le cancer du sang et la maladie de Khaler est celui de la moelle osseuse.
- **VIH :** Le Virus d'Immunodéficience Humaine est responsable du SIDA. Il détruit les défenses immunitaires. Il est transmis par le sang, le sperme, les sécrétions vaginales, le lait maternel. Les traitements antiviraux ralentissent sa propagation, mais ne le guérissent pas. Il a été découvert par Luc Montagnier et Françoise Barré-Sinoussi en 1983 (prix Nobel 2008 de physiologie et médecine).
- **Maladie d'Alzheimer :** Maladie de dégénérescence du cerveau qui l'atrophie et entraîne d'abord la perte de mémoire, et, à termes, la mort.
- **Mort :** On distingue la mort légale ou mort cérébrale (absence de réaction du tronc cérébral) de la mort clinique (arrêt cardio-circulatoire). Cette distinction rend possible le prélèvement d'organes très tôt (dès la mort légale) pour améliorer le succès des greffes ; historiquement ce fut particulièrement le problème pour les transplantations cardiaques, dès 1968 par Christian Cabrol.
- **Bioéthique :** *Quelques dates.*

1983	Création du CCNE (Comité Consultatif National d'Éthique).
1988	Toute expérience sur l'humain doit être consentie librement et éclairée.
1994	Indisponibilité du corps humain. Le don est possible s'il est librement consenti mais la vente est interdite. En 2004, la loi réaffirme ces principes et interdit le clonage humain total ou partiel (même thérapeutique).
2002	(loi Kouchner) Reconnaissance du droit du malade, notamment à consulter le dossier médical. Limitation de l'hospitalisation sans consentement.
2005	(loi Léonetti) Réaffirmation de l'interdiction de l'euthanasie et opposition à l'obstination déraisonnable. Préconisation des soins palliatifs pour la mort dans la dignité.

Famille et enfants

24

La famille

- **Mariage :** Légalement, le mariage est un contrat entre un homme et une femme qui donne existence à une communauté de biens et de renommée (même nom), cadre d'une famille. Le mariage homosexuel et la polygamie sont illégaux. En 2010, on compte 240 000 mariages en France.
- **PACS :** Contrat entre deux personnes majeures de sexes semblables ou différents et qui n'ont aucun lien de parenté. Il permet d'acquérir ensemble des biens et d'avoir une déclaration fiscale commune. Le PACS n'a aucune incidence sur le nom. En 2010, on compte 200 000 PACS en France.
- **CNAF :** La Caisse Nationale d'Allocation Familiale, branche de la Sécurité sociale (créée en 1932), développe une action sociale familiale.
- **Allocations familiales :** Elles sont versées par les CAF, sans condition de ressources, aux responsables de deux enfants et plus de moins de 20 ans.

L'enfant

- **Droits de l'enfant :** En 1959, la Déclaration des Droits de l'Enfant par l'Assemblée générale des Nations unies pose 10 principes, notamment le droit à l'égalité, à une attention particulière pour son développement, à un nom et une nationalité, à une alimentation, un logement et des soins médicaux appropriés, à une protection contre toute forme de cruauté, de négligence et d'exploitation, et, s'il est handicapé, le droit à une éducation et des soins spéciaux. Ces principes deviennent contraignants en 1989 pour les pays signataires par la Convention Internationale des Droits de l'Enfant.
- **Adoption :** Institution de la loi qui peut exister de deux manières :
  - l'adoption plénière où la famille d'adoption remplace la famille d'origine,
  - l'adoption simple où l'enfant reste en contact avec sa famille d'origine.

  Une personne peut adopter seule, qu'elle soit célibataire, mariée, pacsée ou divorcée à condition qu'elle ait au moins 28 ans et avec accord du conjoint si elle est mariée. Des personnes mariées peuvent adopter ensemble, à condition que les deux soient âgés d'au moins 28 ans ou mariés depuis au moins deux ans. La procédure est longue ; les candidats à l'adoption subissent une enquête. Les enfants à adopter d'origine française sont peu nombreux.
- **Scolarité obligatoire :** Un enfant doit être instruit obligatoirement de 6 ans jusqu'à 16 ans, depuis une ordonnance de Charles de Gaulle en 1959. Cette instruction obligatoire ne doit pas être confondue avec l'obligation d'aller à l'école, car l'instruction peut être effectuée dans un établissement scolaire ou à distance, ou encore par les parents eux-mêmes.
- **La majorité :** Fixée à 18 ans depuis 1974, elle était auparavant de 21 ans. La majorité sexuelle est de 15 ans.

25 Travail

Au niveau international, il est régi par l'OIT (Organisation Internationale du Travail), organe de l'ONU qui établit les droits fondamentaux du travail : la liberté syndicale, l'interdiction du travail forcé (sauf service militaire et travail des prisonniers), du travail des enfants, de la discrimination, l'amélioration des conditions de travail.

Au niveau national, il est régi par le Code du travail (principalement pour le secteur privé) et par des statuts particuliers pour les fonctionnaires et assimilés. Ce code est complexe ; il régit les conditions légales du travail, les contentieux, la sécurité au travail, la santé et la formation professionnelle.

Conditions légales

- **CDD/CDI :** Contrat à durée déterminée/indéterminée. Le CDI est signé sans limite de durée. Il prend fin par démission, retraite, rupture à l'amiable, licenciement. Le CDD ne peut excéder 18 mois ; il est renouvelable une fois.
- **Temps de travail :** Il est fixé à 35 heures par semaine. En 1936 (Front populaire), il était passé à 40 heures, puis 39 heures sous Mitterrand en 1982.
- **SMIC :** Le Salaire Minimum Interprofessionnel de Croissance (qui remplace le SMIG) est le salaire horaire en dessous duquel aucun salarié ne peut être payé. Les exceptions existent surtout pour les jeunes en apprentissage et ceux en contrat de professionnalisation. Ce salaire est proche de 1 100 € net mensuel, il est revalorisé chaque année en fonction du pouvoir d'achat.
- **Loi TEPA :** Loi de 2007 appelée « paquet fiscal » qui (notamment) défiscalise les heures supplémentaires, accorde du crédit d'impôt sur les intérêts d'emprunt immobilier, allège les droits de succession, aménage l'ISF (Impôt de Solidarité sur la Fortune), abaisse le bouclier fiscal. Elle est abrogée en 2012.
- **Âge légal du travail des jeunes :** En France, il est de 16 ans. Ils peuvent travailler dès 15 ans dans le cadre d'un contrat d'apprentissage.
- **Retraite :** En France, elle dépend de la Sécurité sociale ; elle fonctionne par répartition, la capitalisation étant possible comme complémentaire à titre privé. L'âge légal d'ouverture au droit à la retraite (pour ceux nés après 1960) est de 62 ans, la retraite à taux plein est accessible dès 41,5 ans de cotisations effectués, ou, à défaut, à 67 ans.

Défense des droits

- **Droit de grève :** Autorisé en 1864 en France. Tout mouvement de grève pour être légal doit être collectif, associé à une revendication et une cessation complète du travail. Un préavis est exigé dans la fonction publique. Le salarié n'a pas besoin d'être syndiqué. Son salaire est suspendu pendant sa grève.
- **Syndicalisme :** Autorisé en 1884 en France. Parmi les 5 confédérations syndicales historiques, nous pouvons citer les 3 plus importantes (dans l'ordre) : la CGT (Confédération Générale des Travailleurs), la CFDT (Confédération française démocratique du travail), et CGT-FO (Force Ouvrière).
- **Prud'homme :** Juridiction de 1re instance qui gère les litiges entre employeur et employé du privé dans le cadre d'un contrat de travail.

- **Conventions collectives de travail (CCT) :** Textes réglementaires négociés par les syndicats qui établissent les statuts des employés par branche d'activité.

Chômage et retour à l'emploi

- **Chômage :** En France, est dit chômeur tout individu de 16 ans ou plus qui est sans emploi (même 1 heure), recherche activement un emploi, et est disponible dans les 15 jours. Il s'élève à un peu moins de 10 % en 2011.
- **Pôle emploi :** Créé en 2008, cet établissement public est le fruit de la fusion entre ANPE (Agence Nationale Pour l'Emploi) et ASSEDIC (ASSociations pour l'Emploi Dans l'Industrie et le Commerce). Il inscrit et accompagne les demandeurs d'emploi, et s'occupe du versement des allocations.
- **RSA :** Le Revenu de Solidarité Active est une allocation qui représente un revenu minimum. Il remplace en 2009 le RMI (Revenu Minimum d'Insertion). En plus d'une aide aux personnes dans l'incapacité de travailler, le RSA est un complément de revenu pour les travailleurs pauvres. Fixé en 2012 à 475 € mensuels pour une personne seule, il concerne près de 2 millions d'allocataires. Martin Hirsch, Haut-commissaire aux solidarités actives de 2007 à 2010 dans le gouvernement Fillon et ancien président d'Emmaüs France en est l'initiateur.

26 Inégalités, exclusions, discriminations

En France, le *défenseur des droits* est, depuis sa création en 2011, un défenseur des citoyens contre toute discrimination. Il remplace la HALDE, Haute Autorité de Lutte contre les Discriminations et pour l'Égalité, créée en 2005.

Égalité homme-femme

1936	Trois femmes dans le gouvernement du Front populaire (de Léon Blum), alors qu'elles n'ont pas le droit de vote
1944	Droit de vote accordé aux femmes par de Gaulle. Le 1er vote sera en 1945
1946	Le principe d'égalité hommes/femmes est affirmé dans la Constitution
1956	Fondation du Mouvement français pour le planning familial, pour l'éducation sexuelle, le droit à la contraception, à l'avortement, le contrôle des naissances
1967	Loi Neuwirth qui autorise la vente de produits contraceptifs
1971	« Manifeste des 343 salopes » (343 femmes connues déclarent avoir avorté en toute illégalité) qui réclament l'avortement libre et gratuit
1974	Vote du projet de loi Veil pour l'avortement libre et anonyme pour les mineures. La loi est promulguée en 1975 pour 5 ans puis définitivement en 79
1982	L'IVG (Interruption Volontaire de Grossesse) devient gratuite (loi Roudy)
1990	Reconnaissance de la possibilité de viol entre époux
2000	Parité hommes-femmes dans le nombre de candidats aux élections
2001	Autorisation donnée aux infirmières scolaires de délivrer la pilule du lendemain. Le délai pour l'avortement passe de 10 à 12 semaines d'aménorrhée
2003	Fondation de l'association « Ni pute, ni soumise »
2006	L'âge légal du mariage des femmes passe à 18 ans (contre 15) pour éviter les mariages forcés
2010	Reconnaissance légale des violences conjugales à caractère psychologique

L'inégalité des salaires hommes-femmes est encore de 20 % en France. Elles sont près de 2 % de plus au chômage et 30 % en temps partiel (5 % des hommes).

Handicap

Désigne toute restriction d'activité sociale du fait d'une altération durable des fonctions physiques, sensorielles, mentales et/ou psychiques.

La population des handicapés compte 30 % de chômeurs.

- **CDAPH :** La Commission des Droits et de l'Autonomie des Personnes Handicapées renseigne les personnes handicapées sur leurs droits, accompagne leur insertion sociale et vérifie leur taux d'invalidité pour l'accès aux aides.
- **Caisse nationale de solidarité pour l'autonomie :** Créée en 2004, elle contribue au financement de l'accompagnement de la perte d'autonomie.
- **AAH :** L'Allocation aux Adultes Handicapés est une prestation de la CAF versée à toute personne dont le taux d'invalidité est supérieur à 80 % et sous conditions pour une invalidité de 50 à 80 %. Elle peut se cumuler avec un revenu. Elle compte près de 900 000 allocataires.

Pauvreté

Est dite pauvre une personne qui ne dispose pas des ressources matérielles nécessaires pour vivre décemment. La France compte près de 8 millions de pauvres, personnes en dessous du *seuil de pauvreté* (60 % du revenu médian).

- **Travailleur pauvre :** Qualifie toute personne active au moins 6 mois par an et qui cependant vit en dessous du seuil de pauvreté.
- **Surendettement :** Situation de déséquilibre entre les ressources et les charges. La personne ne peut faire face à ses obligations. Le surendettement est favorisé par le crédit revolving (renouvelable), mieux encadré depuis 2010.
- **Mouvement Emmaüs :** Ensemble d'associations laïques fondées en 1949 par Henri Grouès, dit l'abbé Pierre (1912-2007) pour lutter contre la rigueur de l'hiver qui verra de nombreux Français mourir de froid.
- **Autres associations pour les pauvres :** Restos du cœur, Secours populaire français, Secours catholique, Petits Frères des Pauvres...

Précarité du logement

- **HLM :** L'Habitation à Loyer Modéré est un logement privé ou public réservé aux personnes moins favorisées. Ces habitats bénéficient de subventions ou d'exonérations fiscales.
- **SRU :** Loi relative à la Solidarité et au Renouvellement Urbain, votée en 2000. Elle impose notamment aux villes de disposer d'au moins 20 % de logements sociaux pour favoriser la mixité sociale.
- **Action sociale ou 1 % logement :** Dispositif de 2009 de participation des employeurs à l'effort de construction (PEEC) pour aider tout salarié à se loger grâce à une aide des entreprises de plus de 10 salariés d'au moins 1 %.
- **Enfants de don Quichotte :** Association de 2006 présidée par Jean-Baptiste Legrand pour faire connaître la précarité du logement, du travail, des soins, etc. En 2006, elle installe sur le canal Saint-Martin, à Paris, 200 tentes pour accueillir des SDF (Sans Domicile Fixe) et autres précaires.

Immigration, racisme

- **Sans-papiers :** Autre nom des étrangers en situation irrégulière sur un territoire national. En 1998, la loi Chevènement régularise des sans-papiers.
- **Regroupement familial :** Possibilité donnée à un étranger séjournant sur le territoire national de faire venir son conjoint et ses enfants mineurs au plus tard dans les 2 ans qui suivent son arrivée.

- **Racisme :** Plusieurs associations luttent contre le racisme, SOS racisme, la LICRA (Ligue Internationale Contre le Racisme et l'Antisémitisme), etc.
- **Loi Gayssot :** Loi de 1990 qui condamne pénalement la négation du génocide juif de la 2nde guerre mondiale. L'extension à d'autres génocides (notamment arménien) voulue en 2012 est censurée par le Conseil constitutionnel qui juge que cette interdiction est une atteinte à la liberté d'expression (affirmée par l'article 11 de la Déclaration des Droits de l'Homme et du Citoyen).

Économie 27

Économie mondiale

- **OMC :** L'Organisation Mondiale du Commerce, créée en 1995, est une organisation qui favorise le partenariat commercial en aidant le libre-échange et en évitant les conflits entre États.
- **OCDE :** L'Organisation de Coopération et de Développement Économique est une organisation internationale d'études économiques. Ses membres sont principalement des pays développés. Elle sert d'indicateur relatif dans les domaines économiques, sociaux, écologiques, d'innovation ou de gouvernance.
- **Bourse de valeurs :** Autre nom du marché financier. Lieu d'échange de valeurs mobilières : actions, obligations, matières premières, devises (monnaies) et produits dérivés. L'évolution de la Bourse est indiquée par l'indice boursier qui établit la tendance (à la hausse, stable ou à la baisse) d'un ensemble de valeurs. En France cet indice est le CAC 40 (pour les 40 entreprises les plus riches), en Europe c'est l'Eurostoxx 50, aux USA on trouve le Dow Jones.
- **Action/obligation :** Une action est un titre de propriété d'une partie du capital d'une entreprise qui donne droit à retirer des bénéfices (ou dividendes) de son investissement. Une obligation est un titre de créance qui correspond à un emprunt ; ce titre peut être cédé. La cession des actions et obligations fait varier leur valeur selon la règle d'offre et de demande.
- **Agence de notation financière :** Entreprise ou agence qui évalue les entreprises, les collectivités (dont les États) selon leur fiabilité financière. Les grandes agences sont Moodys, Standard & Poor's et Ficht Ratings.
- **PIB/PNB :** Produit Intérieur/National Brut. Le PIB est un indicateur économique qui mesure la production de richesses d'un pays. Le PNB inclut toute production d'un État, même sur un sol étranger.

Économie française

Loi TEPA : *cf.* partie 1 fiche 25

Impôts par ordre d'importance :

- **TVA :** La Taxe sur la Valeur Ajoutée est un impôt indirect sur tous les biens de consommation. Actuellement de 19,6 %, et 7 % ou 5,5 % pour la TVA réduite.
- **CSG et CRDS :** *cf.* partie 1 fiche 23
- **IRPP :** L'Impôt sur le Revenu est le principal impôt direct. Il est proportionnel. Il concerne aussi bien les ménages que les entreprises.
- **TICPE :** La Taxe Intérieure de Consommation sur les Produits Énergétiques (remplace la TIPP, T.I. sur les Produits Pétroliers) impose les hydrocarbures importés. Elle est de 60 % pour le Super sans plomb, 52 % pour le Gazole.
- **ISF :** L'Impôt de Solidarité sur la Fortune taxe le patrimoine dès lors qu'il est supérieur à 1,3 million d'euros (en 2011).

Sous-partie

1.5 Concours blanc

Les annales corrigées des sujets de composition de la session 2012 sont disponibles en « Compléments en ligne » sur dunod.com.

Pour y accéder, référez-vous au mode d'emploi « Compléments en ligne » au début de cet ouvrage.

Concours blanc

1

3 h 00

À l'aide de la documentation proposée, vous traiterez le sujet de composition suivant :
« Faut-il réglementer Internet ? »

Texte : Les pirates contre-attaquent

Fermeture du site MegaUpload par le FBI, loi Hadopi en France, lutte anticontrefaçon en Europe... Face au nouvel arsenal contre le téléchargement illégal, les mouvements de protestation se multiplient sur la Toile comme dans la rue.

Nerveux, les traits tirés, Alan patiente au pied de l'Opéra Bastille. Ni le froid parisien ni les 350 kilomètres qu'il a dû faire en auto-stop pour se rendre dans la capitale n'ont eu raison de sa détermination. Debout depuis 6 heures du matin, le jeune développeur et administrateur réseau, cheveux mi-longs, yeux mi-clos, observe avec satisfaction grossir la foule des manifestants réunis à l'appel du collectif Anonymous pour un Internet libre. Combien seront-ils à venir protéger son monde ? Cet univers virtuel fondé sur le partage se trouve plus que jamais menacé. « Les industries culturelles exercent un puissant lobbying au niveau mondial pour obliger les fournisseurs d'accès à Internet à faire la police sur la Toile et nous empêcher d'échanger films et musique. Nous sommes une parade, un rempart. Ce n'est pas en restant les fesses rivées à son fauteuil que l'on fera bouger les choses », martèle-t-il.

Nous reprochons aux instances financières ou gouvernementales de limiter l'accès à la culture.

Sur Facebook, le groupe Anonymous a exhorté les internautes français à défiler, le week-end dernier, dans 36 villes pour s'opposer à l'accord mondial de lutte anticontrefaçon (Acta), signé par 22 pays européens, dont la France. Le texte prévoit une coopération internationale accrue sur le contrôle des biens culturels mais aussi des produits de luxe et des médicaments.

Le Parlement européen doit se prononcer dans les prochains mois, mais, d'ici là, Alan n'entend pas relâcher la pression. Pour l'occasion, lui et d'autres manifestants ont revêtu le désormais célèbre masque blanc reproduisant les traits de Guy Fawkes – un conspirationniste anglais du XVIe siècle qui voulut dynamiter la Chambre des lords – symbole de la résistance aux pouvoirs. « Nous reprochons aux instances financières ou gouvernementales de limiter l'accès à la culture. Le droit à la connaissance n'est pas monnayable ou, du moins, pas dans les proportions actuelles, d'autant que notre argent sert malheureusement à engraisser les oies déjà bien grasses que sont les majors et très peu les artistes ! » s'emporte Anonymixis, à l'origine de l'appel. Et d'avancer des chiffres. Le cinéma français a connu une année record, avec plus de 200 millions d'entrées, et le marché de la musique n'a reculé que de 3 % en 2011.

●●●

●●● Les manifestations pacifiques ont leurs limites.

Plus faibles que les puissances qu'ils affrontent, plus dispersés aussi et sans leaders attitrés, ces anonymes se dressent derrière un même slogan : « Nous sommes légion. » Mais pour se faire entendre, les manifestations pacifiques ont leurs limites. Les internautes sont donc passés aux actes en s'attaquant à des sites Internet officiels, comme celui de l'Église de scientologie, ou ceux de Visa et de MasterCard, qui bloquaient le financement de WikiLeaks. Non sans débordements parfois : Lexpress.fr en a fait les frais à la suite de critiques émises sur l'action de ce collectif. Les responsables ont alors aussitôt été rappelés à l'ordre, car les Anonymous ont aussi leurs règles.

Désormais, l'industrie de la culture et du divertissement est devenue leur cible. La création de l'autorité contre le piratage, Hadopi, avait déjà suscité des protestations en France. Mais la fermeture par le FBI du site de téléchargement MegaUpload, le 19 janvier, a fini de les révolter. Utilisé par plus de 180 millions d'internautes, il mettait à disposition des milliers de films, de jeux vidéo et d'albums musicaux. Son fondateur, l'Allemand Kim Schmitz, 38 ans, a été arrêté dans sa villa d'Albany, en Nouvelle-Zélande, où il menait grand train. Son activité aurait coûté un demi-milliard de dollars à l'industrie culturelle. Si ses principaux acolytes ont depuis été libérés sous caution, Kim « Dotcom » reste en prison. Ses fidèles récusent les charges qui pèsent contre lui. « On voit bien que les majors n'hésitent plus à user de leurs pouvoirs. Il est de notre devoir de riposter », souligne Laurent Le Besnerais, 36 ans, un ancien membre du Parti pirate.

En représailles, plusieurs assauts ont déjà été lancés contre des sites Internet. Tour à tour, Vivendi (Universal Music), Sony, ou encore l'Élysée, pour avoir salué l'opération américaine, ont été noyés sous un flux continu de requêtes. Car si les Anonymous ne cautionnent pas l'enrichissement des créateurs de MegaUpload, ils contestent la disproportion des moyens de défense mis en œuvre et la destruction, ces jours-ci, de données personnelles hébergées légalement (photos de famille, documents...).

Les ayants droit et les pirates s'affrontent.

À 700 kilomètres de là, dans les travées du palais des Congrès de Cannes (Alpes-Maritimes), l'ambiance est bien différente. Les professionnels de la musique, réunis au Midem, se félicitent tous de la disparition de MegaUpload. « Depuis l'action du FBI, les vraies questions sont posées. Deux camps s'affrontent : les ayants droit et les pirates. Laisseriez-vous vos enfants défiler pour des gens qui encouragent la contrefaçon ? » questionne Marc Thonon, patron du label indépendant Atmosphériques. Les inquiétudes du moment portent plus sur l'avenir de la loi Hadopi et la position du parti socialiste que sur les manifestations en cours. « On construit un Internet civilisé avec abonnement et téléchargement légal. Il est normal qu'il y ait des réticences, les gens sont habitués depuis dix ans à la culture de la gratuité », ajoute Denis Ladegaillerie, président du Syndicat national de l'édition phonographique (Snep).

Les internautes, eux, ne sont pas prêts à baisser pavillon. « Le public aussi a des droits, et l'avenir de notre liberté est en jeu », clame Jérémie Zimmermann, cofondateur de la Quadrature du Net pour la défense des citoyens sur Internet. Rendez-vous est déjà pris pour un grand défilé au mois de mars, à Paris, avec un mot d'ordre : « Que le réseau s'exprime à travers vous, nous sommes légion. »

Source : Journal *l'Express* n° 3161 du 1er au 7 février 2012
Auteur : Emmanuel Paquette

Travail préparatoire

Analyse du texte

Paratexte : Journal *L'Express*, journal centriste et hebdomadaire. On constate d'ailleurs que le texte est complet et nuancé. Il est écrit par Emmanuel Paquette.

Thème : L'offensive des Anonymous (partisans d'un Internet libre) face au mouvement de répression.

Thèse : Malgré leur nombre et leur détermination (voire leur pouvoir de nuisance), les Anonymous ont du mal à faire entendre leur exigence d'un Internet proposant une culture libre et gratuite.

L'auteur oppose les arguments des deux camps, la liberté et la gratuité de la culture pour les Anonymous et le vol organisé et exploité constaté par les professionnels de la musique.

Le texte cherche à être neutre et informatif (il est vrai qu'il contient beaucoup d'informations), mais son premier paragraphe donne le ton d'une certaine sympathie pour le mouvement de ces jeunes pirates qui sont aussi bien des victimes. D'autre part, il consacre plus de temps à leurs arguments.

La technique de l'auteur est de partir d'une personne isolée, là où justement on pense plutôt à des groupes anonymes d'individus qui restent toujours devant leur écran, pour retourner la problématique et nous faire réfléchir : le prédateur est-il celui qu'on croit ?

Ce texte ne contient pas vraiment d'exemples, mais il parle de cas concrets dans un sujet qui est souvent très abstrait.

Le registre de langue de l'article est accessible ; les termes techniques viennent du sujet (Anonymous, Acta, Hadopi, etc.) mais ils sont le plus souvent expliqués.

Analyse du sujet

Analyse des concepts

Faut : Verbe *falloir*, implique une obligation ou une contrainte. Une contrainte est un ordre reçu de l'extérieur (par quelqu'un d'autre) alors qu'une obligation est intérieure (on se donne des règles).

Réglementer : Appliquer un ensemble de règles. Une règle est une formule qui indique la conduite à suivre ou l'action à effectuer dans un domaine déterminé. La réglementation se fait généralement par la loi, qui émane d'une institution.

Internet : Réseau international de communication entre ordinateurs.

Analyse en contexte

Faut-il réglementer : Cette association implique qu'il y a une obligation (morale) de mettre en place des lois, des contraintes à d'autres, ou qu'il y a une contrainte de se doter de lois du fait d'une situation devenue intenable (par exemple l'explosion de la cybercriminalité).

Réglementer Internet : L'association de ces termes est problématique. Internet est déterritorialisé ; par conséquent ce qui vaut pour les sites hébergés dans un pays ne vaut pas pour ces mêmes sites hébergés ailleurs mais utilisés dans le même pays. Autant dire que contourner la loi est un jeu d'enfant. Réglementer Internet suppose donc soit de réglementer de façon identique dans le monde entier, soit d'appliquer en réalité les règles aux personnes et non à Internet.

La question implique tout type de réglementation, mais il paraît naturel de parler surtout de ce qui est dit dans le texte : la réglementation en matière de propriété intellectuelle.

Notons enfin que la question est fermée ; il est possible d'y répondre par « oui » ou par « non ».

Problématique

Dans le texte, des arguments en faveur de la thèse et de l'antithèse nous sont donnés :

- Thèse : Il faut réglementer Internet pour ne pas encourager la contrefaçon (cybercriminalité), pour construire un Internet civilisé.
- Antithèse : Il ne faut pas réglementer Internet pour conserver un espace de liberté qui sorte de l'industrie culturelle.

Formulation de la problématique :

Est-il nécessaire de mettre en place des règles contraignantes sur l'usage d'Internet afin de lutter contre la cybercriminalité et de construire un Internet civilisé, ou faut-il conserver ce rare espace de liberté culturelle et résister à la pression des leaders du marché multimédia ?

Recensement des connaissances et idées

Informations présentes dans le texte (à exploiter)

- Le collectif Anonymous est un groupe international organisé pour un Internet libre ; ses membres portent un masque aux traits de Guy Fawkes, conspirationniste anglais du XVIe siècle.
- Le site MégaUpload, fermé le 19 janvier 2012 par le FBI était utilisé par 180 millions de personnes. Son fondateur, l'Allemand Kim Schmitz a été arrêté ; il était très riche. Il aurait fait perdre un demi-milliard de dollars à l'industrie culturelle.
- Les outils de contrôle se dessinent : Acta est un accord international opposé à la contrefaçon par une coopération entre États. Il est aussi question de la loi Hadopi comme loi de contrôle en France et de la surveillance du FBI.

Connaissances (cf. partie 1 fiche 21)

- ACTA est plus précisément l'Accord Commercial Anti-Contrefaçon. C'est un traité international signé par de nombreux États en 2012 pour protéger la propriété intellectuelle.
- HADOPI est la Haute Autorité pour la Diffusion des Œuvres et la Protection des droits sur Internet, créée en 2009, qui vise à protéger les œuvres et à encourager les téléchargements légaux par la menace de suspension de l'accès à Internet.

Idées personnelles :

(les numéros seront réutilisés pour le tableau qui suit)

En faveur de la réglementation :

(1) Il est possible de réglementer par une démarche internationale, comme c'est déjà le cas avec Acta. L'argument de l'inefficacité de toute réglementation est contestable.

(2) Aucun lieu (même virtuel) ne peut échapper à la loi sans finir par exposer chacun. L'absence de règles exposerait des usagers moins avertis à être volés, exposés à la divulgation de données personnelles, etc. Dans une société où le virtuel prend de

plus en plus d'importance (argent virtuel, documents dématérialisés), il faut protéger chacun, y compris les institutions en empêchant un crime organisé.

(3) L'accès à la culture, s'il n'est pas rendu payant par les ayants droit, le sera par les pirates qui profiteront du bénéfice d'une création qui n'est pas d'eux (distinction entre les cybercriminels qui organisent le vol de la propriété intellectuelle et les consommateurs de cette criminalité qui sont exploités).

(4) L'absence de réglementation et de projet de réglementation peut être une incitation à la cybercriminalité banalisée, notamment pour les plus jeunes. En agissant à la base, on peut éviter le développement d'une habitude.

Contre la réglementation :

(5) La réglementation est inefficace car il existera toujours des États qui la refuseront et où les cybercriminels pourront localiser leurs sites (comme pour la fiscalité), voire toutes leurs activités. Réglementer crée donc une injustice entre ceux qui peuvent s'y soustraire et les autres ; au mieux cela ne change rien car les plus expérimentés trouvent des solutions.

(6) Il est nécessaire que dans une société très consumériste certains espaces échappent à la consommation. C'est un moyen de lutter contre le monopole de certains groupes qui décident des prix, du nom des futures stars et des thèmes culturels à la mode. Internet peut aider des artistes qui ne sont pas *formatés* et proposer une culture alternative.

(7) Le piratage est aussi un moyen de propagation, de publicité pour certaines œuvres, et il ne fait pas tellement baisser leurs ventes dans de nombreux domaines.

(8) Ce sont les pays totalitaires qui bloquent l'accès à Internet (cas pendant les révolutions arabes). Les pays démocratiques doivent accepter les *risques* de la liberté de tous.

Organisation des connaissances et idées :

Comme la question est fermée, notre tableau va se faire en 2 colonnes : idées favorables à la thèse et idées favorables à l'antithèse.

Thèse	Antithèse
(1) Une réglementation efficace est possible dès maintenant.	**(5)** Une réglementation est inefficace tant qu'elle n'est pas vraiment internationale.
(2) et **(4)** Tout espace a besoin de loi ; l'absence de loi est un chaos qui ne protège personne.	**(8)** Réguler n'est-ce pas craindre la liberté et agir en censeur ?
(3) Pirater c'est voler et ce vol n'est pas rentable pour le consommateur qui n'est pas protégé et qui paye des services illégaux.	**(6)** et **(7)** L'argument du vol est un argument de riches ; l'accès à la culture doit être libre, même pour les pauvres. De plus le piratage n'empêche pas la vente.

Dans la mesure où les arguments en vis-à-vis dans le tableau se répondent bien, nous allons construire notre plan dialectique en les associant à chaque fois dans une même partie :

- (1) et (5) formeront une partie pour l'antithèse,
- (2), (4) et (8) pour la thèse,
- (3) et (6), (7) pour la synthèse.

Construction du plan : <u>Plan dialectique</u>

I. Antithèse : Il ne faut pas réglementer car toute réglementation sera incomplète donc inefficace et injuste.

1. La démarche de réglementation amorcée
2. Inefficacité et injustice d'une telle démarche

II. Thèse : Réglementer est nécessaire pour protéger et dissuader.

1. Tout espace nécessite des règles
2. La loi n'est pas qu'une contrainte

III. Synthèse : Ce n'est pas le problème de la réglementation qui est seulement posé, mais celui de la liberté et de la puissance financière.

1. Les règles sont voulues par les riches et ressemblent à une confiscation de la culture
2. Ne pas réglementer, c'est augmenter les inégalités

Rédaction

Rédaction de l'introduction et de la conclusion

Introduction : En janvier 2012, la fermeture du site de téléchargement illégal MégaUpload par le FBI a relancé le débat sur la cybercriminalité. Internet, ce réseau international de communication, est un grand espace d'expression libre. C'est aussi devenu, au fil des années, un lieu de vol banalisé et de bien d'autres infractions. Est-il nécessaire de mettre en place des règles contraignantes sur l'usage d'Internet afin de lutter contre la cybercriminalité et de construire un Internet civilisé, ou faut-il conserver ce rare espace de liberté culturelle et résister à la pression des leaders du marché multimédia ? Faut-il réglementer Internet ? C'est ce que nous nous demanderons en posant la question de l'efficacité d'une réglementation mais aussi de son utilité et des enjeux d'une telle réflexion.

Conclusion : Notre réflexion nous a permis de voir la complexité du problème. Dans sa dimension pratique, toute régulation efficace est difficile à concevoir. C'est pourtant nécessaire si nous voulons protéger les personnes, y compris celles qui sont défavorables à toute loi contraignante. Mais nous comprenons aussi que la difficulté de la question vient de ce qu'elle sous-entend : un conflit entre la culture libre et gratuite comme droit et la financiarisation culturelle comme motivation de création. C'est finalement un débat sur toute notre société, débat qui ne doit pas prendre comme bouc émissaire la réglementation, laquelle est nécessaire, mais s'attaquer à la question des inégalités et de l'exploitation de l'homme par l'homme. Il faut tout autant réglementer Internet qu'il faut moraliser une production culturelle soumise à l'argent.

Rédaction du développement de la composition

Il est tentant de penser qu'une réglementation d'Internet est nécessaire et possible. Encore faut-il qu'elle soit efficace.

En 2009, le gouvernement de François Fillon a été à l'initiative de la création de la Haute Autorité pour la Diffusion des Œuvres et la Protection des droits sur Internet (HADOPI), qui vise à protéger les œuvres et à encourager les téléchargements légaux par la menace de suspension de l'accès à Internet. Cette instance, beaucoup critiquée pour sa faible efficacité, a été renforcée en 2012 par la création d'ACTA (Accord Commercial Anti-Contrefaçon), traité international signé par de nombreux États en 2012 pour protéger la propriété intellectuelle et par la fermeture le 19 janvier 2012 par le département de justice des États-Unis du site MegaUpload et l'arrestation de son fondateur, l'Allemand Kim Schmitz. Ces éléments semblent confirmer la possibilité d'une réglementation.

Toutefois, les attaques lancées en représailles par le groupe Anonymous, groupe international organisé pour un Internet libre, prouvent la limite de ces actions. Ces millions d'anonymes ont bloqué de nombreux sites sans subir aucunes représailles. Et c'est bien là tout le problème. Même un accord international est insuffisant car il est toujours possible par une attaque massive ou par une localisation des sites dans des pays non-signataires des engagements internationaux de contourner les règles. Bien plus, la création de règles contraignantes est surtout problématique pour les petits utilisateurs inexpérimentés qui ne savent pas la contourner. Pour les autres, c'est juste un défi de plus. En d'autres termes, ces règles risquent surtout de punir ceux qui sont les moins coupables et de laisser impunies les infractions les plus graves.

Face à cette réalité, il faut cependant nuancer le propos. Il est exact qu'aucune règle ne peut actuellement contrôler tout usage d'Internet. Toutefois, il existe pour n'importe quelle règle des moyens de contournement. Est-ce pour autant une raison de supprimer toutes les règles ? Ne sont-elles pas utiles, voire nécessaires pour protéger et dissuader ?

Tout espace commun nécessite des règles. La règle est une formule qui indique la conduite à suivre ou l'action à effectuer dans un domaine déterminé. Elle est là pour protéger chacun et particulièrement les plus faibles. L'absence de règles finit par exposer les personnes et les institutions à l'injustice permanente.

Bien sûr, nous pourrions regretter cette réglementation d'un outil de liberté. Nous savons le rôle essentiel d'Internet (particulièrement des réseaux sociaux) dans les récentes révolutions arabes. C'est d'ailleurs ce qui a poussé certains pays à bloquer les accès aux réseaux ou à certains sites. De telles pratiques sont dignes d'un régime totalitaire qui craint la libre diffusion de l'information.

Mais entre une réglementation totalitaire et une absence de règles, il y a la place pour l'élaboration de lois raisonnables qui ne soient pas des contraintes, mais qui soient comprises et voulues par ceux qui en mesurent les avantages. Un Internet sans règles expose des usagers les moins avertis à être volés, à voir la divulgation de leurs données personnelles, etc. Dans une société où le virtuel prend de plus en plus d'importance (argent virtuel, documents dématérialisés), il faut protéger chacun, y compris les institutions, en empêchant un crime organisé. Il faut aussi tenir compte de la force normative de la loi. Alors que les infractions sur Internet se banalisent, comment pourrons-nous éduquer les plus jeunes à des pratiques respectueuses de chacun si rien ne condamne ces actes ? Certes, les mouvements des Anonymes sont séduisants, mais comme le dit l'article de *l'Express* : d'une façon générale « laisseriez-vous vos enfants défiler pour des gens qui encouragent la contrefaçon » ?

La règle est une protection pour tous et un repère nécessaire pour les jeunes.

Nous voyons à la fois la difficulté d'une règle efficace (et donc légitime) et son utilité. Néanmoins, au nom de la protection des plus faibles et de l'exemple à donner, ne trouve-t-on pas une justification moins louable ? Celle d'un corporatisme des maisons de production artistique qui exercent une pression sur les pouvoirs pour obtenir des avantages face à une situation qui leur est désormais moins favorable.

L'argument ultime généralement invoqué en faveur d'une réglementation d'Internet pour protéger la propriété intellectuelle est celui du vol. Les plates-formes de streaming engraissent des astucieux qui n'ont rien créé pendant que les artistes voient leurs droits réduits et leurs contrats non renouvelés. Kim Schmitz, le fondateur de MegaUpload était d'ailleurs à la tête d'une fortune.

Sans être illégitime (bien au contraire), cet argument doit toutefois être nuancé. Nous savons les profits considérables qu'ont faits les grands groupes de l'industrie culturelle du temps où le moindre support de film ou d'album musical se vendait à plusieurs millions. Les artistes, eux-mêmes, ont beaucoup profité de cet âge d'or. Du coup, nous pouvons être tentés de considérer que la réaction récente du FBI est commandée par ces groupes et que tout le problème est celui du profit. Ceux qui ont l'argent sont prêts à aller jusqu'à la confiscation de la culture aux plus pauvres, afin de conserver leurs intérêts. C'est l'analyse faite par les Anonymous qui souhaitent une culture enfin libre et gratuite pour plus d'égalité et qui constatent que contrairement à ce que disent les grands groupes de l'industrie culturelle, les profits n'ont pas tellement baissé (baisse de 3 % en 2011). Le piratage pourrait même, dans certains cas, participer à la publicité des œuvres en les faisant connaître avant qu'elles soient achetées par les *pirates*.

Bien entendu, l'argument financier est à double tranchant. Car les exploitants de sites illégaux ont également leur marge de manœuvre pour faire du profit sur le compte des internautes. Dans le site MegaUpload, les clients *Premium*, c'est-à-dire ceux qui avaient des comptes payants, étaient privilégiés et les autres avaient des accès plus limités. Autant dire que dans un cas comme dans l'autre, il n'y a qu'un seul perdant systématique : le consommateur.

Et c'est là tout le problème. Que l'on réglemente où non, le risque d'être abusé est presque le même. Du coup, le consommateur choisit la solution la moins coûteuse, sans autre critère immédiat. Or, ce qu'il faut souhaiter c'est non pas moins de réglementation mais bien plus, à la fois pour Internet, mais aussi pour l'industrie culturelle qui abuse des marges de profit au détriment des consommateurs et, de plus en plus, des artistes. Si la réglementation s'attaque à la confiscation de la culture et à la restriction de la liberté qu'elle apporte par les profits excessifs des producteurs, alors elle sera sans doute admise comme une évidence dans le domaine d'Internet. La réglementation d'Internet est nécessaire, mais nous voyons qu'elle n'est qu'une partie d'un problème plus vaste.

Partie 2

Aptitude professionnelle

Dans l'ancien concours, les candidats devaient affronter des problèmes mathématiques à résoudre en 30 minutes. Dans le nouveau concours, cette épreuve fait peau neuve au profit d'une épreuve de tests psychotechniques plus générale de 35 minutes et de coefficient 2, soit 1/4 de l'écrit. Présentée sous forme de QCM (Questions à Choix Multiple) ou de questions à réponse ouverte, elle cherche à évaluer votre capacité de réflexion logique et d'adaptation par des épreuves sur des suites logiques et des ensembles.

Que désigne-t-on par des suites logiques et des ensembles ?

En vérité beaucoup de choses. Il peut s'agir de tout type de série avec de nombreux supports. L'objectif n'est sûrement pas de vous entraîner en terrain connu. La souplesse intellectuelle est de rigueur.

Concernant **les séries**, il faut être capable de résoudre :

- des séries graphiques diverses et des matrices ;
- des séries numériques, alphabétiques et alphanumériques (lettres et nombres) ;
- des séries analogiques (graphiques ou verbales).

Concernant **les ensembles**, il faut être capable de résoudre :

- des ensembles et des intrus graphiques, numériques ou verbaux ;
- des carrés logiques ;
- des syllogismes, des ensembles numériques, des opérateurs.

Il est enfin recommandé de ne pas délaisser complètement l'aptitude au **raisonnement numérique**. Il est très possible que des questions (sans doute assez simples) sur le calcul, les pourcentages, les règles de proportionnalité ou les conversions vous soient posées.

Pour vous aider dans votre préparation, nous allons commencer par établir des rappels concernant les règles de logique utiles pour affronter ces épreuves, puis nous vous proposerons des applications de ces règles et enfin deux **concours blancs**.

Les séries

2.1

Sous-partie

L'objectif des tests de séries est d'évaluer votre capacité d'analyse et la rigueur de votre raisonnement pour poursuivre la logique observée. Une série (ou séquence ou encore suite) est une succession de symboles qui subissent certains changements de façon régulière. Sous le terme de séries on peut mettre beaucoup de tests psychotechniques. Il peut s'agir :

- de séries graphiques diverses, de matrices ;
- de suites numériques à support numérique, verbal, graphique (comme les dominos ou les cartes à jouer) ;
- d'analogies dans lesquelles une série est proposée et sa logique doit être reproduite.

Dans cette partie, nous allons travailler tous ces aspects des séries. Nous avons choisi d'associer des tests de supports très différents pour bien insister sur les similitudes dans les raisonnements et vous montrer qu'il ne faut pas se sentir gêné par certains de ces tests puisqu'ils relèvent de logiques communes.

1 Séries graphiques diverses et matrices

Une des règles d'or des tests est de savoir aller du plus simple au plus compliqué. Suivant ce principe, vous vous efforcerez toujours de chercher à résoudre les séries d'abord par la visualisation (recherche de symétrie, de répétition, etc.) avant de vous engager dans des raisonnements plus complexes.

Dans les séries graphiques en général, trois types de logiques peuvent se rencontrer :

1. Le déplacement

Un ou plusieurs objets se déplacent. Ce déplacement concerne l'objet en entier (il tourne sur lui-même, avance ou recule, etc.) ou des parties de cet objet.

Ce déplacement peut être :

- Horizontal

Exemple

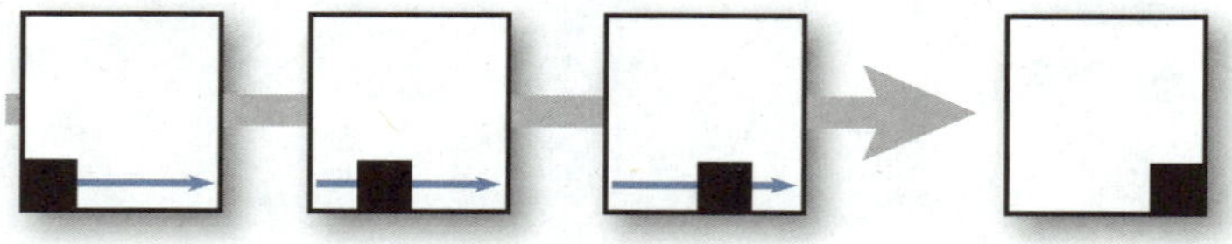

- Vertical

Exemple

- Diagonal

Exemple

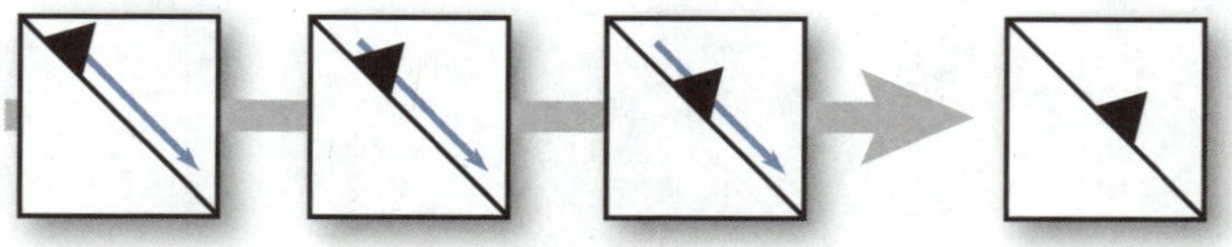

- Rotatif

Exemple

On notera aussi le cas particulier des déplacements dans un carré. Dans ce cas, lorsque la case noircie ou grisée atteint le bord du carré elle peut :

- soit recommencer au départ une nouvelle fois cette ligne, colonne ou diagonale (cas le plus courant) ;

Exemple

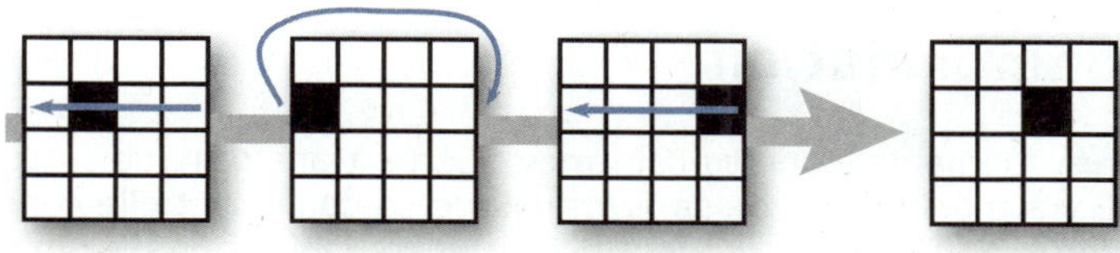

- soit repartir dans le sens inverse ;

Exemple

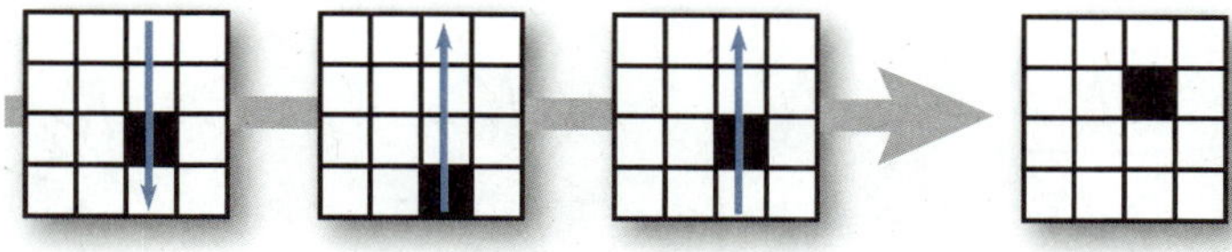

- soit poursuivre sur la ligne ou colonne suivante.

Exemple

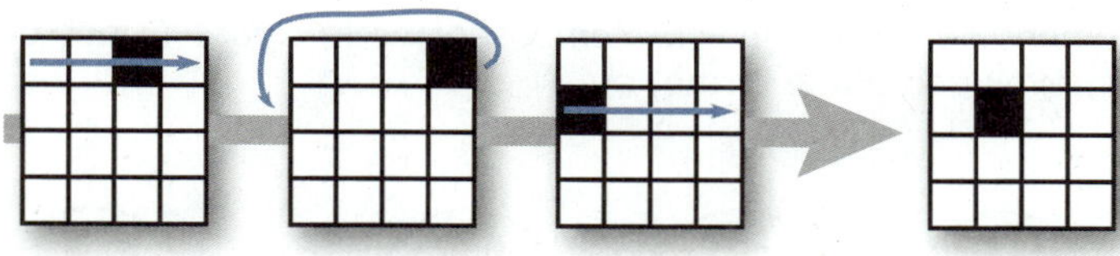

Dans tous les cas, vous ne rencontrerez qu'une seule de ces trois logiques dans une même série.

Deux choses compliquent ces logiques de déplacement :

- la possibilité de déplacements *multiples* (c'est évidemment très courant) ;

Exemple

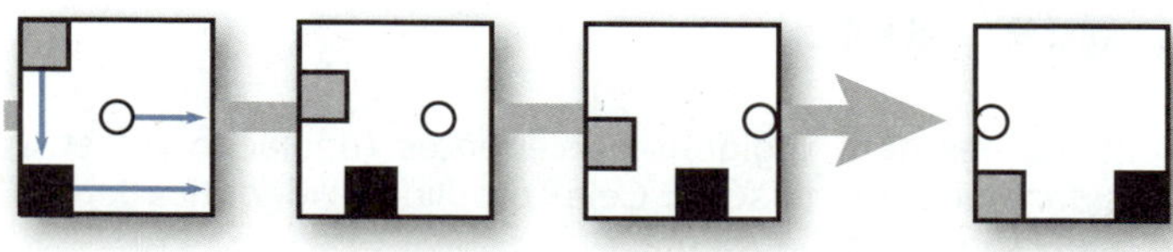

Composition Aptitude pro Anglais Entretien psy Entretien jury EPG

- la possibilité de superpositions qui cachent temporairement certains objets.

Exemple

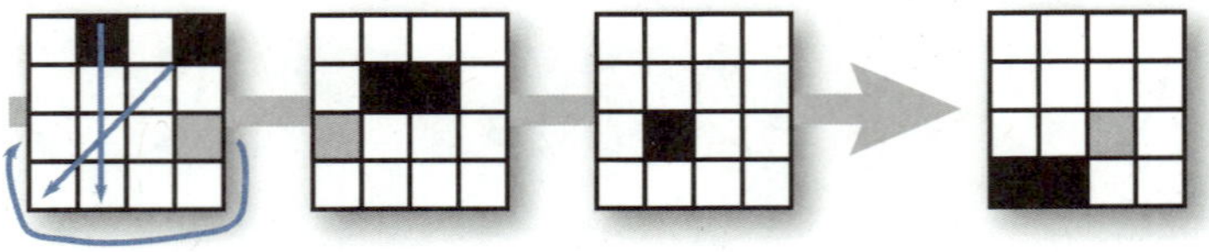

Dans cet exemple, nous voyons la superposition des trois carrés en 3e figure.

Notons qu'il est logique que la case grise disparaisse derrière les cases noires ; il faut en tirer l'enseignement qu'en cas de superposition il est toujours plus facile de suivre le mouvement des figures les plus sombres d'abord.

2. La transformation

Un ou plusieurs éléments sont transformés. Cette transformation concerne l'objet entier quand il y a modification de sa forme ou de sa couleur et elle concerne les parties de cet objet quand on observe un ajout ou une suppression d'éléments.

Cette transformation peut être :

- *Un changement de la figure dans son ensemble* (symbole différent, évolution d'une forme, d'une taille, d'une couleur)

Exemple

Dans cet exemple, on ajoute toujours une pointe à l'étoile précédente.

- *Un changement des éléments qui composent cette figure* (ajout ou suppression d'éléments, évolution d'une forme, etc.)

Exemple

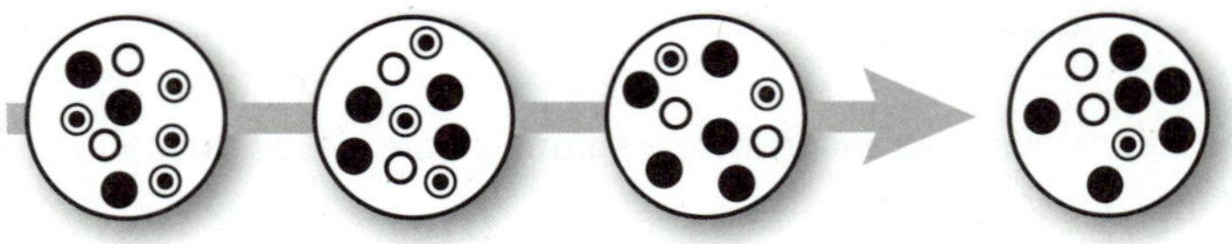

On voit bien dans cet exemple que le nombre de ronds noirs augmente d'un à chaque figure alors que celui des cibles diminue d'un.

3. La logique mixte

Il arrive souvent que les deux logiques précédentes (déplacement et transformation) soient présentes dans une même série. Cela complique l'identification de la bonne proposition, mais le principe reste le même.

Exemple

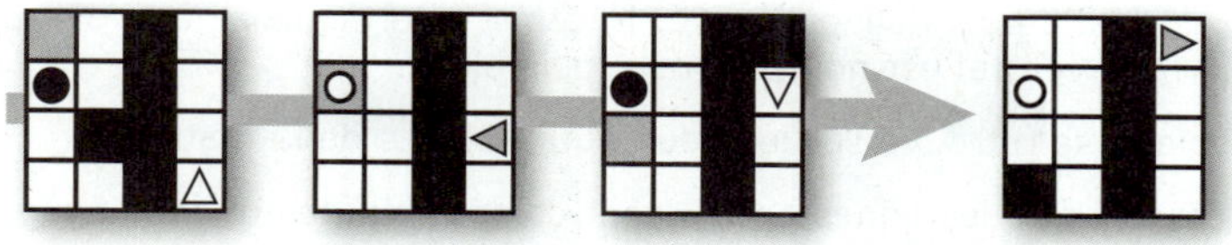

Dans cet exemple, de nombreux éléments sont à observer.

On constate d'abord la présence d'une barre noire fixe qui cache certains déplacements.

Les déplacements simples concernent 2 objets :

- le carré gris qui descend sa colonne (il disparaît derrière le carré noir en dernière figure) ;
- le carré noir en 2e colonne qui monte sa diagonale puis en recommence une nouvelle (il disparaît derrière la barre noire en 2e figure).

Les transformations simples concernent 1 objet :

- le rond qui clignote sans bouger.

Enfin les déplacements et transformations concernent 1 objet :

- le triangle qui monte sa colonne, change de couleur et subit une rotation de 90° dans le sens inverse des aiguilles d'une montre.

4. Les matrices

Les matrices proposent un cas très particulier des séries graphiques.

Une matrice est une série qui sert de modèle pour l'observation d'une logique complexe. Le plus souvent, les matrices se présentent sous la forme d'un carré de 9 cases dans lequel une case est à compléter. L'objectif est similaire à celui des autres séries graphiques : il faut constater la logique présente dans la matrice et la reproduire dans une nouvelle série incomplète.

La difficulté de ce type d'exercice ne vient pas des logiques sollicitées (elles sont les mêmes qu'en séries graphiques) mais de la diversité des possibilités de disposition du fait du plus grand nombre d'éléments. En effet, une matrice peut présenter une série de façon horizontale (vers la droite ou vers la gauche), verticale (vers le bas ou vers le haut), et parfois diagonale (vers le bas ou vers le haut) ou encore en losange.

Il faut toutefois noter que deux logiques spécifiques se rencontrent souvent :

- les répartitions : un même objet ou des éléments de cet objet reviennent régulièrement ;
- les superpositions avec modification : les objets superposables sont annulés, modifiés, maintenus.

Exemple de répartition

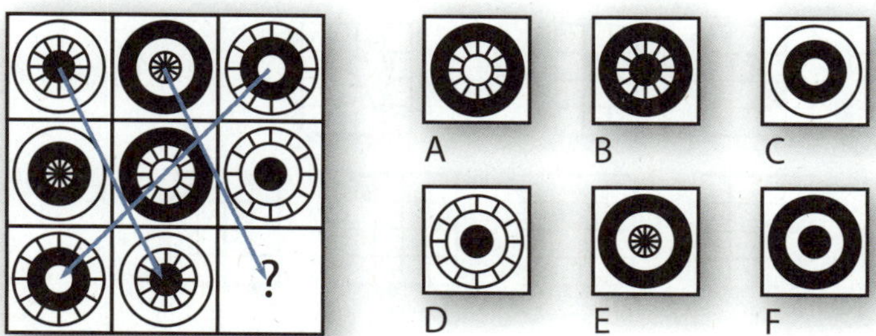

Dans cet exemple, nous voyons que chaque cercle d'une même ligne a un motif différent (noir, blanc ou rayé) et que ce motif change à chaque figure. Sur la 1re ligne, le cercle le plus grand est blanc puis noir puis rayé, le cercle intermédiaire est rayé puis blanc puis noir, enfin le rond central est noir puis rayé puis blanc.

La même logique se retrouve sur les deux autres lignes de la matrice.

On constate aussi que les lignes 1 et 3 sont composées des mêmes figures réparties de façon différente (*cf.* les flèches).

Notons enfin que la réponse pourrait aussi être trouvée en cherchant en colonne. Quoi qu'il en soit, la solution est **E**.

Exemple de superposition avec modification

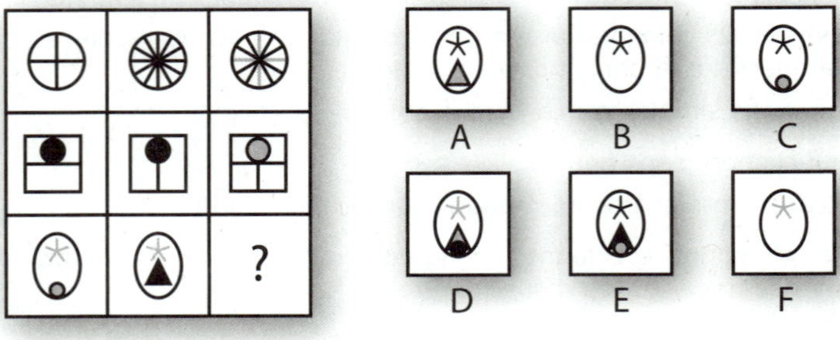

Dans ce cas les séries sont disposées en ligne ; la 3e figure (à droite) est le résultat des deux premières.

Dans chaque série, nous voyons que les éléments communs aux deux premières figures changent de couleur dans la 3e figure. En revanche les éléments qui ne sont pas communs se retrouvent dans la 3e figure. Ainsi dans la dernière série, l'étoile sera noire, et le triangle noir et le rond gris seront conservés. Ce qui donne la réponse **E**.

Entraînement

Quelle figure complète chaque série ? Entourez la bonne réponse.

1.

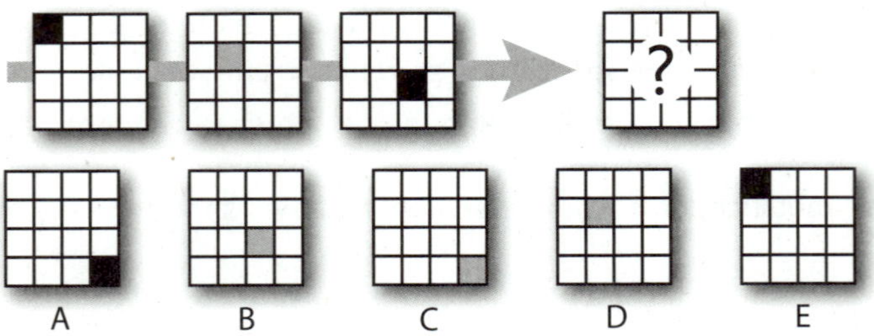

2.

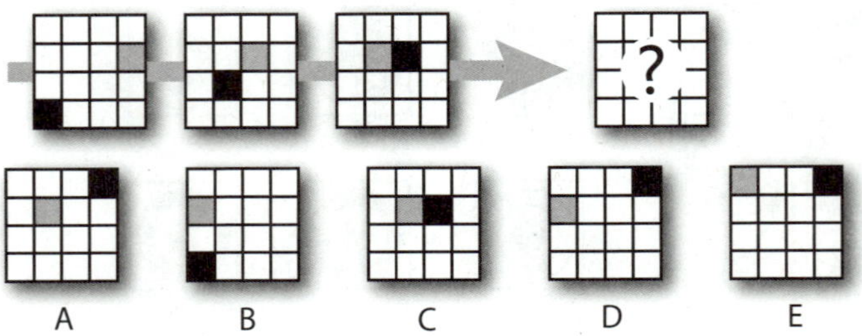

3.

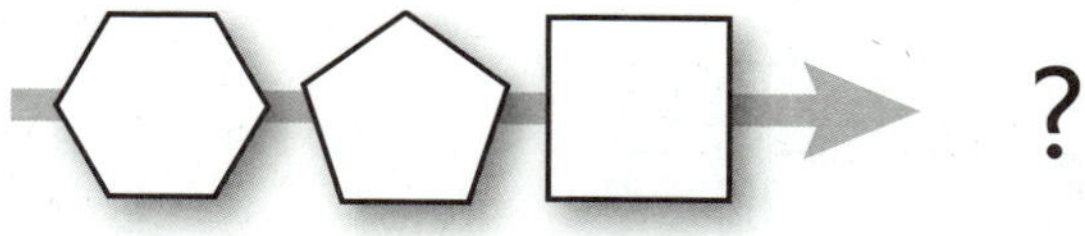

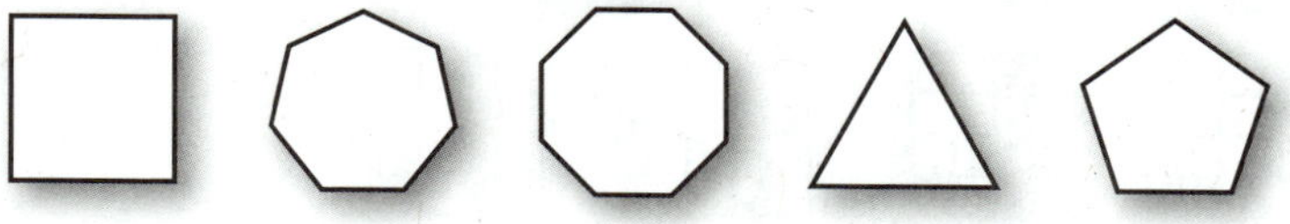

A B C D E

4.

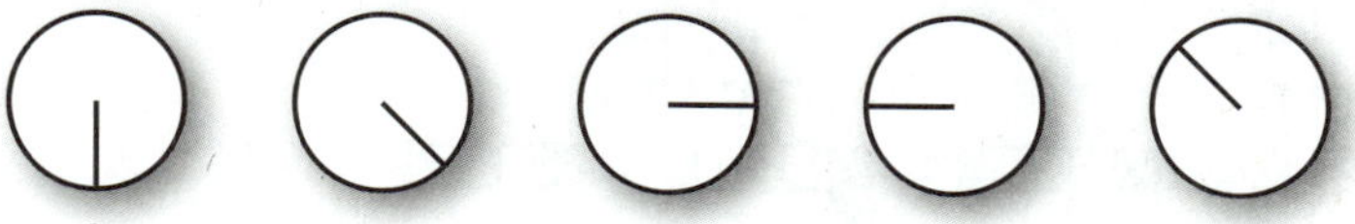

A B C D E

5.

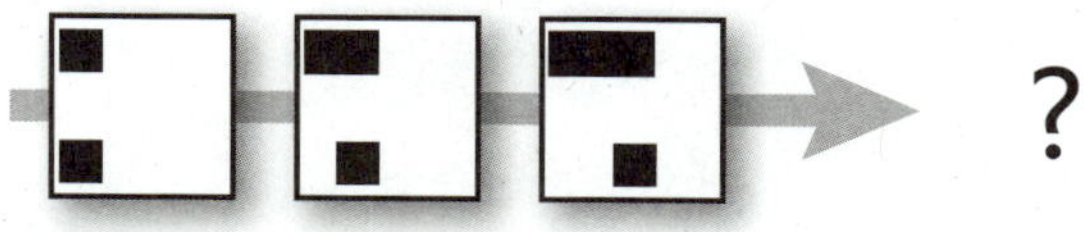

A B C D E

6.

A B C D E

7.

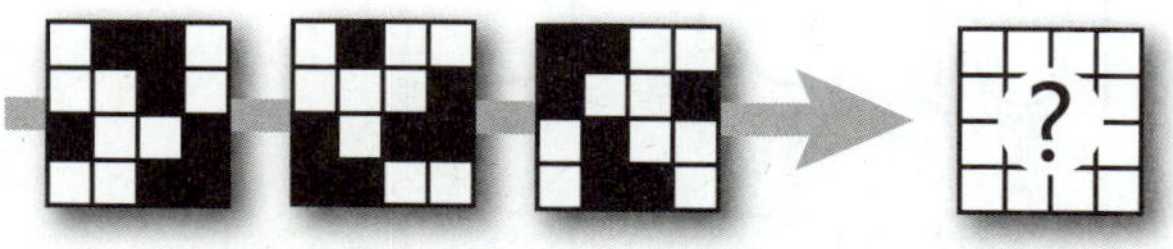

A B C D E

8.

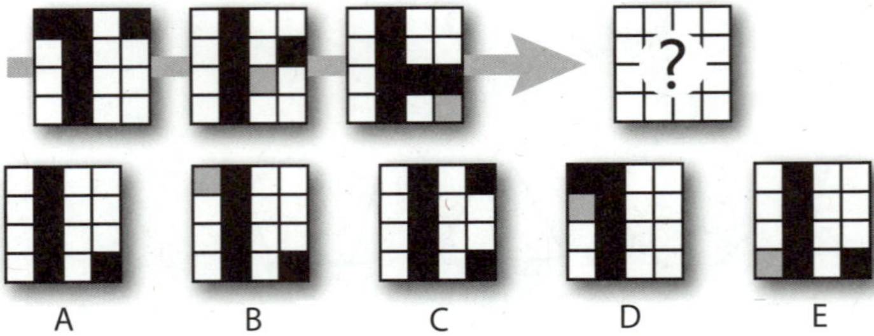

9.

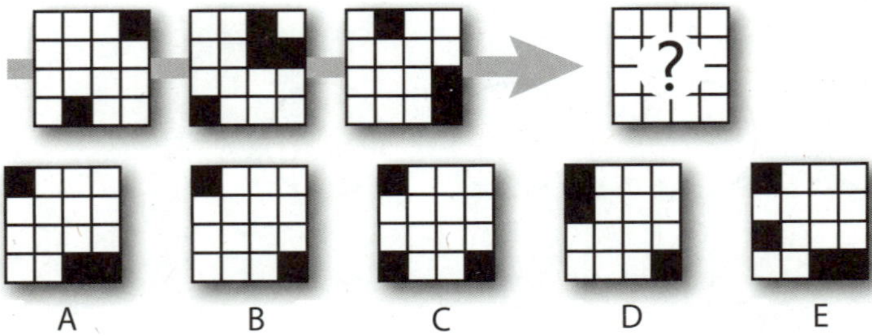

10.

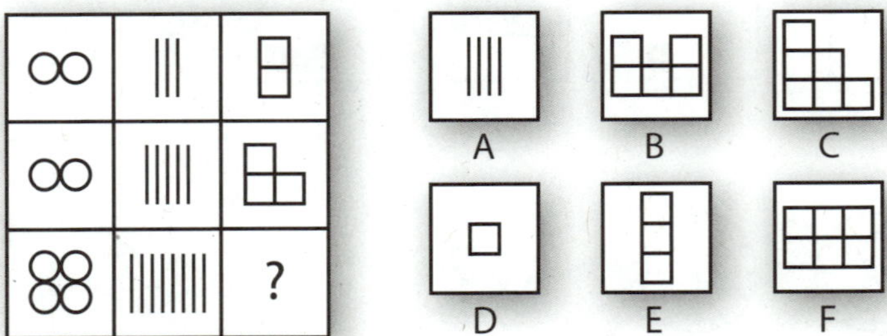

11.

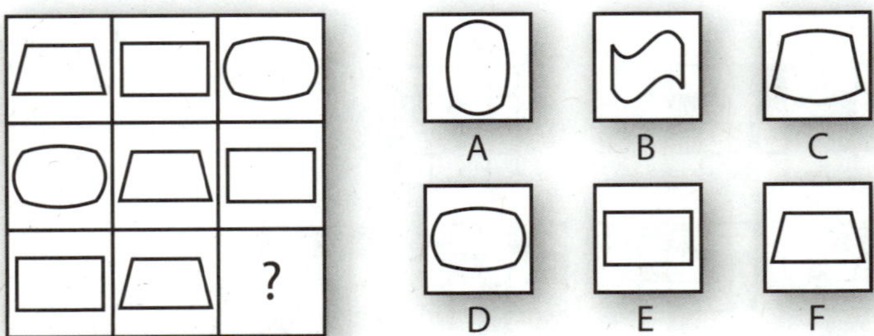

12.

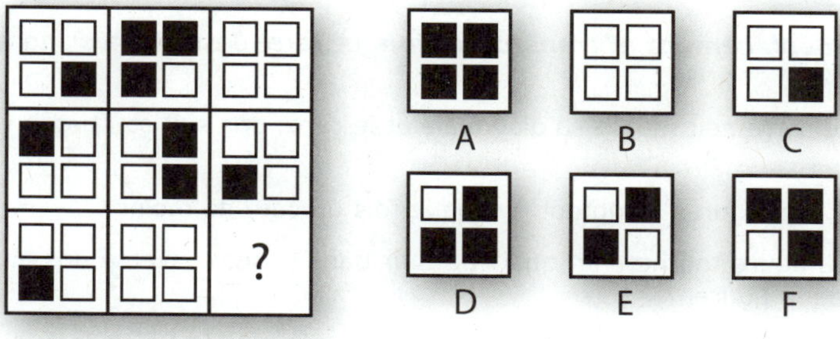

13.

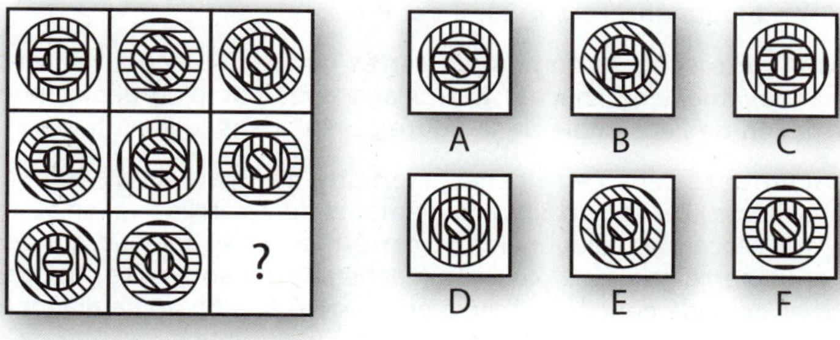

14.

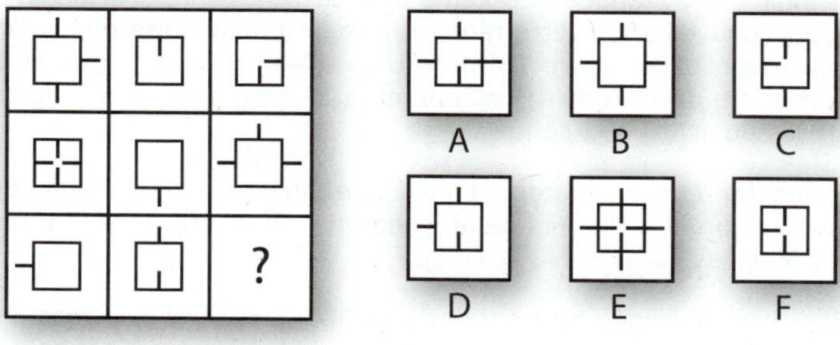

15.

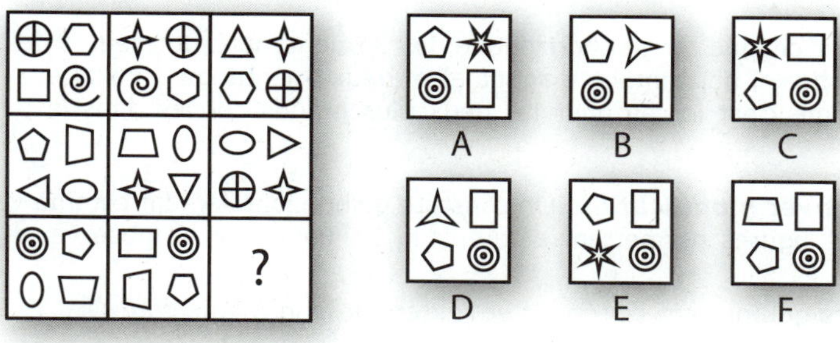

Corrigé

1. C. ***Logique mixte : déplacement et transformation***. Le carré descend sa diagonale en alternant les couleurs noire et grise.

2. D. ***Déplacement***. Le carré noir monte sa diagonale et le carré gris suit sa rangée vers la gauche.

3. D. ***Transformation***. Les figures comptent à chaque fois un côté de moins.

4. D. ***Déplacement***. La figure tourne d'un quart de tour dans le sens inverse des aiguilles d'une montre entre chaque figure.

5. A. ***Logique mixte***. La figure supérieure s'allonge vers la droite et la figure inférieure se déplace vers la droite. Leur progression est identique.

6. E. ***Déplacement***. Les horloges progressent à chaque fois de 1 h 30. Il est d'abord 3 h 30 puis 5 h puis 6 h 30. Si l'on ajoute encore 1 h 30, il est 8 h.

7. C. ***Déplacement***. Dans cette série, le nombre de carrés noircis est trop important pour distinguer clairement le mouvement de chacun. Il ne s'agit donc pas d'un déplacement de ces carrés mais d'une rotation de l'ensemble de la figure de 90° dans le sens horaire.

8. B. ***Déplacement***. Dans cette série, une barre verticale en 2e colonne (en bleu dans le schéma) cache certains mouvements de 3 carrés : un carré noir en 1re colonne qui descend sa diagonale, un carré noir en 4e colonne qui descend sa colonne et un carré gris en 2e colonne (caché par la barre noire) qui descend sa diagonale et précède donc le 1er carré noir. Arrivé à la fin de sa diagonale, ce carré gris en recommence une autre.

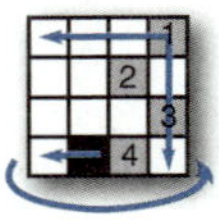

9. A. ***Déplacement***. Voici une série bien plus complexe avec de nombreuses superpositions. Dans ce cas, il faut commencer par les éléments les plus isolés : ici le carré noir en 4e rangée. Ce carré suit sa rangée vers la gauche puis commence une nouvelle fois cette rangée. Ensuite on constate qu'il y a 3 autres carrés superposés en figure 1. Un de ces carrés continue la rangée 1 vers la gauche, un autre descend la 4e colonne et le 3e progresse en zigzag suivant les cases grises du schéma ci-contre.

10. B. ***Superposition simple***. Nous constatons, en colonne, qu'il s'agit d'une addition graphique : éléments de la 1re figure + éléments de la 2e figure = 3^{e} figure. Il faut donc additionner 2 + 3 carrés soit 5 carrés.

11. D. ***Répartition***. Sur chaque rangée horizontale, 3 symboles différents placés à l'horizontale : un trapèze, un rectangle et un rectangle arrondi. Il manque ce symbole sur la 3e ligne.

12. F. ***Superposition avec modification***. En suivant les rangées horizontales, on inverse les couleurs des 2 premières figures pour obtenir la 3e figure. Ainsi sur la 3e rangée horizontale, la réponse comportera un carré blanc en bas à gauche et trois carrés noirs.

13. A. ***Répartition***. Sur chaque rangée horizontale, les 3 orientations différentes des rayures sont présentes (verticale, horizontale, diagonale) et deux orientations similaires ne sont jamais contiguës (comme c'est le cas pour les deux plus grands cercles dans la proposition D).

14. C. ***Superposition avec modification***. On constate qu'horizontalement comme verticalement les 2 premières figures permettent d'obtenir la 3e. Pour cela on observe les deux règles suivantes :

- on supprime les traits qui forment l'intérieur et l'extérieur d'un même côté ;
- et on inverse le sens (intérieur devient extérieur et inversement) des traits qui n'ont pas leur vis-à-vis.

On remarquera que pour la figure manquante, on ne trouvait pas la même réponse en procédant par colonne ou par rangée horizontale. Or, seule la solution par colonne était proposée.

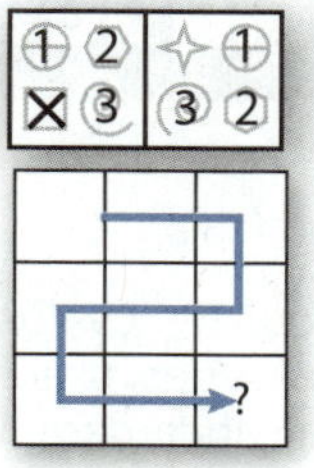

15. D. *Répartition et modification*. Dans cette série complexe, chacune des cases de la matrice est composée de 4 objets. Ces objets tournent dans le sens horaire de 90°, le 1er objet (noté 1 dans le schéma de gauche) passant à droite, le 2e en bas à droite, le 3e en bas à gauche et le dernier disparaît remplacé dans la série suivante par un objet nouveau en haut à gauche (ce qui élimine F). Enfin l'ensemble de la série évolue suivant la flèche du 2e schéma.

2 Suites numériques

Les séries numériques ou suites numériques ont un avantage double pour les évaluateurs : d'abord elles réclament la même rigueur logique que les séries vues précédemment, ensuite elles reposent sur du calcul et requièrent donc une aisance dans le calcul mental.

Nous allons vous présenter deux types de séries numériques :

- des séries à support numérique et/ou alphabétique ;
- des séries numériques à support graphique divers, des dominos, des cartes à jouer.

1. Les séries à support numérique et/ou alphabétique

a. Séries numériques

Ce sont des séquences de chiffres dont il faut comprendre l'enchaînement. Les logiques sont comparables à celles déjà rencontrées dans les séries graphiques.

Mais dans ce cadre plus numérique, ces suites sont surtout :

- ***Arithmétiques*** (chaque terme est la somme du précédent + un nombre constant appelé raison)

Exemple

17 – 13 – 9 – 5 – ?

Les nombres diminuent. La raison est –4. La solution est **1**.

- ***Géométriques*** (chaque terme est le produit du précédent par un nombre constant appelé raison)

Exemple

2 – 6 – 18 – 54 – ?

Dans cet exemple les nombres augmentent. La raison est ×3. On constate par ce type d'exemple l'importance d'une certaine aisance dans le calcul. La solution est **162**.

Les logiques que vous allez rencontrer sont (des plus courantes au moins courantes) :

- Séries arithmétiques ou géométriques simples (une même raison)
- Séries avec une raison qui augmente ou diminue (+1, puis +2, puis +3, ou +2, puis +4, puis +8, etc.)
- Séries avec deux raisons qui alternent (+2 puis –1 ou +2 puis ×2 par exemple)
- Séries avec symétrie (24 – 42, 13 – 31 par exemple)
- Suite de Fibonnacci où chaque nombre est la somme des deux précédents (1 – 2 – 3 – 5 – 8 – 13, etc.)
- Suite de nombres premiers (2 – 3 – 5 – 7 – 11 – 13, etc.)
- Suite des carrés des nombres (1 – 4 – 9 – 16, etc.)

Consacrez toujours plus de temps à chercher des logiques simples avant d'envisager les cas les plus subtils. Développez une certaine intuition, en constatant notamment que les suites géométriques progressent beaucoup plus vite que les suites arithmétiques et qu'on y trouve donc de plus grandes valeurs.

b. Séries alphabétiques

Les séries de lettres suivent les mêmes principes que les séries de chiffres. Seul le matériau change. Les tests de lettres s'appuient sur le rang des lettres dans l'alphabet.

Exemple

B – D – F – H– ?

Dans cet exemple l'ordre des lettres progresse dans l'alphabet. La raison est +2 (une lettre intermédiaire). La solution est **J**.

Pour vous aider, voici un tableau d'équivalence lettres/nombres selon les rangs croissants et décroissants.

A	B	C	D	E	F	G	H	I	J	K	L	M
1	2	3	4	**5**	6	7	8	9	**10**	11	12	13
26	25	24	23	**22**	21	20	19	18	**17**	16	15	14

N	O	P	Q	R	S	T	U	V	W	X	Y	Z
14	**15**	16	17	18	19	**20**	21	22	23	24	25	26
13	**12**	11	10	9	8	**7**	6	5	4	3	2	1

Il est recommandé d'avoir rapidement des points de repère pour gagner du temps (ex. : E ⟶ 5e lettre, J ⟶ 10e, O ⟶ 15e, T ⟶ 20e). Sachez également que la somme des rangs croissants et décroissants est toujours 27 ; donc si vous savez que O est la 15e lettre en ordre croissant, vous savez que c'est la $27 - 15 = 12^{e}$ lettre en ordre décroissant.

Les logiques que vous allez rencontrer sont les mêmes que pour les séries numériques. Toutefois il y a quelques spécificités utiles à connaître :

- Séries de voyelles ou des consonnes (AEIOUY ou BCDF, etc.)
- Association des lettres de même rang suivant que l'on part du début ou de la fin de l'alphabet (AZ – BY – CX, etc.)
- Séries des initiales des jours de la semaine (LMMJVSD), des mois (JFMAMJJASOND), des signes du zodiaque (BTGCLVBSSCVP)
- Séries des initiales des chiffres (UDTQCS, etc. pour Un, Deux, Trois, Quatre, Cinq, Six, etc.)

c. Séries alphanumériques

Il peut arriver que les deux types de séries se trouvent mélangés. Cela ne comporte pas de difficulté supplémentaire, si ce n'est la diversité des matériaux.

Exemple

A1 – D4 – L12 – M ?

Dans cet exemple les lettres ne forment pas une série régulière mais les chiffres qui leur sont associés représentent leur rang dans l'alphabet (A est la 1re lettre, D est la 4e, etc.). La solution est **13**.

Pensez à associer soit les éléments de même nature entre eux (chiffres avec chiffres, lettres avec lettres), soit, plus souvent, à les associer de façon mixte (chiffres avec lettres).

Là encore, les logiques que vous allez rencontrer sont les mêmes que pour les séries précédentes. Notons quelques cas intéressants toutefois :

- Les associations des initiales (ou des finales) de mots au rang de ces initiales (Albert 1 – Brice 2 – Claude 3, etc. car *Albert* commence par un A, la 1re lettre de l'alphabet, etc.)
- Les associations d'un nom à son nombre de lettres, de voyelles ou de consonnes (PIERRE = 3, JEAN = 2 car *Pierre* compte 3 voyelles et *Jean* en compte 2)
- Les associations des initiales des mots qui désignent les chiffres à ces chiffres (U1 – D2 – T3 – Q4, etc. car *Un* commence par un U, *Deux* commence par un D, etc.)
- Les associations des chiffres ou nombres arabes aux chiffres romains (II 2 – X 10 – XII 12, etc.)

REMARQUE

Voici la liste des chiffres romains pour rappel.

I = 1, X = 10, L = 50, C = 100, D = 500, M = 1 000.

Rappelons qu'il est interdit de mettre plus de trois fois le même signe. Pour écrire 4 on fonctionne par retenue en écrivant IV soit « 1 de moins que 5 ».

d. Séries numériques et/ou alphabétiques sous forme de tableau

Il peut arriver que ces séries soient présentées dans un tableau comportant chiffres, lettres et/ou symboles divers. Il faut le compléter en déterminant quelle est la régularité d'agencement de ces éléments. Tout le problème est d'identifier dans quel sens la série est disposée (en ligne, colonne, diagonale, étoile, cercle).

Exemple

2	3	6
4	11	7
5	8	?

Dans cet exemple, on constate que la valeur centrale est la plus grande. Elle est obtenue par addition des valeurs opposées d'une même ligne (3 + 8 ou 4 + 7 ou d'une diagonale 5 + 6). La solution est 11 – 2 = **9**.

Les logiques déjà vues se retrouvent, mais on rencontrera davantage de phénomènes de symétrie ou de répartition (comme dans les matrices).

Exemple

A	12	9	G
9	G	A	12
G	9	?	A

Dans cet exemple, des lettres et des chiffres sont présents. C'est une logique par répartition car on constate que sur chaque ligne les mêmes éléments reviennent (A, 12, 9, G). La solution est donc **12**.

2. Les séries à support graphique

Il s'agit, dans ces exercices, de savoir retrouver des logiques numériques dans des séries de symboles graphiques.

Ces symboles peuvent être variés. Mais trois sont particulièrement fréquents :

- ceux dans lesquels on trouve des nombres autour et/ou à l'intérieur de figures géométriques simples ;
- les dominos ;
- les cartes à jouer.

Votre démarche doit être à peu près identique pour toutes ces séries. Dès lors qu'il y a du graphique dans une série, il faut respecter la règle d'or énoncée plus haut que nous allons détailler maintenant :

RÈGLE D'OR

- Toujours commencer par le **visuel** en cherchant les symétries, les répétitions, les suites simples ; pensez que si vous trouvez ainsi, vous pouvez gagner de précieuses secondes utiles pour des séries plus complexes.
- Ensuite chercher par des **logiques numériques simples** (addition, soustraction par un nombre constant).
- Enfin chercher par des **logiques plus complexes** (multiplication ou soustraction, enchaînement sans une raison constante, moyenne des valeurs, combinaison de plusieurs opérations).

a. Séries à support graphique divers

Dans ces exercices, il faut comprendre la relation qui existe entre des éléments disposés dans un objet graphique ou autour de lui. Dans ce type d'exercice, la maîtrise des opérations fondamentales est essentielle, mais aussi l'adaptation à des logiques très variées.

Exemple

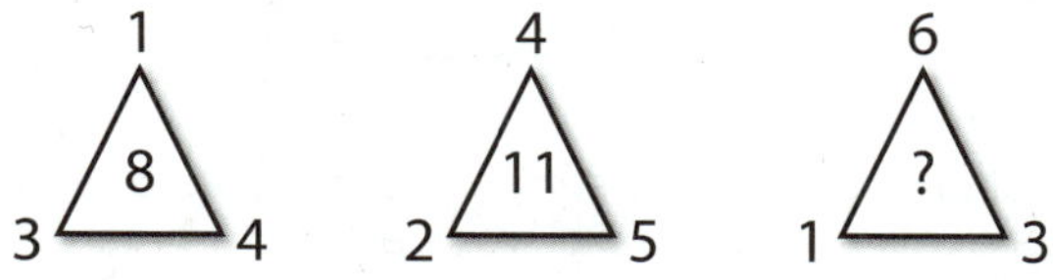

Dans cet exemple, les deux séries qui servent de modèle nous montrent que la valeur centrale est obtenue par addition des valeurs marginales. Il faut donc calculer 6 + 3 + 1 pour obtenir la réponse. La solution est **10**.

REMARQUE

Vous rencontrerez les séries de nombres dans des triangles le plus souvent. Mais s'ils sont dans des carrés, des ronds ou d'autres formes, cela ne change guère la logique.

b. Dominos

Les dominos sont un grand classique des tests. Ils ne sont pas toujours présents, mais il ne faut jamais les négliger.

Si nous les plaçons dans cette partie, c'est parce que ce sont des séries numériques. Leur particularité est qu'il n'y a que 7 valeurs allant de 0 à 6. Mais malgré leurs (seulement) 7 valeurs, les dominos peuvent former de grandes séries parce qu'elles peuvent être recommencées à l'infini. Lorsqu'une série arrive par exemple à 6, elle peut continuer à 0 puis 1 et ainsi de suite. De même si elle progresse de 2 en 2, elle formera, par exemple, la suite de valeurs suivantes : 1 – 3 – 5 – 0 – 2 – 4 – 6 – 1 et on retrouve les mêmes valeurs qu'au début.

Il faut toutefois bien admettre que le nombre de valeurs limite les possibilités numériques. Avec les dominos, il est moins possible de faire des multiplications ou des divisions (mais il n'est pas rare de rencontrer des additions ou des soustractions). C'est l'agencement des séries et des dominos qui peut représenter une réelle difficulté.

Exemple

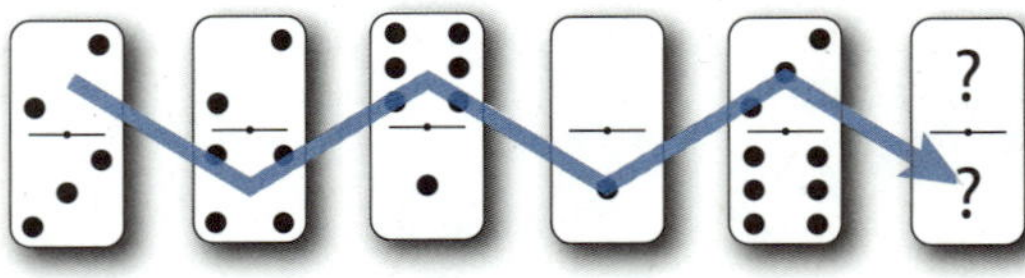

Dans cette série, la disposition laisserait penser à un sens de lecture linéaire ; mais cela ne donne rien. Le bon sens de lecture est en zigzag. Cela donne deux séries :

- Celle qui commence par le 2 du 1er domino : 2 – 4 – 6 – 1 – 3. Cette série progresse de 2 en 2 et sa solution est **5**.
- Et celle qui commence par le 3 du 1er domino : 3 – 2 – 1 – 0 – 6. Cette série régresse de 1 en 1 et sa solution est **5**.

La solution est **5 en haut et 5 en bas**.

Parmi les dispositions, c'est l'une des plus caractéristiques. Mais dans notre exemple les dominos étaient alignés simplement. S'ils avaient été positionnés différemment, cette série aurait pu être encore plus difficile.

Exemple

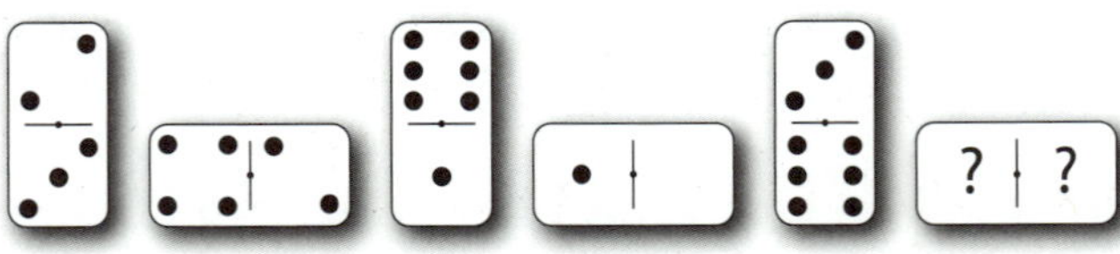

Cet exemple montre bien que la même série peut être plus difficile si elle est disposée autrement. Par conséquent, sachez ne pas vous arrêter à la facilité du sens de lecture naturel (ordre où les éléments se présentent) et retrouver une série simple malgré la disposition parfois alambiquée.

c. Cartes à jouer

Sur le même principe que les dominos, les cartes à jouer permettent de faire des séries numériques. Ces séries se présentent sous la forme d'une suite de cartes dans laquelle l'une d'elle (parfois plusieurs) est retournée et qu'il faut identifier logiquement.

Ces séries vont de 1 (as) à 10 ou plus rarement à 13 avec les figures. Le plus souvent, ces séries ne sont pas infinies et on revient donc rarement au point de départ après une 1re série complète. Mais si cela devait arriver, il faudrait passer directement de la carte 10 à 1 (pas de 0 comme dans les dominos).

En plus de l'identification des valeurs, il faut trouver les familles (pique, cœur, carreau, trèfle). Souvent les deux informations sont liées ; en trouvant la famille de la carte manquante on trouve sa valeur ou inversement. Parfois ces informations sont sans rapport et la difficulté est alors supérieure.

D'une façon générale, les candidats trouvent les exercices sur les cartes à jouer plus faciles que les autres, sans doute parce que nous sommes tous habitués à de tels matériaux.

Parmi les logiques les plus courantes, vous trouverez :

- des séries (de raison + 1 ou – 1, + 2 ou – 2, etc.) ;
- des opérations (c'est beaucoup plus fréquent que pour les dominos) ;
- des matrices (une série complète sert de modèle pour une autre série).

Exemple d'opération

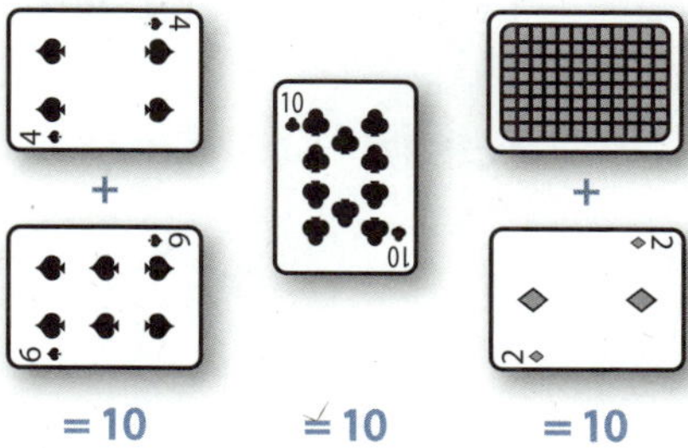

Chaque colonne a une somme égale à 10. Il faut donc calculer 10 – 2 pour obtenir la valeur de la carte retournée. Concernant sa famille, nous voyons que les cartes d'une même colonne sont de la même famille ; il faut appliquer ce principe à la 3e colonne. La solution est **8 de carreau**.

Exemple de matrice

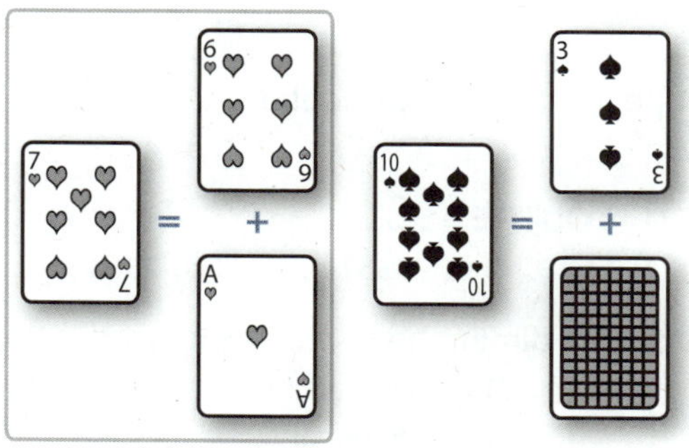

Ici nous voyons deux groupes de cartes avec la même famille à chaque fois : cœur puis pique. La carte retournée sera donc du pique. Ensuite nous constatons que la série des cœurs sert de matrice (encadrée) : le 7 de cœur est égal à 6 + 1 de cœur, soit la 2e colonne. Selon ce principe la dernière carte doit être 10 – 3 soit 7. La solution est **7 de pique**.

Entraînement

Exercice 1 : *Complétez les séries suivantes.*

1. 1 – 4 – 7 – 10 –......

❒ **a.** 11 ❒ **b.** 13 ❒ **c.** 14 ❒ **d.** 15 ❒ **e.** 17

2. 2 – 4 – 8 – 16 – ......

❒ **a.** 24 ❒ **b.** 26 ❒ **c.** 32 ❒ **d.** 20 ❒ **e.** 48

3. 44 – 42 – ...... – 38 – 36

❒ **a.** 40 ❒ **b.** 38 ❒ **c.** 44 ❒ **d.** 42 ❒ **e.** 41

4. 12 – 13 – 15 – 18 – ......

❒ **a.** 19 ❒ **b.** 20 ❒ **c.** 21 ❒ **d.** 22 ❒ **e.** 23

5. 23 – 32 – 32 – ...... – 41 – 50

❒ **a.** 35 ❒ **b.** 41 ❒ **c.** 32 ❒ **d.** 39 ❒ **e.** 36

6. 347 – 447 – ...... – 647

❒ **a.** 100 ❒ **b.** 487 ❒ **c.** 537 ❒ **d.** 517 ❒ **e.** 547

7. A – C – E – ......

❒ **a.** F ❒ **b.** 7 ❒ **c.** J ❒ **d.** G ❒ **e.** H

8. B – F – ...... – N – R

❒ **a.** J ❒ **b.** L ❒ **c.** I ❒ **d.** H ❒ **e.** M

9. E – F – I – N – ......

❒ **a.** P ❒ **b.** R ❒ **c.** S ❒ **d.** U ❒ **e.** T

10. 4 – 6 – 12 – 14 – ...... – 30

❒ **a.** 18 ❒ **b.** 16 ❒ **c.** 28 ❒ **d.** 26 ❒ **e.** 29

11. D(2) – T(3) – Q(4) – ...... (5)

❒ **a.** B ❒ **b.** E ❒ **c.** C ❒ **d.** N ❒ **e.** R

12. gyrophare 4 – groupe 3 – pull 1 – hirondelle ......

❒ **a.** 1 ❒ **b.** 2 ❒ **c.** 3 ❒ **d.** 4 ❒ **e.** 10

13. Si ROTULE = 435621, LOUTRE = ...

❒ **a.** 46512 ❒ **b.** 236541 ❒ **c.** 263514 ❒ **d.** 236451 ❒ **e.** 362415

14. mardi – 2 – vendredi – 1 – dimanche – ...... – mercredi – 3 – ......

❒ **a.** 1/jeudi ❒ **c.** 3/dimanche ❒ **e.** 2/dimanche

❒ **b.** 2/mardi ❒ **d.** 2/samedi

15.

9	12	21
6	5	11
15	17	?

16.

K	3	J	8
J	8	K	3
3	K	8	?

17.

B	D	F
E	C	H
L	I	?

18.

1	1	2	4
3	9	4	16
5	25	6	?

19.

A	3	G
M	5	R
L	8	?

20.

7	2	3	XII
1	13	10	?
8	32	5	XLV
S	Q	?	LXXXI

Exercice 2 *: Complétez les séries suivantes.*

1.

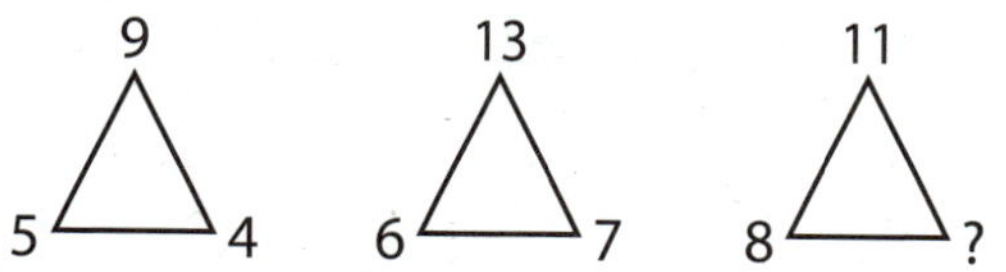

2.

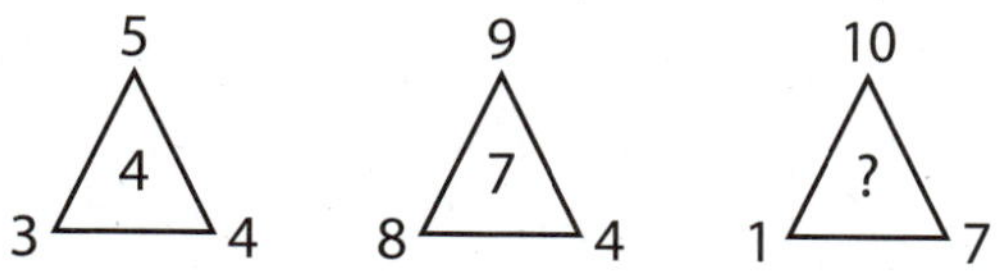

3.

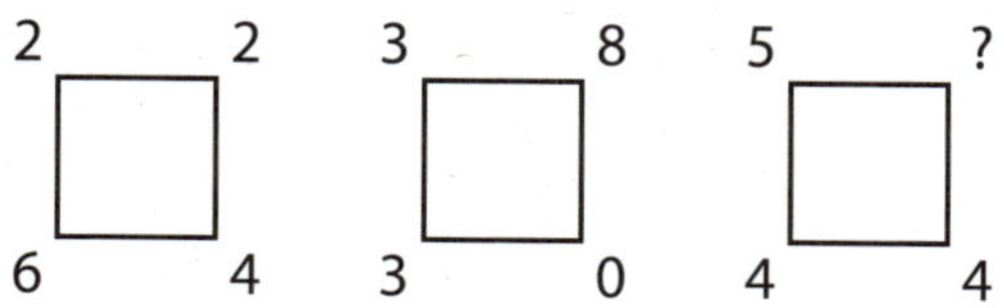

4.

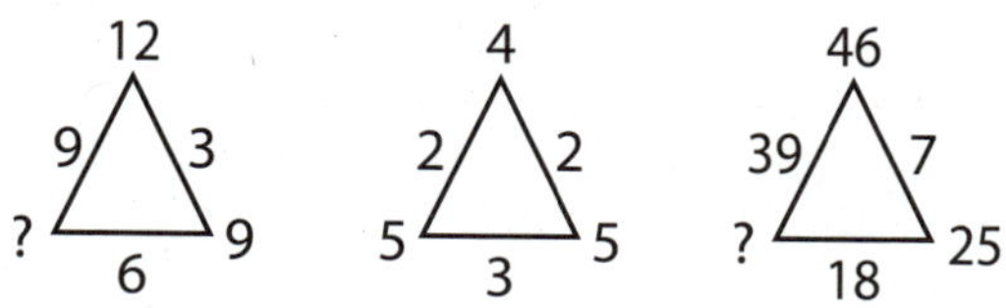

5.

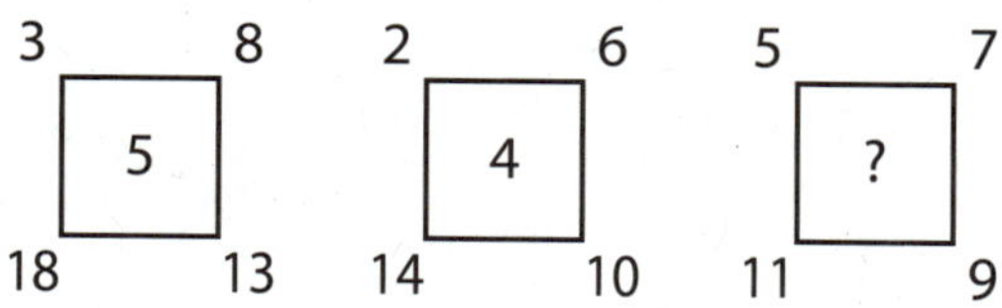

6.

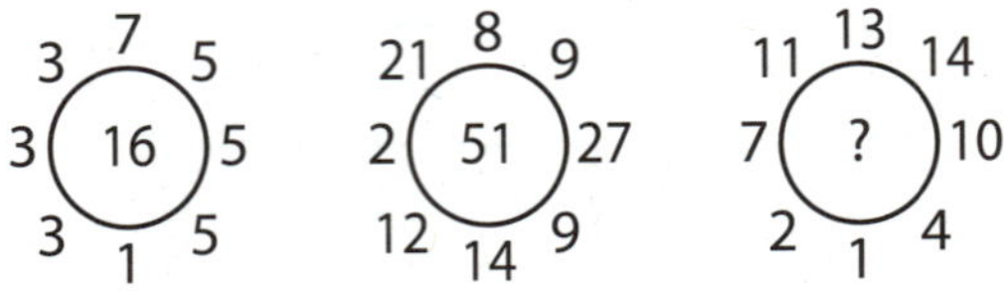

7.

8.

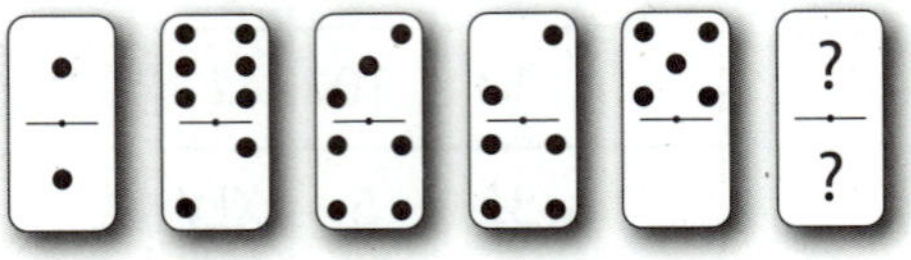

9.

10.

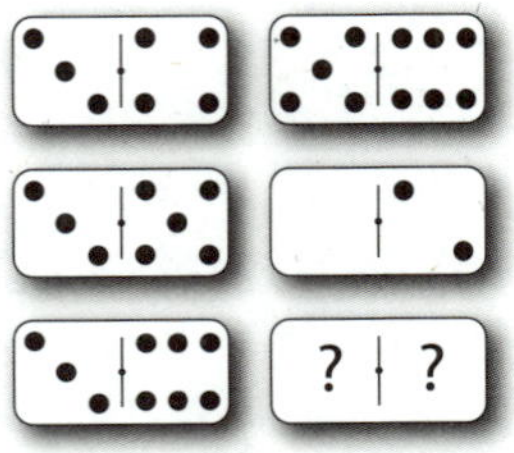

11.

12.

13.

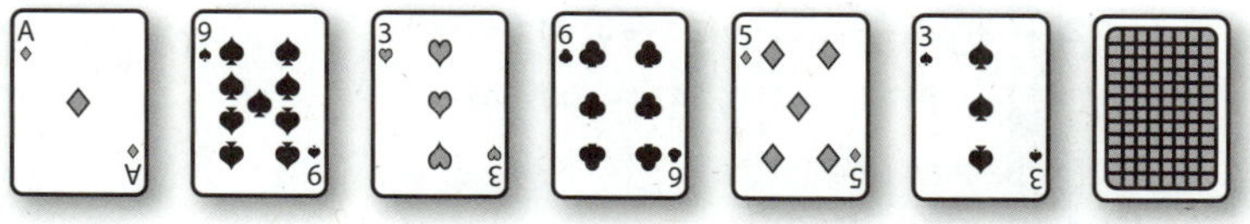

14.

15.

16.

Corrigé

Exercice 1

1. b. +3	1 (+ 3) 4 (+ 3) 7 (+ 3) 10 (+ 3) **13**
2. c. ×2	2 (× 2) 4 (× 2) 8 (× 2) 16 (× 2) **32**
3. a. −2	44 (−2) 42 (−2) **40** (−2) 38 (−2) 36
4. d. +1, +2, +3, +4	12 (+ 1) 13 (+ 2) 15 (+ 3) 18 (+ 4) **22**

5. b. +9, +0 23 (+ 9) 32 (+ 0) 32 (+ 9) **41** (+ 0) 41 (+ 9) 50

6. e. +100 347 (+ 100) 447 (+ 100) **547** (+ 100) 647

7. d. +2 (= passer une lettre)
A (B) C (D) E (F) **G**

8. a. +4 B (CDE) F (GHI) **J** (KLM) N (OPQ) R

9. d. +1, +3, +5, +7 E (-) F (GH) I (JKLM) N (OPQRST) **U**

10. c. +2, ×2 4 (+ 2) 6 (× 2) 12 (+ 2) 14 (× 2) **28** (+ 2) 30

11. c. Chaque chiffre est précédé de l'initiale du mot qui lui correspond (U pour Un, D pour Deux, etc.)

12. d. Association des noms à leur nombre de voyelles. *Hirondelle* compte 4 voyelles. Attention : l'*y* est une voyelle.

13. b. Chaque lettre a été remplacée par un chiffre : R = 4, O = 3, T = 5, U = 6, L = 2 et E = 1. Donc LOUTRE = 236541.

14. e. Le chiffre indique le nombre de jours entre les deux jours indiqués ; ainsi entre mardi et vendredi, il y a mercredi et jeudi soit 2 jours. Or, entre dimanche et mercredi il y a 2 jours (lundi et mardi) et si après mercredi on passe 3 jours, soit jeudi, vendredi et samedi, on arrive à dimanche.

15. 32. *Opération*. Addition des valeurs en ligne ou en colonne. Les valeurs à droite sont obtenues par la somme des valeurs de leur rangée et les valeurs du bas sont obtenues en faisant la somme des valeurs de leur colonne.

16. J. *Répartition*. Sur chaque rangée, on retrouve les mêmes éléments disposés différemment : les lettres K et J et les chiffres 3 et 8.

17. U. *Opération*. En rangée, si on additionne les valeurs qui correspondent au classement des lettres dans l'alphabet, on obtient la lettre de droite. Ainsi, B + D = 2^{e} + 4^{e} lettre = 6^{e} lettre = F. Or L est la 12e lettre (2 lettres après la lettre-repère J) et I est la 9e lettre ; donc 12 + 9 = 21. La 21e lettre de l'alphabet est U.

18. 36. *Opération*. Chaque chiffre est associé à son carré : 1 et son carré 1, 2 et 4, 3 et 9, 4 et 16, 5 et 25. Il manque le carré de 6, à savoir 36.

19. F. *Opération*. Le chiffre 5 central est la raison entre chaque valeur opposée (en ligne horizontale, verticale ou diagonale). Il faut donc calculer A + 5 = F.

20. XXIV et D. *Opération*. En ligne horizontale, la somme des chiffres arabes est indiquée en chiffres romains. Sur la 2e ligne, il faut donc calculer 1 + 13 + 10 = 24 puis l'écrire en chiffres romains (XXIV). En colonne, la somme des chiffres est représentée par l'initiale du mot. Ainsi pour la 1re colonne 7 + 1 + 8 = 16, or en écriture SEIZE commence par un S. En 3e colonne on trouve 18 qui s'écrit DIX-HUIT et commence donc par un D.

Exercice 2

1. 3 La valeur au sommet du triangle est obtenue par l'addition des valeurs de la base. Or 11 − 8 = 3.

2. 6 La valeur centrale est la moyenne des 3 valeurs extérieures au triangle. Ainsi dans le 1er triangle nous avons 5 + 3 + 4 = 12, or 12 ÷ 3 = 4. Pour le dernier carré la somme des valeurs est 18, or 18 ÷ 3 = 6.

3. 1 La somme des 4 valeurs autour d'un carré est toujours 14. Dans le dernier carré, il manque 14 − (5 + 4 + 4) = 1.

4. 15 et 57 Il fallait bien voir que deux réponses étaient attendues. Dans chaque triangle, la valeur située à la pointe d'un angle est obtenue par addition des deux valeurs les plus proches. Ainsi le 12 en haut du 1er triangle est obtenu en faisant 9 + 3.

5. 2 La valeur au centre du carré correspond à l'écart (la raison) entre chaque valeur en partant de la plus petite (toujours située en haut à gauche). Dans la 3e figure, l'écart entre les valeurs est 2.

6. 31 La valeur centrale du cercle est obtenue par addition des 4 valeurs en croix (croix droite ou croix penchée à 45°). Ainsi dans le 2e cercle, $8+27+14+2=51$ et $9+9+12+21=51$. La symétrie des 3 et des 5 dans la 1re série est une fausse piste.

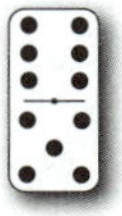

7. *Série en ligne*.

Ligne du haut : suite croissante de raison +1.

Ligne du bas : suite croissante de raison +2 (on passe à chaque fois une valeur).

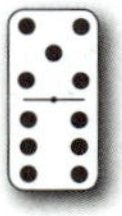

8. *Série en zigzag*.

La 1re série (qui part du 1 en haut du 1er domino) est une suite croissante de raison +1.

La 2de série est une suite décroissante de raison −2.

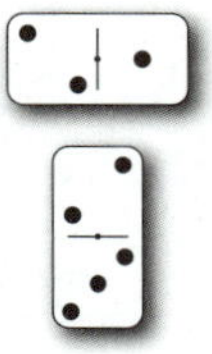

9. *Série avec symétrie + série en ligne*.

C'est l'exemple parfait qui illustre la règle d'or de la priorité au visuel. Au 1er coup d'œil, on doit voir que les dominos de la 1re ligne et ceux de la dernière ligne sont symétriques selon un axe horizontal. Pour le point d'interrogation le plus bas, la réponse est donc 3.

Pour la ligne centrale, elle ne joue pas de rôle dans la symétrie et constitue une petite suite de raison −1(2 − 1 − 0 − 6). La réponse est donc 1.

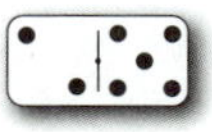

10. *Série en ligne (ou en colonne)*.

Sur la 1re ligne, nous voyons une suite de raison +1.

Sur la 2e ligne, une suite de raison +2.

Sur la 3e ligne, une suite de raison +3.

11. *Série circulaire (sens horaire) en prenant 1 domino sur 2*.

La 1re série commence à l'intérieur du cercle en partant de la valeur 4 du domino le plus haut. En prenant un domino sur deux, on voit 4 − 3 − 2 − 1 soit une suite de raison −1. La partie extérieure de cette série (extérieur du cercle) propose la suite 1 − 3 − 5 − 0 soit une série de raison +2.

La 2de série fonctionne selon le même agencement. On commence par le domino 1/5 en haut à droite. À l'intérieur on observe la suite 5 − 6 − 0 et le suivant sera 1 (raison +1) ; à l'extérieur on voit la suite 1 − 2 − 3 et le suivant sera 4 (raison +1).

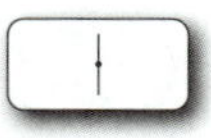

12. *Série d'opérations.*

C'est rare, mais il ne faut pas négliger cette possibilité.

Dans cette série, 3 opérations sont présentées en ligne. La 4e valeur de chaque ligne horizontale est obtenue par addition des 3 autres valeurs. Ainsi ligne 1 : $1+4+1=6$. Dans la dernière ligne, il ne manque pas de valeur. Il faut donc le domino 0/0.

13. 7 de cœur. ***Série en ligne***. En associant les familles de mêmes couleurs (carreau avec cœur et pique avec trèfle) on découvre deux séries : celle des « rouges » composée de la suite des chiffres impairs (1 − 3 − 5) et celle des noirs composée de la suite 9 − 6 − 3 de raison −3. Il faut poursuivre la 1re série par un 7. Concernant la famille, chaque série alterne les deux familles.

14. 6 de cœur. ***Répartition***. On retrouve les mêmes cartes sur les deux rangées, mais elles sont disposées différemment.

15. 5 de pique. ***Opération avec matrice***. Dans la série matricielle (les 5 cartes de gauche) on constate que chacune des 3 lignes a la même somme, 8. Dans la 2e série, il manque 5 pour que la 3e ligne fasse 10. Concernant le choix de la famille, on constate que les 4 familles sont présentes sur la 1re ligne ; il en sera de même sur la 3e ligne.

16. 7 de trèfle. ***Opération***. La valeur ou la somme des cartes de chaque colonne progresse de 1. Ainsi la 1re colonne a un 8, la 2e fait 9, la 3e a un 10 et la 4e doit faire 11. Concernant la famille, chaque colonne a une famille différente et les cartes d'une même colonne ont la même famille.

Analogies 3

Une analogie est un rapport qui existe entre des éléments qui possèdent des caractéristiques communes.

Dans les tests psychotechniques, les analogies consistent à comprendre le lien qui existe entre deux éléments et à le reproduire entre deux autres dont le 1er vous est donné. La présentation classique des analogies est : « 1 est à 2 ce que 3 est à ... », 1 et 2 étant la matrice qui montre la logique et 3 étant le 1er élément d'une nouvelle relation à compléter.

Exemple

Voiture est à se déplacer ce que lit est à ...

❒ **a.** litre

❒ **b.** somnoler

❒ **c.** s'immobiliser

❒ **d.** réfléchir

❒ **e.** dormir

Dans cet exemple, on constate l'association d'un objet, *la voiture* à sa finalité, *se déplacer*. Cette relation logique étant établie, nous devons nous demander : « Quelle est la finalité d'un lit ? » Or, la réponse la plus précise est *dormir*. La solution est donc **e**.

Les supports des analogies peuvent être très variés. Généralement ces analogies sont verbales, mais elles peuvent aussi être graphiques.

Suivant les supports, les logiques rencontrées ne sont pas les mêmes.

1. Les analogies verbales

La plupart du temps, les rapports analogiques sont uniquement basés sur la logique (1er tableau), mais il arrive que les rapports soient aussi lexicaux, orthographiques ou grammaticaux (2e et 3e tableaux). Les tableaux qui suivent vous indiquent les rapports possibles ; lorsque vous cherchez une analogie allez toujours des logiques les plus courantes (1er tableau) aux plus rares (3e tableau).

a. Analogies de strict rapport logique

Types de rapports	Exemples
du tout à la partie (du contenant et de son contenu, d'un objet et de ses propriétés, d'un genre à son espèce, etc.)	*vélo est à roues ce que livre est à pages* *tasse est à café ce que bol est à lait* *chêne est à arbre ce que tulipe est à fleur*
de la cause à la conséquence ou de la conséquence à la cause	*lavé est à propre ce que sali est à sale*
de l'objet à l'utilisateur, au fabricant	*armoire est à ébéniste ce que maison est à maçon*
selon le nombre de lettres, de consonnes ou de voyelles	*chant est à cinq ce que papier est à six*

b. Analogies lexicales

Types de rapports	Exemples
mise en relation de synonymes	*loyal est à franc ce que lâche est à poltron*
mise en relation de d'antonymes	*vrai est à faux ce que chaud est à froid*
mise en relation de d'homonymes	*vis est à vice ce que mère est à maire*
mise en relation de paronymes	*vigie est à vigile ce que bruine est à brume*

c. Analogies orthographiques et grammaticales

Types de rapports	Exemples
selon les règles d'accord, l'orthographe	*vital est à vitaux ce que mal est à maux*
selon la catégorie grammaticale (un mot associé à sa nature, un nom à son adjectif, son adverbe, son verbe, etc.)	*chant est à nom ce que chanter est à verbe* *savoureux est à saveur ce que nerveux est à nervosité*

REMARQUE

Dans les exercices d'analogies verbales, il peut manquer deux des quatre termes et pas seulement un.

Exemple : *Lit est à ... ce que ... est à se déplacer.*

Dans ce cas, il faut bien étudier le rapport entre les mots présents (il s'agit d'un nom et d'un verbe, d'un objet et d'une action) et les propositions. Mais le principe n'est pas différent.

Précisons enfin que les analogies verbales ne se présentent pas toujours dans une phrase. On peut tout simplement vous proposer un couple de termes et vous demander quel autre couple a la même relation.

Exemple

Quel couple a le même rapport logique que le couple suivant ?

Pied – chaussure

❒ **a.** main – doigt

❒ **b.** main – gant

❒ **c.** oreille – entendre

❒ **d.** chaussette – coude

❒ **e.** manteau – chaleur

Une chaussure se met sur un pied ou couvre, protège un pied.

La réponse est donc **b**.

2. Les analogies graphiques

L'exercice est le même que pour les analogies verbales. Mais les logiques sont celles déjà vues dans les séries graphiques :

- *déplacement :* rotation du 2e objet par rapport au 1er objet ou déplacement de certains de ses éléments ;

- *transformation :* augmentation ou diminution du nombre d'éléments, changement de couleur, de forme de la figure ;
- *logique mixte :* déplacement et transformation.

Exemple

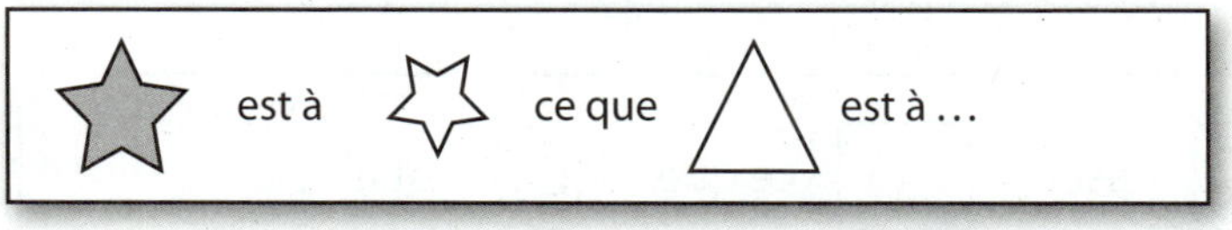

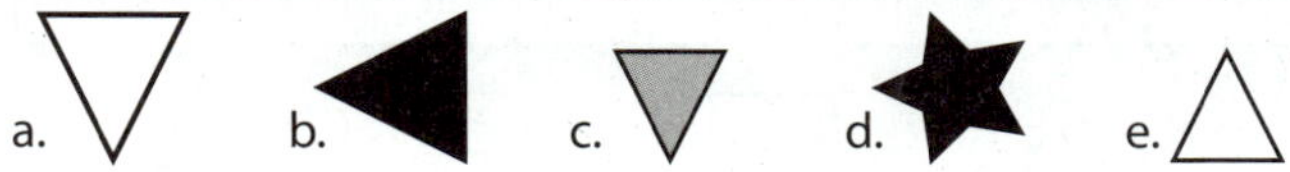

Dans cet exemple, les deux premières figures (les étoiles) servent de matrice. Observons-les d'abord. Pour passer de la 1re à la 2e, il a fallu changer de couleur, diminuer la taille et faire une rotation, sans doute d'un demi-tour (pas d'un quart de tour). À présent, considérons la 3e figure. Il faut qu'elle ne soit pas blanche (sans doute grise ou noire selon les propositions), qu'elle soit réduite et tournée à 180°. La solution est **c**.

Entraînement

Complétez les analogies suivantes.

1. Limité est à infini ce que facile est à ...

❒ **a.** complexe ❒ **b.** simple ❒ **c.** élémentaire
❒ **d.** fini ❒ **e.** rugueux

2. Nez est à pif ce que visage est à ...

❒ **a.** yeux ❒ **b.** bouche ❒ **c.** tête
❒ **d.** crâne ❒ **e.** gueule

3. Mistral est à tramontane ce que Pyrénées est à ...

❒ **a.** boréal ❒ **b.** Pic d'Aneto ❒ **c.** Europe
❒ **d.** Alpes ❒ **e.** Espagne

4. Quatre mille est à mille quatre ce que quatre-vingt est à ...

❒ **a.** quatre-vingt-quatre ❒ **b.** vingt-quatre ❒ **c.** vingt mille
❒ **d.** quatre-vingt mille ❒ **e.** quatre-quarts

5. Meunier est à ... ce que ... est à fenêtre.

❒ **a.** minoterie – huisserie ❒ **b.** farine – menuisier
❒ **c.** moulin – maison ❒ **d.** bonnet – volet
❒ **e.** meunière – fenêtrier

6. Feuille est à pierre ce que ... est à ...

❒ **a.** ciseaux est à pierre ❒ **b.** puits est à feuille
❒ **c.** ciseaux est à feuille ❒ **d.** pierre est à feuille
❒ **e.** feuille est à ciseaux

7. ... est à route ce que carton est à ...

❒ **a.** voie – papier ❒ **b.** itinéraire – rangement
❒ **c.** trajet – ruban adhésif ❒ **d.** troue – trocart
❒ **e.** bitume – emballage

8. Gonfler est à … ce que … est à entendre.

❒ **a.** grossir – vouloir
❒ **b.** éclater – écouter
❒ **c.** remplir – interpeller
❒ **d.** souffler – percevoir
❒ **e.** gonfleur – compris

9.

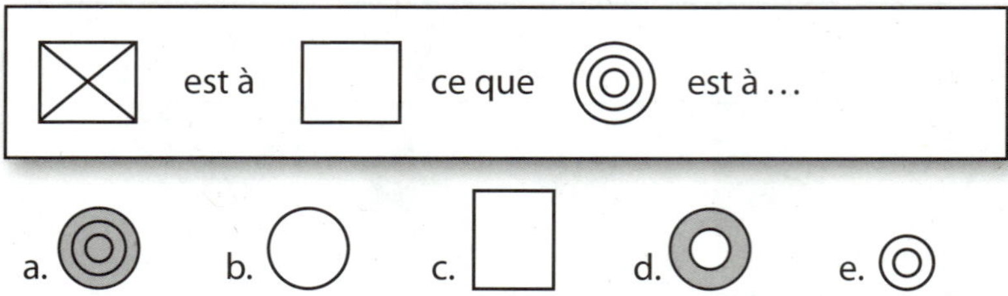

10.

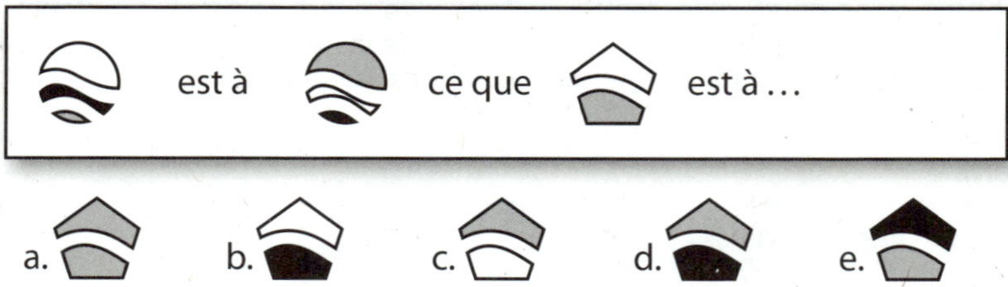

11.

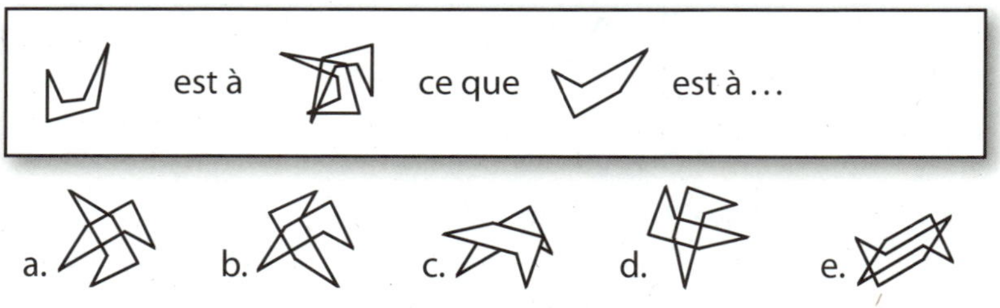

12.

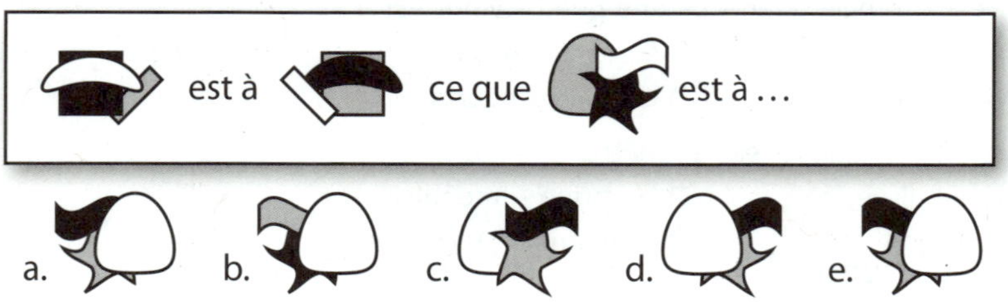

13.

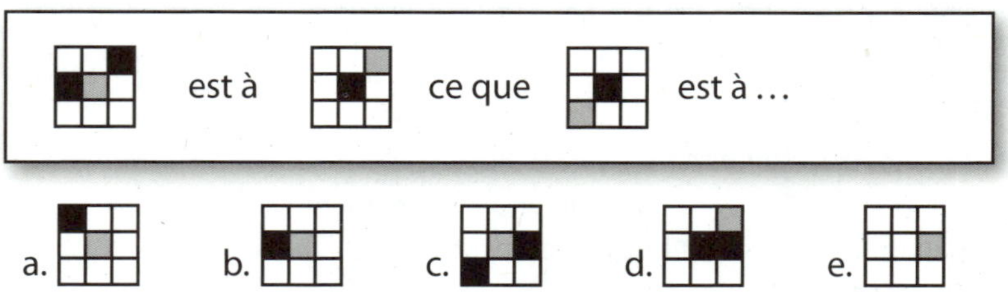

Corrigé

1. a. Association des contraires.

2. e. Association d'un mot et de son synonyme en langue familière.

3. d. Association d'élément de même nature (des vents puis des montagnes).

4. b. Association des contraires.

5. b. Association du métier à son produit. Huisserie : ouverture d'une maison.

6. c. Dans le célèbre jeu de mains, la feuille bat la pierre (en la recouvrant) et les ciseaux battent la feuille (en la coupant).

7. e. Association de la matière à l'objet. La proposition d. donnait une logique d'anagrammes (mots dans le désordre), mais *trocart* n'est pas l'anagramme de *carton*.

8. b. Association de la cause à l'effet.

9. b. La forme d'origine se vide sans autres changements.

10. d. Chaque couleur de la 1re figure change : blanc devient gris, noir devient blanc et gris devient noir.

11. a. La forme d'origine est doublée ; l'une des figures obtenue est la rotation de la figure d'origine à 90° à l'inverse du sens horaire et l'autre à 180°. Enfin les deux figures ne se cachent pas l'une l'autre.

12. e. Dans la matrice, chaque figure change de couleur, la blanche devient noire, la noire devient grise, la grise devient blanche. La figure au-dessus est toujours la blanche, puis vient la noire, enfin la grise. On constate enfin un effet miroir. Dans la série à compléter, le drapeau devient noir, l'étoile déformée devient grise et la figure arrondie devient blanche avec les changements de superpositions qui s'imposent. Le drapeau et l'étoile changent de côté et de sens. Attention à la figure a. où seul le sens du drapeau ne convient pas.

13. c. La forme d'origine est composée de carrés de couleurs qui se déplacent. Le carré noir de la 1re colonne suit sa rangée horizontale, le carré gris suit sa diagonale vers la droite et le dernier carré noir descend sa diagonale. Dans la figure 3 (celle qui commence la nouvelle série), il y a superposition de carrés noirs. À noter qu'il était possible de penser à une transformation des carrés noirs en carrés gris et inversement avec suppression d'un des carrés noirs, mais que la réponse aurait alors été un carré gris seul au centre, ce qui n'est pas proposé.

Sous-partie

2.2 Les ensembles

L'objectif des tests sur les ensembles est d'évaluer votre capacité de synthèse et d'observation mais aussi la pertinence de votre raisonnement. Vous constaterez qu'une des grandes difficultés de ces exercices est de confronter votre logique, parfois fantaisiste, à la logique d'un ensemble. Un ensemble est un groupe d'éléments qui possèdent certaines propriétés en commun. Il n'est donc plus question comme dans les séries de trouver la dynamique d'un changement ; les ensembles se fondent sur l'analyse d'une situation figée.

Dans cette partie, nous allons étudier divers tests qui dépendent de la logique des ensembles, à savoir :

- les ensembles proprement dits ;
- les intrus ;
- les carrés logiques ou Master Mind ;
- les syllogismes, les ensembles numériques et les opérateurs.

Ces tests sont très différents dans leurs supports, mais les logiques sont récurrentes.

Les ensembles

4

Tout comme dans les séries, il y a la même règle d'or dans les ensembles et les exercices qui leur sont associés : aller du plus simple au plus compliqué. Si vous partez immédiatement dans des logiques subtiles, vous risquez de trouver quelque chose de logique mais d'avoir faux car la logique attendue était plus simple et plus évidente. C'est donc à cette simplicité dans le raisonnement qu'il faut arriver. Vous devez sentir qu'une logique est la bonne parce qu'elle s'impose par son évidence, sa rigueur (elle n'élimine pas certains éléments gênants de l'ensemble) et sa simplicité.

Les exercices sur les **ensembles proprement dits**, utilisent presque exclusivement le support graphique. Les points communs entre les éléments d'un ensemble sont :

Les propriétés graphiques de ces éléments

- couleur ou nombre de couleurs ;
- taille ;
- figure fermée ou ouverte ;
- nombre de côtés ou d'angles ;
- forme à angles ou arrondie ;
- s'il y a des angles, angles obtus ou aigus.

Exemple

Quelle figure peut être intégrée dans l'ensemble encadré ?

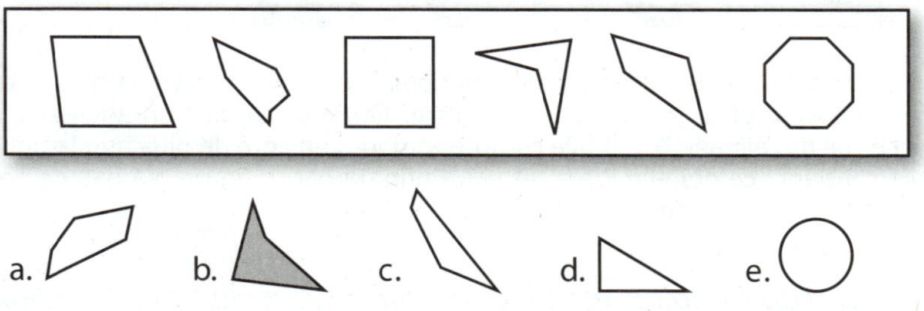

Dans cet exemple, l'ensemble est composé de figures blanches (ce qui élimine b.), ayant toutes des angles (ce qui élimine e.) ; ces figures possèdent toutes un nombre pair de côtés (4, 6 ou 8). Or seule la figure c. a un nombre pair de côtés (4). La réponse est **c**.

Le nombre des parties de ces éléments

Exemple

Quelle figure peut être intégrée dans l'ensemble encadré ?

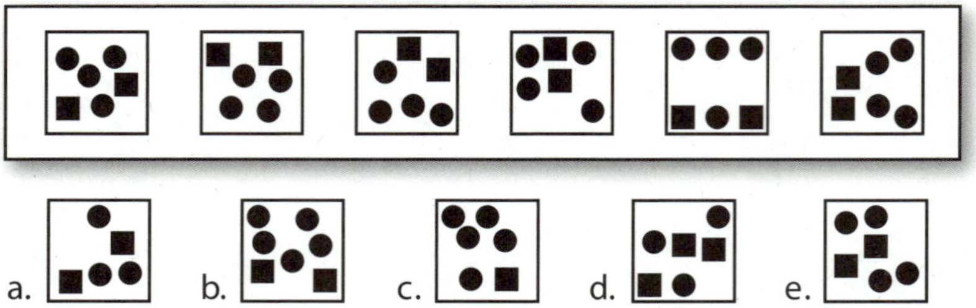

Dans l'ensemble, tous les carrés blancs contiennent 6 figures (ce qui élimine les propositions a. et b.), 2 carrés et 4 ronds. La réponse est **e**.

La relation entre les parties de ces éléments

- phénomène d'inclusion ou d'exclusion (un objet est placé dans un autre ou hors de lui) ;
- objets superposés, accolés ou éloignés ;
- s'ils se superposent, il faut voir les règles de cette superposition (formes ou couleurs au-dessus et en dessous) ;
- rotation ou effet miroir entre ces parties, symétrie.

Exemple

Quelle figure peut être intégrée dans l'ensemble encadré ?

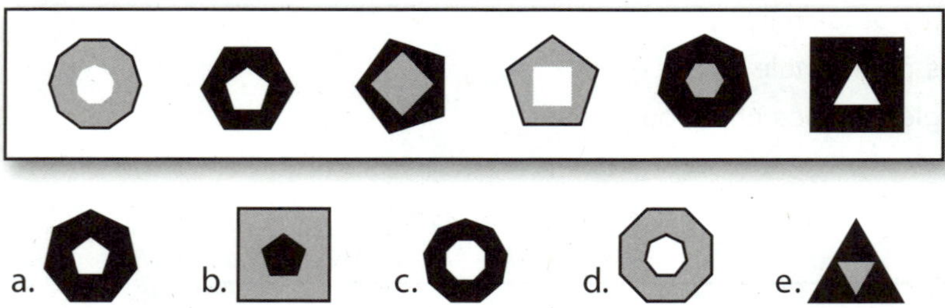

Dans l'ensemble proposé, tous les éléments sont composés de deux parties, la plus petite figure étant incluse dans la plus grande, en son centre. La figure la plus grande est toujours la plus foncée (ce qui élimine b.) et elle compte toujours un côté de plus que la figure plus petite qu'elle contient (ce qui élimine a. et e.). Enfin, la petite figure n'a pas de côté apparent (ce qui élimine d.). La réponse est donc **c**.

Les comparaisons d'ensembles graphiques ou catégories graphiques

Dans le cadre des ensembles graphiques, un exercice qui peut présenter une difficulté supplémentaire est celui-ci. Il s'agit d'analyser des informations fournies sur un certain nombre d'ensembles pour identifier à quelle catégorie d'ensembles il faut rattacher des éléments graphiques.

Cet exercice a deux variantes :

- une première dans laquelle les informations sur chaque ensemble sont distinctes (on nous donne d'abord des indications sur l'ensemble A puis B, etc.)
- une seconde dans laquelle ces informations sur chaque ensemble sont associées (on nous donne pour un groupe des informations sur A et B par exemple).

Ces deux variantes sont toutefois très proches.

Voici un exemple de la 1re variante pour vous présenter cet exercice.

Exemple

Les figures font chacune partie d'un ensemble A, B ou C.

Le cadre 1 contient 2 figures A et le cadre 2 en contient 3.

Le cadre 3 contient 3 figures B et le cadre 4 en contient 1.

Le cadre 5 contient 2 figures C et le cadre 6 en contient 2.

Identifiez l'ensemble auquel appartient chaque figure ci-dessous :

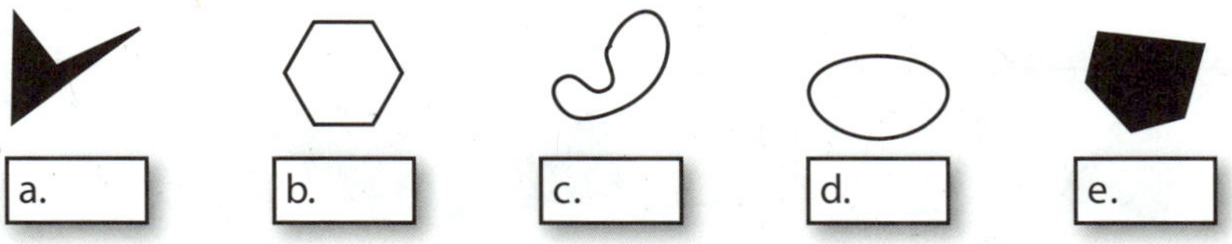

Dans cet exemple, nous avons une information sur un même ensemble par ligne.

- Considérons donc d'abord la *1re ligne*. Puisque « le cadre 1 contient 2 figures A », il peut s'agir soit des figures noires, soit des figures ayant plus de 4 côtés, soit les figures ayant 6 côtés. Il ne peut pas s'agir des figures arrondies, car il y en a 3. Le cadre 2 confirme deux hypothèses : celle des figures noires et celle des figures à 6 côtés. Il faut regarder les autres ensembles pour déterminer quelle est la bonne hypothèse.
- Considérons maintenant la *2e ligne*. « Le cadre 3 contient 3 figures B ». Il peut s'agir des figures arrondies ou non arrondies. « Le cadre 4 en contient 1 ». Or il y a bien une seule figure arrondie. Donc B désigne les figures arrondies. Cela ne nous a pas permis de résoudre le problème de l'ensemble A.
- Considérons à présent la *3e ligne*. « Le cadre 5 contient 2 figures C ». Il peut s'agir des figures noires, arrondies, à 6 côtés ou à plus de 5 côtés. Or « le cadre 6 en contient 2 », donc il peut s'agir des figures noires mais ni des figures arrondies (il y en a 3), ni à 6 côtés (il y en a 1) ou à plus de 5 côtés (il y en a 3). Donc C désigne les figures noires. Et A, les figures à 6 côtés.

La réponse est donc a. C / b. A / c. B / d. B / e. C.

Nous voyons par cet exemple que cet exercice est relativement long et réclame de bonnes capacités d'analyse pour formuler beaucoup d'hypothèses sur les ensembles. C'est cependant un exercice plutôt rare.

Entraînement

Quelle figure peut être intégrée dans l'ensemble encadré ?

1.

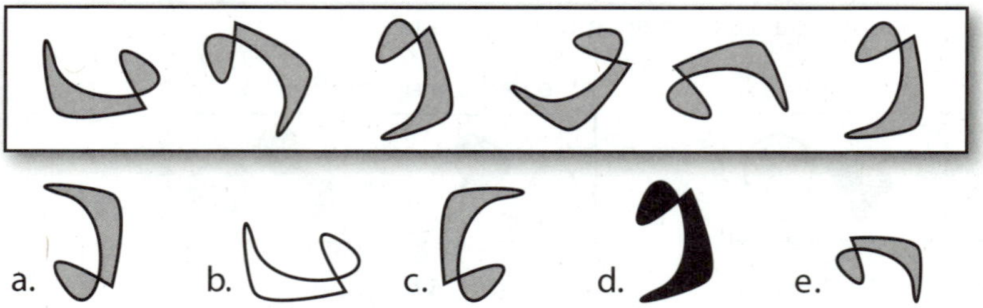

2.

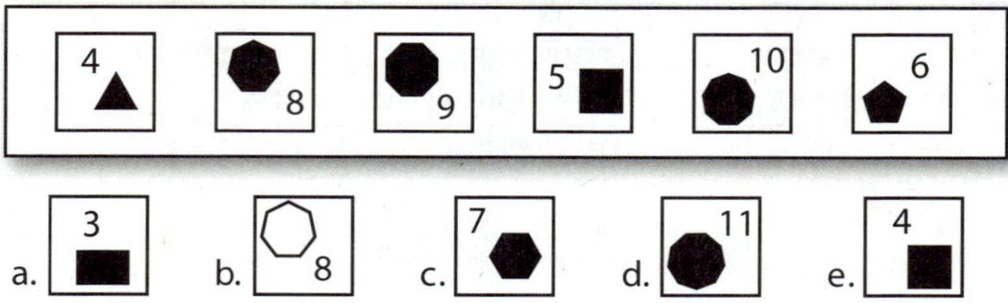

3.

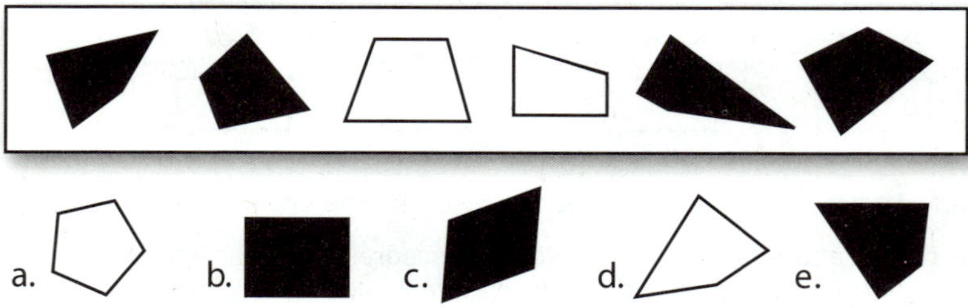

4.

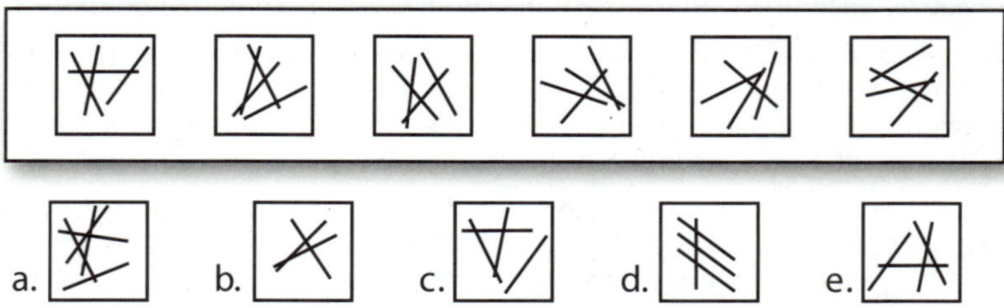

5.

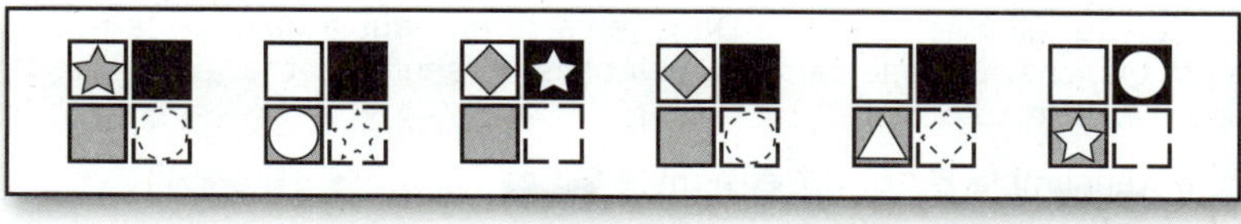

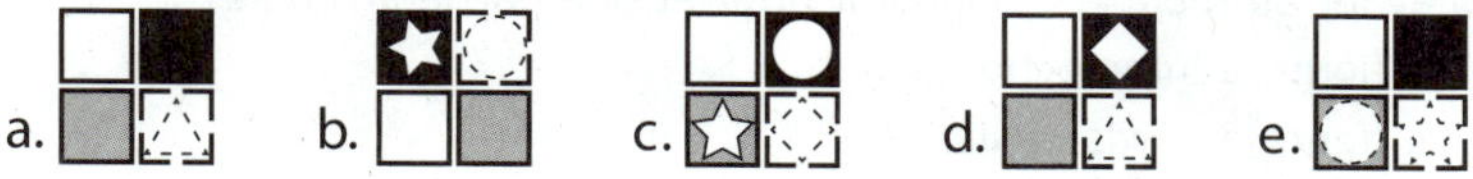

6. Les figures font chacune partie d'un ensemble A, B ou C.

Le cadre 1 contient 2 figures A

et le cadre 2 en contient 3.

Le cadre 3 contient 3 figures B

et le cadre 4 en contient 2.

Le cadre 5 contient 2 figures C

et le cadre 6 en contient 2.

Identifiez l'ensemble auquel appartient chaque figure ci-dessous :

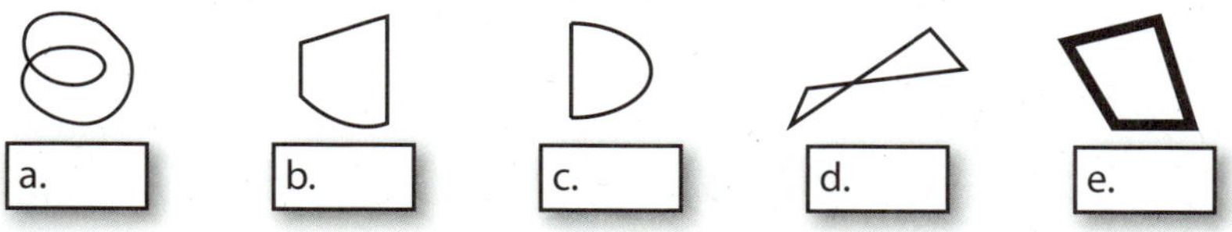

Corrigé

1. c. C'est exactement la même figure ayant subie une rotation. Les figures b. et d. sont d'une couleur différente, la a. est inversée (effet miroir) et la e. est plus petite.

2. c. La figure est noire et elle compte toujours un côté de moins que le nombre associé.

3. c. Dans l'ensemble, toutes les figures sont des quadrilatères (ce qui élimine a.). Les figures sont noires quand elles n'ont pas de segment à l'horizontale, et elles sont blanches dans le cas contraire. On aurait pu penser que les figures blanches sont celles qui ont des segments parallèles, mais alors on se retrouvait avec deux réponses, b. et c.

4. e. Dans chaque carré, on compte 4 segments (ce qui élimine a. et b.). Sur ces 4 segments, 3 sont sécants entre eux formant une figure fermée, un triangle (ce qui élimine d.) et le 4e segment est seulement sécant avec un autre segment (élimine c.).

5. d. Dans l'ensemble il y a toujours 1 carré blanc, 1 carré blanc aux bords en pointillés, 1 carré noir et un gris et ils ne bougent pas (ce qui élimine b.). Dans 2 de ces carrés, il y a toujours une figure (ce qui élimine a. et c.). Dans le carré en haut à gauche, la figure est grise, ailleurs elle est blanche. Dans le carré en pointillés, et seulement là, elle a des pointillés (ce qui élimine e.). Il reste d.

6. Ensemble A : b, c / ensemble B : a, d / ensemble C : e.

Ensemble A : figures ayant au moins un segment droit et une partie arrondie.

Ensemble B : forme ou figure à intersection(s).

Ensemble C : forme ou figure à bords épais.

Les formes à bords épais pouvaient être dans les 3 ensembles, mais pour les cadres 5 et 6 c'était le seul ensemble possible tant les formes étaient variées.

Les intrus

5

Poser une question sur l'intrus d'une série, c'est-à-dire l'élément qui n'a pas l'une des propriétés des autres éléments, c'est poser indirectement une question sur les ensembles. En effet, il n'est possible de déterminer quel élément est l'intrus qu'à condition de savoir d'abord quelles sont les caractéristiques communes à tous les autres éléments. Chercher l'intrus, c'est donc d'abord chercher des points communs et non des différences.

Les intrus peuvent être graphiques ou verbaux.

1. Intrus graphiques

On vous présente une série de symboles graphiques, et il faut identifier celui qui a une propriété qu'il est le seul à avoir. Dans la mesure où le plus souvent on ne vous demande d'identifier qu'un seul intrus, il suffit que deux éléments aient les mêmes propriétés pour que ce critère ne soit pas déterminant.

Exemple

Trouvez l'intrus.

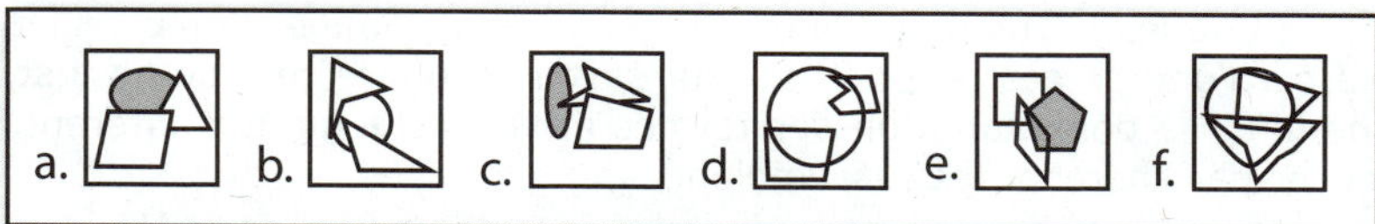

Dans cet exemple, relevons les points communs : il y a toujours 3 figures géométriques, elles se chevauchent toujours. Le nombre de côtés n'est pas discriminant ; il y a des triangles en a. et b. des quadrilatères partout, dont deux en c. et e. et des hexagones irréguliers en d. et f. Il y a toujours une figure arrondie et deux à angles, sauf en e. qui pourrait donc être la solution.

Vérifions l'hypothèse en cherchant d'autres logiques. La couleur n'est pas discriminante car 3 figures sont grises. Le type de superposition (avec ou sans transparence) non plus (il y a de la transparence aussi bien dans des figures avec des éléments transparents que dans des figures avec des éléments opaques). La solution est bien **e**.

Il peut arriver que l'on vous demande d'identifier deux intrus. Dans ce cas, il faut qu'un élément se retrouve au moins 3 fois dans la série pour qu'il ne s'agisse pas de l'intrus. Outre cela, les raisonnements sont les mêmes.

Exemple

Trouvez les deux intrus.

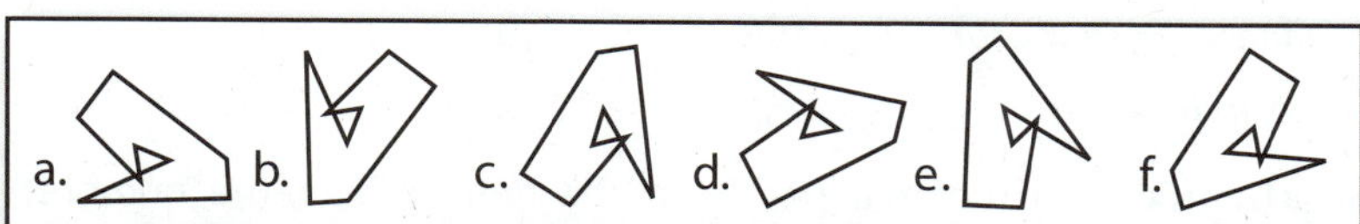

Composition
Aptitude pro
Anglais
Entretien psy
Entretien jury
EPG

Dans cet exemple, nous constatons qu'il s'agit toujours de la même figure. Le nombre de côtés ou la couleur ne changent pas. Mais cette figure tourne sur elle-même. Si nous cherchons à disposer de la même façon toutes les figures, nous nous rendons compte que ce n'est pas possible pour d. et f. car elles sont inversées. La réponse est **d.** et **f.**

Notons enfin la possibilité de dessins réalistes qui représentent des objets du quotidien, des personnages, etc. Dans ce cas, plus rare, les propriétés géométriques n'ont évidemment plus d'importance. Il faut surtout se concentrer sur la signification : est-ce un être vivant parmi des objets, y a-t-il une différence de matière, d'usage, de lieu, etc.

Exemple

Trouvez l'intrus.

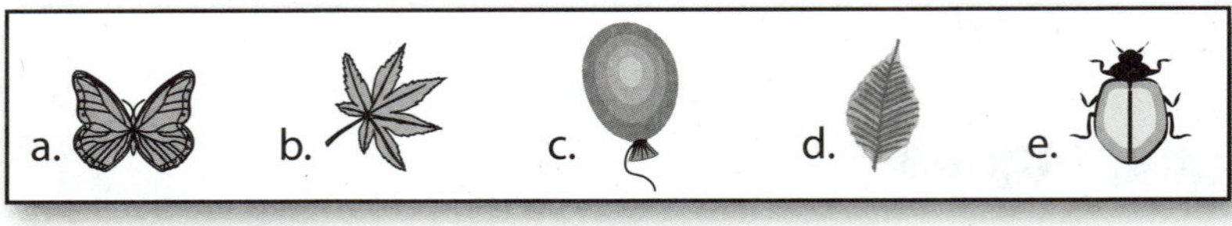

Cet exemple est assez classique. On y trouve deux éléments végétaux (des feuilles) et deux insectes. Il faut donc éliminer le ballon qui n'est pas vivant. La solution est **c**.

2. Intrus verbaux

Sur le même principe que les intrus graphiques, l'objectif est d'éliminer le mot qui diffère de l'ensemble par l'une de ses propriétés. Pour savoir résoudre ce type de test, il faut, là encore, identifier le point commun des termes et voir celui qui est différent. Il faut donc commencer par chercher les ressemblances.

Les intrus peuvent être classés selon les catégories suivantes (des plus courants au moins courants) :

- **Intrus sémantiques ou lexicaux :** un mot n'a pas le même sens, ou n'appartient pas au même domaine que les autres.

Exemple

Trouvez l'intrus : gentillesse, affabilité, orgueil, patience.

Le point commun entre ces mots est qu'ils expriment des qualités. L'intrus est celui qui n'exprime pas une qualité.

La solution est **orgueil**.

- **Intrus graphiques ou orthographiques** : un mot n'a pas les mêmes propriétés graphiques que les autres, ou il est mal orthographié.

Exemple

Trouvez l'intrus : erreur, courrir, terrasse, courrier.

Tous ces mots prennent *-rr* sauf *courir* qui prend *-r*.

La solution est **« courrir »**.

- **Intrus grammaticaux** : un mot n'a pas le même genre, le même nombre, la même nature que les autres.

Exemple

Trouvez l'intrus : Fermier, tourner, marchander, éternuer

Tous ces mots sont des verbes sauf *fermier*.

La solution est **fermier**.

- **Intrus de la conjugaison** : une forme verbale n'est pas issue du même radical que les autres, ou elle est fautive.

Exemple

Trouvez l'intrus : nous saurons, tu serais, ils surent, tu sus.

Toutes ces formes verbales appartiennent au verbe savoir sauf *tu serais*, forme du verbe *être* au conditionnel présent.

La solution est **tu serais**.

Entraînement

Exercice 1 : *Trouvez la figure intruse.*

1.

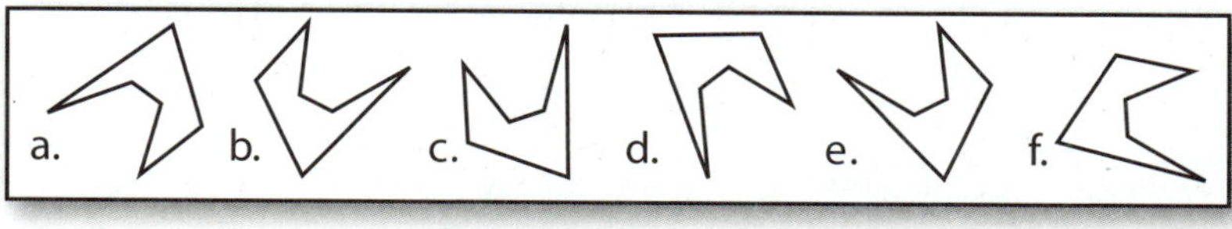

2.

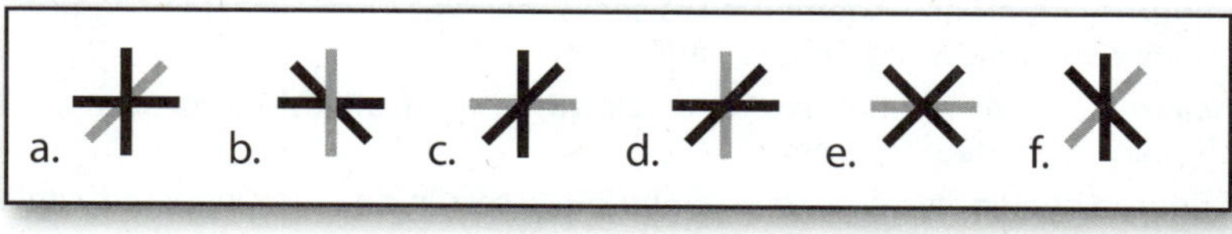

3.

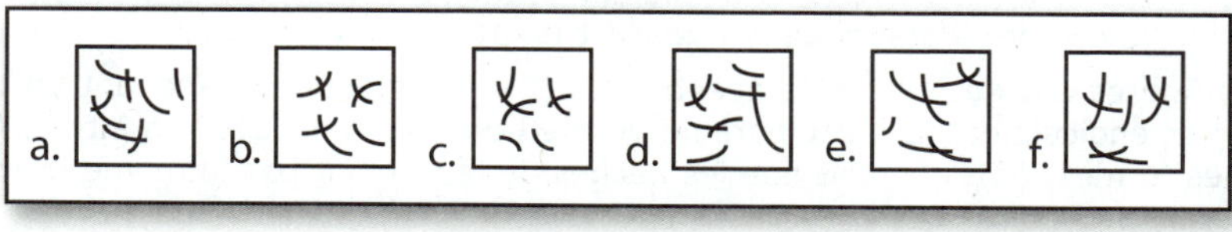

4.

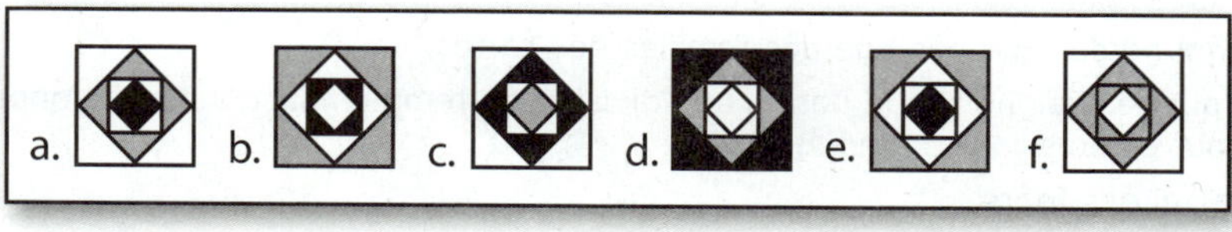

5.

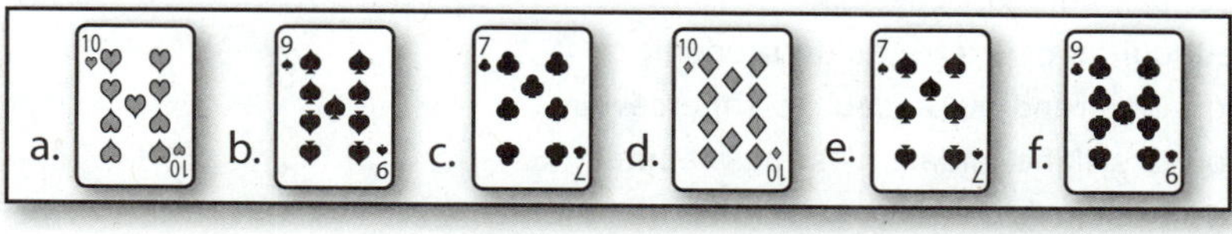

6.

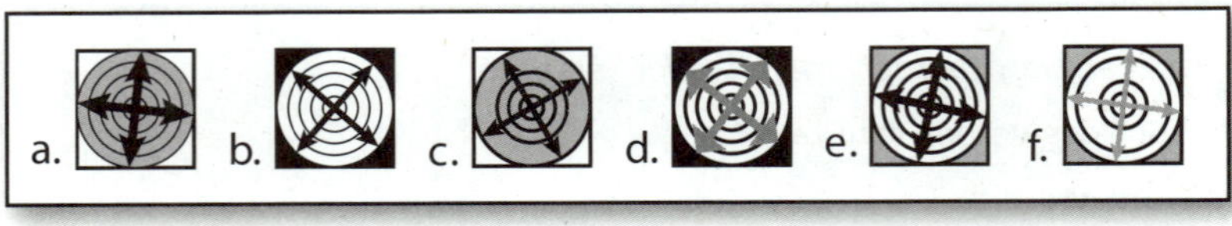

a. b. c. d. e. f.

Exercice 2 : *Trouvez l'intrus dans chaque série.*

	a.	b.	c.	d.
1.	❐ oncle	❐ sœur	❐ père	❐ cousin
2.	❐ cœur	❐ poumon	❐ pique	❐ carreau
3.	❐ mardi	❐ mai	❐ hiver	❐ saison
4.	❐ banane	❐ avocat	❐ haricot	❐ tomate
5.	❐ locomotion	❐ vélo	❐ car	❐ voiture
6.	❐ handball	❐ rugby	❐ hockey	❐ golf
7.	❐ pierre	❐ pauline	❐ marguerite	❐ olivier
8.	❐ apporter	❐ appercevoir	❐ applaudir	❐ appliquer
9.	❐ yoyo	❐ maya	❐ chouchou	❐ grigri
10.	❐ caverne	❐ citerne	❐ lanterne	❐ cerne

Corrigé

Exercice 1

1. e. Il s'agit toujours de la même figure, mais elle est inversée (effet miroir) en e.

2. b. Toutes les figures comptent 3 segments croisés, 2 noirs et 1 gris. Mais le segment gris est placé en dessous dans toutes les figures sauf en b.

3. c. Chaque encadré contient 7 ou 8 arcs de cercle (8 en a. et d.) et 3 arcs sécants. Mais en c. un arc est sécant avec deux autres.

4. f. Toutes les figures ont un carré et un losange ou 2 carrés ou 2 losanges en couleurs, l'un en gris et l'autre en noir, sauf le f.

5. a. Toutes les cartes vont par paire (même couleur et même valeur). Mais en a. la carte est incorrecte car elle compte 9 cœurs alors que c'est un 10.

6. d. Toutes les figures ont des cercles concentriques (5 cercles dont 1 manquant en c. et f.) et 2 flèches perpendiculaires. Les couleurs ne permettent pas de trouver un intrus. Mais si l'on regarde les formes, on s'aperçoit que les flèches de la d. n'ont pas la même forme.

Exercice 2

1. b. Seul nom qui désigne une personne de sexe féminin.

2. b. Seul mot qui ne désigne pas une des familles des cartes.

3. d. Seul nom qui ne désigne pas le nom d'une division du temps mais donne une appellation générale (tout comme *jour* ou *mois*).

4. c. Légume parmi des fruits.

5. a. Principe général parmi des éléments qui permettent la locomotion (le déplacement).

6. d. Le golf n'est pas un sport collectif.

7. b. C'est le seul qui ne peut être qu'un prénom.

8. b. Seul mot qui ne prend qu'un seul *-p* (apercevoir).

9. b. Seul mot où la syllabe initiale n'est pas répétée.

10. d. Seul mot masculin (un cerne) parmi des mots féminins.

Les carrés logiques ou Master Mind

6

Les carrés logiques ou Master Mind sont une épreuve de logique combinatoire sur des ensembles. Le candidat doit trouver une séquence de chiffres, de lettres ou de symboles graphiques à l'aide d'informations qui comparent des séquences données avec celle trouvée. Cet exercice est en lien avec les ensembles car tout comme dans les comparaisons d'ensembles graphiques, il faut que le candidat identifie la composition et l'ordre des éléments d'un ensemble à partir d'informations sur la relation entre cet ensemble à découvrir et d'autres ensembles proposés.

Dans la mesure où les logiques sont les mêmes quels que soient les symboles, nous les traiterons ensemble, à partir d'exemples utilisant les divers symboles possibles.

1. Présentation des carrés logiques

Le test se présente en 3 parties :

1. Le carré logique avec les séquences qui le composent,

2. Les informations marginales qui donnent les bases du raisonnement (chaque rangée est accompagnée d'informations issues d'une comparaison faite avec la solution ; ces informations nous disent combien de signes sont communs avec la bonne séquence, soit à la bonne place, soit à une autre place).

REMARQUE

Ces informations sont précises c'est-à-dire que s'il est écrit que deux signes sont à la mauvaise place, cela signifie qu'il n'y a aucun signe à la bonne place. D'autre part, ces informations sont toujours suffisantes pour trouver la réponse, quitte à utiliser la base*.

3. Les cases où le candidat doit inscrire sa réponse ou les propositions de réponses s'il y en a.

*** *Qu'est-ce que la base*** : Théoriquement une séquence de chiffre peut être composée de n'importe quel chiffre parmi les 10 possibles (pour les lettres, il s'agira de 26). Mais il arrive parfois qu'une base soit indiquée au début d'un exercice. Cette base indique que tous les signes de la séquence sont empruntés à cette base et qu'il ne peut y en avoir d'autres. Il est bon parfois d'utiliser cette base pour trouver la réponse.

Exemple

Base : **2 - 3 - 5 - 6 - 8 - 9**

2	**6**	**8**	1 chiffre commun à la bonne place	**Solution :**
3	**2**	**9**	1 chiffre commun à la bonne place	☐ ☐ ☐
8	**3**	**9**	1 chiffre commun à la bonne place	

Dans l'exemple, on peut barrer les deux **2**. Comme dans chaque séquence il n'y a qu'un seul chiffre bien placé, si le **2** était bien placé ligne 1, il devrait être indiqué qu'il y a un chiffre mal placé en ligne 2. Il en est de même pour **8** et **3**. Il reste le 6 en 1re ligne, et le 9 en 2e et 3e lignes. Et il nous manque une valeur pour la réponse. Il faut alors piocher dans la base le chiffre qui manque (et qui n'a pas été utilisé) : ici le **5**.

La solution est donc **569**.

2. Système de notation

Pour la clarté de votre analyse vous pouvez utiliser les codes suivants :

- si un signe est bien placé, il faut l'entourer ;
- si un signe est dans la réponse mais mal placé, il faut le souligner ;
- si un signe est dans la réponse mais qu'on ne sait pas s'il est bien ou mal placé, on met un point en dessous ;
- si un signe ne peut pas être dans la réponse, il faut le barrer.

Bien entendu, si on entoure un signe dans une séquence, il faut l'entourer dans toute autre séquence où il est à la même place et le souligner dans toute autre séquence où il est à une place différente.

De même si un signe est barré, il faut le barrer partout où il apparaît.

Enfin, on pourra remplacer « *chiffre* commun à la bonne place » par « BP » et « *chiffre* commun à la mauvaise place » par « MP » précédé du nombre de *chiffres* concernés pour simplifier l'analyse.

3. Techniques de raisonnements

D'une façon générale, il faut toujours utiliser d'abord la ligne (la rangée) qui nous donne le plus d'informations.

Technique 1

Si dans une ligne, tous les signes sont présents dans la réponse, il faut barrer tous les autres signes.

Exemple

G	H	C	1 lettre commune à la bonne place	**Solution :**
F	C	E	3 lettres communes à la mauvaise place	☐☐☐
B	G	F	1 lettre commune à la mauvaise place	

D'après la ligne bleue (ligne 2), nous savons que **F**, **C** et **E** sont dans la solution. Donc nous barrons **B** et **H** ligne 1, et **B** et **G** ligne 3. Il en résulte que ligne 1, **C** est bien placé (3e position), que **F** doit être en 2e position (il est mal placé ailleurs) et donc que **E** est en 1re position. La réponse est donc : **EFC**.

Technique 2

Si dans plusieurs lignes la seule information est qu'il y a un signe à la bonne place, il faut barrer tout signe présent à des places différentes dans les autres lignes.

Exemple

△	★	○	1 symbole commun à la bonne place	**Solution :** ☐☐☐
●	▲	△		
★	**+**	▲		

On constate que tous les symboles bleus sont à éliminer car ils ne peuvent pas être bien placés dans une ligne puis mal placés dans une autre. Si on les barre tous, il reste ○ en ligne 1 (3e position), ● en ligne 2 (1re position) et **+** en ligne 3 (2e position). La réponse est ●**+**○.

Technique 3

Si toutes les informations indiquent des signes mal placés, il faut barrer les signes qui apparaissent dans toutes les colonnes (ils devraient une fois être bien placés).

Exemple

4	**6**	**1**	2 chiffres communs à la mauvaise place	**Solution :** ☐☐☐
6	**4**	**3**		
5	**3**	**6**	1 chiffre commun à la mauvaise place	

Dans cet exemple, le **6** est à éliminer, car il devrait être une fois à la bonne place, ce qui n'est pas le cas. En conséquence, les lignes 1 et 2 nous indiquent que **4**, **1** et **3** composent la solution. Il faut donc rayer le **5** en ligne 3. Le **3** étant mal placé en ligne 2 et 3, il doit être placé en 1re position. Même logique pour le **4** (lignes 1 et 2) qui doit être en 3e position. Enfin il reste le **1** qui est en 2e position. La réponse est **314**.

Technique 4

Si une ligne ne contient des informations que sur des signes bien placés et une autre que sur des signes mal placés, il faut barrer les signes qui apparaissent dans une même colonne.

Exemple

D	**E**	**A**	1 lettre commune à la bonne place	**Solution :** ☐☐☐
A	**D**	**H**	2 lettres communes à la mauvaise place	
D	**H**	**B**		

Si **D** est à la bonne place en ligne 1, il ne peut pas être à la mauvaise en ligne 3. Il faut donc le barrer chaque fois qu'il apparaît car il n'est pas dans la réponse. Cela nous indique que dans la réponse se trouvent les lettres **A**, **H** et **B** comme l'indiquent les lignes 2 et 3 une fois le **D** éliminé. Donc en ligne 1, il faut barrer le **E** et le **A** est à la bonne place. On peut facilement savoir que le **H** est en 1re position puisqu'il est mal placé aux positions 2 et 3 comme l'indiquent les lignes 2 et 3. Donc le **B** est en 2e position. La réponse est **HBA**.

Technique 5

C'est la technique du comptage. Le comptage ne donne pas la réponse immédiate, mais il permet de dégager des signes qui font obligatoirement partie de la réponse. Cette technique s'applique aux carrés plus complexes (plus grands). Elle consiste en un décompte des signes pour déterminer lesquels font partie de la réponse.

Explication par un exemple

△ ● ▲ ■	2 symboles communs à la mauvaise place
★ ■ △ ▲	1 symbole commun à la bonne place et 1 à la mauvaise
■ ▲ ● ×	2 symboles communs à la bonne place
★ ● ■ ▲	1 symbole commun à la bonne place et 1 à la mauvaise

Solution : □□□□

Dans cet exemple, aucune des techniques précédentes ne permet de trouver la réponse. En revanche on constate que plusieurs symboles reviennent souvent (3 ou 4 fois). C'est une information favorable pour le comptage.

- On commence par compter le nombre de fois où les symboles de la solution apparaissent dans le carré : 2 symboles pour la 1re ligne (2 MP), 2 symboles pour les lignes 2 et 4 (1 BP + 1MP) et 2 symboles pour la ligne 3 (2 BP). Le carré comprend donc en tout 8 symboles qui font partie de la solution.
- On compte ensuite le nombre de fois où apparaît chaque symbole dans le carré :

Les symboles :	△	●	▲	■	★	×	
apparaissent	2	3	**4**	**4**	2	1	fois

- Puis on se demande quels sont les 4 symboles qui apparaissent au total exactement 8 fois (ou quels sont les 4 chiffres en dessous des symboles qui peuvent former la somme 8). Ici, on peut éliminer les 4 (trop grands) soit le triangle plein et le carré (en bleu) ; il faut donc additionner les 4 autres chiffres : 2 + 3 + 2 + 1 = 8.
- Donc les symboles de la solution sont △ ● ★ × .

De là, on trouve en partant de la 3e ligne. La réponse est ★ △ ● × .

ATTENTION

Si vous constatez que les éléments sont en nombre identique ou proche, il est inutile de procéder au comptage car il ne permettra pas d'éliminer de symboles.

Technique 6

Si aucune de ces techniques n'est applicable ou efficace, il reste toujours la solution d'envisager des hypothèses successives. C'est une méthode qu'on utilise couramment, mais c'est forcément un peu plus long. Il s'agit de formuler des hypothèses probables pour atteindre la bonne réponse.

Exemple

2 6 4	} 1 chiffre commun à la bonne place et 1 à la mauvaise
1 6 9	
4 1 2	1 chiffre commun à la bonne place

Solution : □□□

Ici, aucun des cas précédents ne donne la solution. Nous allons donc partir de la ligne 3 qui donne une information unique (1 BP) et envisager chaque hypothèse.

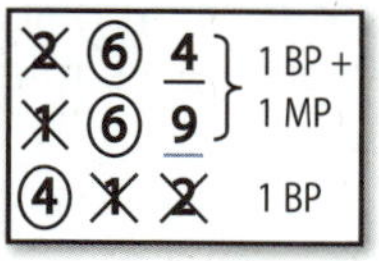

Hypothèse 1 : 4 est BP.

Les **1** et **2** sont barrés, le **4** de la ligne 1 est souligné et le **6** entouré. Ligne 2 le **6** est entouré et le **9** souligné. Ce dernier élément est contradictoire ; le **9** ne peut pas être MP puisqu'il ne reste plus de bonnes places et qu'il doit faire partie de la réponse. Donc **4** n'est pas BP.

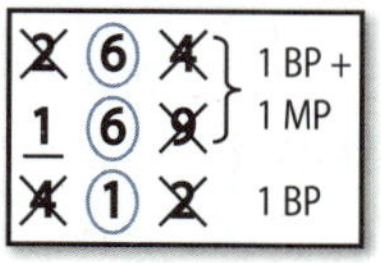

Hypothèse 2 : 1 est BP.

Les **4** et **2** sont barrés. Cela ne fonctionne pas en ligne 1 car il ne reste plus que le **6**, or il doit y avoir sur cette ligne 1 BP et 1 MP. Donc **1** n'est pas BP.

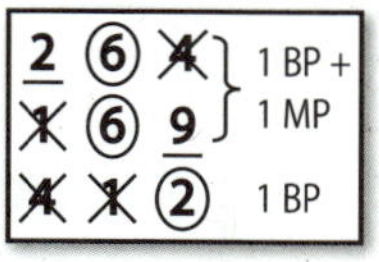

Hypothèse 3 : 2 est BP.

Les **4** et **1** sont barrés et le **2** de la ligne 1 est souligné. Le **6** de la ligne 1 est entouré tout comme celui de la ligne 2. Le **9** de la ligne 2 est souligné et il peut être bien placé en 1re position. Cette hypothèse est la bonne.

La réponse est **962**.

REMARQUE

Vous pouvez rencontrer selon le principe des carrés logiques des carrés de mots. Disposés de la même façon, ces exercices ont pour but de vous faire découvrir un mot selon une logique combinatoire. Les principales différences sont que le mot à trouver existe nécessairement en français (ce qui peut permettre de se servir de son intuition) mais aussi qu'il n'y a aucune indication sur les lettres mal placées ce qui empêche de se servir de certaines techniques vues précédemment.

Voyons un exemple

A I D E R	} 1 lettre commune à la bonne place
M A C H E	
A L P I N	2 lettres communes à la bonne place
R E B U T	} 1 lettre commune à la bonne place
C A P R E	
D E B U T	0 lettre commune à la bonne place
R O C H E	1 lettre commune à la bonne place

Solution : ☐☐☐☐☐

Quand il y a un mot de 0 BP, il faut commencer par lui et barrer ailleurs les lettres à la même place. Cela fait, il reste une seule lettre à **REBUT** qui est donc BP, c'est le **R**. On peut donc aussi l'entourer dans **ROCHE** et rayer **OCHE**. Du coup on peut rayer également **CHE** dans **MACHE** ; et comme on peut également rayer le **M** (on sait que la 1re lettre est un **R**), la lettre BP de **MACHE** est le **A**. C'est donc également le cas dans **CAPRE** et on raye les lettres **CPRE**.

Sachant que nous avons identifié à présent la 1re lettre (le **R**), la 2e lettre (le **A**) et que nous savons que la 3e lettre n'est pas le **P** (éliminé dans **CAPRE**), les 2 lettres BP dans **ALPIN** sont donc **IN**.

Enfin, la lettre BP d'**AIDER** est le **D**.

La réponse est donc **RADIN**.

Nous voyons par cet exemple que la difficulté est de savoir prendre les informations dans le bon ordre pour progresser. Mais avec de l'entraînement c'est plus facile que les carrés logiques classiques.

Entraînement

Trouvez quel ensemble vérifie les indications proposées.

1. Base : **1 - 2 - 3 - 5 - 6**

5	**3**	1 chiffre commun à la bonne place	**Solution :**
2	**3**	1 chiffre commun à la mauvaise place	☐☐

2. Base : **1 - 2 - 3 - 5 - 6**

1	**3**	} 1 chiffre commun à la mauvaise place	**Solution :**
3	**2**		☐☐

3. Base : **A - B - C - E - F - J**

A	**E**	**C**	3 lettres communes à la mauvaise place	
B	**F**	**A**	1 lettre commune à la bonne place	**Solution :** ☐☐☐
F	**B**	**C**	1 lettre commune à la mauvaise place	

4. Base : **A - B - C - E - F - J**

C	**F**	**J**	1 lettre commune à la mauvaise place	**Solution :**
C	**E**	**B**	} 1 lettre commune à la bonne place	☐☐☐
B	**F**	**A**		

5. Base : ● ★ ▲ ■ ○ +

★	●	▲	■		**Solution :**
▲	★	■	●	} 4 symboles communs à la mauvaise place	☐☐☐☐
●	■	★	▲		

6. Base : ● ★ ▲ ■ ○ +

▲	○	★	} 1 symbole commun à la mauvaise place	**Solution :**
○	■	★		☐☐☐
+	○	●	1 symbole commun à la bonne place et 2 à la mauvaise	

7. Base : **1 - 2 - 3 - 4 - 5 - 6**

1	**4**	**3**	} 1 chiffre commun à la mauvaise place	**Solution :**
3	**5**	**2**		☐☐☐
3	**4**	**5**	1 chiffre commun à la bonne place	

8. Base : **1 - 2 - 3 - 4 - 5 - 6 - 7 - 8**

3	**2**	**4**	**5**	1 chiffre commun à la bonne place et 2 à la mauvaise	**Solution :**
1	**4**	**7**	**3**	2 chiffres communs à la mauvaise place	☐☐☐☐
6	**4**	**1**	**2**	2 chiffres communs à la bonne place	
5	**7**	**1**	**8**	1 chiffre commun à la bonne place et 1 à la mauvaise	

9. Base : **A - B - C - D - F - G - H**

H	**A**	**C**	**B**	} 2 lettres communes à la mauvaise place	**Solution :**
H	**D**	**C**	**A**	}	☐☐☐☐
D	**H**	**B**	**C**	1 lettre commune à la bonne place et 1 à la mauvaise	
B	**G**	**H**	**C**	2 lettres communes à la mauvaise place	

10.

C	**A**	**R**	**N**	**E**	2 lettres communes à la bonne place	**Solution :**
C	**I**	**R**	**E**	**E**	}	☐☐☐☐☐
M	**I**	**C**	**R**	**O**	}	
T	**I**	**R**	**E**	**R**	} 1 lettre commune à la bonne place	
C	**O**	**U**	**L**	**A**	}	
B	**R**	**U**	**N**	**E**	}	
C	**I**	**R**	**E**	**R**	0 lettre commune à la bonne place	

Corrigé

1. 52 – ***Technique 4*** permet de barrer le **3**. On entoure **5** ligne 1 et on souligne **2** ligne 2. Le **2** doit être en 2e position.

2. 21 – ***Technique 3*** permet de barrer **3** (il devrait être sur l'une des lignes à la Bonne Place – « BP » – ce qui n'est pas le cas. On souligne **1** et **2**. Le **1** est en 2e position, le **2** en 1re position.

3. ECA – ***Technique 1*** permet de barrer **B** et **F** lignes 2 et 3. Donc **A** est BP ligne 2 et comme **E** n'est pas BP en 2e position et qu'il ne peut être en 3e position, il est BP en 1re position. D'où **C** en 2e position.

4. JEA – ***Technique 4*** permet de barrer **C** et **F** (ils ne peuvent être BP dans un cas et MP dans l'autre) et ***technique 2*** permet de barrer **B** (contradiction entre les lignes 2 et 3). Donc **E** est BP ligne 2 et **A** est BP ligne 3. Et il reste la 1re position pour **J**.

5. ■▲●★ – Aucune technique requise. Il faut voir la seule place que chaque symbole n'occupe jamais ; c'est la BP.

6. +●○ – ***Technique 1*** permet de barrer ▲★■ aux lignes 1 et 2. Donc ○ ne peut être qu'en 3e position et donc ● est MP est 3e ligne et c'est **+** qui est BP.

7. 615 – ***Technique 4 et utilisation de la base***. On barre les **3** et **4** car ils ne peuvent être BP sur une ligne et MP sur une autre en étant à la même place. Donc en ligne 3 le chiffre BP est **5** ; il est MP en ligne 2 ce qui élimine le **2**. En ligne 1 le **1** est MP ; il peut être BP en 2e position. On constate alors qu'il manque un chiffre pour la 1re position et on prend dans la base le chiffre inutilisé : **6**.

8. 3512 - ***Technique 4*** permet de barrer **4** (comparaison des lignes 2 et 3). On le barre également ligne 1 et on sait ainsi que les 3 autres chiffres de la ligne 1 sont dans la solution (on les pointe ou les souligne partout). Ensuite on entoure le **2** à la ligne 3 (il est dans la réponse et il ne peut être que BP). On souligne donc le **5** à la ligne 1 (il ne peut être BP) et on entoure le **3**. Du coup le **6** de la ligne 3 ne peut pas être BP ; on le barre et on entoure le **1** sur la ligne 3. On entoure le **1** ligne 4. Il suffit alors de placer le **5** (qui est forcément dans la solution) en 2e position et les 4 chiffres sont trouvés.

9. DBAG - ***Techniques 5 et 6***. Le comptage permet de barrer le **C** et le **H** (ces lettres reviennent trop souvent). On souligne les lettres restantes sauf ligne 3 où on pointe. Puis on envisage des hypothèses sur la lettre BP à la ligne 3. Si cette lettre BP est **D**, alors il ne reste que la 3e position pour le **A**, le **G** est à la 4e position et le **B** est à la 2e position. Cette hypothèse est la bonne et l'autre (2 BP à la ligne 3) ne marche pas car **D** et **G** devraient tous deux être en 4e position.

10. TACLE. Cet exercice était un carré de mots d'où l'absence de base.

On part de **CIRER** et on élimine toutes les lettres qui apparaissent au même endroit dans les autres lignes. Du coup il ne reste que le **E** final de **CIREE** qui est la lettre BP. De même pour **TIRER**, il ne reste que le **T** qui est BP. Donc la 1re lettre est **T** et la dernière est E. Dans **BRUNE**, le **E** est BP, donc le **N** est à barrer dans **CARNE** ; du coup pour ce mot dans la mesure où **CRN** sont barrés les lettres BP sont **A** et **E**.

Enfin on constate que le **U** est barré dans **BRUNE** donc aussi dans **COULA**. La lettre BP dans **COULA** ne peut être que le **L** (les autres places étant déjà occupées par d'autres lettres). Et la lettre en 3e position est le **C** de **MICRO**.

Syllogismes, ensembles numériques, opérateurs 7

Nous regroupons dans cette dernière partie des règles d'exercices plus rares qui portent directement ou indirectement sur les ensembles.

1. Les syllogismes

Un syllogisme est un raisonnement déductif (du cas général au cas particulier). C'est un exercice dans lequel il s'agit de comprendre ce que les affirmations proposées incluent et ce qu'elles excluent. C'est un raisonnement sur les ensembles.

Le plus célèbre syllogisme nous vient du philosophe Aristote :

- *Tous les hommes sont mortels,*
- *Socrate est un homme,*
- *Donc Socrate est mortel.*

Ce syllogisme est vrai ; en revanche le suivant est faux :

- *Tous les hommes sont mortels,*
- *Tous les chats sont mortels,*
- *Donc les chats sont des hommes.*

Nous pouvons représenter ces affirmations suivant le diagramme d'Euler qu'on appelle plus familièrement des *patates* pour vérifier l'exactitude ou l'inexactitude du syllogisme.

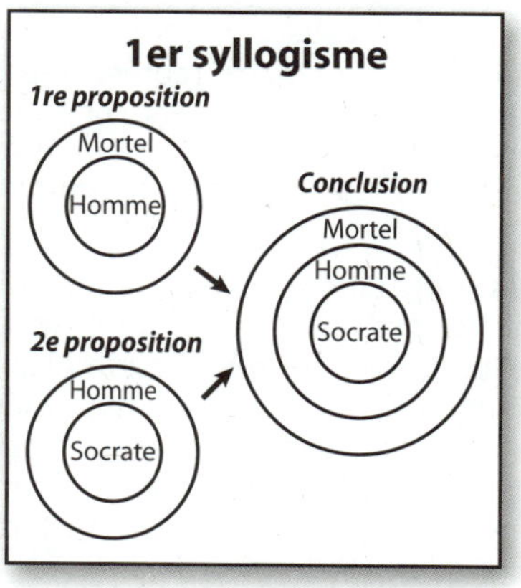

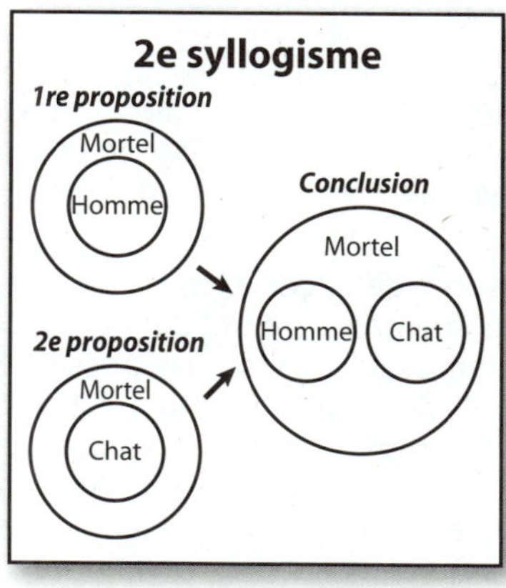

Nous voyons bien à présent que le 1er syllogisme est vrai : si les hommes appartiennent à la catégorie des mortels et que Socrate appartient à la catégorie des hommes, alors Socrate appartient à la catégorie des mortels. En revanche, le 2e syllogisme est faux : si les hommes appartiennent à la catégorie des mortels et que les chats appartiennent à la catégorie des mortels, cela n'implique pas que les chats soient des hommes.

Dans les concours, les syllogismes se présentent sous forme d'une affirmation en plusieurs propositions (comme dans les exemples précédents) suivies d'autres affirmations dont il faut déterminer si elles sont la conséquence nécessaire des précédentes ou non.

Exemple

Jean est mon ami,

Pierre n'est pas mon ami,

Tous mes amis sont avares.

Alors peut-on en conclure que :

❒ **a.** Pierre est l'ami de Jean

❒ **b.** Pierre n'est pas avare

❒ **c.** Jean est avare

❒ **d.** Jean n'est pas avare

❒ **e.** Pierre peut être avare

Pour résoudre ce syllogisme, faisons un diagramme :

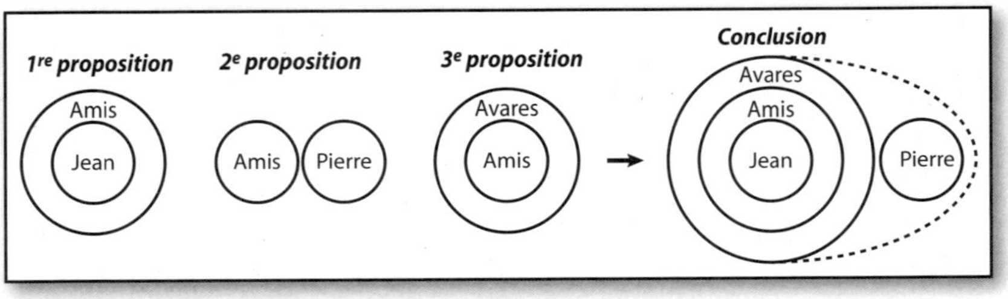

Ce diagramme réalisé étape par étape montre que la proposition a. est hors sujet par rapport aux affirmations, que la c. est vraie et la d. fausse. Mais cela pouvait apparaître à la seule lecture.

En revanche, ce qui est plus précis dans le diagramme c'est la nuance représentée par les pointillés. Rien ne dit que Pierre soit avare, mais rien ne dit le contraire. Par conséquent on ne peut pas affirmer qu'il l'est ou non de façon catégorique (donc b. est faux), mais on peut envisager qu'il le soit à titre d'hypothèse (donc e. est vrai). **La réponse est donc c, e**.

Vous noterez dans cet exemple la nuance entre les propositions catégoriques qui affirment ou nient sur le mode de la certitude) et les propositions hypothétiques qui demandent si une chose est possible. Les propositions catégoriques n'admettent pas d'interprétation ; il faut bien lire l'intitulé. En revanche les propositions hypothétiques vous demandent d'admettre tout ce qui n'est pas contradictoire avec les propositions, même si cela n'a pas été dit. Ainsi dans l'exemple précédent, s'il avait été proposé « Pierre peut être l'ami de Jean », il aurait fallu répondre « Vrai » car rien ne dit que c'est impossible.

REMARQUE

Les propositions des syllogismes n'ont pas nécessairement de sens ; et s'ils en ont un, il faudra surtout s'attacher à la logique. Dans l'exemple précédent, il serait insensé que les chats soient des hommes. Mais ce n'est pas pour cette raison que le syllogisme est faux ; c'est parce que la logique des ensembles n'y est pas appliquée avec rigueur.

2. Les ensembles numériques

Ce sont des petits exercices dans lesquels on associe la logique et l'aptitude numérique. Des valeurs relatives vous sont données et selon ces valeurs vous devez trouver la valeur totale d'un ensemble ou identifier la plus grande ou la plus petite valeur parmi des ensembles proposés.

Exemple

Sachant que ⬢ = ♥♥ et que ♥ = ♣♣♣, quelle proposition représente la plus petite valeur ?

❒ **a.** ♥⬢♥♣⬢♣♥

❒ **b.** ♥♥♥♥♥♥♥♥

❒ **c.** ♣♣♣♣♣♣⬢⬢

❒ **d.** ♣⬢⬢⬢⬢

❒ **e.** ⬢♣♥⬢♣♥

Pour résoudre rapidement ce problème, remplacez la plus petite valeur relative par 1. Ici, c'est ♣. Si ♣ = 1 alors ♥ = 3 et ⬢ = 6.

Ensuite il faut faire du calcul mental en n'hésitant pas à rassembler les signes identiques. La proposition a. vaut **23**, la b. vaut **24**, la c. vaut **18**, la d. vaut **25** et la e. vaut **20**. La réponse (la plus petite valeur) est donc **c**.

Ce type d'exercice n'est pas très dur, mais la gymnastique intellectuelle est vite fatigante. Si vous pouvez alterner avec un autre exercice, c'est une bonne chose.

3. Les opérateurs

Les tests des opérateurs invitent le candidat à analyser une succession de figures accompagnées des fameux opérateurs. Ces opérateurs sont des signes (arbitrairement choisis) qui désignent la figure qu'ils accompagnent. Vous devez comprendre la signification de ces opérateurs et compléter logiquement la série de figures.

Que signifient généralement ces opérateurs ?

L'un d'eux désigne la figure (sa forme), les autres peuvent désigner sa couleur, sa position (ses déplacements), ses transformations (augmentation ou diminution du nombre de côtés, passage d'une forme à angles à une forme arrondie, etc.)

Vous retrouverez dans ces tests des logiques graphiques que vous avez déjà vues dans les autres tests graphiques.

Exemple

Quelle figure doit logiquement figurer dans le dernier carré ?

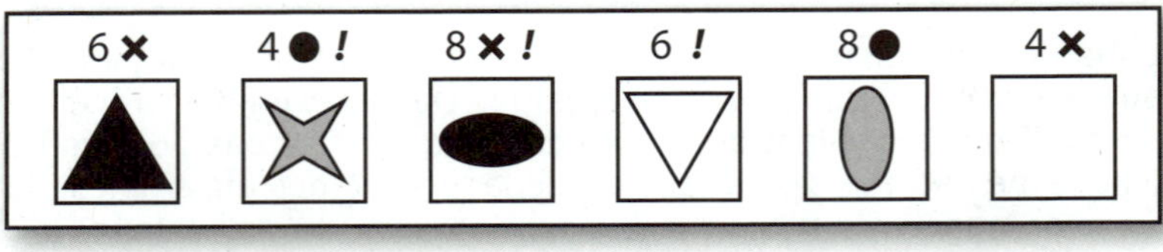

Dans cet exemple, nous constatons que les 1re et 3e figures sont noires et qu'on leur associe en commun ✖. Donc ✖ = figure noire. Du coup l'autre opérateur, le chiffre, doit désigner la forme du symbole : **6** pour le triangle et **8** pour l'ovale. Il faut vérifier qu'il en est de même pour la croix. En figure 2, elle est associée à l'opérateur **4** mais aussi à ● et « **!** ». Or ● est présent en figure 5 où le symbole est un ovale et « **!** » est présent dans la figure 4 où le symbole est un triangle. Donc ● doit désigner la couleur grise et « **!** » la rotation (comparez la 3e et la 5e figure). Le dernier carré doit contenir une croix noire et sans rotation.

La réponse est donc **b**.

ATTENTION

Ces exercices ne doivent pas être sous-estimés. Ils peuvent être très difficiles si l'on multiplie les opérateurs et que des interprétations concurrentes sont possibles.

Que faire si le type d'exercice proposé m'est inconnu ?

Il est évident qu'on ne peut jamais prévoir tous les exercices possibles tant la diversité en ce domaine est réelle. Mais la connaissance des règles vues plus haut et l'habitude des raisonnements logiques doivent vous armer contre l'imprévu.

Dites-vous de toute façon que personne ne peut tout prévoir et que devant un exercice inédit les autres candidats seront aussi surpris que vous et cherchez à répondre avec les automatismes pris dans d'autres exercices. Les exercices ne sont jamais complètement différents de ce qui existe déjà.

Entraînement

Exercice 1 : *En tenant compte des informations, déterminez quelles affirmations sont correctes.*

1. *Tous les chats sont des animaux,*
Certains animaux sont rusés. Par conséquent, il est vrai de dire ...

❒ **a.** Certains chats sont des animaux.
❒ **b.** Tout ce qui est rusé est chat ou animal.
❒ **c.** Les chats sont des animaux rusés.
❒ **d.** Certains animaux rusés peuvent être des chats.
❒ **e.** Certains chats rusés peuvent être des animaux.

2. *Tous les pharmaciens sont allergiques,*
Tous les allergiques sont nerveux,
Jean est nerveux. Par conséquent, il est vrai de dire ...

❒ **a.** Jean est pharmacien.
❒ **b.** Jean est allergique.
❒ **c.** Jean peut être allergique sans être pharmacien.
❒ **d.** Jean peut être pharmacien sans être allergique.
❒ **e.** Jean est allergique ou n'est pas allergique.

3. *Parmi les trucs, il y a des machins,*
Parmi les bidules, il y a des choses,
Certains bidules sont des trucs mais aucun n'est un machin,
Certaines choses sont des trucs. Par conséquent, il est vrai de dire ...

❒ **a.** Il existe des trucs machins bidules.
❒ **b.** Il existe des bidules choses.
❒ **c.** Il existe des machins choses.
❒ **d.** Il existe des trucs bidules choses.
❒ **e.** Il existe des machines trucs.

4. *Tous les peintres sont des artistes,*
Tous les sculpteurs sont des artistes,
Tous les danseurs sont des artistes. Par conséquent, il est vrai de dire ...

❒ **a.** Tous les artistes sont des peintres, des sculpteurs ou des danseurs.
❒ **b.** Certains artistes sont des sculpteurs.
❒ **c.** Certains peintres danseurs sont des artistes.
❒ **d.** Tous les sculpteurs peuvent être des danseurs.
❒ **e.** Certains danseurs sculpteurs peuvent être des peintres.

5. *Aucun boulanger n'est pilote,*
Certains enfants de boulangers sont pilotes,
Tous les boulangers sont enfants de boulangers. Par conséquent, il est vrai de dire ...

❒ **a.** Certains boulangers sont pilotes.
❒ **b.** Certains enfants de boulangers peuvent n'être ni boulangers ni pilotes.
❒ **c.** Certains enfants de boulangers peuvent être boulangers et pilotes.
❒ **d.** Tout enfant de boulanger est nécessairement boulanger ou pilote.
❒ **e.** Les propositions sont contradictoires, aucune réponse ne convient.

Exercice 2 : *Pour chaque question identifiez parmi les propositions la plus grande valeur relative.*

1. Si ◆ = ☆☆☆ et ☆ = ⊙⊙,
la plus grande valeur est ...

❒ **a.** ⊙⊙⊙☆◆
❒ **b.** ◆◆◆
❒ **c.** ☆◆☆⊙
❒ **d.** ☆☆☆☆
❒ **e.** ⊙⊙⊙⊙⊙⊙⊙⊙

2. Si ♣ = ♧♧ et ♤ = ♣♣,
la plus grande valeur est ...

❒ **a.** ♧♧♧♣♣
❒ **b.** ♤♤
❒ **c.** ♣♤♧♣♧
❒ **d.** ♣♣♣♣♧
❒ **e.** ♤♣♧♧

3. Si ✪ = ✶✧ et ✧ = ✶✶,
la plus grande valeur est ...

❒ **a.** ✪✪✶✶✶✶✶✧
❒ **b.** ✧✧✶✶✪✶✧✧
❒ **c.** ✪✶✶✶✧✧✧✧
❒ **d.** ✪✪✪✪✶✶
❒ **e.** ✧✧✧✧✧✶✶✶✶✶

4. Si ■◆ = ❖ et ❖ = ◆◆◆◆,
la plus grande valeur est ...

❒ **a.** ❖❖❖◆❖◆❖
❒ **b.** ❖■■◆◆◆◆◆■◆
❒ **c.** ■■■■■◆◆◆■
❒ **d.** ◆❖◆■❖■◆❖
❒ **e.** ◆◆❖❖■■◆◆◆

Exercice 3 : *Quelle figure doit logiquement figurer dans le dernier carré ?*

1.

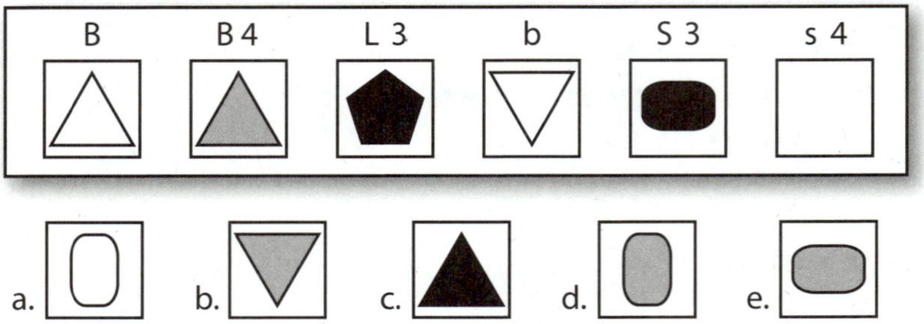

2.

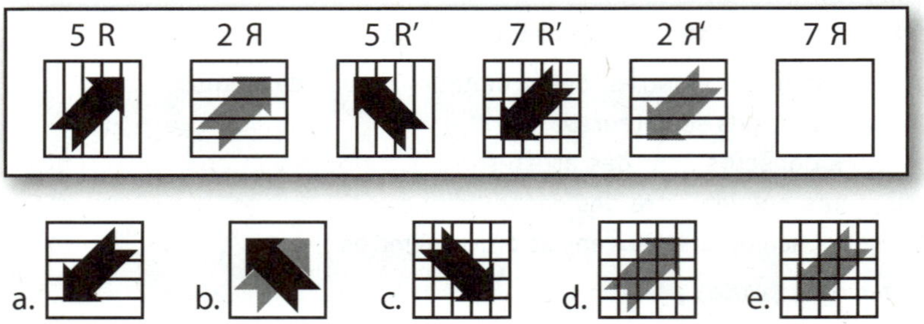

3.

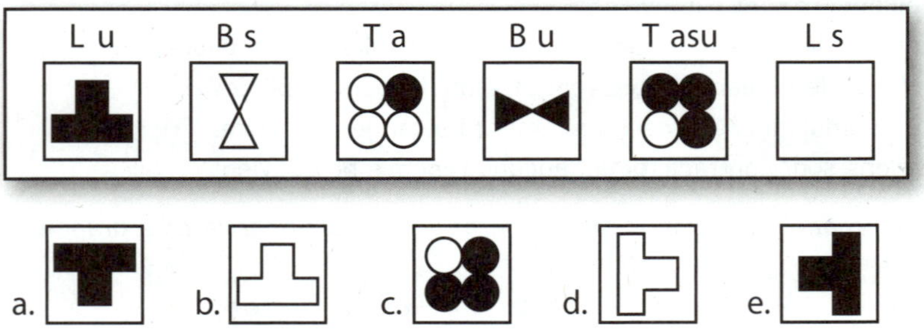

4.

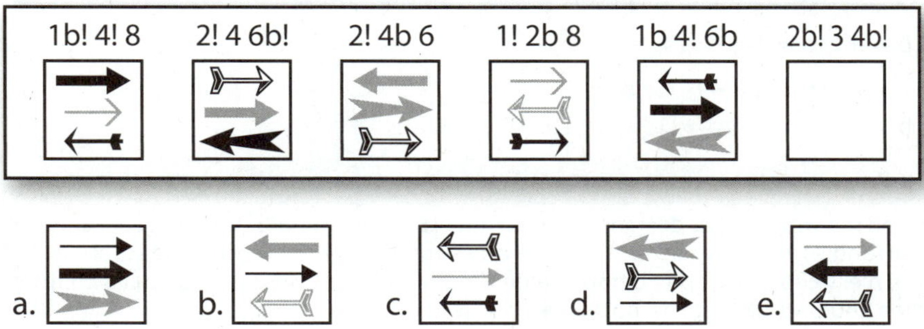

Corrigé

Exercice 1

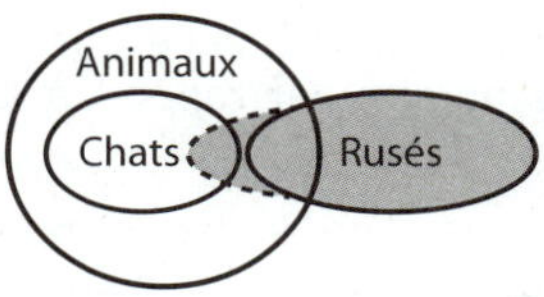

1. d. La proposition a. est fausse car elle impliquerait que certains chats ne sont pas des animaux. La b. est fausse car il peut y avoir d'autres êtres rusés. La c. est fausse car ce n'est pas affirmé. La e. est fausse puisque tous les chats sont des animaux.

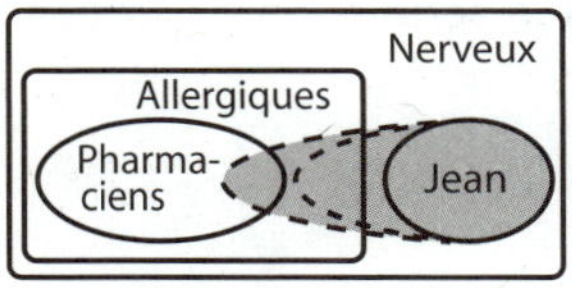

2. c, e. Les propositions a. et b. sont fausses car elles ne sont pas nécessaires (il peut l'être ou ne pas l'être). La c. est vraie mais pas la d. car s'il est pharmacien, il est allergique. La e. est vraie de toute façon.

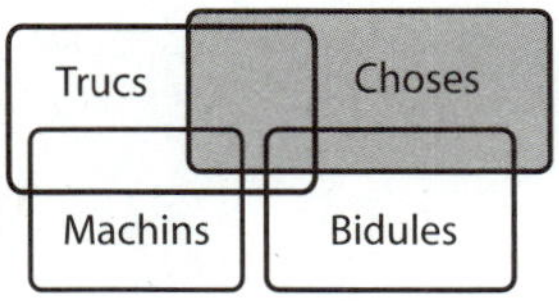

3. b, c, d, e. La proposition a. est fausse car il n'existe pas de machins bidules. La c. est vraie car rien ne dit que les choses sont toutes des bidules ; elles sont « parmi les bidules ». La d. est vraie car certains bidules et certaines choses sont des trucs. La b. et la e. sont directement énoncées dans l'intitulé.

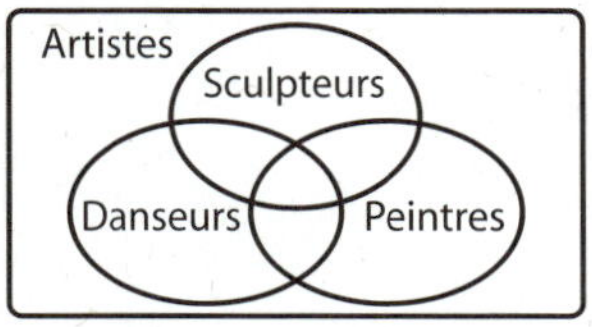

4. b, d. La proposition a. est fausse car il est possible que certains artistes ne soient pas d'une de ces trois catégories. La c. est fausse car tous les peintres danseurs sont des artistes. La d. est possible donc elle ne peut être éliminée. Et il en est de même pour la e.

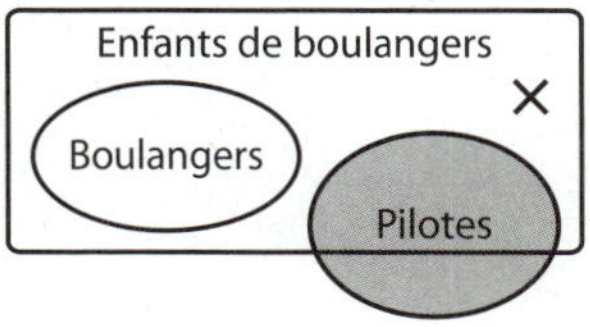

5. b. La proposition a. est fausse car elle est contradictoire avec la 1re phrase de l'intitulé. La c. également. La d. est fausse (*cf.* la croix).

Exercice 2

1. b. Valeurs relatives : ⊙ = 1, ☆ = 2, ◆ = 6.

a = 11, b = 18, c = 11, d = 8, e = 8.

2. c. Valeurs relatives : ♧ = 1, ♣ = 2, ♤ = 4.

a = 7, b = 8, c = 10, d = 9, e = 8.

3. e. Valeurs relatives : ✶ = 1, ✧ = 2, ✪ = 3.

a = 13, b = 14, c = 14, d. 14, e = 15.

4. a. Valeurs relatives : ◆ = 1, ■ = 3, ❖ = 4.

a = 22, b = 19, c = 21, d = 21, e = 19.

Exercice 3

1. e. Les lettres majuscules désignent les formes (**B** pour triangle, **L** pour pentagone, **S** pour la figure arrondie). Les minuscules désignent ces mêmes formes après une rotation de 180°. La figure **s** n'est cependant pas différente de **S** quand elle fait un demi-tour. Les chiffres symbolisent les couleurs (**3** pour le noir et **4** pour le gris).

2. d. Les chiffres indiquent le type de hachures (**5** pour vertical, **2** pour horizontal, **7** pour les 2). Le **R** à l'endroit indique que la flèche est noire et à l'envers il indique que la flèche est grise. Enfin l'**apostrophe** indique que la flèche est pointée vers la gauche ; si elle est absente la flèche est pointée vers la droite.

3. d. Les lettres majuscules représentent les formes (**L** pour le podium, **B** pour le sablier, **T** pour les 4 petits ronds). Les minuscules ont chacune leur signification : **u** signifie que la figure est noire, **s** qu'elle tourne d'un quart de tour dans le sens horaire par rapport à la figure sans **s**, et **a** désigne une symétrie ou inversion exacte.

4. e. Les chiffres indiquent les formes des flèches, et ils ne suivent pas l'ordre des flèches. Le **b** signifie que la flèche est pointée vers la gauche et le « **!** » que la flèche est noire (à défaut, elle est grise). On notera que le **3** n'est pas présent dans la série et qu'il faut donc trouver dans la réponse une flèche nouvelle.

Aptitude numérique

2.3

Sous-partie

L'une des grandes modifications de l'épreuve d'aptitude professionnelle est qu'elle ne repose plus exclusivement sur les mathématiques. Toutefois, l'aptitude numérique relève aussi du raisonnement logique et, à ce titre, on peut en rencontrer dans les concours.

Dans cette 3e partie de l'aptitude professionnelle, nous vous proposons les règles essentielles de l'aptitude numérique. Vous y trouverez :

- les règles de calcul, les fractions, les puissances et les racines ;
- les conversions, la géométrie ;
- les pourcentages et la proportionnalité ;
- la probabilité, le dénombrement et les équations.

8 Calculs, fractions, puissances, racines

Comme vous vous en doutez, la calculatrice est interdite dans les épreuves de tests. C'est à la fois une bonne et une mauvaise nouvelle. Mauvaise nouvelle pour ceux qui n'ont plus l'habitude de calculer : il va falloir se replonger dans les tables de multiplication, les divisions euclidiennes, etc. Bonne nouvelle pour ceux qui sont peu ou pas matheux car les questions restent à un niveau relativement faible (niveau classe de 3e environ), dans la mesure où il serait beaucoup trop difficile de résoudre de nombreuses questions de niveau lycée sans calculatrice.

1. Calcul

Il n'est pas interdit de poser une opération, mais c'est plus long que le calcul mental. De plus, la plupart du temps, quand un calcul vous est demandé il y a une astuce pour le résoudre mentalement.

Voici quelques méthodes et astuces pour le calcul mental.

a. Additions et soustractions

Il faut combiner les deux pour être efficace.

Il faut également décomposer le problème (ajouter ou ôter d'abord les milliers – ou plus – puis les centaines, dizaines et enfin les unités).

Exemple

2 947 – 125 = ?

2 947 – 100 – 20 – 5 = 2 847 – 20 – 5 = 2 827 – 5 = **2 822**

Bien entendu, il arrive souvent que l'addition ou la soustraction fasse changer le chiffre des unités supérieures. Dans ce cas, pour une addition la règle précédente est applicable ; pour une soustraction il faut l'adapter.

Exemple

2 947 – 168 = ?

Nous calculons d'abord 2 947 – 147 = 2 800

Puis 68 – 47 = 21

Enfin 2 800 – 21 = **2 779**

REMARQUE

Quand l'une des valeurs est assez proche d'une valeur multiple de 10, 100, 1 000, etc., il faut arrondir cette valeur puis ajouter ou supprimer les unités, dizaines, centaines, etc. précédemment ôtées ou ajoutées.

Exemple : *1 989 + 136 = ?*

1 989 = 2 000 - 11, or 136 - 11 = 125 d'où 2 000 + 125 = **2 125**

Il se peut que vous soyez obligé de poser une soustraction parce qu'elle est vraiment longue ou complexe. Rappelons comment poser et résoudre une soustraction.

1	5	6	6
−	1+3	1+6	7
1	1	9	9

1re colonne : 6 < 7 donc on prend 16 ; 16 − 7 = 9
Je pose 9 et j'ajoute 1 dans la colonne suivante.
2e colonne : 6 < 6 + 1 donc on prend 16 ; 16 − 7 = 9
Je pose 9 et j'ajoute 1 dans la colonne suivante.
3e colonne : 5 > 3 + 1 donc je soustrais directement ; 5 − 4 = 1
4e colonne : J'abaisse directement 1 et j'obtiens **1 199**.

b. Multiplications et divisions

Le problème est plus épineux. La base est la connaissance des tables :

	1	**2**	**3**	**4**	**5**	**6**	**7**	**8**	**9**	**10**
2	2	4	6	8	10	12	14	16	18	20
3	3	6	9	12	15	18	21	24	27	30
4	4	8	12	16	20	24	28	32	36	40
5	5	10	15	20	25	30	35	40	45	50
6	6	12	18	24	30	36	42	48	54	60
7	7	14	21	28	35	42	49	56	63	70
8	8	16	24	32	40	48	56	64	72	80
9	9	18	27	36	45	54	63	72	81	90

Comme précédemment pour les additions et soustractions, la combinaison des deux opérations peut être utile.

Mais avant toute chose, il faut d'abord savoir que :

- multiplier ou diviser une valeur par 0, donne le résultat 0 ;
- multiplier ou diviser une valeur par 1 conserve cette valeur ;
- multiplier une valeur par un nombre compris entre 0 et 1, c'est le faire diminuer, et diviser une valeur par un nombre compris entre 0 et 1, c'est le faire augmenter.

Exemple

Multiplication : 10 × 0,4 = 4 ; Division : 10 ÷ 0,4 = 25

Pour ces opérations sur des valeurs comprises entre 0 et 1, on peut suivre le tableau de correspondance qui suit :

Multiplier par ... **(ou diviser par ...)**		**Diviser par ...** **(ou multiplier par ...)**
0,1	=	10
0,01 ; 0,001	=	100 ; 1 000
0, *n* zéros puis 1	=	1 *n* zéros − 1
0,2 ; 0,02	=	5 ; 50
0,25	=	4
0,3	=	10 puis × 3 (ou × 10 puis ÷ 3)
0,4	=	10 puis × 4 (ou × 10 puis ÷ 4)
0,5	=	2
0,6	=	10 puis × 6 (ou × 10 puis ÷ 6)
0,7	=	10 × 7 (ou × 10 puis ÷ 7)
0,75	=	4 puis retrancher au nombre d'origine (ou × 4 et ajouter au nombre d'origine)
0,8	=	10 puis ajouter 2 fois au nombre d'origine (ou × 10 puis retrancher 2 fois au nombre d'origine)
0,9	=	10 puis retrancher au nombre d'origine (ou ÷ 9 et ajouter au nombre d'origine)

Pour les autres valeurs, voici quelques astuces :

Multiplier par ... **(ou diviser par ...)**	**Astuces**
10 ; 100 ; 1 000 ; etc	déplacer la virgule vers la droite (**division** : vers la gauche)
11 ; 101 ; 1 001 ; etc.	× par 10 ; par 100 ; par 1 000 ; etc. puis ajouter le nombre d'origine
9 ; 99 ; 999 ; etc.	× par 10 ; 100 ; 1 000 ; etc. puis ôter le nombre d'origine
1,1 ; 2,1 ; 3,1 ; etc.	× par 1 ; 2 ; 3 ; etc. et par 0,1 et ajouter les deux résultats
11	Pour un nombre à 2 chiffres, mettre le 1er chiffre pour les centaines, le dernier pour les unités et noter l'addition de ces chiffres pour les dizaines. Ex. : 32 × 11 = 352 ; 38 × 11 = 418 De même pour un nombre à 3 chiffres : additionner les dizaines et unités pour obtenir les dizaines et additionner les centaines et les dizaines pour les centaines. Ex. : 325 × 11 = 3 575 ; 385 × 11 = 4 235
5, 50, 500, etc.	÷ par 2 puis × par 10 ; 100 ; 1 000 ; etc. (**division** : × 2 puis ÷ par 10 ; 100 ; 1 000 ; etc.)

Multiplier par ... (ou diviser par ...)	Astuces
1,5 ; 15 ; 150 ; etc.	1,5 : additionner la valeur et la moitié de cette valeur ; 15 : même logique, puis × 10 ; 150 : même logique, puis × 100, etc.
2,5 ; 25 ; 250 ; etc.	2,5 : ÷ 4 puis × 10 ; 25 : ÷ 4 puis × 100 ; 250 : ÷ 4 puis × 100, etc. (**division** par 2,5 : × 4 puis ÷ 10, etc.).
7,5 ; 75 ; 750 ; etc.	comme pour 0,75 puis × par 10 ; 100 ; 1 000 ; etc. (**division** : comme 0,75 puis ÷ par 10 ; 100 ; 1 000 ; etc.)
12,5 ; 125 ; etc.	÷ 8 puis × par 100 ; par 1 000 ; etc. (**division** : × 8 puis ÷ par 100 ; 1 000 ; etc.)

Il se peut que vous soyez obligé de poser une multiplication ou une division parce qu'elle est vraiment longue ou complexe. Rappelons comment poser et résoudre ces opérations.

La multiplication

		3	2	8,	4
×				2,	7
	2	2	9	8	8
+	6	5	6	8	.
	8	8	6,	6	8

1re étape : Calculer 3 284 × 7 en commençant par les unités et en posant des retenues si nécessaire.

D'abord 4 × 7 = 28 ; j'inscris 8 en unité, je retiens 2.

Puis 8 × 7 = 56. J'ajoute la retenue 56 + 2 = 58 ; j'inscris 8 et je retiens 5.

Ensuite 2 × 7 = 14. J'ajoute la retenue 14 + 5 = 19 ; j'inscris 9 et je retiens 1.

Enfin 3 × 7 = 21. J'ajoute la retenue 21 + 1 = 22 ; j'inscris 22 car c'est le dernier chiffre. J'obtiens donc 3 284 × 7 = 22 988.

2e étape : Calculer 3 284 × 2 en procédant de la même façon mais en décalant d'une colonne vers la gauche. J'obtiens 3 284 × 2 = 6 568.

3e étape : Additionner les deux produits obtenus précédemment, en procédant comme pour une addition ordinaire. On obtient 88 668.

4e étape : S'il y a une ou des virgules, compter le nombre de chiffres cumulés après les virgules : ici, 1 pour le 1er nombre + 1 pour le 2^d^. Placer donc la virgule de manière à laisser 2 chiffres après elle. La réponse est donc **886,68**.

La division

	1	5	8	0		4 4
−	1	3	2	⇩	⇩	3 5, 9
		2	6	0		
	−	2	2	0		
			4	0	0	
		−	3	9	6	
					4	

1re étape : Si le dividende (ici 1 580) est plus grand que le diviseur (ici 44), sélectionner dans le dividende, en partant de la gauche, le nombre minimum pour qu'il soit supérieur au diviseur. Ici, il faut sélectionner 158. Puis se demander : combien de fois y a-t-il 44 dans 158 ? 3 fois. Inscrire 3 sous la barre du diviseur puis calculer 44 × 3 = 132. Puis le soustraire de 158. Le reste est 26.

2e étape : Abaisser le 0 pour avoir de nouveau un dividende plus grand que le diviseur. Puis se demander : combien de fois y a-t-il 44 dans 260 ? 5 fois. Inscrire 5 sous le diviseur. Calculer : 44 × 5 = 220. Puis 260 − 220 = 40. Le reste est 40.

3e étape : À ce niveau de calcul, nous avons trouvé le quotient entier. Mais s'il y a encore un reste, il est possible d'abaisser de nouveau un 0 tout en mettant une virgule après le dernier chiffre trouvé du quotient. L'opération est ensuite la même. Combien de fois y a-t-il 44 dans 400 ? 9 fois. Inscrire 9 sous la barre du diviseur puis calculer 44 × 9 = 396. Or 400 − 396 = 4. Le reste est 4.

Il est également important de maîtriser les paramètres essentiels du calcul.

Détermination du signe d'un produit ou d'un quotient

Si deux nombres sont de même signe, leur produit (ou quotient) est positif. S'ils sont de signe différent, leur produit (ou quotient) est négatif.

Exemple

$-8 \times -2 = +16$; $8 \div -2 = -4$

Priorité des opérations (dans l'ordre décroissant)

1. les parenthèses, les crochets
2. les multiplications et divisions
3. les additions et soustractions

Distributivité

$a(b + c) = ab + ac$

$a(b - c) = ab - ac$

Développement d'une expression algébrique

$a(b + c) = ab + ac$

$(a + b)(c + d) = ac + ad + bc + bd$

Identités remarquables

Carré d'une somme : $(a + b)^2 = a^2 + b^2 + 2ab$

Carré d'une différence : $(a - b)^2 = a^2 - b^2 - 2ab$

Produit de la somme de 2 termes par leur différence : $(a + b)(a - b) = a^2 - b^2$

Pour certains calculs, les identités remarquables sont très utiles.

Exemple

$2\,001^2 - 1\,999^2 = ?$

C'est $= a^2 - b^2 = (a + b)(a - b)$

$2\,001^2 - 1\,999^2 = (2\,001 + 1\,999)(2\,001 - 1\,999) = 4000 \times 2 = \mathbf{8\,000}$

Progressions arithmétique et géométrique

- ***Une progression arithmétique*** progresse en ajoutant à la somme des nombres précédents un nombre constant appelé raison.

Si a est le premier terme et r la raison, le $n^{ième}$ terme est : $l = a + (n - 1)r$

La somme de n termes consécutifs est : $Sn = (a + l) \times n / 2$

Exemple

Soit la suite $3, 7, 11, 15, 19$, etc. Quel est le 10e terme de cette suite ? Quelle est la somme des 10 premiers termes de cette suite ?

$r = +4$; $l = 3 + (10 - 1)4 = 39$. **Le 10e terme est 39.**

$Sn = (3 + 39) \times 10 / 2 = 210$. **Somme des 10 premiers termes : 210.**

- ***Une progression géométrique*** progresse en multipliant le produit précédent par un nombre constant appelé raison.

Si a est le premier terme et q la raison, le $n^{ième}$ terme est : $l = a \times q^{n-1}$

Si $q = 1$, la somme des n termes consécutifs est $Sn = na$

Si $q \neq 1$, la somme des n termes consécutifs est $Sn = \dfrac{a(q^n - 1)}{q - 1}$

Exemple

Soit la suite $2, 4, 8, 16, 32$, etc. Quel est le 10e terme de cette suite ? Quelle est la somme des 10 premiers termes de cette suite ?

$q = \times 2$; $l = 2 \times 2^{10-1} = 2 \times 512 = 1\,024$. **Le 10e terme est 1 024.**

$Sn = \dfrac{2(2^{10} - 1)}{2 - 1} = 2 \times 1\,023 = 2046$. **Somme des 10 premiers termes : 2 046.**

2. Les fractions

La fraction est composée de : $\dfrac{\text{numérateur}}{\text{dénominateur}}$

Quelques formules (valables si les valeurs sont différentes de 0) :

Additions et soustractions

$\dfrac{a}{b} + \dfrac{c}{d} \neq \dfrac{a+c}{b+d}$; $\dfrac{a}{b} + \dfrac{c}{d} \neq \dfrac{ad+bc}{bd}$; en revanche $\dfrac{a}{b} + \dfrac{c}{b} = \dfrac{a+c}{b}$

$\dfrac{-a}{b} = \dfrac{a}{-b} = -\dfrac{a}{b}$; $\dfrac{-a}{-b} = \dfrac{a}{b}$

Multiplications et divisions

Si $a = b$, alors $\dfrac{a}{b} = 1$; si $\dfrac{a}{b} = \dfrac{c}{d}$, alors $a \times d = b \times c$

$\dfrac{a}{b} \times \dfrac{c}{d} = \dfrac{ac}{bd}$; $\dfrac{\frac{a}{c}}{\frac{b}{d}} = \dfrac{a}{c} \times \dfrac{d}{b}$

Simplification

La simplification est possible en divisant numérateur et dénominateur par un même nombre. Pour effectuer la plus grande simplification, il faut trouver le PGDC (Plus Grand Dénominateur Commun). Pour cela il faut décomposer numérateur et dénominateur selon les nombres premiers et supprimer ceux qui sont communs.

Exemple

Simplifier $\frac{36}{180}$

$36 = \not{2} \times \not{2} \times \not{3} \times \not{3}$ et $180 = \not{2} \times \not{2} \times \not{3} \times \not{3} \times 5$

Donc $\frac{36}{180} = \frac{1}{5}$

3. Les puissances

La notation x^n signifie $x \times x \times x ... n$ fois

Quelques formules :

$x^0 = 1$; $x^1 = x$; $x^2 = x \times x$

$x^{-1} = 1/x$; $x^{-2} = 1/x^2$

$x^a \times x^b = x^{a+b}$; $x^a/x^b = x^{a-b}$; $(x^a)^b = x^{a \times b}$

$\sqrt[n]{x^n} = x$; $x^{1/2} = \sqrt{x}$; $x^{1/n} = \sqrt[n]{x}$

Puissances de 10 :

$10^n = 1 + n$ zéros

Exemple

$10^5 = 100\,000$

$10^{-n} = 0, ... + n$ chiffres

Exemple

$10^{-5} = 0,00001$

Notation scientifique :

Elle permet de comparer des valeurs. Elle se fait en conservant un seul chiffre avant la virgule ; en notation scientifique **$105\,000 = 1,05.10^5$**

4. Les racines

La racine est la division d'un nombre par lui-même.

Pour a et x positifs :

$\sqrt{x} = a$ et $a^2 = x$

$\sqrt{a^2} = a$ et $(\sqrt{a})^2 = a$

$\sqrt{a} = \times \sqrt{b} = \sqrt{ab}$ [mais $\sqrt{a} + \sqrt{b} \neq \sqrt{a+b}$; pour additionner des racines, il faut additionner leurs valeurs approximatives.]

$\sqrt{\frac{a}{b}} = \frac{\sqrt{a}}{\sqrt{b}}$

Il est nécessaire pour le calcul rapide de connaître les valeurs suivantes :

$\sqrt{2}=1,41$	$\sqrt{6}=2,44$	$\sqrt{25}=5$	$\sqrt{81}=9$	$\sqrt{169}=13$
$\sqrt{3}=1,73$	$\sqrt{9}=3$	$\sqrt{36}=6$	$\sqrt{100}=10$	$\sqrt{196}=14$
$\sqrt{4}=2$	$\sqrt{10}=3,16$	$\sqrt{49}=7$	$\sqrt{121}=11$	$\sqrt{225}=15$
$\sqrt{5}=2,23$	$\sqrt{16}=4$	$\sqrt{64}=8$	$\sqrt{144}=12$	$\sqrt{400}=20$

Extraire une valeur d'une racine

Il faut extraire les parties des racines qui correspondent à des entiers.

Exemple

$\sqrt{200} = \sqrt{100 \times 2} = 10\sqrt{2}$

Ce procédé est utile pour calculer la valeur approchante d'une grande racine ; ainsi $\sqrt{5\,000} = \sqrt{2 \times 25 \times 100} = 50\sqrt{2} \approx 50 \times 1,4 = 70$

ASTUCE

Pour comparer des nombres écrits avec des racines carrées, il suffit de comparer leurs carrés.

Exemple

Quelle est la plus grande valeur : $\sqrt{40}$, $4\sqrt{3}$, $2\sqrt{9}$, $5\sqrt{2}$?

Mis au carré cela donne : 40, $48(= 4^2 \times 3)$, $36(= 2^2 \times 9)$, $50(= 5^2 \times 2)$. La plus grande valeur est 50 (carré de $5\sqrt{2}$). La réponse est $\mathbf{5\sqrt{2}}$.

Entraînement

Exercice 1 : *Résolvez les calculs suivants.*

1. $47 + 28 = ?$

2. $144 - 26 = ?$

3. $150 - 63 + 12 = ?$

4. $28 \times 5 = ?$

5. $24 \times 11 = ?$

6. $45 \times 1,1 = ?$

7. $29 \times 0,25 = ?$

8. $4 \div 0,02 = ?$

9. $24 \times 12,5 = ?$

10. $0,083 \times 200 = ?$

11. $130 \div 32,5 + 130 \div 4 = ?$

12. $111 - 11 \times 10 = ?$

13. $202^2 - 198^2 = ?$

14. $29^2 + 18^2 - 29 \times 36 = ?$

15. $2 + 4 + 6 + 8 + \ldots + 42 + 44 + 46 + 48 = ?$

16. $3 + 9 + 27 + 81 + 243 + 729 + 2\,187 + 6\,561 = ?$

Exercice 2 : *Résolvez les calculs suivants. Les résultats des calculs devront être indiqués sans décimales (sous forme d'entiers, de fraction ou de racines) en simplifiant au maximum l'écriture finale.*

1. $\frac{1}{3} + \frac{1}{4} = ?$

2. $\frac{5}{3} - \frac{4}{9} + \frac{5}{6} = ?$

3. $\frac{4}{9} \times \frac{3}{13} \times \frac{26}{16} = ?$

4. $\dfrac{\frac{15}{8}}{\frac{5}{12}} = ?$

5. $\frac{10\,000}{0,01} = ?$

6. $8^2 \times 2^4 = ?$

7. $1\,000\,000 \div 10\,000 = ?$

8. $(10^4)^{-3} = ?$

9. $27^{1/3} = ?$

10. $(10^3)^{-5} = ?$

11. $\sqrt{169} = ?$

12. $\sqrt{9} + \sqrt{16} = ?$

13. $4\sqrt{4} + \sqrt{5} \times \sqrt{20} = ?$

14. $\sqrt{\sqrt{14\,641}} = ?$

15. $\sqrt{\frac{1}{9} + \frac{1}{16}} = ?$

16. $\frac{\sqrt{27}}{\sqrt{48}} = ?$

Corrigé

Exercice 1

1. 75 $47 + 28 = 47 + 20 + 8 = 75$

2. 118 $144 - 26 = 144 - 24 - 2 = 120 - 2 = 118$

3. 99 $150 - 63 + 12 = 150 + 12 - 63 = 162 - 63 = 99$

4. 140 $28 \times 5 = 20 \times 5 + 8 \times 5 = 100 + 40 = 140$

5. 264 $24 \times 11 = 24 \times 10 + 24 = 264$ ou appliquer la technique suivante : mettre le 4 en unité, le 2 en centaine et l'addition de 2 et 4 en dizaine.

6. 49,5 $45 \times 1,1 = 45 + 45 \times 0,1 = 45 + 4,5 = 49,5$ ou appliquer la technique suivante : mettre le 5 en unité, le 4 en centaine et l'addition de 5 et 4 en dizaine puis placer la virgule.

7. 7,25 $29 \times 0,25 = 29/4 = 28/4 + 1/4 = 7,25$

8. 200 $4 \div 0,02 = 4 \times 50 = 200$

9. 300 $24 \times 12,5 = 24 \div 8 \times 100 = 300$ (car $100/8 = 12,5$)

10. 16,6 $0,083 \times 200 = 8,3 \times 2 = 16,6$

11. 36,5 Commencez par calculer ce qui est le plus facile, à savoir $130 \div 4 = 130 \div 2 \div 2 = 65 \div 2 = 32,5$. Si $130 \div 4 = 32,5$ alors $130 \div 32,5 = 4$. Donc $130 \div 32,5 + 130 \div 4 = 4 + 32,5 = 36,5$

12. 1 Attention à la priorité des opérations : $111 - 11 \times 10 = 111 - 110 = 1$

13. 1 600 Identité remarquable : $a^2 - b^2 = (a + b)(a - b)$.

$202^2 + 198^2 = (202 + 198)\ (202 - 198) = 400 \times 4 = 1\,600$

14. 121 Identité remarquable : $a^2 + b^2 - 2ab = (a - b)^2$.

$$29^2 + 18^2 - 29 \times 36 = (29 - 18)^2 = 11^2 = 121$$

15. 600 C'est une progression arithmétique de raison + 2 et qui compte 24 termes. Sa somme est : $(2 + 48) \times 24/2 = 50 \times 12 = 600$

16. 9 840 C'est une progression géométrique de raison × 3 et qui compte 8 termes. Sa somme est : $\frac{3(3^8 - 1)}{3 - 1}$ sachant que $3^8 = 6\,561$. Donc $\frac{3(3^8 - 1)}{3 - 1} = \frac{3 \times 6\,560}{2}$ $= \frac{19\,680}{2} = 9\,840$

Exercice 2

1. 7/12 $\frac{1}{3}+\frac{1}{4}=\frac{1\times 4}{3\times 4}+\frac{1\times 3}{4\times 3}=\frac{4+3}{4\times 3}=\frac{7}{12}$

2. 37/18 $\frac{5}{3}-\frac{4}{9}+\frac{5}{6}=\frac{30-8+15}{18}=\frac{37}{18}$

3. 1/6 $\frac{4}{9}\times\frac{3}{13}\times\frac{26}{16}=\frac{4}{3\times 3}\times\frac{3}{13}\times\frac{13\times 2}{4\times 2\times 2}$

Après avoir précédemment décomposé les valeurs, barrons celles qui sont communes aux numérateurs et aux dénominateurs.

$$\frac{\cancel{4}}{\cancel{3}\times 3}\times\frac{\cancel{3}}{\cancel{13}}\times\frac{\cancel{13}\times\cancel{2}}{\cancel{4}\times\cancel{2}\times 2}=\frac{1}{3\times 2}=\frac{1}{6}$$

4. 9/2 $\frac{\frac{15}{8}}{\frac{5}{12}}=\frac{15}{8}\times\frac{12}{5}=\frac{3\times\cancel{5}\times\cancel{2}\times\cancel{2}\times 3}{\cancel{2}\times\cancel{2}\times 2\times\cancel{5}}=\frac{9}{2}$

5. 10^6 ou 1 000 000 Diviser par 0,01 c'est comme multiplier par 100.

6. 2^{10} ou 1 024 $8^2\times 2^4=2^2\times 2^2\times 2^2\times 2^4=2^{10}$ ou $8^2\times 2^4=64\times 16=1\,024$

7. 100 ou 10^2 $1\,000\,000\div 10\,000=10^6\div 10^4=10^2=100$

8. 10^{-12} Rappel : $(x^a)^b=x^{a\times b}$. Donc $(10^4)^{-3}=10^{4\times -3}=10^{-12}$

9. 3 $27^{1/3}=\sqrt[3]{27}=3$ (car `$\bas 3^3 = 27$`)

10. 10^{-15} Rappel : $(x^a)^b=x^{a\times b}$. Donc $(10^3)^{-5}=10^{3\times -5}=10^{-15}$

11. 13 Il faut connaître les racines carrées dont la valeur est un entier.

12. 7 $\sqrt{9}+\sqrt{16}=3+4=7$ (et non $\sqrt{9}+\sqrt{16}=\sqrt{25}=5$)

13. 18 $4\sqrt{4}+\sqrt{5}\times\sqrt{20}=8+\sqrt{100}=18$

14. 11 Pour résoudre cela, il faut commencer par calculer $\sqrt{14\,641}$. Or 14 641 se situe entre le carré de 120 (14 400) et de 130 (16 900) et nous sommes plus proche de 14 400. Donc $\sqrt{14\,641}$ doit être proche de 120. Dans la mesure où la valeur sous la racine a pour unité 1, elle est obtenue par le carré de 1. De plus 14 641 est un nombre palindrome (miroir) tout comme 121. Donc $\sqrt{14\,641}=121$. Ensuite il faut calculer $\sqrt{121}=11$. Donc $\sqrt{\sqrt{14\,641}}=11$.

15. 5/12 $\sqrt{\frac{1}{9}+\frac{1}{16}}=\sqrt{\frac{1\times 16}{9\times 16}+\frac{1\times 9}{16\times 9}}=\sqrt{\frac{16+9}{9\times 16}}=\sqrt{\frac{25}{9\times 16}}=\frac{\sqrt{25}}{\sqrt{9}\times\sqrt{16}}$

$=\frac{5}{3\times 4}=\frac{5}{12}$

16. 3/4 $\frac{\sqrt{27}}{\sqrt{48}}=\frac{\sqrt{3\times 9}}{\sqrt{3\times 16}}$ Barrons $\sqrt{3}$ qui est commun au numérateur et au dénominateur. Il reste $\frac{\sqrt{9}}{\sqrt{16}}=\frac{3}{4}$.

9 Conversions, géométrie

Les thèmes que nous abordons ici reposent particulièrement sur la connaissance de formules. Si des questions vous sont posées sur ces thèmes ce doit être l'occasion de grappiller facilement des points.

1. Les conversions

Les différentes unités de mesure sont les suivantes :

- Longueur : mètre
- Poids, masse : gramme
- Durée : jour, heure, minute, seconde
- Volume : mètre cube, litre
- Vitesse : mètre / seconde
- Aire : mètre carré, are
- Volume : mètre cube
- Puissance électrique : watt ; énergie électrique : wattheure

Tableau des multiples et sous-multiples d'une unité :

kilo	hecto	déca	*unité*	déci	centi	milli
		1	0			

Dans le tableau, inscription par exemple de **10 mètres**.

Pour les expressions au carré (aire) il faut 2 chiffres par unité.

kilo		hecto		déca		*unité*		déci		centi		milli	
						1	0						

Dans le tableau, inscription par exemple de **10 m²**.

Pour les expressions au cube (volume), il faut 3 chiffres par unité.

kilo			hecto			déca			*unité*			déci			centi			milli		
										1	0									

Dans le tableau, inscription par exemple de **10 m³**.

REMARQUES

1. 1/1 000e de millimètre s'appelle un micromètre (noté µ).

2. Les aires en agriculture notamment s'expriment souvent en are.

1 are (a) = 1 dam² (décamètre carré) = 100 m²

1 hectare (ha) = 100 a (ares) = 1 hm² = 10 000 m²

1 centiare (ca) = 0,01 a (ares) = 1 m²

3. Il faut savoir faire correspondre des litres et des m^3.

1 litre = 1 dm^3 (décimètre cube) = 0,001 m^3

Calculs sur les unités de mesure :

Calcul d'une vitesse moyenne : $v = d/t$

(où v est la vitesse, d la distance et t le temps)

D'où $d = v \times t$, et $t = d/v$.

Calcul d'un débit : $D = V/t$

(où D est le débit, V le volume d'écoulement et t le temps)

Calcul d'une masse volumique : masse volumique = masse / volume

Calcul d'un temps :

1 min = 60 sec ; 1 heure = 60 min = 3 600 secondes

1 jour = 24 heures = 1 440 min = 86 400 secondes

1 an = 365,25 jours = 31 557 600 s. (ou 31 536 000 si on compte 365 j.).

REMARQUE

Quand on doit additionner ou soustraire des durées, il faut penser que les heures sont en base 24, les minutes et les secondes en base 60.

Exemple

23 h 36 min 48 s.	*(Additionner d'abord les secondes et marquer une*
+ 16 h 38 min 24 s	*retenue à 60, puis tous les 60, idem pour les minutes.)*
+ 12 h 49 min 54 s.	
2 j 05 h 05 min 06 s.	

Pour les secondes, on trouve 126 s. = 2 min 6 sec. On inscrit 06 et on retient 2.

Pour les minutes, on trouve 123 + 2 (la retenue) = 2 h 05 min. On inscrit 05 et on retient 2.

Pour les heures, on trouve 51 h + 2 h (retenue) = 53 h soit **2 jours et 5 h**.

2. Géométrie

Rappelons seulement quelques formules ; l'application n'est pas difficile.

Théorème de Pythagore

Il permet de calculer le côté d'un triangle rectangle en ayant les deux autres côtés. Dans un triangle rectangle, le carré de l'hypoténuse (diagonale) est égal à la somme des carrés des deux autres côtés, soit (pour un triangle rectangle en A) $BC^2 = AB^2 + AC^2$.

Théorème de Thalès

Il permet de calculer certains segments parallèles dans un triangle. Si dans un triangle ABC, on trace un segment DE parallèle à BC, alors :

$$\frac{AB}{AC} = \frac{AD}{AE} \text{ et } \frac{AB}{AD} = \frac{AC}{AE}$$

Exemple

Dans le triangle ABC, le segment DE est parallèle à BC. Si AE = 1,5 cm, AC = 4 cm et AB = 3,5 cm quelle est la valeur de AD ?

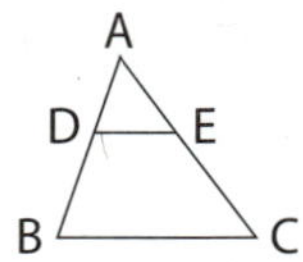

$$AD = \frac{AB \times AE}{AC} = \frac{3,5 \times 1,5}{4} = \frac{5,25}{4} \approx \mathbf{1,3} \text{ cm}$$

Périmètre et aire

Le ***périmètre*** est la somme des longueurs de chaque côté d'une figure plane.

L'***aire*** est la superficie d'une figure en géométrie plane.

Voici les principales formules de périmètres et d'aires.

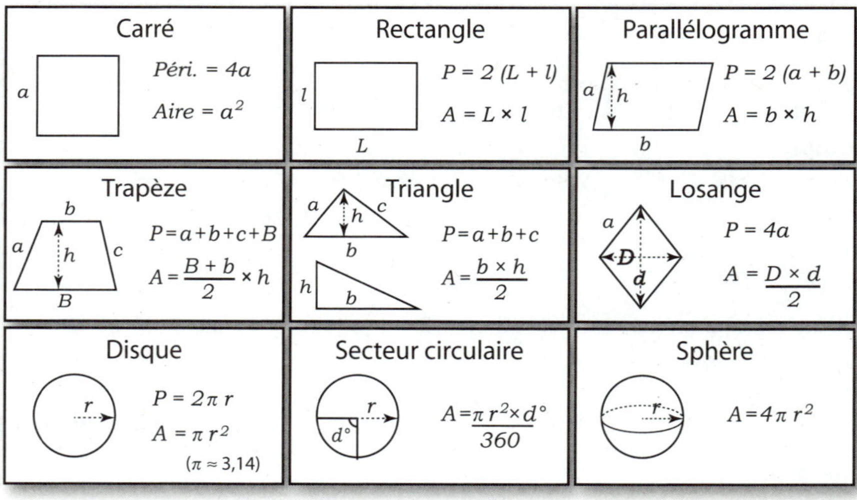

Volume

Le ***volume*** est l'extension d'un objet géométrique dans l'espace.

Quand on connaît les aires, il suffit bien souvent de multiplier cette aire par la hauteur de l'objet pour obtenir son volume. Retenez ces formules.

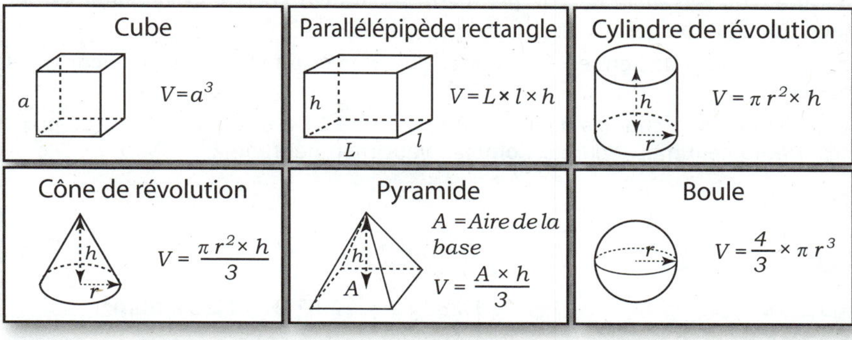

Entraînement

Exercice 1 : *Convertissez les valeurs suivantes.*

1. 120 cm = ... m.
2. 3150 dL = ...hL
3. 280 g = ... kg
4. 3 kw = ... w
5. 2 m^2 = ... cm^2
6. 85,4 ha = ... km^2
7. 1 287 ca = ... dam^2
8. 1 600 dm^3 = ... m^3
9. 12 L = ... dm^3
10. 0,127 hL = ...dm^3
11. 1 000 000 µL = ... L
12. 10^{-6} dam^3 = ... dm^3

Exercice 2 : *Répondez aux questions suivantes concernant la géométrie.*

1. Quel est le périmètre d'un rectangle de 10 cm par 5 cm ? Quelle est son aire ?

2. Quelle est l'aire d'un trapèze de 12 cm de petite base, 20 cm de grande base et 15 cm de hauteur ?

3. Quel est le périmètre d'un cercle de 6 cm de rayon ? Quelle est l'aire d'un disque de même rayon ? (pour $\pi = 3,14$)

4. Dans un disque de 12 cm de rayon, quelle est l'aire d'un secteur circulaire ayant 30° d'angle ? (pour $\pi = 3,14$)

5. Quelle est la valeur du côté d'un cube dont le volume est 125 cm^3 ?

6. Quel est le volume d'un cylindre de 10 cm de haut et dont la base est un disque de 4 cm de rayon ? (pour $\pi = 3,14$)

7. Quel est le volume d'une boule de rayon 6 cm ? (pour $\pi = 3,14$)

8. Si un parallélépipède a un volume de 72 cm^3 et une aire de 16 cm^2, quelle est sa hauteur ?

Exercice 3 : *Résolvez les problèmes suivants concernant les unités de mesure, et les conversions et la géométrie.*

1. À l'aide de 50 petits cubes d'1 cm^3, je souhaite réaliser le plus grand cube possible. Combien me restera-t-il de petits cubes inutilisés ?

2. Ma piscine mesure 6 m de long et 4 m de large pour 2,1 m de profondeur. Je souhaite la remplir d'eau. Sachant que le débit de mon robinet est de 16L/minute et que je ne remplis ma piscine que jusqu'à 10 cm du bord, combien de temps dois-je prévoir pour cette opération ?

3. J'ai tracé sur ma feuille à l'aide de mon compas un cercle de 5 cm de rayon. Je dois à présent tracer un autre cercle dont l'aire sera le double. Quel doit être le rayon de ce nouveau cercle, arrondi à l'unité la plus proche ? (pour $\pi = 3,14$)

4. Quelle est l'aire d'un rectangle dont le périmètre est 48 cm et dont la longueur est trois fois plus grande que la largeur ?

5. Dans un film, 24 images défilent en 1 seconde. Combien cela fait-il d'images pour un film d'1 h 45 minutes ?

6. J'ai reçu en héritage trois champs de 1 ha 38 a, de 4 ha 21 a et de 5 a 15 ca. Le prix du mètre carré est de 40 centimes d'euros. Combien vaut mon héritage ?

Corrigé

Exercice 1

1. 120 cm = **1,2 m**.

2. 3 150 dL = **3,15 hL**

3. 280 g = **0,28 kg**

4. 3 kw = **3 000 watts**

5. 2 m^2 = **20 000 cm^2**

6. 85,4 ha = **0,854 km^2**

7. 1 287 ca = 12,87 a = **12,87 dam^2**

8. 1 600 dm^3 = **1,6 m^3**

9. 12 L = **12 dm^3**

10. 0,127 hl = 12,7 L = **12,7 dm^3**

11. 1 000 000 µL = **1 L**

12. 10^{-6} dam^3 = **1 dm^3**

Exercice 2

1. Périmètre du rectangle : $2 \times (10 + 5) = \mathbf{30}$ **cm**. Aire : $10 \times 5 = \mathbf{50}$ **cm^2**.

2. Aire du trapèze : $\frac{12 + 20}{2} \times 15 = 16 \times 15 = \mathbf{240}$ **cm^2**.

3. Périmètre du cercle : $2 \times \pi \times 6 = 12\,\pi = \mathbf{37,68}$ **cm**.

Aire du disque : $\pi \times 6^2 = 36\,\pi = \mathbf{113,04}$ **cm^2**.

Pensez toujours à conserver π le plus longtemps possible avant de le remplacer par 3,14 pour ne pas avoir à faire des calculs sur un nombre à virgule.

4. Aire du secteur circulaire : $\frac{\pi \times 12^2 \times 30}{360} = \frac{4\,320\,\pi}{360} = 12\,\pi = \mathbf{37,68}$ **cm^2**.

Astuce : 30 × 12 = 360. Donc $\frac{\pi \times 12^2 \times 30}{360} = \frac{12 \times \cancel{360}\,\pi}{\cancel{360}} = 12\,\pi$.

5. $a^3 = 125$ d'où $a = \sqrt[3]{125}$. Sachant que $5^3 = 125$ alors $\sqrt[3]{125} = \mathbf{5}$ **cm** de côté.

6. Volume du cylindre : $\pi \times 4^2 \times 10 = 160\,\pi = \mathbf{502,4}$ **cm^3**.

7. Volume de la boule : $\frac{4}{3} \times \pi \times 6^3 = \frac{4 \times \pi \times 36 \times 3 \times 2}{3} = 288\,\pi = \mathbf{904,32}$ **cm^3**. Il fallait penser que $6 \times 6 \times 6 = 36 \times 3 \times 2$ pour simplifier.

8. Le volume d'un parallélépipède est obtenu en multipliant l'aire d'un côté par la longueur du côté perpendiculaire (ici la hauteur). Donc cette longueur peut être retrouvée en divisant le volume par l'aire. D'où $\frac{72}{16} = \mathbf{4,5}$ **cm** de hauteur.

Exercice 3

1. Sachant que le volume d'un cube est obtenu par la formule a^3, il faut trouver le cas tel que $a^3 \leqslant 50$ et où a est un entier. Or $3^3 = 27$ et $4^3 = 64$. Donc le plus grand cube possible aura 3 petits cubes de côté et utilisera 27 petits cubes. Il me restera 50 − 27 = **23 petits cubes**.

2. Calculer d'abord le volume d'eau sachant qu'il faut 2,1 − 0,1 = 2 m d'eau. Le volume d'eau est 6 × 4 × 2 = 48 m^3. Or 48 m^3 = 48 000 dm^3 = 48 000 L. Donc le temps nécessaire est $t = \frac{V}{D}$ soit $t = \frac{48\,000}{16} = 3\,000$ min = **50 heures ou 2 jours et 2 heures**.

3. Il faut calculer l'aire du cercle de rayon 5 cm, puis doubler cette aire et poser une équation à partir de la formule d'aire d'un disque : $\pi \times r^2$

Aire du cercle initial : $\pi \times 5^2 = 25\,\pi$. L'aire du cercle doublée sera $50\,\pi$.

Or $50\,\pi = \pi \times r^2$, d'où $50 = r^2$ et $r = \sqrt{50} \approx$ **7 cm** (proche de $\sqrt{49}$).

4. Le périmètre d'un rectangle est $2L + 2l$ où « L » est la longueur et « l » la largeur.

Or $L = 3l$ donc $2l + 2L = 2l + 2 \times 3l = 8l$.

Puisque le périmètre est 48 cm, $8l = 48$ d'où $l = 6$ cm. Et $L = 3 \times 6 = 18$ cm.

Aire du rectangle : $6 \times 18 =$ **108 cm²**.

5. Il faut d'abord convertir 1 h 45 min en secondes. On sait que 1 h = 3 600 s. Et 45 minutes représentent 3/4 d'heure, soit $\frac{3}{4} \times 3\,600 = 3 \times 900 = 2\,700$ s. (On peut aussi faire $45 \times 60 = 2\,700$.) Donc 1 h 45 min = 3 600 s + 2 700 s = 6 300 s. Or $6\,300 \times 24 =$ **151 200 images**.

6. Avant de calculer la surface des champs, mettons d'abord tout en mètres carrés, sachant que 1 ha = 10 000 m², que 1 a = 100 m² et que 1 ca = 1 m². On obtient : 13 800 m² + 42 100 m² + 515 m² = 56 415 m². Or $56\,415 \times 0,4 =$ **22 566 €**.

Composition

Aptitude pro

Anglais

Entretien psy

Entretien jury

EPG

10 Pourcentages et proportionnalité

Ces thèmes sont relativement fréquents dans les tests parce qu'ils sont utiles dans la vie courante et que les candidats ne les maîtrisent pas assez. Ils sont également liés car les pourcentages font utiliser les mêmes principes que la proportionnalité et sa fameuse règle de trois.

1. Les pourcentages

Pour commencer, il faut savoir que 20 % = 20 / 100 = 0,2

Calcul d'un pourcentage d'une valeur : *Valeur* × *P/100*

Pour une augmentation de P/100 : (*1* + *P/100*)

Pour une baisse de P/100 : (*1* – *P/100*)

Exemple

Durant les soldes le prix d'un pantalon de 120 € est baissé de 20 %. Quel est son nouveau prix ?

$120(1 - 20/100) = 120 \times 0,8 = \mathbf{96}$ **€**

Pour le calcul final pensez que $120 \times 0,8 = 12 \times 8$.

REMARQUES

1. Augmenter un prix de 100 % c'est le doubler, l'augmenter de 200 %, c'est le tripler, etc.

2. Baisser un prix d'un certain pourcentage puis l'augmenter de ce même pourcentage ne fait pas revenir au prix initial car la baisse se fait sur un plus grand prix que la hausse. Ainsi si 100 est baissé de 10 %, on obtient 90 ; et si 90 est augmenté de 10 %, on obtient 99. Soit au total une baisse d'1 %.

Retrouver la valeur initiale après application d'un pourcentage :

- Pour une réduction ⟶ $V = \frac{\textit{prix final}}{1 - P/100}$
- Pour une augmentation ⟶ $V = \frac{\textit{prix final}}{1 + P/100}$

Exemple

Vous payez un article 180 €. Vous avez obtenu une réduction de 10 %. Quel était le prix d'origine ?

$$V = \frac{180}{1 - 10/100} = \frac{180}{0,9} = \mathbf{200\ €}$$

Pour le calcul final, pensez que $180/0,9 = 1\,800/9$.

ATTENTION

Si deux pourcentages successifs sont appliqués, le 1er est calculé sur la valeur initiale, le 2nd sur la valeur obtenue après application du premier pourcentage.

REMARQUE

Si plus de deux pourcentages identiques sont appliqués, on peut appliquer la formule suivante (où x est la valeur d'origine, et n le nombre de pourcentages appliqués) : $V = x(1 + P/100)^n$

Exemple : On place 10 000 € sur un compte rémunéré à 5 %. Quelle somme possédera-t-on au bout de 5 ans ?

$V = 10\,000(1 + 5/100)^5 = 10\,000 \times 1,05^5 = 10\,000 \times 1,28 = \mathbf{12\,800}$ **€**

2. La proportionnalité

Pour calculer une proportion, il faut utiliser la règle de trois ou règle de proportionnalité. Si deux grandeurs sont proportionnelles, en les multipliant par le même facteur, la proportion demeure. Ce facteur est appelé coefficient de proportionnalité.

Concrètement, dans un tableau de proportionnalité, vous devez croiser les informations. Vous multipliez les valeurs opposées dans le tableau et vous divisez leur produit par la 3e valeur pour obtenir la 4e manquante.

Exemple

Si un objet de 5 cm pèse 40 g, combien pèsera un objet de 12 cm aux propriétés identiques ?

Taille de l'objet (en cm)	**5**	**12**
Poids de l'objet (en g)	**40**	**?**

La valeur manquante est obtenue en faisant : $\frac{40 \times 12}{5} = 8 \times 12 = \mathbf{96}$ **g**.

Pour le calcul final pensez à simplifier 40/5 = 8 g.

Les échelles

C'est souvent un exercice qui pose problème. Il mêle deux éléments : la proportionnalité et les conversions.

La formule générale est la suivante : échelle = $\frac{\textit{longueur sur le dessin}}{\textit{longueur réelle}}$

Précisons que les longueurs doivent être exprimées selon la même unité.

Exemple

Un cycliste a parcouru 32 cm sur une carte au 1/10 000e. Quelle distance réelle a-t-il parcourue ?

Une échelle à 1/10 000e signifie qu'1 cm sur la carte = 10 000 cm réels.

Il a donc parcouru $\frac{32 \times 10\,000}{1} = 320\,000$ cm soit **3,2 km**.

Entraînement

Résolvez les problèmes suivants concernant les pourcentages et la proportionnalité.

1. Un pantalon affiché 80 € baisse de 20 %. Quel est son nouveau prix ?

2. Un article soldé à 15 % n'a pas été vendu. Si je souhaite à présent le remettre à son prix d'origine de quel pourcentage dois-je augmenter son prix ?

3. Un prix est multiplié par cinq. De quel pourcentage est-il augmenté ?

4. Si on augmente successivement un capital initial de 1 000 € de 5 % puis de 6 %, de quel pourcentage l'augmente-t-on au total par rapport à son prix initial ?

5. L'échelle d'une carte est 1/10 000e. Quelle est la distance réelle (en km) entre deux points éloignés de 14 cm sur cette carte ?

6. Dans une recette de cuisine prévue pour 6 personnes, il faut 390 g de farine. Vous souhaitez réaliser cette recette pour 7 personnes. Combien faut-il de farine ?

7. Si j'ai parcouru 34,5 km et que cette distance représente 23 cm sur une carte, quelle est son échelle ?

8. Un train parcourt 220 km en 50 minutes. Combien de kilomètres aurait-il parcouru en 1 h 20 min s'il était allé à la même vitesse ?

9. Deux trains partent au même moment de deux gares distantes de 400 km. Ils doivent se croiser. Le premier train va à une vitesse moyenne de 220 km/h et le second progresse à une vitesse moyenne de 280 km/h. Au bout de combien de temps vont-ils se croiser ?

10. Avec mon petit frère, nous avons mis 3 heures pour ranger trois pièces de la maison (nos deux chambres et la salle de jeu). En admettant que l'efficacité de chacun soit la même, quel temps aurions-nous mis pour ranger 5 pièces si nous avions été 3 ?

Corrigé

1. $80(1 - 20/100) = 80 \times 0,8 = \mathbf{64}$ **€**.

2. Prenons 100 pour valeur. Baisser de 20 %, c'est multiplier par 0,8.

$100 \times 0,8 = 80$ €. Pour le remettre à 100 €, il faut l'augmenter de $100 - 80 = 20$ €.

Il faut alors se demander ce que 20 € représentent par rapport à 80 €.

Or $\frac{20}{80} = \frac{1}{4} = \frac{25}{100} = \mathbf{25\ \%}$.

3. Il est augmenté de **400 %**. Car, $100 + 100 \times \frac{400}{100} = 500$. Or $100 \times 5 = 500$.

4. Augmenter de 5 %, c'est multiplier par $1,05$. Augmenter de 6 %, c'est multiplier par $1,06$. L'augmentation est de $1,05 \times 1,06 = 1,113$ soit **11,3 %.**

5. $14 \times 10\,000 = 140\,000$ cm soit **1,4 km**.

6. Il faut faire un tableau de proportionnalité.

Nombre de personnes	6	7
Quantité de farine (en g.)	390	?

La valeur manquante est obtenue en faisant : $\frac{390 \times 7}{6} = \mathbf{455\ g}$.

7. Commencer par convertir les km en cm. $34,5$ km $= 3\,450\,000$ cm.

Puis établir le rapport entre 23 cm et 3 450 00 cm. $\frac{23}{3\,450\,000} = \mathbf{\frac{1}{150\,000}}$

Pour trouver cette valeur poser 345 ÷ 23 (égal à 15) puis ajouter les quatre « 0 » ôtés initialement.

8. Commencer par convertir les heures en minutes : 1 h 20 min = 80 min.

Puis faire un tableau de proportionnalité.

Temps (en minutes)	50	80
Distance (en kilomètres)	220	?

La valeur manquante est obtenue en faisant : $\frac{22\cancel{0} \times 80}{5\cancel{0}}$ = **352 km**.

9. Le moment où ils se croisent correspond au moment où, à eux deux, les trains ont parcouru les 400 km. Selon leur vitesse moyenne, au bout d'1 heure, ils ont parcouru 220 + 280 = 500 km. Donc ils se sont déjà croisés depuis longtemps. Pour déterminer à quel moment, faisons un tableau de proportionnalité.

Distance (en kilomètres)	500	400
Temps (en minutes)	60	?

La valeur manquante est obtenue en faisant : $\frac{60 \times 4\cancel{00}}{5\cancel{00}}$ = **48 minutes**.

10. Commencer par convertir les heures en minutes : 3 h = 180 min. Puis faisons un tableau.

Nombre de personnes	2	3
Nombre de pièces	3	5
Temps (en minutes)	180	?

C'est une double proportionnalité. Il faut la résoudre en deux temps en conservant toujours une valeur constante. Dans un 1er temps calculer le temps mis par 3 personnes pour ranger 3 pièces (« 3 pièces » est notre valeur constante) : $\frac{180 \times 2}{3}$ = 120 minutes. (Il ne faut pas raisonner comme dans un simple produit en croix, car plus il y a de personnes, moins elles mettent de temps).

À présent, nous savons que 3 personnes rangent 3 pièces en 120 minutes.

Dans un 2e temps, calculons le temps mis par 3 personnes pour ranger 5 pièces (« 3 personnes » est notre valeur constante) : $\frac{120 \times 5}{3}$ = **200 minutes**. (Les personnes doivent évidemment mettre plus de temps pour ranger 2 pièces de plus.)

Un calcul direct est possible en croisant les données : $\frac{2 \times 5 \times 180}{3 \times 3}$ = **200 min**.

Composition
Aptitude pro
Anglais
Entretien psy
Entretien jury
EPG

11 Probabilité, dénombrement et équations

Ces derniers thèmes que nous allons aborder sont présentés en tests dans des petits problèmes avec ou sans propositions de réponse.

1. Probabilité et dénombrement

Le dénombrement détermine le nombre de combinaisons possibles (groupements) avec *n* objets.

a. Dénombrement sans remise

Nombre de combinaisons si l'on ne reprend pas le(s) même(s) objet(s)

Permutation

Tout cas envisagé (ABC et BAC sont distincts) :
$n!$ [où « ! » signifie *factoriel*] $= n \times (n-1) \times (n-2) \times \ldots \times 2 \times 1$

Exemple

Au tiercé, 10 chevaux font une course. Combien de ***classements différents de ces chevaux*** peut-on obtenir ?

$10! = 10 \times 9 \times 8 \times 7 \times 6 \times 5 \times 4 \times 3 \times 2 \times 1 =$ **3 628 800 classements**.

Retenez les premiers factoriels pour ne pas avoir à les compter :

$1! = 1$	$3! = 6$	$5! = 120$	$7! = 5\,040$
$2! = 2$	$4! = 24$	$6! = 720$	

À partir de là, pour connaître $8!$, il faut multiplier 5 040 par 8, pour obtenir $9!$, il faut multiplier 5 040 par $72 (= 8 \times 9)$, etc.

Arrangement

Dénombrement de combinaisons dans un ordre précis (*l'ordre importe*) : $n!/(n-p)!$
[où *p* est le nombre d'éléments voulus dans l'ensemble]

Exemple

Au tiercé, 10 chevaux font une course. Combien de ***tiercés dans l'ordre*** sont possibles ?

$10!/(10-3)! = 10!/7! = 10 \times 9 \times 8 =$ **720 tiercés dans l'ordre**.

⟶ Pour être sûr d'avoir le tiercé dans l'ordre, il faudrait donc jouer 720 fois et celui qui joue 1 seule fois a 1/720 chances de gagner.

On peut aller plus vite en considérant immédiatement les 3 premières valeurs puisque l'on veut un tiercé : $10 \times 9 \times 8 = 720$

Combinaison

Tout cas envisagé sans distinguer les variantes combinatoires, donc ABC et BAC sont identiques (*l'ordre n'importe pas*) : $\frac{n!/(n-p)!}{p!}$

Exemple

Au tiercé, 10 chevaux font une course. Combien de ***tiercés dans l'ordre ou dans le désordre*** sont possibles ?

$\frac{10!/(10-3)!}{3!} = \frac{10!/7!}{3!} = \frac{10 \times 9 \times 8}{6} = \frac{720}{6}$ = **120 tiercés**.

⟶ Pour être sûr d'avoir le tiercé dans le désordre, il faudrait jouer 120 fois et celui qui joue 1 seule fois a 1/120 chances de gagner.

Cas particulier : les poignées de main

Dans ce cas, la formule est la même que précédemment, mais il faut penser que chaque poignée de main n'exclut pas 1 mais 2 possibilités du fait de la réciprocité (A sert la main a B et B sert la main à A).

Donc, $p = 2$ (chaque poignée de main comptant pour 2).

Exemple

10 personnes réunies dans une pièce se serrent la main. Combien de poignées de mains seront échangées ?

$\frac{10!/(10-2)!}{2!} = \frac{10!/8!}{2!} = \frac{10 \times 9}{2} = \frac{90}{2}$ = **45 poignées de main**.

On peut également obtenir ce nombre en considérant que le 1er serre 9 mains, le 2e en serre 8, etc.

ATTENTION

Si le problème est inversé dans l'intitulé, pensez que le dernier individu ne serre aucune main puisque tout le monde lui a déjà serré la main.

Exemple : 10 poignées de main sont échangées ; combien y a-t-il de personnes ?

10 = 0 + 1 + 2 + 3 + 4

⟵⟶ = 5 valeurs, donc 5 personnes.

b. Dénombrement avec remise

Nombre de combinaisons si l'on reprend le(s) même(s) objet(s) : n^p

Exemple

Dans une urne contenant 5 boules numérotées de 1 à 5, on tire au sort une boule, puis on la remet. L'opération est effectuée en tout 3 fois. Combien de listes différentes de numéros va-t-on obtenir ?

5^3 = **125 listes différentes**.

La probabilité d'un événement est calculée à partir du dénombrement ; elle est le *nombre de cas favorables / nombre de cas possibles = n / N*.

Ainsi dans l'exemple précédent, si nous voulons savoir quelle est la probabilité de tirer d'abord la boule 1, ensuite la boule 2, enfin la boule 3, elle est de $1/5^3$ = **1/125 soit 1 cas favorable pour 125 cas possibles**.

REMARQUE

Vous pourrez rencontrer du dénombrement sur des formes géométriques, dénombrement de faces, de parties de faces, d'arêtes (droite qui délimite deux demi-plans), d'angles. Dans ce cas soyez méthodiques.

Exemple 1 : Combien d'arêtes compte un cube ?

Il y en a 4 de face + 4 sur la face opposée + 4 pour lier ces faces, soit **12 arêtes**.

Exemple 2 : Combien de rectangles compte cette figure ?

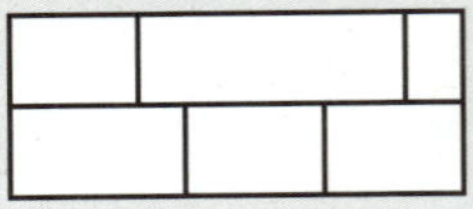

Allons des plus petits rectangles aux plus grands. Rectangles d'1 case : **6** ; de 2 cases : **4** ; de 3 cases : **2** ; de 6 cases : **1**. **Total : 13 rectangles**.

2. Les équations

Équations à une inconnue : sous la forme ax = b

Quelques règles :

- si $a \neq 0$, la solution est b / a
- si $a = 0$: si $b = 0$, toutes les solutions sont possibles
- si $b \neq 0$, il n'y a pas de solution

Le tout est de ramener l'équation à la forme $ax = b$.

La simplification n'est pas difficile : attention à modifier les signes (+; –) en changeant de côté par rapport au signe =.

Équations à deux inconnues : sous la forme ax + by = c

Une seule équation a plusieurs couples de valeurs pour solution.

Pour un système de deux équations à deux inconnues, on réduit ces solutions (qui doivent être communes).

Résolution du système :

- **par substitution :** il faut exprimer une inconnue en fonction de l'autre dans l'une des équations.
- **par addition :** on multiplie une (ou deux) équations par des nombres choisis de façon à ce que les coefficients d'une inconnue deviennent opposés. C'est une méthode rapide.

Exemple

Résoudre : $\begin{cases} 1,2x - 8y = 7,8 \\ 6x + 9y = -10 \end{cases}$

Pour résoudre ce système, multiplier la 1re équation par -5 pour supprimer l'inconnue x.

$\begin{cases} -6x + 40y = -39 \\ 6x + 9y = -10 \end{cases}$ $\longrightarrow$ Par addition, reste $49y = -49$ d'où $y = -$ **1** et $x = -$ **1/6**.

Entraînement

Résolvez les problèmes suivants concernant les probabilités, le dénombrement et les équations.

1. Si je lance un dé ordinaire, quelle est la probabilité d'obtenir 4 ou 6 ?

2. J'hésite entre plusieurs habits rangés dans mon armoire. Deux pantalons me plaisent, ainsi que deux chemises et trois pulls. Sachant que je veux porter une chemise, un pantalon et un pull, de combien de façons différentes puis-je me vêtir ?

3. Dans un sac 3 boules jaunes, 4 rouges et 2 bleues. Combien dois-je retirer de boules si je veux être sûr d'en avoir au moins une de chaque couleur ?

4. De combien de façons différentes pouvez-vous disposer 4 objets sur une étagère ?

5. Combien avez-vous de chances de remporter un tiercé dans l'ordre de 8 chevaux, si vous jouez une seule fois ?

6. Dans le cas précédent, combien ai-je de chances si je me contente d'un tiercé dans le désordre ?

7. Lors d'un devoir, 5 questions sont posées sous forme de Q.C.M. Chaque question compte 4 propositions dont une seule est correcte. Sachant que j'ai coché pour chaque question une proposition au hasard, quelle est la probabilité pour que j'ai tout faux ?

8. Je pèse 64 kg de plus que mon fils. Ensemble nous pesons 100 kg. Quel est le poids de mon fils ?

9. J'ai acheté 2 livres et 3 films pour 50 €. Si j'avais acheté 4 livres et 1 seul film, j'aurais payé 30 €. Quel est le prix d'un livre ?

10. Plusieurs amis décident de participer à un voyage. Ils partagent le coût total à parts égales. Chacun paye 600 €. Finalement 2 personnes ne peuvent pas venir ; les frais supplémentaires sont alors répartis entre les autres amis qui payent finalement 650 €. Combien d'amis vont participer à ce voyage ?

Corrigé

1. Nombre de cas favorables : 2 ; nombre de cas possibles : 6.

Probabilité : **2/6 ou 1/3 chances**.

2. Le dénombrement des tenues possibles est obtenu par la multiplication de toutes les valeurs : $2 \times 2 \times 3 = $ **12 tenues possibles**.

3. Il faut calculer dans la situation la moins favorable : je retire toutes les boules jaunes et toutes les rouges avant de tirer la 1re bleue, soit $3 + 4 + 1 = $ **8 boules**.

4. Le 1er objet peut occuper 4 places, le 2e également 4 places moins celle qui est déjà occupée par le 1er, etc. La solution est donc : $4\,! = 4 \times 3 \times 2 \times 1 = $ **24 dispositions différentes**.

5. Nombre de cas favorables : 1

Nombre de cas possibles (pour le tiercé) : $\dfrac{8\,!}{(8-3)\,!} = \dfrac{8 \times 7 \times 6 \times \cancel{5 \times 4 \times 3}\ldots}{\cancel{5 \times 4 \times 3}\ldots} = 336$

Probabilité : **1/336 chances**.

6. Nombre de cas favorables : 1

Nombre de cas possibles : $\dfrac{8\,!/(8-3)\,!}{3\,!} = \dfrac{336}{6} = 56$. Probabilité : **1/56 chances**.

7. Pour chaque question, la probabilité de répondre faux est 3/4 chances.

Il faut donc calculer cette probabilité multipliée 5 fois, soit $3/4^5$.

Or $\left(\dfrac{3}{4}\right)^5 = \dfrac{3^5}{4^5} = \dfrac{3 \times 9^2}{16 \times 64} = \dfrac{\mathbf{243}}{\mathbf{1\,024}}$ **chances** (non simplifiable).

Composition
Aptitude pro
Anglais
Entretien psy
Entretien jury
EPG

8. Soit « x » le poids de mon fils et « $x + 64$ » mon poids.

L'équation sera : $x + (x + 64) = 100$. D'où $2x = 36$ et $x =$ **18 kg**.

9. Il faut établir un système d'équations où x désigne les livres et y les films.

$\begin{cases} 2x + 3y = 50 \\ 4x + y = 30 \end{cases}$ Nous allons multiplier la seconde équation par -3.

$\begin{cases} 2x + 3y = 50 \\ -12x - 3y = -90 \end{cases}$ $\longrightarrow$ Par addition. reste $-10x = -40$ d'où $x =$ **4** € (et $y = 14$ €)

10. Soit « x » le nombre de voyageurs et « $x + 2$ » le nombre initial de voyageurs. L'équation sera : $600 \times (x + 2) = 650x$.

D'où $600\,x + 1\,200 = 650\,x$ donc $-50x = -1200$ et $x =$ **24**.

Concours blanc 2.4

Sous-partie

1 Concours blanc

35 mn

Questions 1 à 16 : Trouvez l'élément qui complète correctement chaque série proposée

1.

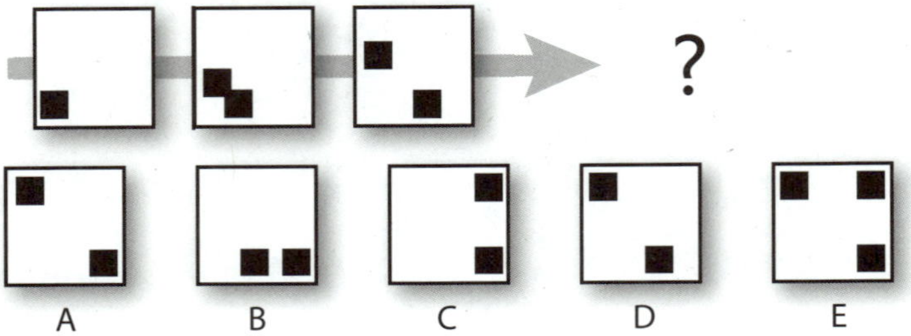

1 A. □ B. □ C. □ D. □ E. □

2.

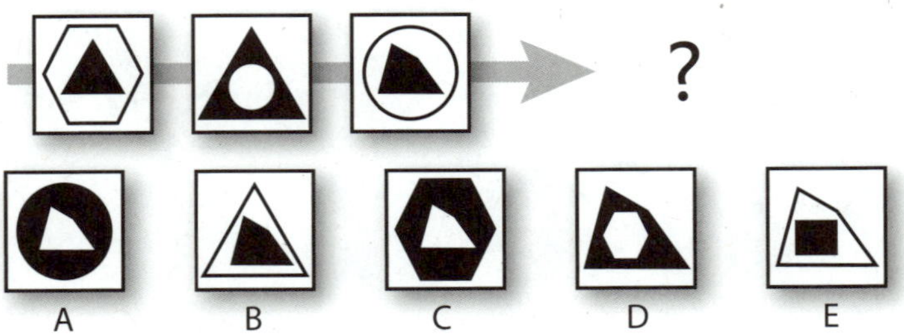

2 A. □ B. □ C. □ D. □ E. □

3.

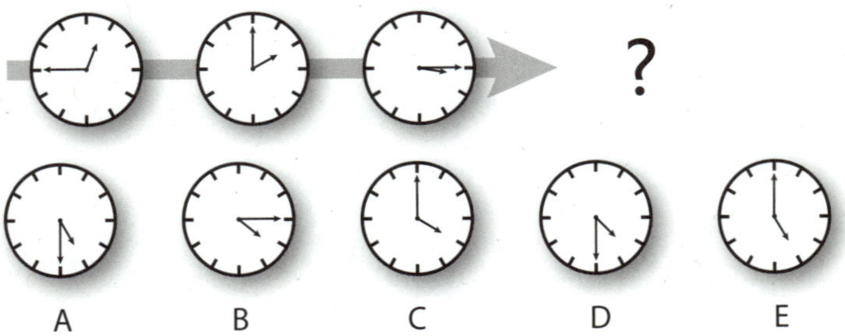

3 A. □ B. □ C. □ D. □ E. □

4. 3 – 7 – 11 – 15 – ?

A. 20 **B.** 16 **C.** 18 **D.** 20 **E.** 19

4 A. □ B. □ C. □ D. □ E. □

5. 16 – 61 – 45 – ?

A. 54 **B.** 89 **C.** 91 **D.** 100 **E.** 65

6. 7 – 14 – 28 – 56 – ?

A. 84 **B.** 116 **C.** 112 **D.** 108 **E.** 70

7. 101 – 989 – 434 – 656 – ?

A. 844 **B.** 252 **C.** 880 **D.** 767 **E.** 987

8. jeudi – 10 – vendredi – 22 – dimanche – 4 – mardi – ?

A. 20 **B.** 13 **C.** 5 **D.** 12 **E.** 10

9. F – M – A – M – J – ?

A. A **B.** K **C.** J **D.** C **E.** S

10.

3	5	4
2	7	9
1	8	?

11.

89	5	84	12
72	2	70	15
55	11	?	32

12.

W	S	4
6	H	B
P	9	?

13.

U	E	T	I
N	U	R	S
D	X	O	?

14.

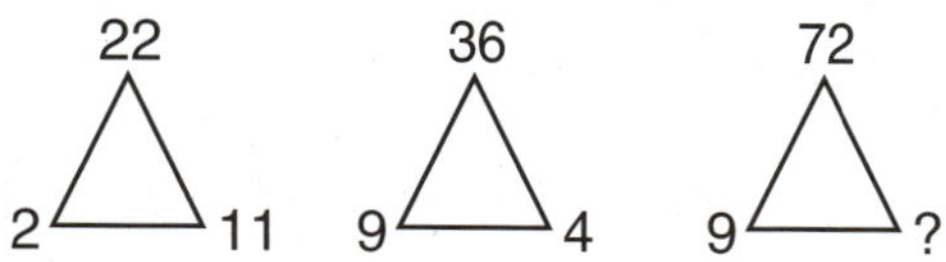

5 A. ☐ B. ☐ C. ☐ D. ☐ E. ☐

6 A. ☐ B. ☐ C. ☐ D. ☐ E. ☐

7 A. ☐ B. ☐ C. ☐ D. ☐ E. ☐

8 A. ☐ B. ☐ C. ☐ D. ☐ E. ☐

9 A. ☐ B. ☐ C. ☐ D. ☐ E. ☐

10. ....

11. ....

12. ....

13. ....

14. ....

15. 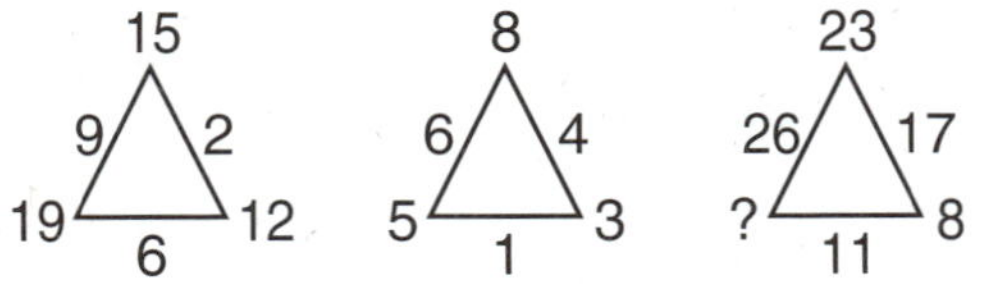

15. ....

16. 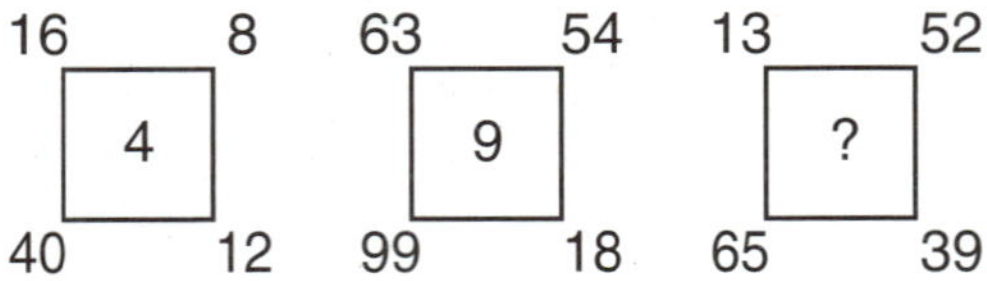

16. ....

Questions 17 à 19 : Trouvez l'élément qui complète correctement chaque ensemble proposé

17. 

17 A. ☐ B. ☐ C. ☐ D. ☐ E. ☐

18. 

18 A. ☐ B. ☐ C. ☐ D. ☐ E. ☐

19. 

19 A. ☐ B. ☐ C. ☐ D. ☐ E. ☐

Questions 20 à 25 : Trouvez l'intrus et relevez la colonne (a, b, c, d ou e) dans laquelle il se situe

	a.	b.	c.	d.	e.
20.	❒ traitement	❒ législation	❒ droit	❒ légalité	❒ décret
21.	❒ hésitation	❒ évolution	❒ incertitude	❒ atermoiement	❒ indécision
22.	❒ écart	❒ carte	❒ tracé	❒ acter	❒ caser
23.	❒ semestriel	❒ mensuel	❒ bimestriel	❒ trimestriel	❒ bimensuel
24.	❒ incarnat	❒ vermillon	❒ carmin	❒ cyan	❒ pourpre
25.	❒ attrophier	❒ attraper	❒ attrister	❒ attribuer	❒ attrouper

Questions 26 à 29 : Trouvez quel ensemble vérifie les indications proposées

26. Base : **A - B - C - E - F - J**

E A F	2 lettres communes à la mauvaise place
C F E	1 lettre commune à la mauvaise place
C E B	1 lettre commune à la mauvaise place

Solution : ☐☐☐

27. Base : **A - B - C - E - F - J**

B C E	1 lettre commune à la bonne place
F A E	2 lettres communes à la mauvaise place
E C A	1 lettre commune à la bonne place et 1 à la mauvaise

Solution : ☐☐☐

28. Base : **1 - 2 - 3 - 4 - 5 - 6 - 7 - 8**

1 2 3 4	2 chiffres communs à la bonne place
1 5 4 2	1 chiffre commun à la bonne place et 1 à la mauvaise
6 4 2 1	1 chiffre commun à la bonne place et 1 à la mauvaise
1 5 3 2	2 chiffres communs à la bonne place

Solution : ☐☐☐☐

29. Base : **1 - 2 - 3 - 4 - 5 - 6 - 7 - 8 - 9**

1 5 9 6 8	2 chiffres communs à la mauvaise place
6 9 7 8 2	1 chiffre commun à la bonne place
5 8 6 2 7	2 chiffres communs à la mauvaise place
7 1 8 5 6	2 chiffres communs à la bonne place
3 6 5 4 1	4 chiffres communs à la mauvaise place

Solution : ☐☐☐☐☐

Questions 30 et 31 : En tenant compte des informations, déterminez quelles affirmations sont correctes

30. *Tous les Français aiment la viande,*
Tous les Français aiment le poisson,
Tous les Français aiment les légumes. Par conséquent, il est vrai de dire ...

A. Tous les gens qui aiment les Français aiment la viande, le poisson et les légumes.

B. Tous les Français aiment soit la viande, soit le poisson, soit les légumes.

C. Parmi ceux qui aiment le poisson, il y a certains Français.

D. Les Français aiment tous la viande, le poisson et les légumes.

E. Seuls les Français aiment la viande, le poisson et les légumes.

30 A. ☐ B. ☐ C. ☐ D. ☐ E. ☐

31. *Tous les vidous sont des trutrus,*
Jean est un vidous,
Parmi les trutrus, il y a tous les zibus. Par conséquent, il est vrai de dire ...

A. Jean est un trutru.

B. Jean est soit un zibus, soit un vidous.

C. Jean peut être un zibus.

D. Tous les zibus sont des vidous.

E. Tous les vidous peuvent être des zibus.

31 A. ☐ B. ☐ C. ☐ D. ☐ E. ☐

Questions 32 à 36 : Répondez aux questions suivantes

32. Combien font 20 % de 550 € ? (en €) — **32.** ....

33. Quel est le tiers de la moitié de 1,5 ? (réponse en fraction simplifiée) — **33.** ....

34. François pèse 38 kg plus la moitié de François. Quel est son poids ? (en kg) — **34.** ....

35. Si je mets 12 minutes pour remplir une benne de 300 kg de sable, combien mon frère et moi allons-nous mettre de temps pour remplir 900 kg de sable, en admettant que mon frère soit aussi productif que moi ? (réponse en minutes) — **35.** ....

36. Une carte d'état-major est au 1/40 000e. Une équipe doit inspecter une zone (circulaire) qui représente 15 centimètres de diamètre. Combien cela fait-il de km^2 à inspecter sur le terrain ? (arrondir au nombre entier de km le plus proche) — **36.** ....

Corrigé

1. A. ***Déplacement***. Les 2 petits carrés, d'abord superposés, progressent toujours, l'un vers le haut de sa colonne, l'autre vers la droite de sa ligne.

2. D. ***Transformation***. Lorsque l'on passe d'une image à l'autre, la figure intérieure devient grande et une nouvelle figure plus petite apparaît, qui est de couleur opposée. Donc en dernière image, le quadrilatère irrégulier devient grand (et reste noir) et une petite figure blanche apparaît à l'intérieur du quadrilatère.

3. D. ***Déplacement***. Entre chaque horloge l'heure avance d'1 h 15 min La proposition **A.** est fausse car une telle disposition des aiguilles est impossible.

4. E. **+ 4**. 3 (+ 4) 7 (+ 4) 11 (+ 4) 15 (+ 4) **19**

5. A. **symétrie**. 16 est le nombre miroir de 61 et 45 de **54**.

6. C. × **2.** 7 (× 2) 14 (× 2) 28 (× 2) 56 (× 2) **112**

7. D. Les nombres sont tous symétriques et le chiffre central de chaque nombre vaut 1 de moins que ceux qui l'entourent.

8. B. Chaque jour est suivi du nombre qui indique le classement de sa lettre initiale dans l'alphabet : J est la 10e lettre de l'alphabet, V la 22e, etc.

9. C. Initiales des mois : F(évrier) – M(ars) – A(vril) – M(ai) – J(uin) – J(uillet)

10. 6. ***Répartition***. Tous les chiffres sont présents sauf **6**.

11. 44. ***Opération***. Suite de gauche à droite et de haut en bas :
89 – 5 = 84 ; 84 – 12 = 72 ; 72 – 2 = 70 ; 70 – 15 = 55 ; 55 – 11 = **44**, etc.

12. G. ***Opération***. Sur chaque ligne, le chiffre indique l'écart dans l'alphabet entre les deux lettres. La lettre la plus proche de la fin de l'alphabet est en 1er. Donc il faut calculer quelle est la place du P dans l'alphabet (16e) et ôter 9, ce qui donne la 7e lettre, soit **G**.

13. Q. ***Répartition***. Si on lit verticalement de gauche à droite, il est écrit UN, DEUX, TROIS. Il faut donc commencer QUATRE en inscrivant **Q**.

14. 8. La valeur au sommet du triangle est obtenue par multiplication des valeurs de la base. Or 72 ÷ 9 = 8.

15. 17. Si on additionne les valeurs opposées d'un même triangle, on obtient toujours la même somme. Ainsi pour le 1er triangle les valeurs opposées font toujours 21 : 15 + 6 = 9 + 12 = 19 + 2 = 21.

16. 13. La valeur au centre du carré est le plus grand dénominateur commun (PGDC) des nombres qui l'entourent.

17. E. Dans l'encadré, les figures ont toujours la même forme, mais elles changent de couleur. Or, seul **E.** a exactement la même forme (**A.** est différent en haut, **B.** à droite, **C.** à gauche, **D.** en bas)

18. E. Dans l'encadré, les symboles présentés dans le bon sens sont noirs (pour cœur et carreau) et gris (pour pique et trèfle). Lorsqu'on les tourne d'1/2 tour ils inversent leurs couleurs. En **D.** le carreau n'est pas tourné d'1/2 tour mais d'1/4 de tour.

19. C. Toutes les lettres de l'ensemble ont une partie (ou la totalité) de leur forme fermée.

20. A. Tous ont un rapport à la loi, sauf traitement.

21. B. Tous sont synonymes d'hésitation.

22. E. CASER n'est pas une anagramme de CARTE.

23. E. Bimensuel signifie deux fois par mois. Tous les autres mots désignent des multiples de mois (de 1 à 6).

24. D. Seul mot qui ne renvoie pas à la couleur rouge mais au bleu.

25. A. Seul mot qui ne prend pas *-tt* mais *-t* (atrophier).

26. FBA. ***Technique 3*** permet de barrer **E**. Donc **A** et **F** sont dans la réponse. On peut barrer **C** en ligne 2 et 3. **F** ne peut être BP qu'en 1re position, **B** en 2e et **A** en 3e.

27. ACF. ***Technique 4*** permet de barrer **E** et de souligner **F** et **A** ligne 2. On sait que **C** et **A** sont dans la réponse (ligne 3) ; donc il faut entourer **C** ligne 1 et ligne 3. **A** est par conséquent en 1re position et **F** en dernière.

28. 6534. ***Technique 2*** permet de barrer le **2**. Puis ***technique 6*** : les hypothèses sont formulées à partir de la 1re ligne qui contient 2 BP.

*1re hypothèse : **1** et **3** sont BP*. Cette hypothèse est impossible car alors on barre **4** partout ; sur la 3e ligne on souligne **1** et on entoure **4**. Or **4** ne peut être BP en 1re colonne puisque **1** est déjà à cette place.

*2e hypothèse : **1** et **4** sont BP*. On barre **3**. Cette hypothèse est fausse car en 3e ligne on doit souligner **4** et **1** et rien n'est entouré.

*3e hypothèse : **3** et **4** sont BP*. On barre **1**. En 3e ligne on barre également **1**, on souligne **4** et on entoure **6**. Cette hypothèse est correcte.

29. 41352. ***Technique 2*** permet de barrer **6**, **7**, **8** (en comparant les 2e et 4e lignes). Donc en 3e ligne on souligne **5** et **2**, en 4e ligne on entoure **1** et **5** et en 5e ligne on souligne **3**, **5**, **4** et **1**. Puisque la 4e ligne nous indique que **1** et **5** font partie de la solution, on barre **9** dans les deux premières lignes. Donc en 2e ligne, **2** est BP. Et la 5e ligne nous permet d'établir que **3** est BP en 3e position et **4** est BP en 1re position.

30. D. La proposition **C.** est fausse car ce n'est pas certains Français qui aiment le poisson, mais tous. La **E.** n'est pas nécessaire ; elle est seulement possible.

31. A., C., E. La proposition **B.** est fausse car Jean est nécessairement un vidous. La **D.** n'est pas nécessaire.

32. **110 €**. $550 \times \frac{2\not{0}}{10\not{0}} = 550 \div 5 = \mathbf{110}$ **€**.

33. $\mathbf{\frac{1}{4}}$. $1,5 = \frac{3}{2}$ Or $\frac{3}{2} \times \frac{1}{3} \times \frac{1}{2} = \frac{3}{12} = \frac{1}{4}$

34. **76 kg** Mettre en équation en prenant x pour le poids de François.

$38 + 1/2x = x$ d'où $1/2x = 38$ et $x = 38 \times 2 = \mathbf{76}$ **kg**.

35. **18 mn** Si je remplis en 12 mn 300 kg de sable, alors à deux nous en remplirons 600 kg. Nous pouvons établir un tableau de proportionnalité.

Quantité de sable (en kg)	600	900
Temps (en min)	12	?

La valeur manquante est : $\frac{12 \times 90\not{0}}{60\not{0}} = \mathbf{18}$ **mn**.

36. **28 km²** Faisons d'abord un tableau de proportionnalité.

Taille sur la carte (en cm)	1	15
Taille réelle (en cm)	40 000	?

La valeur manquante est : $\frac{40\,000 \times 15}{1} = 600\,000$ cm soit 6 km.

Aire d'un disque de 6 km de diamètre : $\pi \times 3^2 = 9\pi \approx \mathbf{28,24}$ $\mathbf{km^2}$.

Concours blanc

2

35 mn

Questions 1 à 13 : Trouvez l'élément qui complète correctement chaque série proposée

1.

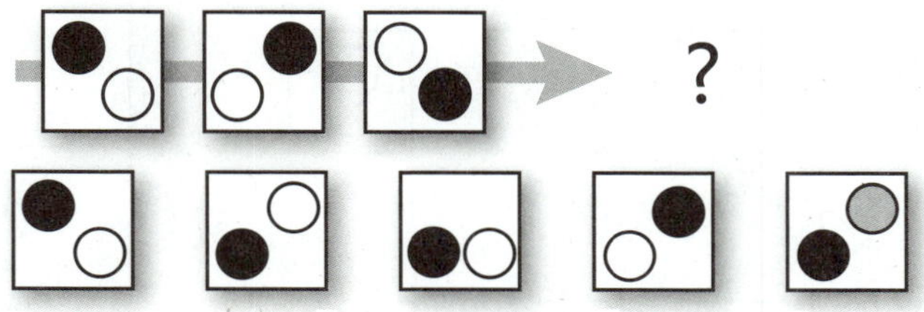

A B C D E

1 A. ☐ B. ☐ C. ☐ D. ☐ E. ☐

2.

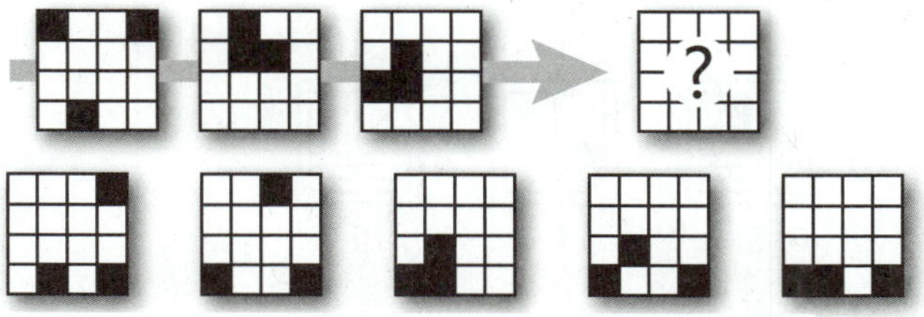

A B C D E

2 A. ☐ B. ☐ C. ☐ D. ☐ E. ☐

3.

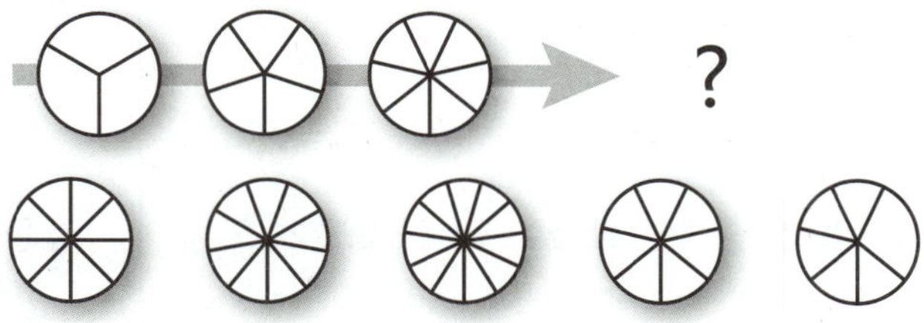

A B C D E

3 A. ☐ B. ☐ C. ☐ D. ☐ E. ☐

4.

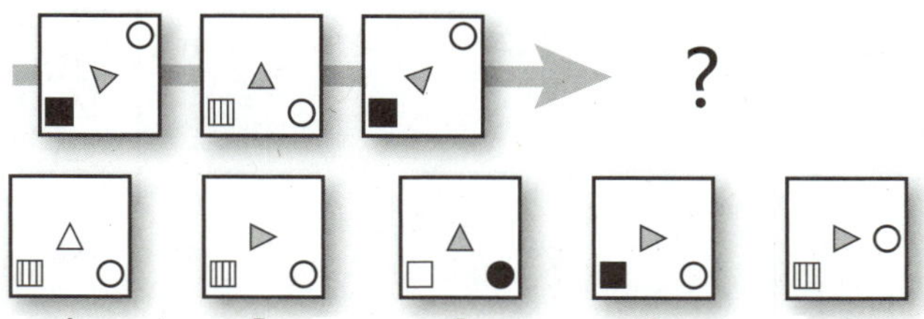

A B C D E

4 A. ☐ B. ☐ C. ☐ D. ☐ E. ☐

5.

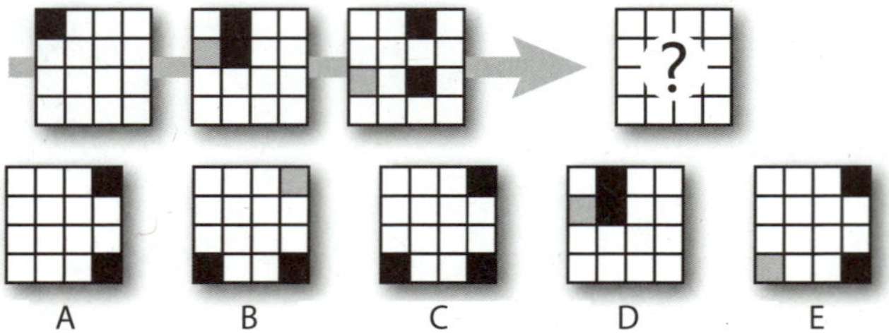

5 A. ☐ B. ☐ C. ☐ D. ☐ E. ☐

6.

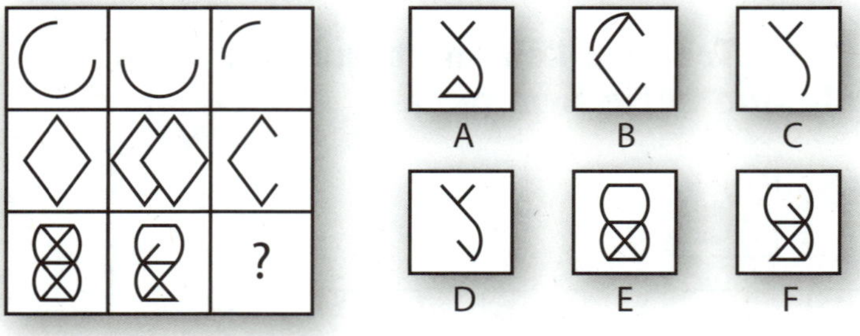

6 A. ☐ B. ☐ C. ☐ D. ☐ E. ☐

7.

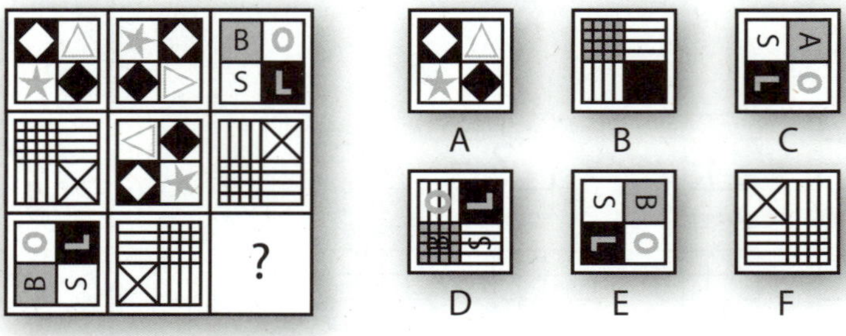

7 A. ☐ B. ☐ C. ☐ D. ☐ E. ☐

8. 2 – 4 – 8 – 16 – ?

A. 32 **B.** 30 **C.** 24 **D.** 64 **E.** 36

8 A. ☐ B. ☐ C. ☐ D. ☐ E. ☐

9. 54 – 42 – 30 – ?

A. 20 **B.** 40 **C.** 18 **D.** 19 **E.** 22

9 A. ☐ B. ☐ C. ☐ D. ☐ E. ☐

10. Pit – Oscar – Nicolas – ?

A. Frank **B.** Martin **C.** Christian **D.** Thierry **E.** Marcellin

10 A. ☐ B. ☐ C. ☐ D. ☐ E. ☐

11. M – M – J – V – ?

A. R **B.** S **C.** D **D.** T **E.** L

11 A. ☐ B. ☐ C. ☐ D. ☐ E. ☐

12. 2 304 – 576 – 192 – ?

A. 92 **B.** 96 **C.** 102 **D.** 86 **E.** 64

12 A. ☐ B. ☐ C. ☐ D. ☐ E. ☐

13. MARIE (23) – NICOLE (33) – ... (53)

A. GINETTE **B.** PAULINE **C.** CLAIRE
D. CHRISTINE **E.** FERNANDE

13 A. ☐ B. ☐ C. ☐ D. ☐ E. ☐

Question 14 à 18 : Trouvez l'élément qui complète les analogies suivantes

14.

14 A. ☐ B. ☐ C. ☐ D. ☐ E. ☐

15.

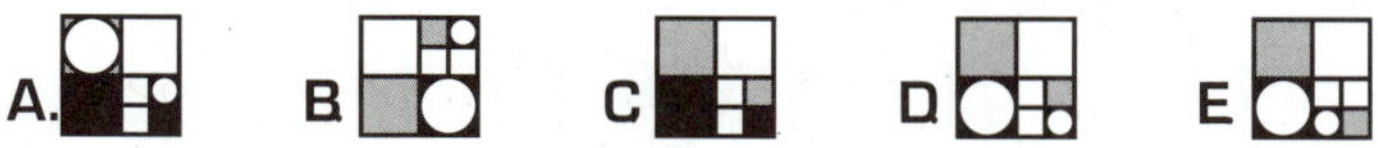

15 A. ☐ B. ☐ C. ☐ D. ☐ E. ☐

16. Noir est à deuil, ce que vert est à ...

A. espiègle **B.** naturel **C.** fraternité
D. espérance **E.** verdure

16 A. ☐ B. ☐ C. ☐ D. ☐ E. ☐

17. Toucher est à peau, ce que goût est à ...

A. main **B.** bouche **C.** nourriture
D. langue **E.** goûter

17 A. ☐ B. ☐ C. ☐ D. ☐ E. ☐

18. Rusé est à ... ce que ... est à singe.

A. idiot / agile **B.** ruse / singer **C.** renard / malin
D. ruées / singé **E.** malin / gorille

18 A. ☐ B. ☐ C. ☐ D. ☐ E. ☐

Questions 19 à 22 : Trouvez l'élément qui complète correctement chaque ensemble proposé

19.

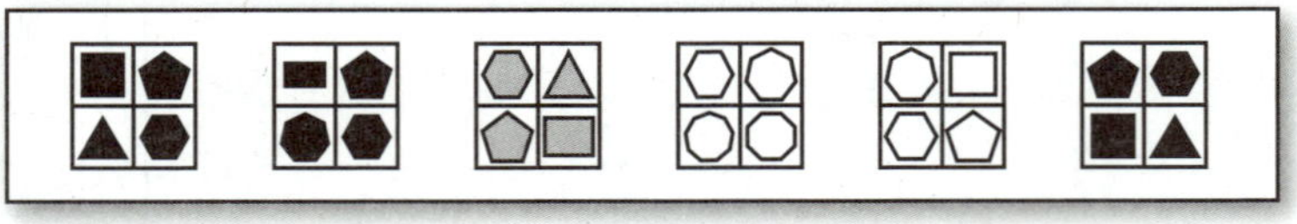

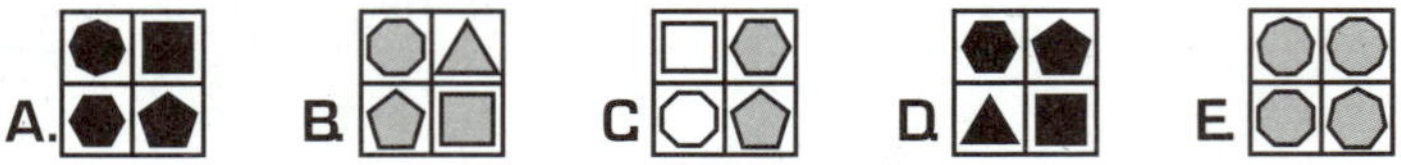

19 A. ☐ B. ☐ C. ☐ D. ☐ E. ☐

20.

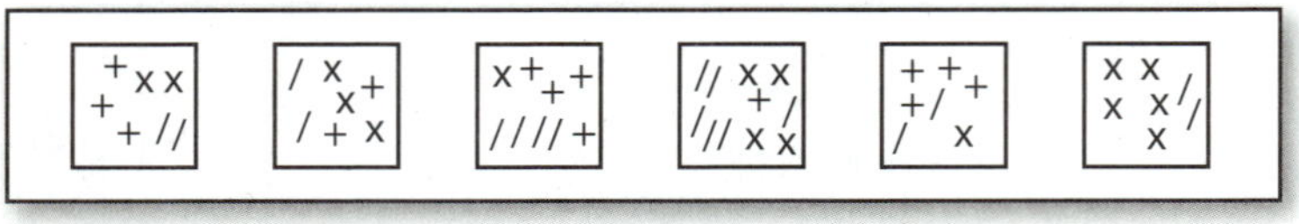

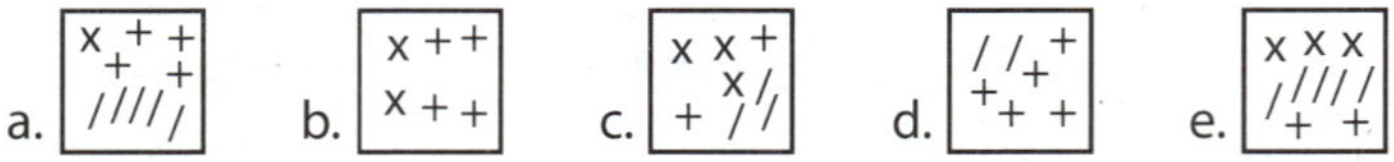

20 A. ☐ B. ☐ C. ☐ D. ☐ E. ☐

21.

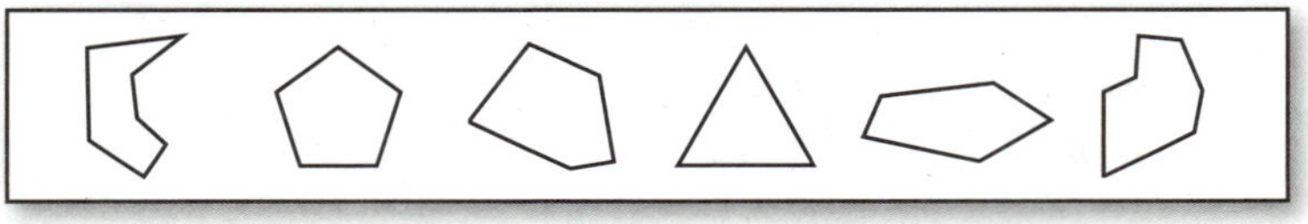

21 A. ☐ B. ☐ C. ☐ D. ☐ E. ☐

22.

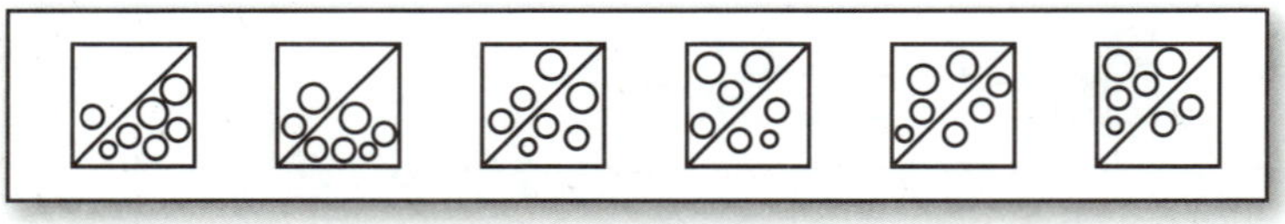

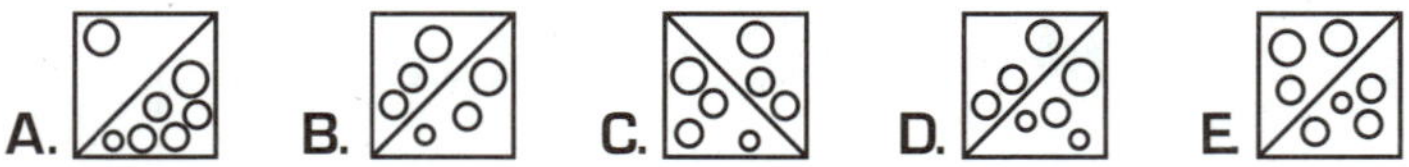

22 A. ☐ B. ☐ C. ☐ D. ☐ E. ☐

Questions 23 à 25 : Quelle(s) conclusion(s) peut-on tirer logiquement du texte d'origine sans ajouter d'informations ?

23. La carotte est un crustacé marin qui se développe surtout dans les eaux froides. Si sa longueur est importante la femelle pond 12 à 14 œufs tous les 4 jours, parfois plus. Le mâle carotte est pourvu de grandes oreilles qui lui permettent de nager plus vite. L'espérance de vie du mâle est de 4 ans, 1 an de plus pour la femelle.

A. La femelle carotte est pourvue de petites oreilles.

B. Le mâle ne peut pas pondre.

C. La femelle a une espérance de vie supérieure au mâle.

D. La carotte ne se trouve que dans les eaux froides.

E. Une femelle plus longue pond beaucoup.

23 A. ☐ B. ☐ C. ☐ D. ☐ E. ☐

24. Lorsque petit Pierre va jouer dans le jardin public, il commence par le toboggan, puis la balançoire et enfin le petit cheval. Si le toboggan est occupé, il inverse complètement l'ordre de ses jeux. Si le toboggan est libre mais pas la balançoire, il remplace la balançoire par le petit cheval et ajoute enfin la cage à écureuil. Mais si la balançoire et le petit cheval sont pris, il joue à la cage à écureuil et pas au toboggan.

A. Petit Pierre joue toujours au toboggan

B. Petit Pierre peut jouer au toboggan puis, juste après, à la cage à écureuil

C. Petit Pierre peut jouer d'abord au petit cheval

D. Petit Pierre peut jouer d'abord au toboggan, puis au petit cheval et enfin à la cage à écureuil

E. Petit Pierre peut jouer d'abord à la balançoire, puis au toboggan et enfin au petit cheval

24 A. ☐ B. ☐ C. ☐ D. ☐ E. ☐

25. Quand un homme écoute le ronflement des vagues, il n'entend pas le bruit des klaxons. S'il entend le bruit des klaxons, il n'entend pas le camion des éboueurs. Lorsqu'il entend le camion des éboueurs, il n'écoute jamais de la musique car cela couvrirait tout ce qu'il pourrait entendre d'autre. Il lui arrive parfois d'entendre les oiseaux chanter pendant que les enfants crient et que les éboueurs passent.

A. Cet homme peut entendre le cri des enfants et le ronflement des vagues

B. Cet homme peut entendre la musique et le bruit des klaxons

C. Le bruit des éboueurs couvre celui de la musique

D. Les cris des enfants couvrent le bruit des klaxons

E. Cet homme peut entendre plusieurs sons à la fois

25 A. ☐ B. ☐ C. ☐ D. ☐ E. ☐

Questions 26 à 28 : Trouvez quelle figure est intruse

26.

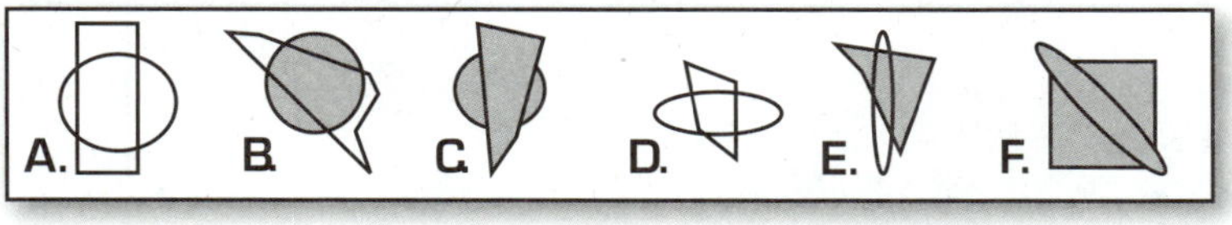

26 A. ☐ B. ☐ C. ☐ D. ☐ E. ☐

27.

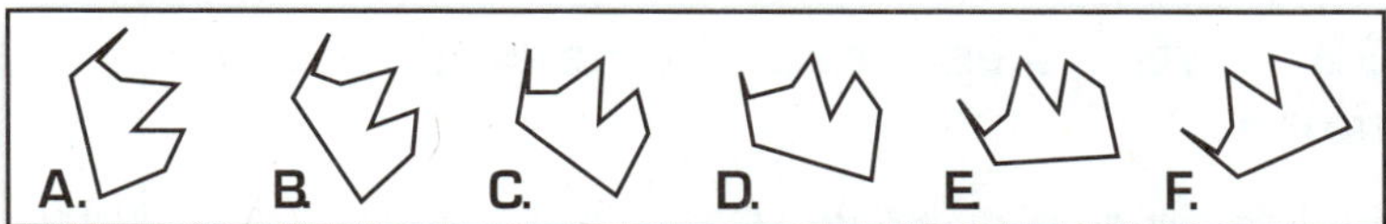

27 A. ☐ B. ☐ C. ☐ D. ☐ E. ☐

28.

28 A. ☐ B. ☐ C. ☐ D. ☐ E. ☐

Questions 29 à 32 : Pour chaque question identifiez parmi les propositions la plus grande valeur relative

29. Si ✶ = ♧♧ et ■ = ✶✶,
la plus grande valeur est ...

A. ■■■■♧♧
B. ■✶■■✶
C. ♧✶✶✶♧♧♧
D. ✶✶✶✶✶✶✶
E. ♧♧♧♧■■♧♧

29 A. ☐ B. ☐ C. ☐ D. ☐ E. ☐

30. Si ✪✪ = ■■■ et ✧✧ = ■,
la plus grande valeur est ...

A. ■■■■■■
B. ✧✧■✪■
C. ✧✧✧✪✪
D. ✪✪■✪■
E. ✧✧■✧✧✧

30 A. ☐ B. ☐ C. ☐ D. ☐ E. ☐

31. Si ● = O■■ et O = ■■■,
la plus grande valeur est ...

A. ■■■■■■■■■■■
B. OOOOOOO
C. ●O●O●O
D. ■●●O■■OO■
E. OOO●●OO

31 A. ☐ B. ☐ C. ☐ D. ☐ E. ☐

32. Si ●◆= ★★★★ et ◆ = ●●,
la plus grande valeur est ...

A. ●●◆★◆★
B. ◆◆★★●
C. ★★★★●◆★●
D. ●●●●●●●
E. ◆◆◆★★

32 A. ☐ B. ☐ C. ☐ D. ☐ E. ☐

Questions 33 à 36 : Résoudre les calculs et problèmes suivants

33. Combien vaut le quart de la moitié de 16 ? **33.** ....

34. $\sqrt{\sqrt{625}} = ?$ **34.** ....

35. $72^2 - 62^2 = ?$ **35.** ....

36. Combien de 5 compte-t-on dans tous les nombres compris entre 1 et 99 ? **36.** ....

Corrigé

1. B. ***Déplacement***. Les deux ronds se déplacent progressivement aux quatre coins dans le sens horaire. Ils ont toujours la même couleur.

2. C. ***Déplacement***. Le carré noir en haut à gauche sur la 1re figure descend en zigzag, celui en haut à droite descend sa diagonale et celui en bas recommence la même colonne qu'il descend.

3. B. ***Transformation***. Les gâteaux comptent toujours deux portions de plus.

4. B. ***Logique mixte***. Les trois symboles ont des comportements différents : le carré est immobile et il alterne entre noir et rayé, le triangle tourne sur lui-même de 45° dans le sens horaire et il ne change pas de couleur, le rond alterne haut et bas sans changer d'aspect.

5. E. ***Déplacement***. Les 3 carrés se superposent dans la 1re figure, puis chacun suit sa trajectoire, un noir sur la 1re rangée, un gris sur la 1re colonne et un noir sur la diagonale.

6. C. ***Superposition avec modification***. En suivant les rangées horizontales, on supprime les éléments communs aux 2 premières figures pour obtenir la 3e. Pour la dernière rangée, il faut surtout de l'observation.

7. E. ***Répartition et déplacement***. Dans cette matrice 3 figures différentes sont réparties de façon aléatoire et chacune est présente avec 3 orientations différentes. Il n'y a pas de phénomène de superposition (ce qui élimine les propositions **B** et D) ni de modification (notamment de lettre en proposition **C**).

8. A. × **2**. 2 (×2) 4 (×2) 8 (×2) 16 (×2) **32**

9. C. **–12**. 54 (–12) 42 (–12) 30 (–12) **18**

10. E. Les prénoms comptent toujours 2 lettres de plus et l'initiale est toujours la lettre précédente dans l'alphabet.

11. B. Initiales des jours de la semaine (Mardi – Mercredi – Jeudi – Vendredi – Samedi)

12. B. **÷ 4 puis ÷ 3, etc.** 2 304 (÷4) 576 (÷3) 192 (÷2) **96**

13. E. « 53 » signifie 5 consonnes et 3 voyelles dans le prénom.

14. B. Dans la matrice, l'étoile est réduite et change de couleur et le rond est agrandi et change de couleur ; c'est toujours la figure blanche qui est au-dessus. Dans la série à compléter, l'ovale devient donc petit et blanc, le carré grand et noir, et c'est toujours la figure noire qui est au-dessus.

15. D. Dans la matrice, les grands carrés subissent une rotation de 90° dans le sens inverse des aiguilles d'une montre et les petits carrés tournent de 90° dans le sens horaire.

16. D. Rapport de la couleur à ce qu'elle symbolise.

17. D. Rapport d'un des cinq sens à son organe.

18. C. Rapport d'une qualité à un animal qui la symbolise.

19. **E.** Dans l'ensemble, chaque image est composée de 4 figures d'une même couleur (ce qui élimine **C.**). La figure qui comporte le moins de côtés sert de point de départ à une série qui va dans le sens horaire (ce qui élimine **D.**) ; à chaque figure suivante, on ajoute un côté.

20. **D.** Dans l'ensemble, chaque cadre contient 5 « + » et/ou « × » (il peut s'agir 5 fois du même signe) et un nombre pair de « / » (2, 4 ou 6). La disposition est aléatoire.

21. **E.** Dans l'ensemble, aucune figure n'est arrondie (ce qui élimine le **D.**) et toutes les figures ont un nombre impair de côtés (3, 5 ou 7).

22. **A.** Dans chaque carré de l'ensemble, on compte 7 ronds (ce qui élimine **B.**), 2 grands, 4 moyens et 1 petit (ce qui élimine **D.** où se trouvent 3 moyens et 2 petits). La diagonale inscrite dans le carré est toujours dans la même orientation (ce qui élimine **C.**). De part et d'autre de cette diagonale, le nombre de ronds est irrégulier. Dans chaque carré, les ronds plus grands ont toujours leur partie supérieure plus haute que celle des plus petits (ce qui élimine **E.**).

23. **C.** La différence d'espérance de vie est d'un an. La proposition **E.** n'est pas nécessaire car il n'est rien dit concernant des femelles de taille plus courte.

24. **C.**, **D.** En proposition **B**, il joue au petit cheval entre les deux activités.

25. **E.** Il entend les oiseaux chanter et les enfants qui crient.

26. **B.** Toutes les figures sont composées de 2 éléments ; l'un est un rond ou une ellipse, l'autre un quadrilatère, sauf en **B.** où c'est un hexagone. Les couleurs et les superpositions n'étaient pas discriminantes.

27. **D.** Il s'agit toujours de la même figure, proposée en rotation dans le sens inverse des aiguilles d'une montre. En **D.** la figure est légèrement différente.

28. **A.** Chaque carré est rayé horizontalement quand le nombre qu'il contient est pair et verticalement quand ce nombre est impair.

29. **A.** Valeurs relatives : ♧ = 1, ✶ = 2, ■ = 4.

a = 18, b = 16, c = 10, d = 14, e = 14

30. **D.** Valeurs relatives : ✧ = 1, ■ = 2, ✪ = 3.

a = 12, b = 9, c = 9, d = 13, e = 7

31. **E.** Valeurs relatives : ■ = 1, o = 3, ● = 5.

a = 11, b = 21, c = 24, d = 23, e = 25

32. **C.** Valeurs relatives : ★ = 1, ● = 4/3, ◆ = 8/3. Le mieux est de tout multiplier par 3 et on obtient ★ = 3, ● = 4, ◆ = 8.

a = 30, b = 26, c = 31, d = 28, e = 30

33. **2.** $16 \times \frac{1}{4} \times \frac{1}{2} = \mathbf{2}$

34. **5.** $\sqrt{625} = 25$ et $\sqrt{25} = 5$

35. **1340.** Identité remarquable: $a^2 - b^2 = (a + b)(a - b)$

$72^2 - 62^2 = (72 - 62)(72 + 62) = 10 \times 134 = 1\,340$

36. **20.** On en compte 10 en unités et 10 en dizaines, soit 20.

Partie

3 Anglais

Sous-partie

3.1

Grammaire

Des fiches de grammaire supplémentaires sont disponibles sous forme de « Compléments en ligne » sur dunod.com.

Pour y accéder, référez-vous au mode d'emploi « Compléments en ligne » situé au début de l'ouvrage.

1 La syntaxe de la phrase simple

1. Dans la phrase affirmative

- Les mots doivent être **ordonnés** :

SVOC = Sujet Verbe Objet Complément

- Le verbe détermine si l'objet (O) est direct ou indirect. L'objet direct ne peut pas être séparé du verbe. Il est donc nécessaire d'apprendre la structure des verbes.
- L'adverbe se place entre le sujet et le verbe ou l'auxiliaire et le verbe, parfois en fin de phrase.

(C) S (Aux.) (Adv.) V O C (Adv.)

Exemples

It has been pouring rain for hours in Spain.

That series was regularly broadcast in the 1980s.

She has already seen that musical twice in London.

2. Dans la phrase négative

- Un **auxiliaire** est introduit s'il n'est pas déjà visible.
- La négation se place après l'auxiliaire ou le modal.
- La double négation est impossible. Avec des termes négatifs tels *never* ou *hardly*, la négation *not* et l'auxiliaire n'apparaissent pas.

(C) S Aux. NOT (Adv.) V O C (Adv.)

Exemples

*He **doesn't** like eating porridge.* (présent simple ⇨ ajout de *does*).

*They **did not** get here on time.* (prétérit ⇨ ajout de *did*).

*We **have not** seen that movie yet.* (*present perfect* ⇨ *have* est visible).

*She **had not** sung in her life.* (*past perfect* ⇨ *had* est visible).

*They **were not** taken to hospital.* (passif ⇨ *were* est visible).

*She **may not** like it.* (le modal *may* est visible).

*I **never** loved walking in the park at night.*

*He **hardly ever** went out of his village.*

3. Dans la phrase interrogative

- Un **auxiliaire** est introduit s'il n'est pas déjà visible.
- L'inversion sujet/verbe est absolument nécessaire (contrairement au français).

(WH-) Aux. S V O C

Exemples de questions fermées (*yes-no questions*)

Are *you moving to Edinburgh today? (be + ing* ⇨ *are* est visible)
Would *you like to surf in Australia?* (le modal *would* est visible)
Did *Paul tell John the truth yesterday?* (prétérit ⇨ ajout de *did*)
Hasn't *she heard the news? (present perfect* ⇨ *has* est visible)

Exemples de questions ouvertes (*WH- questions*) :
what / who / whose / which / when / where / why / how

What *have you been reading lately?*
Who *do you think I am?*
Who *is it?* ***What*** *happened?* (le pronom interrogatif est le sujet)
Whose *jacket is this?*
Which *colour do you prefer, blue or red?*
How old *is your grandfather?*
How long *does it take to go to London by train?*
How far *is the station?*
How about *taking a break?*
How many *characters are there?*
How tall *is she?*
How often *do you play tennis?*

4. Dans la phrase exclamative

- Si l'exclamation porte sur un nom, on utilise *What/such (a)*.
- Si l'exclamation porte sur un adjectif, on utilise *How/so*.

Exemples

What *a lovely bride! He is* ***such a*** *handsome bridegroom!*
How *pretty she is! She is* ***so*** *clever!*

5. Les *questions tags*

- Le *tag* permet de demander confirmation de ce qui est dit dans la première partie de la phrase.
- Quand la phrase est affirmative, le *tag* est négatif et vice versa.

Exemples

*You have broken the car, **haven't you?** They didn't dare, **did they?***

*He loves her, **doesn't he?** Come over, **won't you?** Let's go, **shall we?***

6. Les réponses courtes

- Elles permettent de répondre à une question ou à une affirmation en évitant les répétitions.
- *Yes* ou *No* est suivi de l'auxiliaire, qui est visible ou non.

Exemples

*"**Have** you got a key?" — "Yes, I **have**." / "No, I **haven't**."*

*"**Do** you like breakfast?" — "Yes, I **do**." / "No, I **don't**."*

- Confirmation ou infirmation. L'auxiliaire seul est repris.

Moi aussi	*So* + Aux. + S	*"I love ice-cream." "**So do I.**"*
Moi non plus	*Neither* + Aux. + S	*"I didn't like the film." "**Neither did I.**"*
Moi si	S + Aux. (opposé)	*"I can't swim." "**I can.**"*
Moi non	S + Aux. (opposé)	*"He will go away." "**I won't.**"*

7. L'adverbe

- Il se place avant ou après le verbe ou avant l'adjectif qu'il modifie.

Exemples

*He **immediately** understood. He walked **slowly**. It's a **very** difficult exercise.*

- Les adverbes de fréquence : *sometimes, rarely, seldom, often, always, never, ever* se placent **avant** le verbe et, quand il y a un auxiliaire, après l'auxiliaire.

Exemples

*She **sometimes** comes home at 5pm. They are **often** late at school.*

*She has **never** been to Great Britain.*

- Le cas de *yet* et *already* : *yet* s'emploie principalement à la fin d'une phrase négative ; *already* se place avant le verbe dans une affirmation ou une question.

Exemples

*He hasn't done the dishes **yet**.*

*She's **already** sent her mail.*

*Have you **already** done this?*

L'article 2

1. L'article *THE*

- *The* s'emploie quand le nom qui suit est défini par :

- Un complément du nom introduit par *of* : *It's the end of the street.*
- Une proposition relative : *The student who is sitting is my friend.*
- Le contexte : *He let the students enter the room*. (Il ne s'agit pas de n'importe quels étudiants, il les connaît).

- On emploie *the* devant certains noms déterminés par eux-mêmes :

- Des choses ou des personnes uniques : *the sun, the moon, the wind, the earth, the sea...*
- Les titres : *the President*, *the Queen*... (lorsque le nom est absent)
- Les noms de pays composés : *The United States*, *the United Kingdom*...
- Les noms de cours d'eau : *The Thames*, *the Mississippi*...
- Les noms de chaînes de montagnes : *The Alps*...
- Les noms de mers ou d'océans : *The Pacific*...

- On emploie *the* avec le verbe *to play* + instrument de musique : *She plays the violin.*

2. L'article *A(N)*

- *A*(*N*) s'emploie pour désigner un élément parmi d'autres.

- *A* s'emploie devant les consonnes et *a*(*n*) devant les mots commençant phonétiquement par une voyelle.

- L'article indéfini n'existe pas au pluriel.

- *A*(*n*) s'emploie :

- lorsque l'on définit une personne : *Sally is a technician*. (Attention ceci n'est pas le cas en français !)
- Après les prépositions et avec un nom dénombrable : *He lives in a beautiful house.*
- Après *such, what* et un nom dénombrable : *It's such a beautiful house*.
- Quand l'adjectif est précédé de *as*, *too* et *so*, il se place alors entre l'adjectif et le nom : *We have as fast a car as you have*.
- Avec *half*, il se place entre *half* et le nom : *half a mile*.
- Dans diverses expressions : *once a month*, *two miles an hour*...

3. L'absence d'article Ø

- Ø s'emploie quand le nom est indéterminé pour exprimer une généralité.

Exemples

Glass is breakable.

I love chocolate.

Cats are cute animals.

They want peace.

▶ Il s'emploie devant :

- Les noms propres : *Queen Elizabeth*.
- Les noms de pays singuliers: *England*.
- Les noms de monuments : *London Bridge* (exception : *the White House*).
- Les noms de sommets de montagnes: *Mount Everest*.
- Les noms de lacs : *Loch Ness*.
- Les noms abstraits non déterminés : *life*.
- Les noms de saison : *summer*.
- Les noms de maladie : *cancer*.

▶ Il s'emploie avec le verbe *to play* + sports et jeux de société : *He plays football every week*.

3 Les pronoms

Il existe 5 catégories de pronoms qui peuvent avoir différentes fonctions.

Pronoms personnels (sujets)	**Pronoms personnels (compléments)**	**Pronoms possessifs**	**Pronoms réfléchis**	**Pronoms réciproques**
I	*Me*	*Mine*	*Myself*	*Each other* *One another*
You	*You*	*Yours*	*Yourself*	
He	*Him*	*His*	*Himself*	
She	*Her*	*Hers*	*Herself*	
It	*It*	*Its*	*Itself*	
We	*Us*	*Ours*	*Ourselves*	
You	*You*	*Yours*	*Yourselves*	
They	*Them*	*Theirs*	*Themselves*	

Les noms et adjectifs composés

4

1. Les noms composés

- L'élément le plus important est en seconde position.
- Le premier élément précise le sens du second.
- Le premier élément est traité comme un adjectif et ne prend donc pas la marque du pluriel.

Exemples
A tea bag
An apple pie

- C'est l'usage qui fait règle en ce qui concerne le trait d'union.

ATTENTION

a passer-by =>passers-by (des passants)
a grown-up => grown-ups (des adultes)

2. Les adjectifs composés

- L'élément le plus important est en seconde position.
- Le premier élément précise le sens du second.
- Formation :

- Le second élément est un participe présent (*-ing*). Le sens est actif.
  A heart-breaking story : Une histoire déchirante.
- Le second élément est un participe passé. Le sens est passif.
  Home-made jam : De la confiture faite maison.
- Le second élément est un adjectif.
  He feels sea-sick (seasick) : Il a le mal de mer.
- Le premier élément est un adjectif, le second un nom + *-ed*.
  He's a *brown-haired boy* : C'est un garçon aux cheveux bruns.

5 La quantité

▶ Pour indiquer une certaine quantité, on emploie *some* et *any*.

- *Some* dans les phrases affirmatives : *I'll have some tea*.
- Dans les phrases interrogatives, il faut distinguer deux cas :
  - Les questions pour lesquelles on ne connaît pas la réponse : *Have you seen any rabbits?*
  - Les « fausses » questions : *Would you like some tea?*

▶ Pour indiquer une absence de quantité, on emploie *no* et *not any*.

Dans les phrases négatives : *There aren't any cups. There are no leaves left on the trees*.

▶ Pour indiquer une grande quantité :

- avec les dénombrables on emploie *many*, *a lot of, lots of, plenty of :* *There are many parks in the town*.
- avec les indénombrables on emploie *much*, *a lot of*, *lots of, plenty of :* *He's got so much luggage that he can't walk*.

▶ Pour indiquer une petite quantité :

- avec les dénombrables on emploie *few* (peu de), *a few* (quelques). *Few students failed the exam*.
- avec les indénombrables on emploie *little* (peu de), *a little* (un peu de) : *I have little time left*.

▶ *Every* et *each* sont toujours suivis du singulier. Ils se traduisent par « chaque » ou « tous ». Expression : *Every other day* : un jour sur deux.

▶ *Both, both of* : les deux. *Both of them* : eux deux.

▶ *Either, neither* : quand il s'agit de deux éléments. *Neither door* : aucune des deux portes.

▶ *Most*, *most of* : la plupart de.

▶ *All* : tout, tous. *I've seen them all* : je les ai tous vus.

▶ Le nombre :

- Nombre précis : le mot exprimant le nombre n'est pas au pluriel. *Two hundred pounds*.
- Nombre imprécis : on met le pluriel quand le mot est précédé de l'article Ø. *There were hundreds of kites and thousands of people*.

La comparaison 6

- Le comparatif compare deux éléments.
- Le superlatif distingue un élément dans un groupe.
- En anglais il faut distinguer les adjectifs courts et les adjectifs longs.
  - Les adjectifs courts sont composés généralement d'une syllabe ou de deux syllabes terminées par *-y*, *-le*, *-er*, *-ow* : *Happy*, *noble*....
  - Les adjectifs longs sont composés de deux syllabes ou plus.
  - Les participes passés et certains adjectifs d'une syllabe sont considérés comme longs : *Tired*, *drunk*, *dead*, *glad*...
  - Certains adjectifs peuvent être considérés courts ou longs. *Pleasant*, *clever.*
- Les adverbes suivent la même règle que les adjectifs.

1. Le comparatif

	Adjectifs courts	Adjectifs longs
Supériorité	Adjectif + *-er* + *than*	*More* + adjectif + *than*
Infériorité	*Less* + adjectif + *than*	*Less* + adjectif + *than*
Égalité	*As* + adjectif + *as*	*As* + adjectif + *as*
Inégalité	*Not as* + adjectif + *as*	*Not so* + adjectif + *as*
De plus en plus	Adjectif + *-er and* adjectif + *-er*	*More and more* + adjectif
De moins en moins	*Less and less* + adjectif	*Less and less* + adjectif

- Quand on compare 2 éléments, on utilise le comparatif précédé de *the*.
  The younger generation : La jeune génération.
- Progression parallèle (Plus ..., plus... / moins ..., moins...).

The + comparatif + S + V, *the* + comparatif + S + V

Exemples

The older I grow, the richer I become.

The less I work, the less tired I am.

REMARQUE

Same se construit avec *as* quand il y a une idée de comparaison :
This bike is the same as mine.

2. Le superlatif

	Adjectifs courts	Adjectifs longs
Supériorité	*The* + adjectif + *-est*	*The most* + adjectif
Infériorité	*The least* + adjectif	*The least* + adjectif

3. Comparatifs et superlatifs irréguliers

	Comparatif	Superlatif
Good , well	*Better than*	*The best*
Bad	*Worse than*	*The worst*
Far	*Farther than* *Further than*	*The farthest* *The furthest*
Old (régulier dans le sens général de vieux)	*Elder* *My elder brother*: mon frère aîné (Il n'y a que 2 enfants)	*The eldest* : L'aîné

7 Le cas possessif ('s)

- Le cas possessif ou génitif exprime souvent la possession. On ajoute 's au possesseur. ⇨ *Paul's car* : La voiture de Paul. *The actress's hat* : Le chapeau de l'actrice.
- On n'ajoute qu'une apostrophe aux mots au pluriel en *–s*. ⇨ *The parents' room* : la chambre des parents.
- Dans de nombreux cas, on emploie le génitif alors qu'il n'y a pas d'idée de possession. Pour exprimer :

• La durée. ⇨ *A two hours' drive* : Un trajet en voiture de deux heures.
• Un repère dans le temps. ⇨ *Monday's Times* : Le Times de lundi.
• Une distance. ⇨ *A three miles' walk*: Une promenade de trois miles.

- Le deuxième nom est sous-entendu :

• quand il a déjà été exprimé. ⇨ *It's not my car. It's Paul's.*
• quand il s'agit de *house*, *hospital*, *shop*... ⇨ *I'll go to my brother's. He's at the hairdresser's.*

- On emploie aussi le génitif dans des expressions. ⇨ *Art for art's sake* : L'art pour l'art. *I want my money's worth* : J'en veux pour mon argent.

Le présent 8

1. Le présent simple

- Le présent simple est utilisé pour parler de ce qui est général. Le locuteur ne commente pas les faits émis.
- À la forme affirmative, on utilise la base verbale qui prend un *-s* à la 3e personne du singulier.
- À la forme interrogative ou négative, on emploie l'auxiliaire *do*.
- On l'emploie pour :

• Pour exprimer des vérités générales.
Water boils at 100°C.
• Pour exprimer des habitudes.
He smokes a lot, he is a heavy smoker. He plays tennis twice a week.
• Avec les verbes de perception et d'état : *see, hear, agree, believe, belong to, hate, know, like, love, prefer, understand, want ...*
She believes in the unknown.

2. Présent continu : *be -ing*

- *Be -ing* est utilisé pour décrire et/ou commenter l'action.
- Le locuteur commente le fait dont il parle.
- On l'emploie :

• Quand l'action est commencée mais pas encore terminée.
Listen! John is playing the violin.
• Pour décrire une situation présente.
Marylin is wearing a new dress.
• Pour faire un commentaire.
You're always talking in class. (Ici, un reproche est exprimé.)
• Pour exprimer un futur.
I'm taking the 9 o'clock train.

3. Le *present perfect*

- Le *present perfect* (*have* + participe passé) fait le bilan d'une action, en donne les conséquences.
- Il a différents emplois :

• Il y a souvent un lien de cause à conséquence entre une action au *present perfect* et un résultat au présent.
It has rained a lot, the road is slippery.

- L'action se situe pendant un temps qui n'est pas révolu.
  We have been to the States twice this year. (l'année n'est pas terminée)
- L'action n'est pas terminée.
  - La durée de l'action est introduite par for.
    He's been away for 2 weeks : Il est parti depuis 2 semaines.
  - Le début de l'action est introduit par *since* :
    He's been in Ireland since April: Il est en Irlande depuis avril.
    He's been ill since he left: Il est malade depuis qu'il est parti.
- L'action est très récente.
  He's just closed the shop : Il vient de fermer le magasin.

9 L'impératif

L'impératif est employé pour donner un ordre.

	2e personne	**1re personne du pluriel**
Forme affirmative	BV *Come in* ! entre / entrez !	Let's + BV *Let's go!* = Allons-y!
Forme négative	*Do* + négation + BV *Don't laugh at me!* Ne te moque pas / ne vous moquez pas de moi !	*Let's* + négation + BV *Let's not run!* Ne courons pas !

Le passé

10

Les deux temps du passé sont le prétérit et le *past perfect*.

1. Le prétérit

- C'est le temps de la narration. On l'emploie pour parler d'une action passée et terminée. Il y a une rupture entre cette action et le présent.
- On le rencontre donc avec des expressions comme *yesterday*, *last month*, *ago*, avec une date...

ATTENTION

Attention à l'ordre des mots ! Il y 3 ans : *Three years ago.*

a. Formation

- Forme affirmative : BV + *-ed* pour les verbes réguliers (voir Fiche 22 pour les verbes irréguliers).

Exemple

Last year he went to Canada.

- Avec les formes négatives et interrogatives on emploie l'auxiliaire *didn't/did*.

Exemples

"Did he see some whales in Canada?" "No, he didn't."

"When did you see him?" "Two days ago."

b. Le prétérit modal

- Il n'indique pas qu'une action est passée. Il s'emploie pour l'irréel du présent, c'est-à-dire ce qui n'est pas réalisé dans le présent mais souhaité.
- On l'emploie après *if*, *as if*.

Exemples

If I were you...

He talks to him as if he were his father.

c. Le prétérit en *-ing*

- Il s'emploie pour des actions inachevées dans le passé. Il est souvent associé par contraste au prétérit simple.
- Formation : *to be* au prétérit + BV + *-ing*

Exemples
It was snowing: Il neigeait.
He was taking a bath when the phone rang : Il prenait un bain quand le téléphone a sonné.

d. *Used to*

- Exprime une habitude passée en rupture avec le présent.
- Formation : *used to* + BV.

Exemple
I used to go camping : j'avais l'habitude de (Je ne le fais plus maintenant).

2. Le *past perfect* ou *pluperfect*

- Il exprime une action antérieure à une autre action du passé.
- Formation : *had* + participe passé.

Exemple
I saw her yesterday, I hadn't seen her for months: Je l'ai vue hier, je ne l'avais pas vue depuis des mois.

11 Le futur

Même s'il n'existe pas de « temps » futur en anglais, plusieurs formes grammaticales s'y réfèrent.

Formes	Emplois	Exemples
Be going to	Certitude que qqch va se faire. Lien avec le présent. Décision planifiée.	*He's worked so hard, he's going to succeed* : Il a travaillé si dur qu'il va réussir.
Will / Won't et *Will be + -ing*	Prédiction. Décision soudaine.	*He'll come tomorrow* : Il viendra demain.
	Avec une subordonnée en *if / when / as soon as / as long as / by the time /while / once / until*, ***will*** est utilisé dans la proposition principale (présent simple ou *present perfect* dans la subordonnée.)	*As soon as he arrives, he will contact us* : Dès qu'il sera arrivé, il nous contactera. *We'll join you if you deem it necessary* : Nous nous joindrons à vous si vous le jugez nécessaire.
Shall	Remplace *will* (*I, we*) dans un anglais plus soutenu, surtout en GB.	*We shall discuss it soon* : Nous en discuterons bientôt.
Be about to	Acte imminent.	*The plane was about to take off when the police entered the airport* : L'avion était sur le point de décoller quand la police est entrée dans l'aéroport.
Be bound to	Forte probabilité, qqch est inévitable.	*They were bound to break up* : Il était évident qu'ils allaient rompre.
Be likely to *Be sure to* *Be certain to*	Forte probabilité.	*She is likely/sure/certain to be late* : Il y a de fortes chances pour qu'elle arrive en retard.
Be to	Quelque chose est ou était prévu.	*The Pope is to come to France* : Le pape doit en principe venir en France. *They were to tell us* : Il était prévu qu'ils nous le disent. (ce qu'ils n'ont pas fait).
	Hypothèse.	*If it were to happen again, I'd leave* : Si cela devait se reproduire, je partirais.

12 Les Modaux & Associés

- Les auxiliaires modaux expriment une prise de position de celui qui parle.
- On utilise **un seul modal à la fois.**
- Il est suivi de la **BV** d'un verbe (**jamais** suivi ou précédé de *to* à l'exception de *ought to*).
- Il peut être suivi ou remplacé par un « associé » (repéré par un * dans le tableau) dans certains cas.

Forme	Emploi	Exemple
Can	Capacité	*I can read and write.* Je sais lire et écrire.
		I can drive you home. Je peux te ramener à la maison.
Cannot *Can't*	Impossibilité	*It cannot be true!* Ça ne peut pas être vrai !
Could	Remplace *can* au passé : capacité	*He told me he could drive me home.* Il m'a dit qu'il pouvait me ramener à la maison.
	Conditionnel	*We couldn't come even if we wanted to.* Nous ne pourrions pas venir même si nous le voulions.
*Be able to**	Remplace *can* au passé et au futur : Capacité + possibilité	*He will be able to go to the lecture.* Il pourra aller à la conférence.
	Possibilité + acte effectué	*She was able to move to London.* Elle a pu emménager à Londres.
Must	Obligation morale	*We must do our best.* Nous devons faire de notre mieux.
	Probabilité forte	*He must be home by now.* Il doit être rentré maintenant.
*Have to**	Obligation extérieure (liée à un règlement)	*You have to fill in the form by Thursday.* Vous devez remplir le formulaire pour jeudi.

Forme	Emploi	Exemple
Mustn't	Interdiction (personnelle)	*You mustn't listen to him. He's a liar.* Vous ne devez pas l'écouter. C'est un menteur.
*Not be allowed to**	Interdiction (extérieure)	*Nodoby is allowed to enter the crime scene.* Personne n'est autorisé à aller sur la scène du crime.
*Don't have to**	Absence d'obligation	*He doesn't have to wear a tie.* Il n'est pas obligé de porter une cravate.
Needn't	Absence de nécessité	*He needn't come. I can manage.* Ce n'est pas la peine qu'il vienne. Je peux me débrouiller.
Will	Futur	*We'll help him, if necessary.* Nous l'aiderons si besoin.
	Acceptation	*Will you marry me?* Veux-tu m'épouser ?
Won't	Refus catégorique	*The car won't start.* La voiture ne veut pas démarrer.
Would	Remplace *will* au passé ➔ futur dans le passé	*He announced that he would move to Spain.* Il a annoncé qu'il déménageait en Espagne.
	Volonté	*She tried to make him change his mind, but he wouldn't.* Elle a essayé de le faire changer d'avis, mais il n'a pas voulu.
	Conditionnel	*I would do it if I could.* Je le ferais si je le pouvais.

Forme	Emploi	Exemple
	Habitude dans le passé	*I would go to my grandma's every summer.* Tous les étés, j'allais chez ma grand-mère.
Remarque : *Used to* implique une habitude dans le passé qui est révolue. *Would* n'indique pas si cette habitude est révolue.		
May	Demande polie	*May I help you?* Puis-je vous aider ?
	Permission	*Teacher: You may sit down.* Vous êtes autorisés à vous asseoir.
	Probabilité 50/50	*He may come to the theatre with us.* Il va peut-être venir au théâtre avec nous.
*Be allowed to**	Permission Remplace *may* au présent, au passé et au futur	*She was allowed to enter during the performance.* Elle a été autorisée à entrer durant le spectacle.
May not	Interdiction	*You may not come home after midnight.* Tu n'as pas l'autorisation de rentrer après minuit.
Might	Remplace *may* au passé Permission	*She declared that they might enter the safety zone.* Elle a déclaré qu'ils avaient l'autorisation de pénétrer dans la zone de sécurité.
	Probabilité faible	*They might succeed despite their lack of knowledge.* Il se pourrait qu'ils réussissent malgré leur manque de connaissances.
Shall	Futur (désuet) Après *I* et *we*	*I shall go to Washington next month.* J'irai à Washington le mois prochain.

Forme	Emploi	Exemple
Shall	Contrainte (Bible, lois)	*You shall not kill.* Tu ne tueras point. *Anyone arrested in this zone shall be held responsible for the crime.* Toute personne arrêtée dans cette zone sera considérée comme responsable du crime.
	Demande polie	*Shall I open the window?* Voulez-vous que j'ouvre la fenêtre ?
Should	Conseil	*You should go to the hairdresser's!* Tu devrais aller chez le coiffeur !
	Probabilité	*She should arrive soon.* Elle devrait bientôt arriver.
	Hypothèse	*Should he join the club, we would welcome him.* S'il rejoignait le club, nous l'accueillerions bien. *Suppose they should come to the party!* Imagine qu'ils viennent à la soirée !
	Suggestion ou contrainte (subjonctif)	*I demand that he should show his ID card.* J'exige qu'il montre sa carte d'identité.
	Jugement (subjonctif)	*It's only natural that she should stay.* Il est tout à fait naturel qu'elle reste. *There is no reason why he should leave.* Il n'a aucune raison de partir.
Ought to	Conseil lié à une contrainte extérieure	*They ought to leave by 10pm.* Ils doivent partir avant 10 heures du soir.

13 Les propositions relative et infinitive

1. La proposition relative

Elle sert à expliquer un groupe nominal de la proposition principale. Elle est reliée à la proposition principale par un pronom relatif.

a. *Who, which, that, whose, Ø*

	Humains	**Non humains**
Sujet	*Who / that*	*Which / that*
Complément	*Who(m) / that / Ø*	*Which / that / Ø*
Complément du nom	*Whose*	*Whose / of which (très recherché)*

Exemples

His last film, which is a great success, is on TV this week.

The man who lives next door is my teacher.

The girl whose father is a doctor is my daughter's friend.

REMARQUE

Dans le cas d'un *phrasal verb*, la préposition reste à droite du verbe.
This is the boy (whom) they laughed at.

b. *When, where*

▶ L'antécédent peut être un moment ou un lieu.

Exemples

The day when they met at the office party was rainy.

The church where they got married is very old.

c. *What, which* : ce qui, ce que

▶ *What* introduit ce que l'on va dire et *which* reprend ce qui vient d'être dit. *Which* est précédé d'une virgule.

Exemples

What I don't understand is how you can cope with him.
He stared at him for a long time, which was very odd.

REMARQUE

On emploie *that* ou Ø après :

- *all, only, anything, anyone, nothing, everything...: All you need is love.*
- *un superlatif: It's the best book (that) I have ever read.*
- *first et last : It was the first / last thing (that) I did.*

2. La proposition infinitive

▶ Emploi : la proposition infinitive est obligatoire après :

- les verbes exprimant une volonté (*want*), un ordre (*order*), une interdiction (*forbid*), un désir imposé (*prefer*).
- *to expect, to know*.
- *to think, to say* (au passif).

▶ La proposition infinitive se construit :

- À l'actif : S + V + Complément d'objet + infinitif.
  He wants me to work.
- Au passif : S + V passif + infinitif.
  He is said to be very clever.

▶ La proposition infinitive peut suivre un adjectif :
It was hard for him to understand.

14 L'infinitif et le gérondif

1. L'infinitif (*To* + BV)

- Il indique un but, une intention.
- En début de phrase, il peut être précédé de *So as* ou *In order*.

Exemples

I'd like to sing : J'aimerais chanter.

He stopped to drink water : Il s'est arrêté afin de boire de l'eau.

To drive you have to get your driving license : Vous devez obtenir votre permis de conduire pour pouvoir conduire.

In order to go abroad, you have to have a passport : Pour aller à l'étranger, il vous faut un passeport.

2. Le gérondif (-*ING*)

- Il indique une réalisation.
- Il peut être sujet ou complément.

Exemples

I like painting : J'aime peindre.

He stopped smoking : Il s'est arrêté de fumer.

Drinking or driving, you have to choose : Boire ou conduire, il faut choisir.

Bringing up children is tiresome : Élever des enfants est fatigant.

Le souhait et le regret 15

1. Le souhait

- On utilise *wish* ou *if only* suivis d'un verbe au prétérit.

Exemples

I don't speak English ⇨ *I wish I spoke English* : Si seulement je parlais anglais.
He won't come ⇨ *I wish he would come* : Si seulement il venait.
I wish he was / were more reliable : J'aimerais qu'il soit plus fiable.
If only my house was / were bigger : Si seulement ma maison était plus grande.

2. Le regret

- On utilise *wish*, *if only* et *I regret*.
- *Wish* et *if only* sont suivis du *past perfect* (*had* + participe passé).

Exemple

I wish I had taken my camera. / If only I had taken my camera.
Si seulement j'avais pris mon appareil photo / Je regrette de ne pas avoir pris mon appareil photo.

- *I regret* est suivi de *-ing*.

Exemple

I regret coming to the party : Je regrette d'être venu à la fête.

Composition
Aptitude pro
Anglais
Entretien psy
Entretien jury
EPG

16 Les discours direct et indirect

- Le style direct est utilisé dans les dialogues et la narration si le narrateur est un personnage.
- Le style indirect sert à rapporter les paroles d'un personnage.
- Un verbe introducteur et plusieurs changements sont nécessaires pour passer de l'un à l'autre :
  - temps du verbe ;
  - pronoms (sujets, possessifs) ;
  - adverbes de lieu (*here/there*) et de temps (*now/then*, *tomorrow/the day after*) ;
  - établir des liens logiques.

1. Les temps

Discours direct	**Discours indirect**
Présent simple *"I have 3 children," she told me.*	Prétérit *She told me (that) she had 3 children.*
Be + ing *"I'm coming!" he said.*	Prétérit + *ing* *He said (that) he was coming.*
Present perfect *"We have lived here for 3 years," they said.*	*Past perfect* *They said (that) they had lived there for 3 years.*
Prétérit *"I always liked her,"* he announced. *"I lived there for 3 years, then I left," she added.*	*Past perfect* *He announced that he had always liked her.* *She added that she had lived there for 3 years, then she had left.*
Maintien du prétérit	
Habitude	*"She often came."* *She said that she often came.*
État	*"The coffee machine was out of order."* *He declared that the coffee machine was out of order.*
Dans une proposition subordonnée de temps	*"I caught him when he was grocery shopping."* *He said that he had caught him when he was grocery shopping.*
Après *wish*	*"I wish she came back to me."* *He said that he wished she came back to him.*

2. Les pronoms

Suivant le narrateur (extérieur ou au contraire l'un des personnages), certains pronoms sujets, objets et possessifs doivent être modifiés de manière logique.

3. Les adverbes

Discours direct	Discours indirect
Here	*There*
Now	*Then*
Tomorrow	*The day after*
In 3 months	*3 months later*
Yesterday	*The day before*
2 days ago	*2 days before*

5. Interrogations et exclamations

Discours direct	Discours indirect
Question ouverte = pas d'inversion S / V	
"Where are they?" he asked.	*He asked where they were.*
***Yes / No* question**	
"Is she fine?" she asked me.	*She asked me if / whether she was fine.*
Exclamation	
"Hello! Come in!" she told her guests.	*She greeted her guests and offered them to come in.*
"Sit down!" he told his students.	*He told his students to sit down.*

6. Les modaux

Discours direct	Discours indirect
WILL *"I'll tell him," she said.*	*WOULD* *She said that she would tell him.*
CAN *"She can sing," he declared.*	*COULD* *He declared that she could sing.*
MAY *"We may come over," they announced.*	*MIGHT* *They announced that they might come over.*
MUST *"We must pay this time," they insisted.*	*MUST* *"They insisted that they must pay that time.*

17 Le passif

- Le passif est beaucoup plus fréquent en anglais qu'en français.
- Il traduit notamment le « on » français.
- Sa construction ressemble au passif en français.
- Le complément d'agent, introduit par *by*, n'est pas toujours précisé.
- Les verbes prépositionnels ne sont pas dissociés de leur préposition.

S + *be* + participe passé (*by* + complément d'agent)

- L'auxiliaire ***be*** détermine le temps de la phrase.

Exemples

The house ***was built*** *2 years ago* : La maison a été construite il y a 2 ans.
A new dress ***will be designed*** : Une nouvelle robe va être créée.
Something ***is being cooked*** : Quelque chose est en train de cuire.
This ***should be eaten by*** *the dog* : Cela devrait être mangé par le chien.
Hamlet ***was written by*** *Shakespeare* : *Hamlet* a été écrit par Shakespeare.
This t-shirt ***is made*** *in Bangladesh* : Ce t-shirt est fabriqué au Bangladesh.
The car ***can be*** *fixed* : La voiture peut être réparée.
He ***must have been told by*** *the police* : Il a dû être prévenu par la police.
They ***were sent away*** : On les a renvoyés.
She can't stand ***being looked at*** : Elle ne supporte pas qu'on la regarde.

Autres formes du passif :
I ***had*** *my car* ***fixed*** : J'ai fait réparer ma voiture.
She ***got*** *her hair* ***done*** : Elle est allée chez le coiffeur.
I ***was announced*** *the bad news* : On m'a annoncé la mauvaise nouvelle.
She ***is said to be*** *brilliant* : On dit qu'elle est brillante.
He ***was told*** *to join the army* : On lui a ordonné de s'engager.

Les verbes prépositionnels & *Phrasal Verbs* 18

▶ Les verbes prépositionnels sont suivis d'une préposition qui introduit le complément mais ne modifie pas le sens du verbe ; la préposition peut être effacée s'il n'y a pas de complément.

- Phrase affirmative : S V (adv.) prép. O C
  He ***looked*** (*carefully*) ***after*** *her at home.*
- Phrase négative : S Aux. Not V (adv.) O C
  *He didn't **look after** her at home.*
- Phrase interrogative : WH- Aux. S V O C
  *Who did you **look after** at home?*

▶ Les *phrasal verbs* sont constitués d'un verbe et d'une préposition indissociables. La particule modifie généralement le sens du verbe.

- Phrase affirmative : S V prép. O C
  *The machine **broke down** yesterday.*
- Phrase négative : S Aux. Not V prép. O C
- *It didn't **break down** yesterday.*
- Phrase interrogative : Aux. S V prép. O C
  *Did it **break down** yesterday?*

Verbes prépositionnels	Traduction
Abide by the law	Respecter la loi
Account for sth	Rendre compte de qqch
Admit to sth / to V+ING	Admettre qqch / V
Agree with s.o. on sth	Être d'accord avec qqn sur qqch
Aim for sth / at sth / V-ING	Viser qqch
Answer for s.o.	Répondre de qqn
Apologize to s.o. for sth / V+ING	S'excuser auprès de qqn pour qqch
Appeal to s.o.	Faire appel à qqn / être attiré par qqch
Apply for a job	Poser sa candidature
Approve / disapprove of sth / s.o.	Approuver / désapprouver qqch / qqn
Ask about s.o.	Demander des nouvelles de qqn
Ask for sth	Demander qqch
Associate with s.o.	Fréquenter qqn
Belong to s.o.	Appartenir à qqn
Bet on sth / s.o.	Parier sur qqch /qqn

Verbes prépositionnels	Traduction
Break into a place	Entrer quelque part par effraction
Call on s.o.	Rendre visite à qqn
Care about sth / s.o.	Se faire du souci pour qqch / qqn
Care for s.o.	Bien aimer qqn / s'occuper de qqn
Cheat on s.o.	Tromper qqn
Check into a hotel	Descendre dans un hôtel
Claim for sth	Réclamer (un paiement)
Comment on sth	Commenter qqch
Compare to	Être comparable à
Complain about / of sth / s.o.	Se plaindre de qqch / qqn
Concentrate on sth	Se concentrer sur qqch
Consist in sth / in V-ING	Consister dans qqch / à +V
Consist of (a material)	Se composer de (matériau)
Count on s.o.	Compter sur qqn
Crave for sth	Être avide de qqch
Depend on sth / s.o.	Dépendre de qqch / qqn
Dispose of sth	Se débarrasser de qqch
Dream of / about sth / V-ING	Rêver de qqch / de V
Feel like sth / in V-ING	Avoir envie de qqch / de +V
Glance at sth / s.o.	Jeter un coup d'œil à qqch / qqn
Go through (a difficult situation)	Traverser (des épreuves)
Hear from s.o.	Avoir des nouvelles de qqn
Hear of sth / s.o.	Entendre parler de qqch / qqn
Hint at sth	Faire allusion à qqch
Hope for sth	Espérer qqch
Insist on sth	Insister sur qqch
Laugh at s.o.	Se moquer de qqn
Live by oneself	Vivre seul
Live through sth	Vivre qqch de difficile
Long for sth / s.o.	Se languir de qqch / qqn
Look after sth / s.o.	S'occuper de qqch / qqn
Look at sth / s.o.	Regarder qqch / qqn
Look for sth / s.o.	Chercher qqch / qqn

Verbes prépositionnels	**Traduction**
Look forward to sth / V+ING	Attendre impatiemment qqch / de faire qqch
Look like s.o.	Ressembler à qqn
Object to sth / s.o.	Émettre des objections à qqch / à l'égard de qqn
Pay for sth	Payer qqch
Point at s.o.	Montrer qqn du doigt
Prepare for sth	Se préparer à qqch
Preside over a meeting	Présider une réunion
Provide s.o. with sth	Fournir qqch à qqn
Reckon on sth	Espérer qqch
Rely on sth / s.o.	Compter sur qqch / qqn
Resort to sth	Avoir recours à qqch
Run out of sth	Se trouver à court de qqch
Search for sth	Chercher qqch
See to sth	Veiller à qqch
Stand for sth	Représenter qqch
Struggle against sth	Lutter contre qqch
Succeed in sth / in V-ing	Réussir qqch / à +V
Take after s.o.	Tenir de/ressembler à qqn
Take to V+ing	Se mettre à +V
Think about sth / s.o.	Penser à qqch / qqn
Wait for sth / s.o.	Attendre qqch / qqn
Yield to sth / s.o.	Céder à qqch / qqn

Phrasal verbs	**Traduction**
Back out of sth	Se retirer de qqch
Be up to sth	Manigancer qqch
Blow up (sth)	Faire exploser (qqch)
Break down	Faire une dépression nerveuse / Tomber en panne

Phrasal verbs	**Traduction**
Break in	Entrer par effraction
Break out (war, fire)	Se déclarer
Break up	Se séparer (couple)
Bring about sth	Provoquer qqch
Bring up (child)	Élever
Bring up a question	Soulever une question
Call sth off	Annuler qqch
Carry (sth) on	Continuer (qqch)
Carry out sth (instructions)	Exécuter qqch
Catch up with s.o.	Rattraper qqn
Come out (book, album)	Sortir
Come up with sth	Suggérer qqch
Cut back / down on sth	Réduire les dépenses sur qqch
Cut off supplies	Couper les vivres
Cut sth down	Réduire qqch pour économiser
Draw sth up (contract)	Rédiger qqch
Fed up with sth / s.o.	En avoir assez de qqch / qqn
Fill in / out (US) a form	Remplir un formulaire
Get down to sth	Se mettre à qqch sérieusement
Get on / along with s.o.	Bien s'entendre avec qqn
Get s.o. down	Déprimer qqn
Give in	Céder
Give in to s.o.	Céder à qqn
Give s.o. away	Trahir qqn
Give sth away	Vendre à bas prix
Give up sth / V+ING	Renoncer à qqch / V
Go back on sth (promise)	Revenir sur qqch
Hand sth out	Distribuer qqch
Hand sth over to s.o.	Remettre qqch à qqn
Lay s.o. off	Licencier qqn
Leave sth out	Ne pas inclure qqch
Let s.o. down	Laisser tomber qqn / décevoir
Look down on / up to s.o.	Mépriser / admirer qqn

Phrasal verbs	Traduction
Look out	Être sur ses gardes
Look sth over	Bien examiner qqch
Look sth up in the dictionary	Chercher qqch dans le dictionnaire
Make sth up	Inventer qqch de toutes pièces
Make up for sth	Compenser qqch
Make up one's mind	Se décider
Move in / out	Emménager / déménager
Pick sth / s.o. out	Choisir qqch / qqn
Pick up sth / s.o. up	Ramasser qqch / passer prendre qqn
Play sth down / up	Minimiser / exagérer qqch
Put off sth	Repousser qqch (à plus tard)
Put up with s.o. (behaviour)	Supporter qqn
Rule sth out	Exclure qqch
Set sth up	Monter (une affaire)
Show up	Venir
Stand out	Se détacher
Stand up for sth / s.o.	Résister à l'usure / plaider la cause de qqn
Stand up to s.o.	Tenir tête à qqn
Take $1 off	Déduire 1 dollar
Take off (plane)	Décoller
Take over a business	Reprendre une affaire
Take sth off (clothes)	Enlever
Talk s.o. round	Faire changer d'avis qqn
Turn out to be	Se révéler être
Turn sth down	Refuser
Turn sth out (industry)	Produire qqch
Turn sth / s.o. in	Rendre qqch / livrer qqn à la police
Watch out for sth	Se méfier de qqch
Work sth out	Résoudre / chercher à comprendre qqch

Sous-partie

3.2 Vocabulaire

Des fiches de vocabulaire supplémentaires sont disponibles sous forme de « Compléments en ligne » sur dunod.com.

Pour y accéder, référez-vous au mode d'emploi « Compléments en ligne » situé au début de l'ouvrage.

Les forces de l'ordre / *Police forces* 19

✓	**Termes en français**	✓	**Termes en anglais**
	Brigade		*Squad*
	Brigade criminelle		*Crime squad*
	Brigade de gendarmerie		*Gendarmerie brigade / squad*
	Brigade des mœurs		*Vice squad*
	Brigade de stupéfiants		*Drugs squad*
	Brigade financière		*Fraud squad*
	Chien policier		*Police dog / K9*
	Commissaire		*Superintendent*
	Commissaire divisionnaire		*Chief Constable*
	Commissaire principal		*Chief Superintendent*
	Commissariat de police / gendarmerie		*Police station*
	Contre-terrorisme		*Counter-terrorism*
	Descente de police		*Police raid*
	Entrer dans la police		*To join the police*
	Escadron de gendarmerie		*Platoon of gendarmes*
	Etre de service / ne pas être de service		*To be on duty / to be off duty*
	Être en patrouille		*To be on patrol*
	Flic (familier)		*Cop*
	Fonction publique		*Civil service*
	Forces armées		*Armed forces*
	Fourgon cellulaire		*Police van*
	Gendarme		*Office / policeman / policewoman*
	Gendarmerie		*Police department*
	Gendarmerie maritime		*Coastguard*
	Gendarmerie mobile		*Anti-riot police / mobile police unit*
	GIGN (groupe d'intervention de la gendarmerie nationale)		*SWAT team (Special Weapons and tactics Team)*
	Inspecteur de police / capitaine de gendarmerie		*Police inspector*
	Policier en civil		*Plain- clothes detective*
	Policier en uniforme		*Uniformed policeman*
	Préfet de police		*Commissioner*
	Services secrets		*Intelligent services / secret service*
	Unité de police		*Police Unit*

20 La sécurité / *Security*

✓	Termes en français	✓	Termes en anglais
	Abus d'alcool et de drogues		*Substance abuse*
	Abus de biens sociaux		*Embezzlement*
	Accident de la circulation		*Traffic accident*
	Alcootest		*Breath test / breathalyser*
	Application des lois		*Law enforcement*
	Arrestation		*Arrest*
	Arrêter qqn		*To arrest s.o.*
	Asile politique		*Political asylum*
	Attacher sa ceinture		*To fasten one's seat belt*
	Attaque à main armée		*Armed robbery*
	Atteinte à la propriété		*Property crimes*
	Attentat suicide		*Suicide bombing*
	Aveux		*Confession*
	Avouer		*To confess*
	Ceinture de sécurité		*Safety belt*
	Commettre une infraction		*To commit a crime*
	Condamnation		*Sentencing*
	Conduire en état d'ivresse		*To drive under the influence of alcohol*
	Contravention		*Endorsement*
	Contrefaçon		*Counterfeiting*
	Contrôle anti-drogue et anti-dopage		*Drug testing*
	Contrôle de la sécurité sanitaire des aliments		*Food Safety Regulation*
	Corruption		*Bribery*
	Délinquance		*Delinquency*
	Délit		*Crime*
	Délit de fuite		*Hit and run*
	Délit d'initié		*Insider trading*
	Dépasser la limitation de vitesse		*To exceed the speed limit*
	Dépénalisation		*Decriminalization*
	Empreinte digitale		*Fingerprint*
	Enfance maltraitée		*Child abuse*
	Enfermer qqn		*To lock up s.o.*
	Enfreindre la loi		*To break the law*

	Enlèvement		*Kidnapping / abduction*
	Enquête		*Investigation*
	Enquêter		*To investigate*
	Espionnage industriel		*Industrial espionage*
	Être en état d'arrestation		*To be under arrest*
	Être en état d'ivresse		*To be intoxicated*
	Être en garde à vue		*To be in custody*
	Être pris sur le fait		*To be caught in the act*
	Faute professionnelle		*Misconduct*
	Fouille		*Search*
	Fouiller qqn / qqch		*To search s.o. / sth.*
	Fraude à l'aide sociale		*Welfare fraud*
	Fraude fiscale		*Tax fraud*
	Garde parentale		*Child custody*
	Homicide		*Homicide*
	Immatriculation d'un véhicule		*Vehicle licensing and registration*
	Immunité diplomatique		*Diplomatic immunity*
	Indice		*Clue*
	Informateur		*Undercover agent*
	Interrogatoire		*Interrogation*
	Interroger		*To question*
	Jouer aux gendarmes et aux voleurs		*To play cops and robbers*
	Libération conditionnelle (et sursis)		*Parole (and probation)*
	Limitation de vitesse		*Speed limit*
	Mandat de perquisition		*Search warrant*
	Mener une enquête		*To conduct an investigation*
	Monter une opération		*To mount a strike*
	Passeport et visa		*Passport and visa*
	Peine alternative		*Alternative sentencing*
	Peine capitale		*Capital punishment / death penalty*
	Permis de conduire		*Driver's licence / driving licence*
	Perquisitionner		*To search a house*
	Peur du gendarme		*Fear of authority*
	Plaque d'immatriculation		*License plate*
	Porter plainte		*To bring a charge*
	Preuve		*Evidence [U]*
	Prévention routière		*Agency for the Prevention of Road Accidents*
	Prison		*Prison / jail*
	Relâcher qqn		*To release s.o.*

	Respecter la loi		*To abide by the law*
	Sécurité nationale		*National security*
	Sécurité routière		*Road safety*
	Services de sécurité		*Security forces*
	Signaler un crime		*To report a crime*
	Soupçonner		*To suspect*
	Suspect (n.)		*Suspect*
	Taux d'alcoolémie		*Blood alcohol level*
	Vol à l'étalage		*Shoplifting*
	Voleur		*Thief*

L'immigration / *Immigration* 21

✓	Termes en français	✓	Termes en anglais
	Absence de discrimination raciale		*Colour-blind*
	Atelier clandestin		*Sweatshop*
	Camp de réfugiés		*Refugee camp*
	Candidat à l'immigration		*Would-be immigrant*
	Carte d'identité		*Identity Card / ID card*
	Carte verte (US)		*Green card*
	Certificat de naissance / mariage		*Birth / marriage certificate*
	Citoyen / citoyenneté		*Citizen / citizenship*
	Clandestin		*Illegal immigrant*
	Demandeur d'asile		*Asylum seeker*
	Discrimination raciale		*Racial discrimination / colour bar*
	Discriminatoire		*Discriminatory*
	Dissident		*Dissident*
	Documents d'embauche		*Working papers*
	Double nationalité		*Dual nationality / citizenship*
	Droit d'asile		*Right of asylum*
	Émigré / Émigrer		*Migrant / To migrate*
	Étranger		*Alien / foreigner*
	Étranger (adj.)		*Foreign*
	Expulsion		*Deportation*
	Faux papiers d'identité		*Fake ID*
	Minorité ethnique		*Ethnic minority*
	ONG		*NGO (Non-Governmental Organization)*
	Papiers d'identité		*Identity document*
	Passager clandestin		*Stowaway*
	Passeur de clandestins		*Immigrant smuggler / coyote (US)*
	Pays d'accueil		*Recipient country*
	Pays d'origine		*Home country / homeland*
	Permis de travail		*Work permit*
	Racines / être déraciné		*Roots / to be uprooted*
	Réfugié politique		*Political refugee*
	Regroupement familial		*Family reunification*
	Régulariser un étranger en situation irrégulière		*To regularise an illegal alien*

	Relations raciales		*Race relations*
	Situation familiale		*Marital status*
	Travail au noir		*Moonlighting*
	Travail saisonnier		*Seasonal work*
	Travailleur immigré (légal)		*Guest worker*
	Travailleur qualifié / non qualifié		*Skilled / unskilled worker*
	S'intégrer dans la société		*To integrate into society*
	Travailleur clandestin		*Undocumented worker / illegal entrant / illegal alien*
	S'insérer		*To assimilate*
	Visa de tourisme périmé		*Out-of-date tourist visa*

La violence et le terrorisme / *Violence & Terrorism* 22

✓	Termes en français	✓	Termes en anglais
	Accroître la sécurité		*To increase safety*
	Accusé de meurtre		*Charged with murder*
	Adversaire des armes à feu		*Gun control activist*
	Al -Qaida		*Al-Qaeda*
	Arme		*Arm / weapon*
	Association nationale de défense des armes à feu		*The National Rifle Association (NRA)*
	Arme à feu		*Gun*
	Auto-défense		*Self-defence*
	Avocat		*Lawyer*
	Avoir la gâchette facile		*To be trigger-happy*
	Bain de sang		*Bloodbath*
	Blesser		*To injure / to wound*
	Braquer une arme sur quelqu'un		*To aim a gun at somebody*
	Cambriolage		*Burglary*
	Chiffres alarmants		*Staggering figures*
	Chiffres de la criminalité		*Crime figures*
	Condamné à perpétuité		*Condemned to life imprisonment*
	Contrôle des ventes d'armes		*Gun control*
	Coupable		*Guilty*
	Course aux armements		*The arms race*
	Criminel		*Criminal*
	Défendre ses biens		*To protect one's property*
	Délinquance juvénile		*Juvenile delinquency*
	Délit		*Crime*
	De sang froid		*Cold-blooded*
	Détournement d'avion		*Hijacking*
	Dissuader		*To deter*
	Droit constitutionnel		*Constitutional right*
	Le droit de porter une arme		*The right to bear an arm*
	Escalade de la violence		*Escalation of violence*
	Fondamentaliste		*Fundamentalist*
	La force prime le droit		*Might is right*
	Fusil		*Rifle*
	Fusillade dans une école		*School shooting*

	Imposer des conditions de port d'armes		*To impose permit requirements*
	Insécurité		*Insecurity*
	Interdire les armes		*To ban guns*
	Jihad		*Jihad*
	Légaliser		*To legalise*
	Législation sur les armes à feu		*Gun laws*
	Loi		*Law*
	Manifestant		*Demonstrator*
	Manifester		*To demonstrate*
	Massacre		*Slaughter*
	Menace / Menacer		*Threat / to threaten*
	Meurtrier (adj.) / (n)		*Murderous / murderer*
	Moudjahidine		*Mujahadeen*
	Mouvement de protestation		*Protest movement*
	Oussama Ben Laden		*Osama bin Laden*
	Peine de mort		*The death penalty*
	Permis de port d'arme		*Permit for carrying firearms*
	Prendre parti		*To take sides*
	Projet de loi / loi		*Bill / law*
	Proscrire les armes		*To outlaw guns*
	Questions d'ordre public		*Law and order issues*
	Qui ne prend pas parti		*Non-committal*
	Règlement		*Regulation*
	Règlement de compte		*Settling of scores*
	Représailles		*Retaliation*
	Réprimer les ventes d'armes		*To crack down on gun sales*
	Respectueux des lois		*Law-abiding*
	Révoltant		*Revolting*
	Se faire justice soi-même		*To take the law into one's hands*
	Se venger		*To take a revenge for / to retaliate*
	Sujet brûlant		*Burning issues*
	Taliban		*Taliban*
	Taux de criminalité		*Crime rate*
	Tendance à la violence		*Violent trend*
	Terrorisme		*Terrorism*
	Traumatisme		*Trauma*
	Victime		*Victim*
	Violence gratuite		*Pointless violence*
	Violent		*Violent*

L'informatique / *Computer Science* 23

✓	Termes en français	✓	Termes en anglais
	Achats en ligne		*Online / Internet shopping*
	Acheter par Internet		*To shop on the Net / online*
	Banque de données		*Data bank*
	Base de données		*Database*
	Borne Wi-Fi		*Wi-Fi hot spot*
	Cartouche d'encre		*Ink cartridge*
	Clé USB		*USB key / stick*
	Clic / cliquer		*Click / to click*
	Commerce en ligne		*E-commerce*
	Convivial / facile d'utilisation		*User-friendly*
	Copie de sauvegarde		*Backup*
	Copier / coller		*Cut and paste*
	Criminalité informatique		*Computer crime*
	Cybercafé		*Cybercafé*
	Disque dur		*Hard disc*
	Dossier / fichier		*File*
	Échange de fichiers		*File-swapping*
	Échanger de la musique en ligne		*To swap music online*
	Écraser		*To overwrite*
	Ère informatique		*Computer age*
	Foire aux questions		*FAQ (Frequently Asked Questions)*
	Fournisseur d'accès		*Internet provider*
	Imprimante / imprimer		*Printer / to print*
	Informaticien		*Computer scientist / Computerist (US)*
	Informatisation / informatiser		*Computerisation / to computerise*
	Internaute / utilisateur d'internet		*Netsurfer / Internet user*
	Mettre à jour		*To update*
	Mettre un dossier en ligne		*To post a file online*
	Mot de passe		*Password*
	Moteur de recherche		*Search engine*
	Navigateur / logiciel de navigation		*Web browser*
	Nom d'utilisateur		*Username*
	Numérique		*Digital*
	Ordinateur de bureau		*PC / personal or desktop computer*

	Ordinateur portable		*Laptop / portable computer*
	Page d'accueil		*Home page*
	Parcourir		*To browse*
	Peer-to-peer		*Peer-to-peer / peer-2-peer / P2P*
	Piratage de logiciels		*Software piracy*
	Pirate / pirater		*Hacker / to pirate / to crack*
	Piste		*Track*
	Planter		*To crash*
	Port USB		*USB port*
	Réseaux sociaux		*Social networks*
	Sauvegarder		*To save*
	Se connecter à internet		*To log on the Net*
	Serveur		*Web server*
	Sortie papier		*Hard copy / printout*
	Stocker des données		*To store data*
	Téléchargement / télécharger		*Downloading / to download*
	Téléphone par internet		*Web phone*
	Traitement des données / traiter		*Data processing / to process*
	Transfert de fichiers		*File transfer*
	Unité centrale		*Central processing unit (CPU)*
	Vote par internet		*E-voting*
john.doe@yahoo.com			
	john, point, doe, arobase, yahoo, point, com		*john, dot, doe, at, yahoo, dot, com*
www.google.com			
	WWW, point, google, point, com		*double you, double you, double you, dot, google, dot, com*

Les faux amis / *Deceptive words*

24

✓	Termes en français	✓	Termes en anglais
	Abuser		*To take advantage*
	Achever / finir		*To complete / to finish*
	Accomplir		*To achieve*
	Actuel		*Current*
	Actuellement		*Currently*
	A peine		*Hardly*
	Assister à		*To attend*
	Blesser		*To injure*
	Chance		*Luck*
	Commander		*To order*
	Compréhensif		*Understanding*
	Contrôler		*To check*
	Déception		*Disappointment*
	Décevoir		*To disappoint*
	Demander		*To ask*
	Démissionner		*To resign*
	Empêcher de		*To prevent*
	Éventuel		*Possible*
	Éventuellement		*Possibly*
	Expérience (en laboratoire)		*Experiment*
	Expérience		*Experience*
	Exiger		*To demand*
	Fortuné		*Weathly*
	Hasard		*Chance*
	Ignorer / ne pas savoir		*Not to be aware of / not to know*
	Informations		*News*
	Information		*A piece of news*
	Insulter		*To abuse*
	Maîtriser		*To control*
	Ne pas tenir compte de		*To ignore*
	Offrir / donner		*To give*
	Politique (adj.)		*Political*
	Politique (une)		*Policy*

	Politique (en général)		*Politics*
	Politique (un homme ou une femme)		*Politician*
	Préciser		*To specify*
	Prendre sa retraite		*To retire*
	Prévenir		*To warn*
	Prix (récompense)		*Prize*
	Prix (d'un objet)		*Price*
	Professeur (du secondaire)		*Teacher*
	Proposer / offrir		*To offer*
	Propriété		*Property*
	Publicité		*Advertisement*
	Réaliser		*To carry out*
	Recommencer		*To resume*
	Réel		*Actual*
	Réellement		*Actually*
	Renseignements		*Information*
	Résumer		*To sum up*
	Retard		*Delay*
	Retrouvailles		*Reunion*
	Réunion		*Meeting*
	Sensé		*Sensible*
	Sensible		*Sensitive*
	Se retirer		*To withdraw*
	Soutenir		*To support*
	Supporter		*To put up with / to bear*
	Supposer		*To assume*
	Sympathique		*Friendly*
	Tristesse		*Misery*
	Tromper		*To deceive*
	Tromperie		*Deceit*

Concours blanc 3.3

Sous-partie

1 Concours blanc

30 mn

1. It is about time he ...

A. comes. **B.** has come.
C. came. **D.** would come.

2. In the end I made ... my mind to go by train.

A. up **B.** on
C. down **D.** out

3. Someone broke ... my car while I was at the restaurant.

A. away **B.** up
C. out **D.** into

4. I'll put ... my holiday in England until the weather is warmer.

A. away **B.** off
C. over **D.** up

5. Do you get ... well with your brother?

A. with **B.** up
C. on **D.** in

6. I suggest we ... out for a Japanese meal.

A. will go **B.** should go
C. have gone **D.** would go

7. He can't account ... such behaviour.

A. for **B.** with
C. from **D.** by

8. I remember ... wonderful evenings watching the stars.

A. to spend **B.** to have spent
C. spending **D.** to spending

1	A. ☐ B. ☐ C. ☐ D. ☐	
2	A. ☐ B. ☐ C. ☐ D. ☐	
3	A. ☐ B. ☐ C. ☐ D. ☐	
4	A. ☐ B. ☐ C. ☐ D. ☐	
5	A. ☐ B. ☐ C. ☐ D. ☐	
6	A. ☐ B. ☐ C. ☐ D. ☐	
7	A. ☐ B. ☐ C. ☐ D. ☐	
8	A. ☐ B. ☐ C. ☐ D. ☐	

9. Don't forget ... the door when you leave the house.

A. closing **B.** to closing
C. to close **D.** close

10. I'm looking forward ... you again.

A. to see **B.** seeing
C. see **D.** to seeing

11. The plane will take ... at 7.45 p.m. from Heathrow Airport.

A. away **B.** off
C. out **D.** of

12. I'm fed ... with this nonsense!

A. up **B.** on
C. out **D.** in

13. He let the prisoners ...

A. going. **B.** go.
C. to go. **D.** to going.

14. Helen has been playing the piano ... six years.

A. Ø **B.** during
C. since **D.** for

15. When she arrived, he ...

A. has cooked. **B.** were cooking.
C. was cooking. **D.** cooked.

16. He is a ... student.

A. seventeen years' old **B.** seventeen-year-old
C. seventeen years old **D.** seventeen years aged

17. ... is the weather ...?

A. What / like **B.** Which / like
C. How/ Ø **D.** What/ Ø

18. ... you have, ... you want in a consumer society.

A. More / more **B.** Most / most
C. The most / the most **D.** The more / the more

9	A. ☐ B. ☐ C. ☐ D. ☐
10	A. ☐ B. ☐ C. ☐ D. ☐
11	A. ☐ B. ☐ C. ☐ D. ☐
12	A. ☐ B. ☐ C. ☐ D. ☐
13	A. ☐ B. ☐ C. ☐ D. ☐
14	A. ☐ B. ☐ C. ☐ D. ☐
15	A. ☐ B. ☐ C. ☐ D. ☐
16	A. ☐ B. ☐ C. ☐ D. ☐
17	A. ☐ B. ☐ C. ☐ D. ☐
18	A. ☐ B. ☐ C. ☐ D. ☐

19. … students have passed their exams.

A. The two both
B. The both
C. Both
D. Both two

20. Their … daughter is a doctor.

A. older
B. oldest
C. elder
D. most old

21. Susan is a good friend. You can rely … her.

A. in
B. with
C. to
D. on

22. That story is … I thought.

A. funnier than
B. more funny than
C. more funnier than
D. funnier that

23. I haven't understood the lecture.

A. Neither have I.
B. I not have.
C. Not have I.
D. Neither do I.

24. How are you?

A. I'm fine, thank you.
B. So
C. I'm going good, thanks.
D. Like this, like that

25. She hasn't drunk for hours. She …

A. has thirst
B. is thirsty
C. has thirsty
D. is thirst

26. Bill is 1.90 m. Tom is 1.85 m. Bill is …

A. the tallest
B. the most tall
C. more tall
D. the taller

27. Easier … than …

A. to say / to do.
B. said / to do.
C. said / done.
D. say / do.

28. The woman … is crossing the street is my neighbor.

A. who
B. which
C. what
D. whose

19 A. ☐ B. ☐ C. ☐ D. ☐
20 A. ☐ B. ☐ C. ☐ D. ☐
21 A. ☐ B. ☐ C. ☐ D. ☐
22 A. ☐ B. ☐ C. ☐ D. ☐
23 A. ☐ B. ☐ C. ☐ D. ☐
24 A. ☐ B. ☐ C. ☐ D. ☐
25 A. ☐ B. ☐ C. ☐ D. ☐
26 A. ☐ B. ☐ C. ☐ D. ☐
27 A. ☐ B. ☐ C. ☐ D. ☐
28 A. ☐ B. ☐ C. ☐ D. ☐

29. You'd better ... an umbrella. It's raining.

A. take **B.** took

C. have taken **D.** to take

29 A. ☐ B. ☐ C. ☐ D. ☐

30. He can't ... the car. He was not looking.

A. has seen **B.** have seen

C. to have seen **D.** saw

30 A. ☐ B. ☐ C. ☐ D. ☐

31. She has come to the meeting ... her injuries.

A. whereas **B.** contrary to

C. in spite of **D.** despite of

31 A. ☐ B. ☐ C. ☐ D. ☐

32. I will open the door when you ...

A. will arrive. **B.** are arrived.

C. arrive. **D.** have arrived.

32 A. ☐ B. ☐ C. ☐ D. ☐

33. I went to Canada...

A. there are six years. **B.** there are six years ago.

C. since six years. **D.** six years ago.

33 A. ☐ B. ☐ C. ☐ D. ☐

34. They ... on his project.

A. are agreed **B.** agreed each other

C. agreed **D.** were agreed

34 A. ☐ B. ☐ C. ☐ D. ☐

35. Answer: I'm a lawyer. Question: ...

A. What are you doing? **B.** What do you do?

C. What's you work? **D.** How are you occupied?

35 A. ☐ B. ☐ C. ☐ D. ☐

36. I know the girl ... parents are journalists.

A. whose **B.** whose the

C. who the **D.** who

36 A. ☐ B. ☐ C. ☐ D. ☐

37. I must stay at home to look ... my little sister.

A. for **B.** on

C. to **D.** after

37 A. ☐ B. ☐ C. ☐ D. ☐

38. Read the instruction before ... the machine.

A. using **B.** use

C. to use **D.** having used

38 A. ☐ B. ☐ C. ☐ D. ☐

39. Here is the ...

A. breathanalyser **B.** breathalyser
C. breathing analyser **D.** breathalysing

40. The robber has ...

A. run away from research **B.** run away from detection
C. escaped from detection **D.** escaped from research

41. The suspect was ...

A. as deaf as a fish **B.** as dumb as a fish
C. as mute as a fish **D.** as silent as a fish

42. He was ...

A. at the arrest **B.** under arrestation
C. at the arrestation **D.** under arrest

43. I'm late

A. excuse me, please **B.** I'm sorry
C. I excuse myself **D.** I'm desolate

44. He was ...

A. deceived **B.** decieved
C. deceive **D.** deceeved

45. Could you show me your ..., please?

A. licence driving **B.** permit of driving
C. driving-licence **D.** permit of driver

46. 5.p.m. It's ...

A. the speed hour **B.** the rush hour
C. the hour of rush **D.** the fast hour

47. Follow him and ...

A. maintain speed **B.** maintaining speed
C. keep speed **D.** keep up the speed

48. Where is the nearest ..., please?

A. car-park **B.** parking
C. car parking **D.** parking car

39 A. ☐ B. ☐ C. ☐ D. ☐

40 A. ☐ B. ☐ C. ☐ D. ☐

41 A. ☐ B. ☐ C. ☐ D. ☐

42 A. ☐ B. ☐ C. ☐ D. ☐

43 A. ☐ B. ☐ C. ☐ D. ☐

44 A. ☐ B. ☐ C. ☐ D. ☐

45 A. ☐ B. ☐ C. ☐ D. ☐

46 A. ☐ B. ☐ C. ☐ D. ☐

47 A. ☐ B. ☐ C. ☐ D. ☐

48 A. ☐ B. ☐ C. ☐ D. ☐

49. He is ...

A. fun of travelling **B.** fond to travel
C. found of travelling **D.** fond of travelling

49 A. ☐ B. ☐ C. ☐ D. ☐

50. Question: Can you tell me the way to the station, please? Answer:...

A. Follow all right **B.** Walk all right
C. Keep straight on **D.** Keep on straight

50 A. ☐ B. ☐ C. ☐ D. ☐

Corrigés

1. C. *It's about time* + prétérit modal. **Fiche GR 10**

2. A. *To make up one's mind* = se décider.

3. D. *To break into* = entrer par effraction. **Expression Fiche GR 18**

4. B. *To put off* = remettre à plus tard. **Expression Fiche GR 18**

5. C. *To get on well* = bien s'entendre. **Expression Fiche GR 18**

6. B. *To suggest* + *should* ayant valeur de subjonctif. L'auxiliaire modal *should* peut être omis. **Fiche GR 12**

7. A. *To account for* = expliquer. **Expression Fiche GR 18**

8. C. *To remember* se construit avec un gérondif pour évoquer un fait passé. **Fiche GR 14**

9. C. *To forget* se construit avec *to* pour exprimer un fait à venir. **Fiche GR 14**

10. D. *To look forward to + -ING* = attendre avec impatience. **Expression Fiche GR 18**

11. B. *To take off* = décoller. **Expression Fiche GR 18**

12. A. *To be fed up with* = en avoir assez de. **Expression Fiche GR 18**

13. B. *To let* + BV = laisser.

14. D. Helen joue toujours du piano, l'action n'est pas terminée, la durée de l'action est introduite par *for*. **Fiche GR 8**

15. C. Le *past continous* s'emploie souvent pour contraster avec une action ponctuelle au prétérit simple. **Fiche GR 10**

16. B. *Seventeen-year-old* est un adjectif composé et ne prend donc pas la marque du pluriel. **Fiche GR 4**

17. A. Expression : *What is the weather like?*

18. D. Pour exprimer une progression parallèle, on emploie le comparatif précédé de *The* : plus .., plus... **Fiche GR 6**

19. C. *Both* = les deux / tous les deux. **Fiche GR 5**

20. C. Quand il n'y a que deux éléments de comparaison, on emploie un comparatif précédé de *The*. **Fiche GR 6**

21. D. *To rely on* = se fier à. **Expression Fiche GR 18**

22. A. *Funny* : adjectif de deux syllabes terminé en -y. Le comparatif est en -er. **Fiche GR 6**

23. **A**. Moi non plus = *neither* + inversion auxiliaire / sujet. **Fiche GR 1**

24. **A**. Expression : je vais bien, merci.

25. **B**. *To be thirsty* = avoir soif.

26. **D**. Quand il n'y a que deux éléments de comparaison, on emploie un comparatif précédé de *The*. **Fiche GR 6**

27. **C**. Expression : Plus facile à dire qu'à faire.

28. **A**. L'antécédent est un être humain, le pronom relatif sujet est *who*. **Fiche GR 13**

29. **A**. L'expression *had better* exprime le conseil et est suivie d'une BV.

30. **B**. L'impossibilité au passé s'exprime avec l'auxiliaire modal *can't* + *have* + participe passé. **Fiche GR 12**

31. **C**. *In spite of (= despite Ø)* = en dépit de / *Whereas* = alors que / *Contrary to* = contrairement à.

32. **C**. Dans une proposition subordonnée de temps au futur en français, le verbe est au présent en anglais. Le verbe de la proposition principale est au futur. **Fiche GR 11**

33. **D**. Un moment précis dans le passé est désigné par *six years ago*. **Fiche GR 10**

34. **C**. *To agree with s.o. on sth* = être d'accord avec qn à propos de qch. **Expression Fiche GR 18**

35. **B**. Le présent simple sert à parler d'une action habituelle.

A. *Be+ing* indique une action en train de se faire. **Fiche GR 8**

36. **A**. Le pronom relatif complément du nom est *whose*. **Fiche GR 13**

37. **D**. *To look after* = surveiller, prendre soin.

A. *To look for* = chercher / **B**. *To look on* = regarder en spectateur / **C**. *To look to* = veiller à. **Expression Fiche GR 18**

38. **A**. Le gérondif s'emploie après toutes les prépositions sauf *except* et *but*. **Fiche GR 14**

39. **B**. *breathalyser* = alcootest. **Fiche VOC 19**

40. **C**. *to escape from detection* = échapper aux recherches. **Fiche VOC 19**

41. **B**. *as dumb as a fish* = muet comme une carpe.

42. **D**. *to be under arrest* = être aux arrest. **Fiche VOC 19**

43. **B**. *I'm sorry* = je suis désolé, excusez-moi.

44. **A**. *to deceive* = tromper (quelqu'un).

45. **C**. *driving-licence* = permis de conduire. **Fiche VOC 20**

46. **B**. *the rush hour* = l'heure de pointe.

47. **D**. *to keep up speed* = maintenir la vitesse. **Fiche VOC 20**

48. **A**. *car-park* = parking.

49. **D**. *to be fond of* = aimer.

50. **C**. *keep straight on* = continuez tout droit.

Concours blanc

2

30 mn

1. There are ... in this airport.
A. little smoking areas **B.** much smoking areas
C. a few smoking areas **D.** many areas smoking

2. I ... if I ... you.
A. don't drink / I am **B.** wouldn't drink / I am
C. shouldn't drink / I were **D.** wouldn't drink / I were

3. He is a wonderful musician, ...
A. isn't he? **B.** isn't it?
C. is he? **D.** is it?

4. My friend arrived ... train ... nine ... York.
A. in / at / of **B.** by / at / off
C. by / at / from **D.** in / on / from

5. Stop that noise, ...
A. do you? **B.** will you?
C. don't you? **D.** isn't it?

6. Stop shouting! I can't put ... ... this noise.
A. up on **B.** in on
C. up with **D.** on with

7. It's a pity that she ... so stubborn.
A. should be **B.** is
C. would be **D.** has been

8. I must make ... ... the time when I was away.
A. up for **B.** on for
C. up after **D.** on in

1	A. ☐	B. ☐	C. ☐	D. ☐
2	A. ☐	B. ☐	C. ☐	D. ☐
3	A. ☐	B. ☐	C. ☐	D. ☐
4	A. ☐	B. ☐	C. ☐	D. ☐
5	A. ☐	B. ☐	C. ☐	D. ☐
6	A. ☐	B. ☐	C. ☐	D. ☐
7	A. ☐	B. ☐	C. ☐	D. ☐
8	A. ☐	B. ☐	C. ☐	D. ☐

9. He does nothing but … everyone.

A. annoys — **B.** to annoy
C. annoying — **D.** annoy

9 A. ☐ B. ☐ C. ☐ D. ☐

10. How long did you stay in New York?

A. six times — **B.** two weeks
C. during a week — **D.** since a month

10 A. ☐ B. ☐ C. ☐ D. ☐

11. How old are you?

A. I've eighteen — **B.** I've eighteen years old
C. I'm eighteen years — **D.** I'm eighteen

11 A. ☐ B. ☐ C. ☐ D. ☐

12. If you … yesterday we … to the restaurant.

A. came / would had gone — **B.** had come / would go
C. had come / would have gone — **D.** have come / would have gone

12 A. ☐ B. ☐ C. ☐ D. ☐

13. They want … with them.

A. that we go — **B.** that we should go
C. us to go — **D.** we go

13 A. ☐ B. ☐ C. ☐ D. ☐

14. Don't make them … too fast!

A. drive — **B.** to drive
C. driving — **D.** to driving

14 A. ☐ B. ☐ C. ☐ D. ☐

15. My friend gave me …

A. a good advice. — **B.** a good piece of advice.
C. a good advise. — **D.** a good piece of advise.

15 A. ☐ B. ☐ C. ☐ D. ☐

16. I have as … as you have.

A. a fast car — **B.** fast car
C. a car fast — **D.** fast a car

16 A. ☐ B. ☐ C. ☐ D. ☐

17. Sorry, there … tea.

A. isn't some — **B.** has no
C. is not — **D.** isn't any

17 A. ☐ B. ☐ C. ☐ D. ☐

18. Jimmy is … boy I know.

A. the intelligentest — **B.** more intelligent
C. the most intelligent — **D.** the more intelligent

18 A. ☐ B. ☐ C. ☐ D. ☐

19. They were all very angry ... being kept waiting for the manager to come.

A. at **B.** by
C. in **D.** with

19 A. ☐ B. ☐ C. ☐ D. ☐

20. You must look after ...

A. their. **B.** them.
C. there. **D.** they.

20 A. ☐ B. ☐ C. ☐ D. ☐

21. They said it ...

A. theirs. **B.** themselves.
C. them. **D.** their.

21 A. ☐ B. ☐ C. ☐ D. ☐

22. She made us ... the room.

A. to paint **B.** painting
C. painted **D.** paint

22 A. ☐ B. ☐ C. ☐ D. ☐

23. ... it rained, we had a wonderful holiday in Ireland.

A. Although **B.** Despite
C. Nevertheless **D.** Whereas

23 A. ☐ B. ☐ C. ☐ D. ☐

24. A new treatment ... last year.

A. discovered **B.** has been discovered
C. was discovered **D.** has discovered

24 A. ☐ B. ☐ C. ☐ D. ☐

25. Peter asked ... he could get out.

A. provided **B.** whether
C. nonetheless **D.** wether

25 A. ☐ B. ☐ C. ☐ D. ☐

26. Tell me ...

A. how tall he is. **B.** how tall is he.
C. how he is tall. **D.** how much he measures.

26 A. ☐ B. ☐ C. ☐ D. ☐

27. I like to work for ... company.

A. a making-profit **B.** a profits-making
C. a profit-making **D.** a profit's making

27 A. ☐ B. ☐ C. ☐ D. ☐

28. I'm afraid there's ... I can do about it.

A. something **B.** anything
C. nothing **D.** a thing

28 A. ☐ B. ☐ C. ☐ D. ☐

29. I feel ... tired ... yesterday.
A. most / than **B.** more / that
C. the most / Ø **D.** less / than

30. I can't help ... .
A. to smoke. **B.** smoking.
C. smoke. **D.** to smoking.

31. ... I liked best was the food.
A. Which **B.** That
C. What **D.** All that

32. They come and see him ...
A. one time by month **B.** once time a month
C. a time by month **D.** once a month

33. Sean plays tennis ...
A. every other day. **B.** one day on two.
C. every another day. **D.** one day on another.

34. I've been very sick ... the boat left the harbor.
A. as **B.** since
C. for **D.** when

35. It is ... to understand what he means.
A. difficult to me **B.** difficult with me
C. difficult for me **D.** to me difficult

36. He was renowned ... his wit.
A. about **B.** with
C. for **D.** without

37. What he has gone ... makes him look like an old man.
A. with **B.** through
C. in **D.** about

38. He was accused ... driving too fast.
A. in **B.** of
C. on **D.** by

	A.	B.	C.	D.
29	☐	☐	☐	☐
30	☐	☐	☐	☐
31	☐	☐	☐	☐
32	☐	☐	☐	☐
33	☐	☐	☐	☐
34	☐	☐	☐	☐
35	☐	☐	☐	☐
36	☐	☐	☐	☐
37	☐	☐	☐	☐
38	☐	☐	☐	☐

39. The suspect was found ...

A. coupable **B.** guilly
C. gulty **D.** guilty

40. .... do you live from here?

A. How far **B.** To what distance
C. To which distance **D.** Where

41. You must not ... on this road.

A. overcome **B.** double
C. overtake **D.** overdrive

42. Can we go to a restaurant ?

A. I have hunger **B.** I have anger
C. I'm angry **D.** I'm hungry

43. What time is it ?

A. it's five hours five **B.** it's five past five
C. it's five after five **D.** it's five at five

44. He came ... train and ... foot.

A. by / in **B.** in / on
C. by/ on **D.** in / at

45. Sue ...... late.

A. apologized for being **B.** apologized to be
C. excused herself for being **D.** excused herself to be

46. They didn't agree and ...

A. querrelled **B.** quarrelled
C. quarreled themselves **D.** quarreled each other

47. The man ... to kill him.

A. threatened **B.** treatened
C. thretened **D.** threatened

48. The train is ... .

A. in late **B.** on late
C. lated **D.** late

39 A. ☐ B. ☐ C. ☐ D. ☐
40 A. ☐ B. ☐ C. ☐ D. ☐
41 A. ☐ B. ☐ C. ☐ D. ☐
42 A. ☐ B. ☐ C. ☐ D. ☐
43 A. ☐ B. ☐ C. ☐ D. ☐
44 A. ☐ B. ☐ C. ☐ D. ☐
45 A. ☐ B. ☐ C. ☐ D. ☐
46 A. ☐ B. ☐ C. ☐ D. ☐
47 A. ☐ B. ☐ C. ☐ D. ☐
48 A. ☐ B. ☐ C. ☐ D. ☐

49. How often do you play tennis?

A. Twice by week **B.** Twice in week

C. Two times by week **D.** Twice a week

49	
	A. ☐
	B. ☐
	C. ☐
	D. ☐

50.

A. You have reason **B.** You have right

C. You are right **D.** You are reason

50	
	A. ☐
	B. ☐
	C. ☐
	D. ☐

Corrigés

1. **C.** *A few* s'emploie avec un dénombrable pour exprimer une petite quantité.

A. *Little* s'emploie avec un nom indénombrable. / **B.** *Much* s'emploie avec un nom indénombrable. / **D.** Le nom composé se forme dans l'ordre inverse du français (des aires où l'on peut fumer). **Fiche GR 5**

2. **D.** Le conditionnel se forme avec *would*. « Si j'étais vous » n'est pas réalisé. Il s'agit donc de l'irréel, on emploie alors le prétérit modal. **Fiches GR 10+12**

3. **A.** Le *question tag* est négatif quand la phrase est affirmative. **Fiche GR 1**

4. **C.** *By* sert à indiquer le moyen de transport, *at* les heures, *from* la provenance.

5. **B.** Une phrase à l'impératif est reprise avec *will* dans un *question tag*. **Fiches GR 1+11**

6. **C.** *To put up with* = supporter. **Expression Fiche GR 18**

7. **A.** *It's a pity* est suivi d'un subjonctif formé avec *should*. **Fiche GR 12**

8. **A.** *To make up for* = compenser. **Expression Fiche GR 18**

9. **D.** Il ne fait rien d'autre qu'ennuyer tout le monde. Après *except* et *but* on emploie la BV.

10. **B.** A la question « combien de temps... ? », on répond par une durée introduite ou non par *for*. **Fiche GR 8**

11. **D.** Ou encore : *I'm eighteen years old*.

12. **C.** Le *past perfect* dans la proposition conditionnelle entraîne *would* + *have* + participe passé dans la proposition principale : Si tu étais venu, nous serions allés... **Fiches GR 10+12**

13. **C.** *To want s.o.* + proposition infinitive. **Fiche GR 13**

14. **A.** *To make s.o. do sth*.

15. **B.** *Advice* est indénombrable. *To advise* = conseiller.

16. **D.** L'article indéfini se place entre l'adjectif et le nom quand il est précédé de *as*, *too* ou *so*. **Fiche GR 2**

17. D. Dans les phrases négatives on emploie *any*.

A. *Some* s'emploie dans les phrases affirmatives. / B. *No = not any*. **Fiche GR 5**

18. C. *Intelligent* est un adjectif long. Il s'agit ici du superlatif. **Fiche GR 6**

19. A. *To be angry at* = être en colère à l'égard de. **Expression Fiche GR 18**

20. B. *Them* = eux, pronom personnel complément.

A. *Their* = leur, adjectif possessif / C. *There* s'emploie dans l'expression *there is* = il y a / D. *They* = ils, elles, pronom personnel sujet. **Fiche GR 3**

21. B. *Themselves* = eux-mêmes, pronom réfléchi pluriel. **Fiche GR 3**

C. *Them* = eux, pronom personnel complément / D. *Their* = leur, adjectif possessif.

22. D. *To make s.o. do sth*.

23. A. *Although* = bien que.

B. *Despite* = en dépit de / C. *Nevertheless* = néanmoins / D. *Whereas* = alors que.

24. C. *Was discovered* est un passif.

A. Le verbe *discovered* est à l'actif / B. Après *last year*, il faut un prétérit. / D. Le verbe est au *present perfect* actif. **Fiche GR 17**

25. B. *Whether* = si.

A. *Provided* = à condition que / C. *Nonetheless* = néanmoins.

26. A. Pas d'inversion dans une question au discours indirect. **Fiche GR 16**

27. C. *A profit-making company* = une compagnie qui fait du profit. Il s'agit d'un adjectif composé donc nous n'avons pas de marque de pluriel. **Fiche GR 4**

28. C. *Nothing* = rien. **Fiche GR 5**

29. D. Il s'agit d'un comparatif : *more / less ... than*. **Fiche GR 6**

30. B. *I can't help + -ING* = Je ne peux pas m'empêcher de. **Fiche GR 14**

31. C. *What* = ce qui, ce que, n'a pas d'antécédent.

A. *Which* = ce qui, ce que ; il reprend ce que l'on vient de dire, il a donc un antécédent / B. *That*, pronom relatif, a un antécédent / D. *All that* = tout ce qui, tout ce que. **Fiche GR 13**

32. D. Expression : *once a month* = une fois par mois. **Fiche GR 2**

33. A. Expression: *every other day* = un jour sur deux.

34. B. *Since* introduit une date ou un événement précis.

A. *As* = comme / C. *For* introduit une durée / D. *When* = quand. **Fiche GR 8**

35. C. *To be difficult for s.o. to do sth*. **Expression Fiche GR 18**

36. C. *To be renowned for sth*. **Expression Fiche GR 18**

37. B. *To go through* = traverser. **Expression Fiche GR 18**

38. B. *To accuse of* = accuser de. **Expression Fiche GR 18**

39. D. *Guilty* = coupable.

40. A. *How far* = à quelle distance.

41. C. *To overtake* = doubler.

42. D. *To be hungry* = avoir faim.

43. B. *It's five past five*.

44. C. *By train / on foot*.

45. A. *To apologise for -ing* = s'excuser de.

46. B. *To quarrel* = se quereller.

47. A. *To threaten* = menacer.

48. D. *Late* = en retard.

49. D. Expression *twice a week* = deux fois par semaine. **Fiche GR 2**

50. C. *To be right* = avoir raison.

Partie 4
Entretien avec le psychologue

La réforme du concours de sous-officiers de gendarmerie s'inscrit dans un processus de refonte plus large du dispositif de recrutement qui vise à le rendre plus efficient afin de garantir l'opérationnalité et l'adaptabilité des futurs gendarmes.

Elle est le résultat entre autres d'une réflexion, associant militaires et psychologues, permettant d'aboutir à un nouveau profil type du gendarme prenant en compte les évolutions du métier et ses spécificités notamment :

- l'importance de l'adhésion aux valeurs militaires, soit la discipline, la disponibilité, la droiture et l'obligation de réserve ;
- la dimension collective du travail et de la vie en caserne ;
- la mission de régulation sociale auprès des populations dans des contextes potentiellement difficiles...

Cette démarche a conduit à la rénovation des outils de sélection permettant d'évaluer la concordance entre le profil psychologique du candidat et les caractéristiques de personnalité nécessaires à l'exercice de la fonction de gendarme.

En mai 2010, le ministère de l'Intérieur, de l'Outre-mer, des Collectivités territoriales et de l'Immigration (MIOMCT) a lancé une procédure d'appel d'offres pour la fourniture d'inventaires de personnalité adaptés au recrutement par concours de la gendarmerie nationale.

Le candidat au concours de sous-officiers de gendarmerie sera donc soumis en même temps que les épreuves d'admissibilité, à deux tests de personnalité :

- un questionnaire évaluant les traits de caractère déterminant son adaptabilité à la fonction de gendarme et son futur comportement en situation professionnelle ;
- un test de gestion du stress.

L'un et l'autre visent à préparer, s'il est admissible, un entretien individuel avec un psychologue.

Inventaires de personnalité et rapport d'entretien du psychologue constituent une aide à la décision sous la forme d'un avis transmis au président du jury d'examinateurs qui recevra le candidat lors de l'épreuve orale d'admission.

Les inventaires de personnalité

4.1

Sous-partie

Ils existent de nombreux questionnaires de personnalité composés d'un nombre plus ou moins élevé d'items (80 à 450) portant sur les opinions, les sentiments, les réactions et attitudes en diverses circonstances de l'individu.

Tous ces tests sont à base de questionnaires, le plus souvent informatisés, à choix multiples (vrai/faux, oui/non/je ne sais pas...) ou à préférence (choix parmi des affirmations, adjectifs...). Ils sont, le plus souvent, non minutés.

Ils comprennent plusieurs questions se rapportant à chaque dimension psychologique évaluée et l'ensemble des éléments mesurés permettent de déterminer la personnalité globale du candidat.

Le premier inventaire de personnalité du concours de sous-officiers de gendarmerie vise à mesurer certains traits de personnalité du candidat (intégrité, sociabilité, ouverture d'esprit...), ses motivations et son aptitude à servir dans les rangs de ce corps d'armée (sens de la discipline, disponibilité, dynamisme, capacités d'adaptation...).

Le second détermine la façon dont il va réagir dans des situations difficiles, notamment face à une pression psychologique importante.

Les résultats de ces deux tests seront analysés par un psychologue, pour les candidats admissibles à l'issue des premières épreuves de sélection.

1 Le questionnaire de personnalité

La personnalité peut se définir en termes de traits de caractère qui sous-tendent et guident le comportement de l'individu. Par exemple, une personne timide aura des difficultés à interagir avec les autres.

À partir du profil type du gendarme tel qu'il vient d'être redéfini, ont été déterminés les comportements attendus et par là même les aptitudes et les traits de personnalité requis pour exercer cette fonction. Ils vont être évalués par l'inventaire de personnalité.

Son objet est moins de rechercher le profil souhaité que d'éviter des personnalités incompatibles avec le métier de gendarme.

En effet, la gendarmerie nationale ne peut se permettre de recruter des personnes susceptibles de présenter des comportements à risque pour eux-mêmes, leurs collègues de travail et la population.

Voici quelques-unes des dimensions psychologiques vraisemblablement évaluées lors de ce concours, leur définition et des exemples d'affirmations ou de questions permettant leur évaluation.

1. L'ascendance

C'est la tendance à la domination et à l'autorité sur les autres. Une personne dite « dominatrice » prend des responsabilités, se montre persuasive. Une personne dite « soumise » préfère suivre les consignes et évite de se mettre en avant.

Exemples d'affirmations et de questions mesurant l'ascendance

- Cochez la case correspondant à la réponse qui vous décrit le mieux :

  « *Je cherche à faire adhérer les autres à mes idées* ».

  ❒ Jamais ❒ Rarement ❒ De temps en temps ❒ Souvent ❒ Toujours

- Répondez par « Oui » ou « Non » à cette question :

  « *Vous êtes capable de tenir tête à une personne si vous en avez envie* ».

  ❒ Oui ❒ Non

2. La conscience professionnelle

Cette dimension traduit le sens du devoir, l'ordre, le respect des obligations et l'autodiscipline.

Exemples d'affirmations et de questions mesurant la conscience professionnelle

- Notez l'affirmation suivante sur une échelle de 1 à 5. Entourez la note la plus élevée si l'affirmation vous correspond parfaitement et la note la plus basse si elle ne vous correspond pas du tout :

  « *Je pense que les supérieurs sont souvent éloignés des problèmes de terrain* ».

  5 4 3 2 1

- Choisissez entre les deux adjectifs proposés, celui qui vous correspond le mieux :

Impulsif – Ponctuel

3. Le dynamisme

C'est la mesure de l'enthousiasme, de l'énergie. Il caractérise les personnes tournées vers les autres et vers l'action.

Exemples d'affirmations et de questions mesurant le dynamisme

- Choisissez l'action qui vous décrit le mieux :

❒ Organiser ❒ Agir ❒ Ranger

- Répondez par « Oui » ou « Non » à cette question :

« *Vous aimez la compétition ?* »

❒ Oui ❒ Non

4. L'honnêteté

C'est la droiture et l'intégrité, deux qualités indispensables dans l'exercice de la fonction de gendarme.

Exemples d'affirmations et de questions mesurant l'honnêteté

- Répondez à la question suivante par « Oui » ou « Non » :

« *Si vous voyez un collègue agir de façon malhonnête, le diriez-vous à votre hiérarchie ?* »

❒ Oui ❒ Non

- Répondez à la question suivante par « Oui » ou « Non » :

« *Avez-vous commis une infraction au code de la route au cours de ces deux dernières années ?* »

❒ Oui ❒ Non

5. L'ouverture d'esprit

Cette dimension évalue si le candidat est imaginatif, rêveur ou au contraire aime avoir « les pieds sur terre » et se conforme à des règles préétablies.

Exemples d'affirmations et de questions mesurant l'ouverture d'esprit

- Répondez à la question suivante en cochant la réponse qui correspond le mieux à ce que vous pensez :

« *Tout ce qui est nouveau me fascine* ».

❒ Oui ❒ Ne sait pas ❒ Non

- Choisissez l'affirmation qui vous correspond le mieux :

❒ J'aime m'en tenir aux tâches connues et maîtrisées.

❒ Le travail routinier m'ennuie.

6. Le sens de l'organisation

Une personne organisée est prudente et réfléchit avant de prendre des décisions. Elle est ordonnée et rigoureuse dans son travail.

Exemples d'affirmations et de questions mesurant le sens de l'organisation

- Cochez l'une des trois cases correspondant à votre réponse : « vrai » si vous êtes d'accord, « ne sait pas » si vous hésitez ou « faux » si vous n'êtes pas d'accord :

  « *Lorsque je fais quelque chose, je prends le temps de réfléchir à tout ce dont je vais avoir besoin ?* »

  ❒ Vrai ❒ Ne sait pas ❒ Faux

- Choisissez entre les deux verbes proposés, celui qui vous correspond le mieux :

  Diriger – Organiser

7. Le sens des responsabilités

C'est la capacité à prendre une décision et à agir de façon adaptée et raisonnée.

Exemples d'affirmations et de questions mesurant le sens des responsabilités

- Cochez l'une des trois cases correspondant à votre réponse : « vrai » si vous êtes d'accord, « ne sait pas » si vous hésitez ou « faux » si vous n'êtes pas d'accord :

  « *Je tiens à respecter mes engagements* ».

  ❒ Vrai ❒ Ne sait pas ❒ Faux

- Notez l'affirmation suivante sur une échelle de 1 à 5. Entourez la note la plus élevée si l'affirmation vous correspond parfaitement et la note la plus basse si elle ne vous correspond pas du tout :

  « *Je parle de mes difficultés si cela me permet de résoudre une situation* ».

  5 4 3 2 1

8. La sociabilité

C'est la tendance à rechercher les contacts sociaux et les relations interpersonnelles.

Exemples d'affirmations et de questions mesurant la sociabilité

- Notez l'affirmation suivante sur une échelle de 1 à 5. Entourez la note la plus élevée si l'affirmation vous correspond parfaitement et la note la plus basse si elle ne vous correspond pas du tout :

  « *Je préfère les sports individuels aux sports collectifs* ».

  5 4 3 2 1

- Cochez l'une des trois cases correspondant à votre réponse : « vrai » si vous êtes d'accord, « ne sait pas » si vous hésitez ou « faux » si vous n'êtes pas d'accord :

  « *Vous faites-vous facilement des amis ?* »

  ❒ Vrai ❒ Ne sait pas ❒ Faux

- Entourez parmi cette paire d'adjectifs, celui qui vous décrit mieux que l'autre :

  Structuré – Sociable

9. La stabilité émotionnelle

C'est la facilité avec laquelle l'individu s'adapte aux circonstances de la vie, fait face aux événements avec calme, se remet de ses échecs. La personne équilibrée a une perception positive et optimiste de la vie.

Exemples d'affirmations et de questions mesurant la stabilité émotionnelle

- Notez l'affirmation suivante sur une échelle de 1 à 5. Entourez la note la plus élevée si l'affirmation vous correspond parfaitement et la note la plus basse si elle ne vous correspond pas du tout :

  « *Lorsque l'on me démontre que j'ai fait une erreur, cela ne m'affecte pas longtemps* ».

  5 4 3 2 1

- Cochez l'une des trois cases correspondant à votre réponse : « vrai » si vous êtes d'accord, « ne sait pas » si vous hésitez ou « faux » si vous n'êtes pas d'accord :

  « *À votre avis, est-il préférable de ne pas trop attendre de la vie, pour éviter les déceptions ?* »

  ❐ Vrai ❐ Ne sait pas ❐ Faux

- Entourez parmi cette paire d'adjectifs, celui qui vous décrit mieux que l'autre :

  Rêveur – Positif

- Cochez l'une des trois cases correspondant à votre réponse : « vrai » si vous êtes d'accord, « ne sait pas » si vous hésitez ou « faux » si vous n'êtes pas d'accord :

  « *Mon entourage dit de moi que je suis facilement préoccupé(e) ?* »

  ❐ Vrai ❐ Ne sait pas ❐ Faux

Les réponses à chaque item de l'inventaire de personnalité sont notées et l'ensemble des notes pour chacune des dimensions évaluées, est additionné.

Les résultats globaux prendront la forme d'un graphique ou d'un tableau de scores.

Ils seront interprétés par le psychologue, qui s'attachera à cerner la personnalité globale du candidat. Des hypothèses seront faites sur les comportements de ce dernier dans certaines situations professionnelles qui seront ensuite mises en relation avec ceux déterminés dans le profil type du gendarme tel qu'il a été défini au préalable.

2 Le test de gestion du stress

Confronté à la violence et à des incivilités, à de fortes exigences liées à la cadence du travail et aux interventions dans l'urgence, au port de l'arme de service, au manque d'autonomie, etc., le gendarme est exposé à des facteurs de risques psychosociaux importants.

Pour y faire face, il doit être doté d'une personnalité équilibrée et d'une bonne tolérance au stress professionnel.

Le concours de sous-officiers de la gendarmerie prend en compte cette dimension en intégrant dans ses épreuves de sélection, un test de gestion du stress destiné à repérer les individus vulnérables et susceptibles de développer des conduites à risque pour eux-mêmes et pour les autres.

Les candidats seront donc soumis à un questionnaire spécifique, permettant de détecter leur résistance au stress et de mesurer leur capacité de contrôler leurs impulsions.

Exemples d'affirmations et de questions mesurant la gestion du stress

- Répondez à la question suivante en cochant la réponse qui correspond le mieux à ce que vous pensez :

  « *Quel est, à votre avis, l'objectif des week-ends ?* »

  ❒ La possibilité de passer du temps avec sa famille et ses amis.

  ❒ La possibilité de ne pas travailler aussi dur que durant la semaine même si je ne parviens jamais à me détendre complètement.

  ❒ La possibilité de se détendre et d'oublier le travail.

- Cochez l'une des trois cases correspondant à votre réponse : « vrai » si vous êtes d'accord, « ne sait pas » si vous hésitez ou « faux » si vous n'êtes pas d'accord :

  « *Vous considère-t-on comme quelqu'un sachant garder son sang-froid en toutes circonstances ?* »

  ❒ Vrai ❒ Ne sait pas ❒ Faux

- Répondez à la question suivante en cochant la réponse qui correspond le mieux à ce que vous pensez :

  « *Que ressentez-vous coincé(e) dans un embouteillage ?* »

  ❒ de la frustration ❒ de la colère ❒ de l'ennui

- Répondez à la question suivante par « Oui » ou « Non » :

  « *Je suis contrarié(e) si je suis interrompu(e) dans mon travail ?* »

  ❒ Oui ❒ Non

Les réponses au test de gestion du stress seront analysées et interprétées par le psychologue. Elles serviront de base à un échange sur le même thème lors de l'entretien individuel.

Conseils pour appréhender au mieux les inventaires de personnalité 3

1. L'attention

Lisez attentivement les énoncés des tests, de façon à ne pas vous méprendre sur le sens de la question posée ou de l'affirmation proposée.

Exemple

Si vous répondez « NON » à la phrase :

« *Vous n'avez jamais consommé de substance stupéfiante* » : ❒ OUI ❒ NON

Cela signifie que vous avez déjà fait usage de drogue.

Soyez également très attentif(ve) aux consignes et aux exemples donnés afin de comprendre ce que l'on attend de vous.

2. La préparation

Même s'il n'est pas possible de se préparer aux inventaires de personnalité, il est en revanche recommandé de se familiariser à leur forme et à leur contenu, afin d'éviter l'effet de surprise et de mieux gérer son éventuelle appréhension de ce type d'épreuve.

Il est nécessaire de rappeler que les tests sont un préalable à l'entretien avec un psychologue que vous aurez également préparé et au cours duquel vous pourrez argumenter et illustrer vos choix de réponse aux deux inventaires de personnalité.

De plus, les candidats ayant une faible maîtrise de l'ordinateur, pourront s'entraîner sur le fonctionnement des tests informatisés en réalisant des exercices proposés par des sites Web spécialisés dans ce domaine. Cet entraînement permettra de limiter l'effet de surprise et de gagner du temps le jour du concours.

3. La sincérité

Il est facile d'orienter ses réponses de façon à donner une bonne image de soi. Mais il est préférable d'être honnête car les tests de personnalité prévoient des moyens de détection du mensonge.

Ainsi, ils peuvent contenir des affirmations ou des questions auxquelles la majorité des personnes interrogées devraient répondre de façon défavorable.

Exemple

- « *Vous êtes toujours ponctuel(le) à vos rendez-vous* » : ❒ OUI ❒ NON
- « *Vous n'avez jamais proféré de jurons* » : ❒ OUI ❒ NON

Répondre OUI à ce type d'affirmations, démontre une tendance chez le candidat à « tricher » et rend suspectes toutes ses autres réponses au test.

Par ailleurs, l'introduction dans le test de plusieurs questions ou affirmations très proches, permet de vérifier la cohérence des réponses. Si ces dernières ne sont pas sensiblement les mêmes, la fiabilité des résultats obtenus sera mise en cause.

Certaines questions peuvent paraître incongrues ou anodines. Pour autant, ne remettez pas en cause la pertinence du test, conçu par des experts de la psychométrie et répondez toujours avec sérieux et sincérité.

Rappelez-vous que l'important est de présenter un profil équilibré et cohérent.

4. La spontanéité

Il n'est pas nécessaire de parcourir l'ensemble des questions avant de commencer le test. Répondez de façon intuitive, sans trop réfléchir. Il n'existe pas de bonnes ou de mauvaises réponses. L'objectif est, rappelons-le, de vérifier l'adéquation entre le profil du candidat et les exigences de la fonction de gendarme.

Même si vous n'avez pas de contrainte de temps, une lenteur excessive pour ce type d'épreuve ferait s'interroger l'examinateur présent sur la nature de vos difficultés.

Répondez à toutes les questions et évitez de donner trop de réponses indécises du style « *je ne sais pas* », « *peut-être* », « *ça dépend* » ou mitigées « *3* » sur une échelle de 1 à 5. À défaut, vous pourriez être considéré(e) comme réfractaire au test ou comme quelqu'un d'indécis.

L'entretien avec le psychologue

4.2

Sous-partie

4 Présentation de l'entretien avec le psychologue

Les candidats au concours de sous-officiers de la gendarmerie sont soumis à deux inventaires de personnalité destinés à préparer, s'ils sont admissibles, un entretien avec un psychologue, fréquemment dénommé « entretien complémentaire ».

Les résultats de ces tests serviront de base à l'échange qui doit permettre de dépasser leur simple profil psychologique pour évaluer comment certains traits de leur personnalité se manifesteront concrètement en situation professionnelle.

Pour cela, le psychologue va questionner les candidats, leur demandant de parler d'eux, de leur vécu et de donner des exemples illustrant la façon dont leur personnalité impacte leur comportement.

1. Le contenu de l'échange

L'entretien est dit « structuré ». Il est basé sur une série de questions identiques pour tous les candidats et axés sur l'emploi de gendarme. Elles peuvent être classées en trois catégories :

Les questions sur le métier

Elles permettent d'évaluer le niveau de connaissances du candidat sur la fonction de gendarme.

Exemples

- *« Quelles sont les missions principales de la gendarmerie ? »*
- *« Un gendarme peut-il intervenir en dehors du territoire national ? »*
- *« Quelle est la solde du gendarme débutant ? »*

Les questions situationnelles

Elles portent sur des situations professionnelles hypothétiques et le candidat doit expliquer comment il réagirait dans un tel contexte.

Exemples

- *« Vous procédez à une vérification d'identité sur la voie publique. Votre interlocuteur sort de sa poche une arme blanche. Comment réagissez-vous ? »*
- *« Que faites-vous si un prévenu vous accuse de l'avoir maltraité lors de son interpellation ? »*

Les questions comportementales

Le candidat est interrogé sur ce qu'il a fait, dans le passé, dans certaines situations ou doit démontrer, sur la base d'une situation vécue, qu'il possède une qualité spécifique.

Exemples

- « *Décrivez une situation au cours de laquelle vous avez été amené(e) à faire preuve d'esprit d'initiative ?* »
- « *Dans quelle circonstance avez-vous été amené(e) à agir sous pression ?* »

Les réponses aux différentes questions vont être analysées en fonction d'une grille de réponses attendues qui correspondent à la mise en avant des qualités nécessaires à l'exercice de la fonction de gendarme.

2. Les finalités de l'entretien : diagnostic et pronostic

L'entretien d'évaluation psychologique est devenu systématique pour les candidats au concours de sous-officiers en gendarme depuis mi-2011.

Il a un double objectif :

- **Le diagnostic :** déterminer le profil psychologique du candidat, c'est-à-dire s'il possède les aptitudes nécessaires et si à l'inverse, il n'a pas développé des traits de personnalité incompatibles avec l'exercice du métier de gendarme ;
- **Le pronostic :** faire des hypothèses, sur la base des aptitudes repérées, sur sa capacité à réussir dans un poste qu'il n'a jamais occupé jusque-là.

Les inventaires de personnalité ainsi que l'entretien avec le psychologue, ne constituent pas des épreuves éliminatoires.

Il s'agit d'une aide à la décision destinée aux membres du jury d'examinateurs lors de l'épreuve orale d'admission. Ce document comportera une synthèse des résultats de l'évaluation de la capacité d'adaptation du candidat à la fonction de gendarme et un avis sur une échelle alphabétique (A – B – C – D) ou numérique (1 – 2 – 3 – 4). Un avis « favorable » voire « très favorable », autrement dit supérieur à la moyenne, est un atout indéniable pour la réussite du concours.

5 Conseils pour se préparer

Le psychologue va vraisemblablement évoquer en début d'entretien les résultats des inventaires de personnalité, autrement dit livrer au moins en partie son interprétation du profil psychologique du candidat.

Ce dernier sera invité à argumenter sur ses points d'accord et de désaccord, à parler de certains traits de sa personnalité à l'appui de questions très précises.

Le candidat va parler de lui, de son vécu, de ses motivations... autant de questions qui nécessitent un travail de réflexion préalable.

Réussir cet entretien implique :

- Un travail de réflexion globale sur soi-même : ses qualités, ses défauts, ses préférences, ses intérêts, les apports de ses expériences personnelles et professionnelles, ses réussites, ses échecs, ses centres d'intérêt... Cette démarche, qui idéalement doit se traduire par un bilan écrit et détaillé, permettra au candidat de prendre du recul sur lui-même, son histoire personnelle et l'aidera à comprendre ce qui détermine ses attitudes et ses choix ;
- Un travail de recherche d'informations sur la profession de gendarme, sa pratique et son environnement. L'image que le candidat se fait du métier doit correspondre à la réalité. Ce point sera développé dans le chapitre consacré à la préparation de l'épreuve orale d'admission.

Le psychologue va également prendre en compte le comportement du candidat lors de l'entretien, qui doit être concordant avec l'analyse des inventaires de personnalité.

Par exemple, une attitude passive lors de l'échange remettrait en cause une évaluation positive sur son dynamisme. De la même façon, des manifestations de type gestes nerveux, rougeurs, hésitations dans le discours... seront prises en compte pour l'évaluation de sa gestion du stress.

Pour réussir cette épreuve, le candidat doit se montrer sincère, naturel et positif.

Partie

5 Entretien avec le jury

Cette épreuve est organisée en deux temps :

- la préparation et la restitution d'un exposé portant sur une question d'actualité ;
- un entretien de motivation.

Elle vise à mettre en valeur l'aptitude du candidat à intégrer le corps des sous-officiers de gendarmerie au regard de sa personnalité, ses motivations, sa culture générale, ses capacités d'expression et de raisonnement, sa vivacité d'esprit et son équilibre émotionnel.

Le candidat doit se présenter à cette épreuve avec sa convocation et un curriculum vitae.

Le jury est composé d'au moins deux examinateurs parmi :

- un officier national de la gendarmerie ;
- les correcteurs des épreuves écrites ;
- des psychologues civils ou militaires ;
- les officiers chargés de l'organisation et du contrôle de l'exécution de l'épreuve sportive.

Pour cette évaluation orale, le jury dispose de l'avis du psychologue, du dossier du candidat et de ses résultats aux tests psychotechniques.

S'il y a lieu et afin de garantir l'égalité de notation des candidats, une péréquation des notes attribuées par les différents groupes d'examinateurs sera opérée avant de procéder à la délibération finale.

L'oral d'admission est une épreuve déterminante. Il est doté d'un coefficient 7, le plus important du concours. Il sera noté de 0 à 20. Une note inférieure à 6 est éliminatoire.

Il est essentiel pour le candidat de bien s'y préparer afin de saisir l'opportunité de convaincre le jury de l'adéquation de son profil avec l'exercice de la fonction de gendarme.

5.1

Sous-partie

L'exposé sur un sujet d'ordre général

1 La préparation et la restitution de l'exposé

1. Le déroulement

Le candidat tire au sort un sujet : soit il choisit, parmi plusieurs, un papier sur lequel est libellé le thème à traiter, soit il donne un chiffre renvoyant à une liste préétablie de sujets.

Il est invité à s'installer dans la même pièce que le jury ou dans une autre pièce pour une phase de préparation d'une durée de 10 minutes. Dans le premier cas, le candidat devra redoubler de concentration afin de ne pas se laisser perturber par le bruit environnant.

Le sujet à traiter est d'ordre général et se rapporte à des questions d'actualité, telle que :

- La sécurité nucléaire,
- La violence à l'école, quelles solutions ?
- Que pensez-vous de la vidéosurveillance ?
- La cybercriminalité...

Feuilles de brouillon et stylo seront normalement mis à disposition mais il est recommandé, par sécurité, de se munir de son propre matériel.

À l'issue du temps de préparation, le candidat se représente devant le jury. Il doit prendre place sur la chaise sur laquelle il est invité à s'asseoir.

À ce moment-là, trois scénarii sont possibles :

- les examinateurs se présentent et demandent au candidat de faire de même ;
- les examinateurs demandent au candidat de se présenter avant de débuter son exposé ;
- les examinateurs demandent au candidat de commencer directement son exposé.

La présentation, lors qu'elle est demandée, se résume en quelques mots et constitue une première occasion, pour le candidat, de mettre en exergue ses atouts.

Exemple

« Je m'appelle Pierre Durand. J'habite à Ligugé dans le département de la Vienne. Je suis titulaire du Baccalauréat Économique et Social, option sciences économiques et sociales. J'ai suivi la formation Prévention de Services Civiques Niveau 1 et je suis bénévole au sein d'une épicerie sociale ».

L'épreuve se poursuit par l'exposé d'une durée de 8 à 10 minutes.

Elle se termine par quelques questions du jury sur la thématique traitée. Par la suite, l'échange évolue en entretien de motivation.

2. Les critères d'évaluation

L'exposé réalisé par chaque candidat est évalué sur le fond et sur la forme.

a. Critères d'évaluation du contenu de l'exposé

Les membres du jury apprécieront les capacités suivantes :

- la compréhension du sujet à traiter ;
- l'organisation des idées autour d'un plan pertinent et structuré ;
- les connaissances sur la thématique à développer ;
- la qualité de l'argumentation ;
- la précision et la qualité des réponses données aux questions posées.

Cette épreuve vise à évaluer votre curiosité d'esprit et ouverture aux sujets et problèmes d'actualité ainsi que vos capacités de réflexion et d'organisation de votre pensée.

b. Critères d'évaluation de la forme de l'exposé

Les membres du jury évalueront essentiellement :

- la communication verbale : qualité de l'élocution, le débit, la tonalité, le volume sonore, le repérage de tics de langage...
- La communication non verbale : la position, le regard, les mimiques éventuelles, le sourire, l'attitude générale...
- les aptitudes relationnelles : la clarté de l'expression, l'écoute, la participation, la remise en cause, le respect du temps alloué, la richesse du vocabulaire et la maîtrise de la langue française.

Cette épreuve vise globalement à apprécier la capacité du candidat à interagir avec autrui et à gérer son stress.

2 Se préparer à l'exposé : méthodologie et conseils

Pour réussir cette partie de l'épreuve, vous devez développer votre culture générale (voir Sous-partie 1.4 Culture générale dans le présent ouvrage) et vous intéresser très régulièrement à l'actualité (voir fiches en ligne sur le site dunod.com : pour y accéder, référez-vous au mode d'emploi « Compléments en ligne » situé au début de cet ouvrage).

Vous devez également adopter une rigueur méthodologique, qui vous permettra avec de l'entraînement, de faire face à tout type de sujet.

1. Méthodologie de l'exposé

a. Compréhension du sujet

La phase de préparation doit débuter par un temps consacré à saisir ce qui est attendu. Pour cela, il est nécessaire de repérer les mots clés du sujet, de mesurer ses limites si elles existent (où, quand, par qui, pour qui, comment...) et d'identifier le travail demandé.

Repérer les mots clés

Lisez le sujet plusieurs fois et identifiez les mots qui cernent la thématique à traiter.

Exemple

- « *La <u>cybercriminalité</u> : quelles <u>solutions</u> ?* »

Ces deux mots clés doivent constituer la ligne directrice de l'exposé de façon à éviter un hors sujet partiel ou total.

Mesurer les limites du sujet

Certains mots clés permettent de délimiter le sujet à traiter dans le temps, dans l'espace, cibler une population concernée ou un aspect particulier de la thématique à développer...

Exemple

- « *La cybercriminalité sur <u>internet</u> en <u>France</u>* ».

Ces deux mots clés limitent le sujet dans l'espace (en France) et à une seule technique de transmission de l'information touchée par la cybercriminalité (Internet).

Identifier le type de sujet

Le sujet peut se présenter sous différentes formes :

Exemples

- « *La cybercriminalité* »

  C'est un sujet vaste. Le candidat aura toute latitude pour choisir les aspects qu'il développera dans son exposé.

- « *Va-t-on vers une explosion de la cybercriminalité ?* »

  Le candidat devra proposer une réponse argumentée à cette question.

- « *L'espace internet est de plus en plus un lieu d'agissements répréhensibles. Quelles solutions sont mises en place ? Sont-elles suffisantes ?* »

  Le sujet est plus restreint dans la mesure où il se limite à Internet. Les deux questions posées et auxquelles le candidat doit répondre, déterminent le plan de l'exposé.

b. Structuration de l'exposé

L'exposé devra comporter une introduction, un développement en plusieurs parties et une conclusion.

Une fois le sujet compris, le candidat rédige au brouillon quelques lignes qui définissent, avec ses propres mots, la thématique à développer. Très rapidement, il écrit toutes les idées que lui viennent à l'esprit, idées sous forme de mots clés ou d'expressions qui vont être classées pour déterminer le plan de l'exposé.

L'introduction

L'introduction a, pour fonctions, de définir et de présenter le sujet et d'annoncer le plan de l'exposé.

Exemple

- Thème : « *La cybercriminalité* ».

« *L'évolution des systèmes d'information s'est accompagnée du développement d'un nouveau genre d'infractions. Nous allons dans un premier temps, présenter les différentes formes de délits commis et dans un deuxième temps, envisager les solutions pour y faire face* ».

Le plan de l'exposé

Compte tenu du temps imparti, le candidat doit envisager un développement en 2 voire trois parties maximum.

La forme du sujet, nous l'avons vu, peut déterminer le plan de l'exposé.

Dans le cas contraire, c'est l'organisation des mots clés écrits au brouillon qui influencera le choix des principales idées à développer.

Différents types de plan existent, dont :

- Le plan par aspects ou critères : le sujet est présenté sous différents angles (par exemple social, économique, historique...) ;
- Le plan Causes – Conséquences ou Solutions ;
- Le plan Thèse (présentation d'un point de vue) – Antithèse (développement d'un point de vue différent ou opposé) et Synthèse (proposition d'un point de vue nuancé) ;
- Le plan par points de vue : il donne différents avis sur une question donnée ;
- Le plan Discussion ou Pour/Contre : il rassemble dans une partie, les arguments favorables et dans une seconde partie, les arguments défavorables.

Une fois le plan défini, le candidat réorganise ses idées au brouillon et choisit des exemples pour illustrer ses propos.

Il convient également de prêter attention aux transitions entre les différentes idées à l'aide d'adverbes ou autres termes d'articulation.

À la fin du développement, le candidat annonce la conclusion.

Exemple

• Thème : « *La cybercriminalité* ».

Plan du développement :

Partie 1 : Les différentes formes de cybercriminalité

Expression d'articulation : Une première forme concerne...

Idée 1 : la diffusion sur internet de contenus illégaux

Illustration de l'idée 1 : la pédopornographie

Expression d'articulation : Une seconde forme est liée...

Idée 2 : l'atteinte à la propriété intellectuelle

Illustration de l'idée 2 : la copie de fichiers musicaux

Expression d'articulation : De plus, il faut ajouter...

Idée 3 : les intrusions illégales dans les bases de données ou réseaux informatiques

Illustration de l'idée 3 : la fraude aux données bancaires

Articulation entre les parties 1 et 2 : « *Dans une seconde partie, nous allons maintenant aborder les solutions pour contrer le développement de la cybercriminalité* ».

Partie 2 : Les solutions

Expression d'articulation : En premier lieu...

Idée 1 : le développement de la cybersurveillance

Illustrations de l'idée 1 : veille internet assurée par des agents spécialisés de la gendarmerie, les plates-formes de signalement...

Expression d'articulation : En second lieu...

Idée 2 : la prévention

Illustration de l'idée 2 : Information du grand public et des entreprises sur les précautions à prendre

Le candidat doit s'efforcer, dès que le sujet de l'exposé le permet, de faire le lien avec la gendarmerie.

De plus, le jury appréciera son implication personnelle, c'est-à-dire la façon dont il s'est approprié le sujet et dont il se positionne quant aux idées émises.

La conclusion

Elle n'est pas nécessairement préparée faute de temps. Elle sert à synthétiser les arguments développés tout au long de l'exposé et à ouvrir le débat vers une nouvelle perspective.

Exemple

• Thème : « *La cybercriminalité* ».

« *La cybercriminalité prend des formes très diverses, conséquences de l'évolution de la technologie des systèmes d'information. Des solutions existent, techniques et préventives, mais elles doivent encore faire leur preuve* ».

À l'issue de l'exposé, le jury posera quelques questions pour d'une part, obtenir des précisions sur une ou plusieurs idées contenue(s) dans l'exposé et d'autre part, évaluer la connaissance du candidat sur des sujets proches de celui traité. Cette démarche permet de se faire une idée sur la culture générale du candidat, son intérêt sur les questions d'actualité et par ailleurs, de voir comment il réagit aux questions posées.

2. Conseils

a. La présentation du candidat

Le candidat au concours de sous-officiers de la gendarmerie devra porter le plus grand soin à sa présentation :

- Les hommes porteront veste et cravate et seront rasés de près et coiffé court ;
- Les femmes choisiront un tailleur strict, mettront peu de bijoux et de maquillage.

Les uns et les autres devront éviter tout signe de différenciation visible : tatouage, piercing...

Les candidats issus du concours interne devront se présenter en uniforme.

b. Le respect des règles de savoir-être

Les examinateurs seront sensibles au respect de règles de politesse : saluer le jury par la formule appropriée « *Bonjour Messieurs, Mesdames, Monsieur et Madame* ». Si les examinateurs sont en uniforme, et que vous maîtrisez les grades, vous pouvez saluer chaque personne en fonction de son grade.

Asseyez-vous seulement après que le jury vous y ait invité.

Soyez attentif à ne pas couper la parole à vos interlocuteurs.

À la fin de l'épreuve, saluez à nouveau chacun des examinateurs.

c. Le respect du délai imparti

Munissez-vous d'une montre le jour de l'épreuve. Elle doit vous permettre de respecter le temps de préparation (10 minutes) et le temps de restitution de l'exposé (10 minutes).

En revanche, ne regardez pas votre montre pendant la durée des questions du jury.

d. La clarté des propos

Une préparation méthodique va vous permettre de proposer un exposé structuré.

La difficulté majeure est de passer de quelques mots écrits sur une feuille de brouillon à un discours relativement fluide. Vous y parviendrez à force d'entraînement en respectant au plus près les conditions de l'épreuve.

Ne parlez ni trop vite, ni trop lentement et un peu plus fort que la normale.

Évitez les abréviations et les sigles.

Adoptez un vocabulaire adapté, précis. Faites des phrases courtes. Prenez le temps de réfléchir entre chaque idée de manière à faire des phrases bien construites. Évitez les interjections (euh), les tics verbaux (alors, bon...) et des mots trop familiers (cool, super...).

Donnez du rythme à votre discours en jouant sur le débit et le ton utilisés. Vous gagnerez en conviction et maintiendrez l'attention de votre auditoire.

e. Le comportement

Votre attitude et vos gestes peuvent en apprendre beaucoup aux membres du jury.

Dès le début de l'épreuve, prenez le temps de vous asseoir correctement, avancez votre chaise pour vous positionner bien droit et poser les mains sur la table. Dans cette position, vos mains seront libres de s'exprimer, donnant une dynamique à votre discours.

Posez votre convocation, votre curriculum vitae et vos feuilles de brouillon sur la table devant vous. Cette préparation et la clarté de vos notes, sur plusieurs feuillets écrits sur un seul côté, montreront votre sens pratique et organisé.

Par contre, évitez tout geste de contact (se gratter l'oreille...), tout « jeu » avec un crayon ou tout autre objet. Ne « gesticulez » pas sur votre chaise. Ce sont des signes de nervosité qui traduisent votre difficulté à maîtriser votre stress.

Regardez chacun de vos interlocuteurs à tour de rôle. Vous pourrez ainsi capter leurs réactions et adapter si nécessaire votre discours. Si, par exemple, vous percevez une incompréhension d'un des examinateurs, vous pourrez reformuler votre propos.

Le croisement des jambes et surtout des bras, la mèche de cheveux devant les yeux, sont à proscrire. Ils traduisent un refus du dialogue ou une envie de repli sur soi.

Si vous êtes timide ou émotif, multipliez, avant le concours, les occasions de prises de parole en public et les simulations d'entretien avec différentes personnes de votre entourage. Soyez convaincu(e) de vos atouts pour réussir et prenez du recul par rapport aux attentes du jury. L'objectif n'est pas de vous mettre en difficulté mais bien de savoir si vous avez le profil recherché.

Souriez pour montrer votre satisfaction d'être présent(e) devant le jury pour défendre votre candidature.

L'entretien de motivation

5.2

Sous-partie

3 Présentation de l'entretien et des attentes du jury

1. Les types de questions posées

Après la restitution de l'exposé, l'entretien prend la forme d'une discussion entre les examinateurs et le candidat.

Ce dernier est questionné, de manière assez soutenue, pendant une dizaine de minutes.

Le questionnement concerne :

- **La connaissance de la Gendarmerie**

Exemples de questions posées :

- « *Décrivez le travail de gendarme* ».
- « *Donnez le nom du ministre de l'Intérieur ?* »
- « *Qu'est-ce-que la gendarmerie mobile ?* »
- « *Décrivez la formation de gendarme ?* »
- « *Quelles sont les missions actuelles de la gendarmerie ?* »

Pour vous y préparer, reportez-vous au cours « Mieux connaître la gendarmerie » situé page 5.

- **Les motivations et le projet professionnel du candidat**

Exemples de questions posées :

- « *Pourquoi voulez-vous devenir gendarme ?* »
- « *Quel est votre projet professionnel ?* »
- « *Pourquoi devrions-nous retenir votre candidature ?* »
- « *Comment pensez-vous concilier vie professionnelle dans la gendarmerie et vie privée ?* »
- « *Que ferez-vous si vous ne réussissez pas ce concours ?* »

- **Son parcours personnel et professionnel**

Exemples de questions posées :

- « *Quelles études avez-vous suivi ?* »
- « *Quelles sont vos expériences professionnelles ?* »
- « *Quelle est votre situation familiale ?* »
- « *Quels étaient vos résultats au Baccalauréat ?* »

- **Sa personnalité**

Exemples de questions posées :

- « *Quels sont vos centres d'intérêt ?* »
- « *Quelles sont vos qualités ? Vos défauts ?* »
- « *Que disent vos proches de vous ?* »
- « *Quelle est la valeur la plus importante à vos yeux ?* »
- « *Comment gérez-vous la pression ?* »

- « *Quel est le fait d'actualité de ces 5 derniers jours qui a retenu votre attention et pourquoi ?* »
- « *Aimez-vous prendre des risques ?* ».

Ces listes de questions ne sont bien entendues pas exhaustives. Elles montrent néanmoins que leur champ balaie à la fois les connaissances, les aptitudes et la personnalité des candidats.

L'entretien de motivation est un exercice difficile qui nécessite d'une part, de savoir ce que l'on attend de vous et d'autre part, de s'y préparer spécifiquement sur le fond et sur la forme.

2. Les attentes du jury

Le jury portera une grande attention aux éléments suivants :

- **une bonne connaissance de la gendarmerie** acquise par des lectures spécifiques, des échanges avec des professionnels, la participation à des actions d'information sur les métiers de l'armée ou à des portes ouvertes dans les écoles de formation...
- **l'expérience acquise au cours des études ou d'activités salariées ou bénévoles** tels que la réalisation d'un projet d'intérêt général, les responsabilités assumées dans le cadre des différents emplois occupés, la formation aux premiers secours civiques, l'engagement associatif dans le domaine éducatif, social...
- **les représentations que le candidat a du métier** (tâches du gendarme, contraintes du métier...) **et la réalité de son projet professionnel** ;
- **ses aptitudes à la communication et sa personnalité.**

Les examinateurs attendent du candidat de l'authenticité. Les réponses données aux questions posées doivent être argumentées, posées et nuancées. L'entretien de motivation, moment clé de l'oral d'admission, est un exercice qui ne laisse aucune place à l'improvisation. La clé du succès est une solide préparation.

Très concrètement, deux scénarii sont possibles :

- les examinateurs demandent au candidat de se présenter en quelques minutes ;
- les examinateurs questionnent le candidat sur l'ensemble des points qu'ils souhaitent le voir développer.

Dans la première situation, votre présentation doit comporter quelques mots sur vous (votre identité, votre lieu de résidence, votre parcours de formation, vos expériences professionnelles et personnelles...), votre motivation (Pourquoi ce choix ? Depuis quand ? Comment s'exprime-t-elle ?...) et votre projet professionnel (organisation personnelle dans la période de formation, souhaits de lieu d'exercice et d'évolution de carrière, attrait pour certaines spécialités...). Enfin, si vous en avez le temps, vous pourrez aborder vos centres d'intérêt.

Dans la deuxième situation, vous répondrez aux questions du jury avec simplicité et sincérité.

À la fin de l'échange, le jury peut vous demander si vous avez des questions à poser ou si vous avez quelque chose à ajouter. Saisissez toujours cette opportunité pour signaler un point fort qui vous concerne et que vous n'avez pas eu l'occasion d'évoquer au cours de la discussion ou faites une intervention en précisant pourquoi vous espérez voir votre candidature retenue.

Vous pouvez aussi poser une question sur la suite du processus de sélection. N'oubliez pas de remercier les examinateurs de leur attention et de les saluer avant de quitter la pièce.

4 Les conseils pour réussir l'entretien de motivation

La préparation de l'entretien de motivation est comparable à celle que vous consacrerez à la réussite des épreuves sportives.

Elle concerne différents domaines, notamment une bonne culture générale et une bonne maîtrise de ce que sont la gendarmerie et le métier de gendarme. Pour cela, le candidat doit élaborer dans les mois et les semaines qui précèdent le concours un programme d'acquisition et de consolidation de ses connaissances.

Ce travail est nécessaire mais pas suffisant.

Une préparation matérielle, technique et psychologique est également indispensable.

1. La préparation matérielle

Bien entendu, vous prendrez soin de vous présenter à l'épreuve avec tous les documents nécessaires (votre convocation, plusieurs exemplaires de votre curriculum vitae, votre pièce d'identité), dans une tenue adaptée et sans oublier d'apporter une montre afin de gérer au mieux vos temps de parole.

La pièce déterminante de cette épreuve est le curriculum vitae (CV) : il est le support de la discussion. Remettez-en un exemplaire à chaque examinateur.

Un « bon » CV est concis, précis et attractif.

Au préalable, réfléchissez aux éléments de votre parcours qui pourraient intéresser les membres du jury et vous différencier des autres candidats. Ces informations seront reprises dans votre CV composé des rubriques suivantes :

a. L'état civil et les coordonnées

- Nom et Prénom
- Âge
- Adresse, coordonnées téléphoniques et éventuelle adresse e-mail
- Situation familiale
- Éventuellement une photographie.

b. L'expérience professionnelle et personnelle

- Emplois occupés, durée, principales missions réalisées, compétences acquises ;
- Réalisations dans le cadre de stages, de travaux d'étude ou d'activités bénévoles.

Ces expériences peuvent être présentées de façon chronologique ou par thèmes.

c. Le parcours de formation

- Diplômes obtenus, mentions éventuelles ;
- Stages de formation professionnelle, compétences acquises ;
- Maîtrise de certains outils (logiciels...), de langues étrangères...

d. Les autres informations

- Centres d'intérêt, loisirs ;
- Participation à des activités associatives, à des projets ;
- Permis détenus ;
- Autres informations utiles.

Le CV peut servir à construire une présentation orale de quelques minutes. Il s'agit de présenter un « CV parlé » qui met en avant, de façon dynamique, les atouts de sa candidature. Une fois rédigé, le candidat doit s'entraîner à le verbaliser sans avoir besoin au final du support papier.

2. La préparation technique

Outre une parfaite connaissance de la gendarmerie et une bonne culture générale, vous devez réaliser pendant la phase préparatoire, un travail d'analyse sur votre parcours, vos expériences, vos motivations, votre projet et votre propre personne.

a. Vos aptitudes

Réfléchissez et déterminez vos principales habilités et aptitudes. Pour chacune d'entre elles, précisez comment vous les avez acquises et donnez un ou deux exemple(s) de situation dans laquelle vous les avez mises en œuvre.

Pour vous aider, votre travail peut prendre la forme d'un tableau à renseigner.

Habilité Aptitude	**Mode d'acquisition**	**Mise en œuvre de cette Habilité/Aptitude**
Exemple : Travail en équipe	En tant que footballeur, au sein de l'équipe de ma commune.	Projets scolaires réalisés à plusieurs.
Exemple : Animation	Formation au Brevet d'Aptitude aux Fonctions d'Animateur (BAFA).	• Expérience dans l'encadrement de groupes de jeunes dans le centre aéré de ma commune. • Co-animation de réunions d'information pour présenter le fonctionnement de l'épicerie sociale au sein de laquelle je suis bénévole.

Ce travail vous permettra d'avoir un bilan de vos acquis, de vos compétences tant personnelles que professionnelles.

b. Vos occupations

De votre enfance à aujourd'hui, listez toutes vos activités sportives, culturelles (voyages, lecture...) et artistiques (musique, dessin...), vos loisirs (jardinage, cinéma...) ainsi que vos engagements de tout ordre (associatifs, familiaux, professionnels, sociaux...).

À l'aide d'un tableau de synthèse, récapitulez pour chacune de ces occupations, les qualités développées transposables à l'exercice de la fonction de gendarme.

c. Vos motivations

Indiquez par écrit tout ce qui vous attire dans la profession de gendarme.

Exemples de sources de motivation :
- le statut de militaire ;
- les possibilités d'évolution ;
- la discipline ;
- la vie en caserne...

Pour chacune des sources de motivation identifiées, assurez-vous que votre vision des choses est réaliste. En outre, expliquez pourquoi ce serait, pour vous, des motifs de satisfaction personnelle.

Ce travail vous permettra d'anticiper une partie des questions du jury.

d. Votre projet professionnel

Là encore, il s'agit de rendre compte par écrit, de l'ensemble des étapes de votre projet de devenir gendarme :

- l'origine de votre choix professionnel,
- les différentes recherches conduites sur la profession de gendarme,
- les expériences professionnelles et personnelles, les réalisations qui ont conforté votre choix,
- le déroulement de carrière que vous envisagez.

Vous pouvez étendre ce travail d'introspection à d'autres domaines : vos qualités/défauts, vos valeurs...

Mieux vous vous connaîtrez, plus vous serez à l'aise pour répondre aux questions du jury.

Dans votre bilan, ne cherchez pas à cacher vos échecs et les difficultés rencontrées. Préparez-vous à devoir vous expliquer sur ces points. Répondez brièvement. Montrez que vous savez analyser ces situations avec discernement et que vous avez su en tirer des enseignements.

3. La préparation psychologique

Lors de l'échange, vous devrez faire preuve de courtoisie, de sang-froid face à certaines questions plus déroutantes, de pertinence et cohérence dans vos réponses.

A contrario, une émotivité incontrôlée (signes de nervosité excessifs, voix « cassée »...), un manque d'écoute (le candidat coupe la parole ou répond à côté de la question posée), une certaine agressivité dans le ton et dans la gestuelle, une tendance prononcée à répondre « *je ne sais pas* » ou à éluder certaines questions... amèneraient le jury à s'interroger sur la fragilité de votre personnalité, incompatible avec l'emploi de gendarme.

Une préparation sérieuse vous permettra de savoir ce qui fait de vous un candidat intéressant, autrement dit de connaître vos atouts. Vous gagnerez ainsi en assurance et votre objectif sera d'en faire mention le plus possible dans votre présentation et vos réponses aux questions posées, afin de mettre en avant votre candidature.

Restez positif. L'oral d'admission représente la dernière étape pour intégrer la formation de sous-officier de gendarmerie.

Parler de soi, défendre sa candidature en mettant en valeur ses points forts, ne sont pas des attitudes naturelles. Si nécessaire, n'hésitez pas à mettre en scène, avec des proches, ce type de situation afin de vous confronter à vos difficultés. Leurs commentaires, sur le fond et la forme de votre discours, vous permettront de progresser.

Partie 6

Épreuve physique de la gendarmerie

Présentation de l'EPG 1

L'épreuve physique gendarmerie (EPG), réalisée en tenue de sport, se compose de trois ateliers :

- un parcours d'obstacles (chronométré) ;
- une simulation d'un combat (chronométrée) ;
- un transport de poids (évalué : échec ou réussite).

Le schéma du parcours de l'EPG est consultable à partir du site internet de la gendarmerie nationale : Accueil > Carrières > Carrière opérationnelle > Sous-officier de gendarmerie ou directement sur :

www.dailymotion.com/video/x46lrt_epreuve-physique-gendarmerie-comple_news

Avant que le premier candidat convoqué ne passe l'EPG, une démonstration de l'épreuve est faite à l'ensemble des candidats par un moniteur d'entraînement physique et sportif en insistant sur les fautes qui, dans un premier temps, obligent le candidat à recommencer l'épreuve et qui peuvent provoquer, le cas échéant, l'échec de l'épreuve.

Les candidats devront disposer d'au moins 15 minutes pour s'échauffer individuellement avant le passage de l'épreuve.

1. Description de l'EPG

a. Atelier n° 1 : parcours d'obstacles

Le candidat accomplit six fois le parcours d'une longueur de 50 mètres en appliquant les consignes suivantes :

1. Partir du cône de départ, courir en direction du cône 1.

2. Contourner le cône 1, traverser en diagonale en direction du cône 2. Avant d'atteindre ce cône, franchir d'un bond, sans le toucher, un obstacle (tapis de sol) de 1,80 m de long. À la réception, tourner à gauche autour du cône 2 et se diriger vers l'escalier.

3. Monter et descendre l'escalier en courant, en touchant au moins une marche en montant, la plate-forme supérieure et une marche en descendant.

4. Contourner le cône 3, remonter et redescendre l'escalier puis se diriger vers le cône 4.

5. Tourner à gauche et se diriger en diagonale vers le cône 5. Avant d'atteindre ce cône, sauter deux obstacles de 45 cm de haut, distants de 3 mètres.

6. Au cône 5, tourner à droite et se diriger vers le cône de départ. Avant d'atteindre ce dernier, franchir une poutre placée à 0,90 m du sol, maîtriser sa réception et se laisser tomber sur le dos ou sur le ventre (alternativement à chaque tour). Se relever sans aide (ne pas se retourner si l'on tombe sur le ventre, ne pas rouler sur le côté lorsque l'on tombe sur le dos, ne jamais s'aider de la poutre) et contourner le cône de départ avant d'accomplir un autre tour ;

7. Lorsque les six tours sont terminés, se diriger vers l'atelier n° 2.

Fautes relevées :

- non-franchissement du tapis ;
- cône ou barre renversé ;
- poutre touchée avec toute autre partie que les mains ou les pieds ;
- se relever en s'aidant de la poutre ou en roulant sur le côté.

Toute faute est immédiatement sanctionnée par l'obligation de tenter à nouveau le passage de l'obstacle jusqu'à y parvenir après avoir, le cas échéant, replacé l'élément tombé. Le non-franchissement du tapis répété six fois entraîne l'échec de l'épreuve.

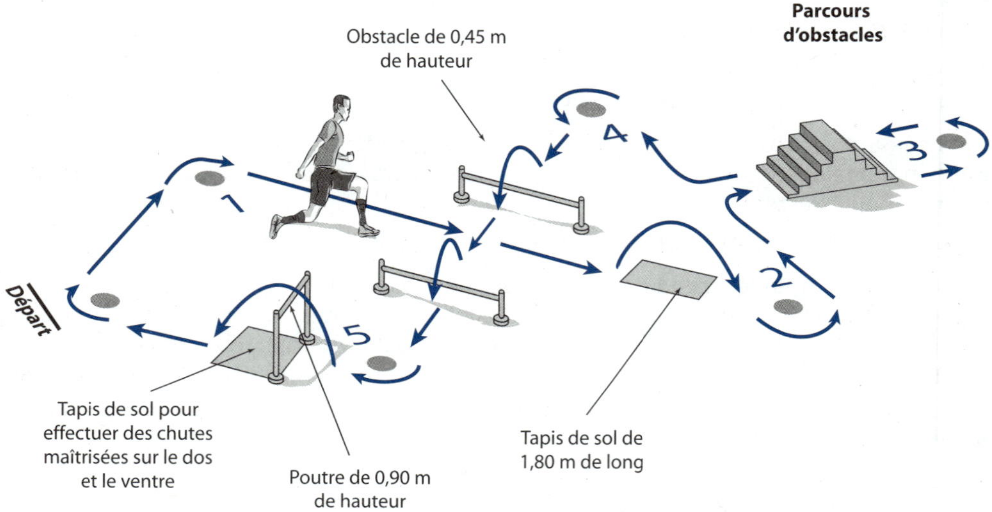

b. Atelier n° 2 : simulation d'un combat

À moins de 10 mètres de la fin de la course d'obstacles, exercices de traction et de poussée entrecoupés de chutes maîtrisées :

1. Exercice de traction : agripper la corde et soulever un poids de 36 kg pour les hommes et 25 kg pour les femmes. En conservant le poids dans cette position, se déplacer en décrivant un arc de cercle de 180° et toucher le mur de chaque côté de l'appareil. Répéter l'exercice six fois en touchant ainsi le mur trois fois de chaque côté. Conserver son équilibre et garder ses coudes fléchis pendant toute la durée de l'exercice.

2. Chutes maîtrisées : après l'exercice de traction, déposer le poids sur le sol, s'éloigner de l'appareil (1 mètre), tomber sur le ventre, se relever, toucher le mur, exécuter une autre chute sur le dos, se relever sans rouler sur le côté et toucher encore le mur. Cette séquence est exécutée deux fois (4 chutes : 2 vers l'avant, 2 vers l'arrière).

3. Exercice de poussée : après avoir touché le mur, se déplacer jusqu'à l'appareil de poussée. À l'aide des poignées, pousser afin de soulever du sol un poids de 36 kg pour les hommes et 25 kg pour les femmes. Le conserver dans cette position et décrire six arcs de cercle complets en touchant trois fois le mur de chaque côté (idem exercice de traction). Les bras doivent demeurer fléchis au niveau des coudes : ni les coudes ni les mains ne doivent toucher la poitrine ou les épaules.

En cas de mauvaise exécution, le candidat doit reprendre l'exercice (chute ou arc).

La partie chronométrée de l'EPG prend fin au moment où le candidat termine le 6e arc de l'exercice de poussée (dépôt du poids sur le sol).

Le candidat doit se reposer une minute avant d'entreprendre le transport du sac de sable.

c. Atelier n° 3 : transport de poids

Le candidat doit soulever un poids (sac de sable) de 45 kg pour les hommes et 25 kg pour les femmes, le transporter, en se servant uniquement de ses bras, sur une distance de 15 mètres et le reposer sur le sol en douceur.

Faute relevée : incapacité à soulever le sac, à le porter en se déplaçant ou à le poser en douceur à la fin de l'exercice.

Dans tous les cas l'ensemble de l'exercice doit être repris. Trois essais infructueux signifient un échec.

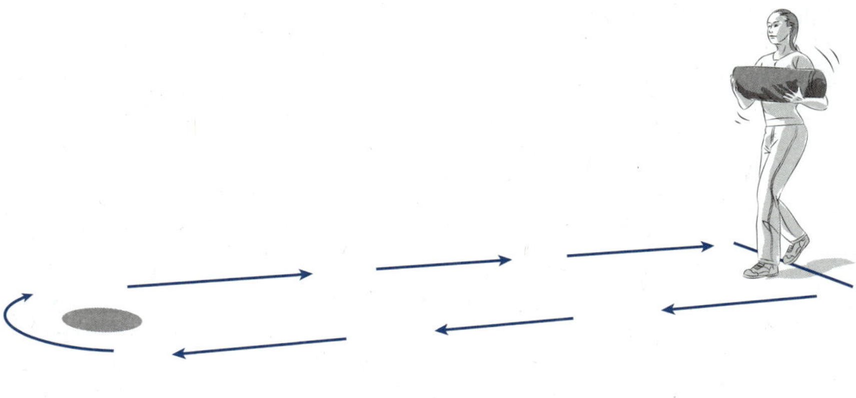

2. Barème de l'EPG

a. Ateliers 1 et 2

NOTES	TEMPS	
	Hommes	Femmes
20	2'55	3'05
19	3'00	3'10
18	3'05	3'15
17	3'10	3'20
16	3'15	3'25
15	3'20	3'30
14	3'25	3'35
13	3'30	3'40
12	3'35	3'45
11	3'40	3'50
10	3'45	3'55
9	3'50	4'00
8	3'55	4'05
7	4'00	4'10
6	4'11	4'21
5	4'20	4'30
4	4'25	4'35
3	4'30	4'40
2	4'35	4'45
1	4'40	4'50
0	> 4'40 et abandons/échecs	> 4'50 et abandons/échecs

En cas de performance intermédiaire, la note à attribuer est celle qui correspond à la performance immédiatement inférieure.

b. Atelier 3

L'échec au troisième atelier entraîne le retrait d'un point sur la note obtenue lors des deux premiers ateliers chronométrés.

Préparation à l'EPG

2

L'épreuve physique de la gendarmerie est complexe : différents ateliers pour différents efforts, donc différentes manières, complémentaires, de s'entraîner. Chacun des ateliers demande au candidat de connaître son corps, ses capacités ainsi que ses limites. Pour vous préparer à cette épreuve, il est indispensable que vous intégriez ces notions. En effet, sans une connaissance parfaite de votre corps, aucune performance stable et maîtrisée n'est possible. Que vous soyez sportif aguerri, excellent dans telle ou telle discipline ou simple joggeur du dimanche, il est capital que vous vous prépariez de manière adéquate, tant sur la régularité que sur le long terme. En d'autres termes, quelle que soit votre condition physique actuelle, c'est seulement grâce à une préparation anticipée, construite et progressive que vous pourrez réussir l'EPG sans encombre.

À vos chaussures !

1. Quelques conseils pour bien commencer

a. Des chaussures adaptées

Peut-être pensez-vous que n'importe quelle paire de basket fera l'affaire pour vos entraînements, mais il n'en est rien. Chaque personne a sa propre façon de courir, sa propre forme de pied, etc. Une paire de chaussures adaptée vous permettra d'adopter une bonne posture lorsque vous courrez. N'hésitez donc pas à aller dans un magasin de sport pour vous faire conseiller. Pensez à amener une paire de chaussures usagées : l'usure et la forme de celles-ci permettront au vendeur de mieux vous conseiller.

b. Une bonne hygiène de vie

Une bonne hygiène de vie est indispensable si vous espérez avoir un rendement maximal de votre entraînement. Ne serait-il pas dommage de gâcher vos performances en gardant quelques mauvaises habitudes qu'il serait simple d'abandonner ? Sans attendre les effets bénéfiques de votre entraînement, adoptez une hygiène qui vous permettra d'éliminer les graisses avec des repas moins abondants, mais plus nombreux, moins riches en sucres, en sel, avec plus de légumes verts. Aussi, l'hygiène de vie ne concerne pas que l'alimentation, mais repose sur un ensemble de mesures destinées à préserver la santé. Veillez donc à dormir à heures régulières et moins tardivement, évitez l'alcool et la cigarette, buvez plus d'eau, etc. Attention, ces règles ne doivent pas être vécues comme des contraintes, mais doivent être librement choisies afin de ne pas vivre votre période de préparation à l'EPG comme un calvaire.

c. S'équiper pour mieux évaluer vos performances et votre progression

Afin d'évaluer au mieux votre progression au fil des séances d'entraînement, quelques outils pourront se montrer très utiles. Dans votre poche, autour du cou ou attachés à votre poignet, ils seront vos meilleurs compagnons.

- Le « carnet de bord » : outil indispensable pour suivre votre progression, établir de nouveaux objectifs et rechercher la performance. Dans ce carnet, vous y noterez la distance que vous avez parcourue, sur quel type de terrain (route, sentier, forêt...) et votre temps.
- Le chronomètre : il vous permettra de savoir combien de temps aura duré votre entraînement, combien de temps vous avez couru.
- Le podomètre : selon le modèle, il vous permettra de calculer la distance parcourue (nombre de pas effectués) ou vous indiquera directement cette distance.

2. Organisation de l'entraînement

Comme nous l'avons vu plus tôt, l'épreuve physique de la gendarmerie est une épreuve complexe, car complète. En effet, elle imbrique en un tout, différents efforts qui requièrent une excellente préparation physique au préalable et ce à différents niveaux. Sans entrer dans l'explication du fonctionnement des différentes filières énergétiques de l'organisme, deux grands axes de travail se dégagent de cette épreuve : l'endurance aérobie et l'endurance musculaire. Voyons donc quel type de préparation physique vous attend avant le jour J.

a. Durée de la préparation

S'il est préférable de tabler sur une période de 4 mois, une préparation physique bien programmée permet d'obtenir de bons résultats dès 3 mois à raison de 3 séances par semaine. Pendant cette période, il s'agit pour vous de bien ancrer vos entraînements dans vos habitudes de vie et de respecter rigoureusement ce rythme afin de voir vos efforts récompensés par de bonnes améliorations. Les éléments que nous allons vous proposer correspondent à des modèles de base qu'il va falloir vous approprier pour vous forger un programme d'entraînement adapté à vos capacités évoluant avec l'amélioration de vos aptitudes. C'est en choisissant le modèle qui vous correspond le plus et en en augmentant progressivement la difficulté que vous allez vous construire un véritable programme d'entraînement visant toujours une optimisation de vos performances.

b. Les échauffements

S'ils peuvent paraître ennuyants et parfois inutiles, les échauffements représentent un élément incontournable de tout entraînement. Ils permettent à votre organisme de mieux se préparer à l'effort qui va suivre. À froid, le corps n'est pas dans de bonnes conditions pour réaliser une activité physique et sollicité dans ces conditions, des blessures peuvent survenir.

L'échauffement va donc permettre de mettre progressivement en condition l'organisme tant au niveau musculaire, articulaire que cardio-respiratoire, d'améliorer la coordination et même la préparation mentale. En bref, bien échauffé, votre performance est améliorée.

Voici donc un échauffement type :

- Footing : pendant un temps de minimum 10-15 minutes, faire un footing (c'est-à-dire à un rythme vous permettant de discuter).
- Montée de genoux : sur 2 séries de 20 mètres ou plus, courir à petites foulées en montant les genoux au niveau de la taille avec des appuis dynamiques.
- Talon-fesse : mêmes séries pendant lesquelles vos talons viennent toucher vos fesses.
- Foulées bondissantes : toujours 2 séries de 20 mètres où il s'agit de courir à un rythme lent en faisant de longues foulées sautées.

- Accélérations : sur deux séries de 75-100 mètres, non pas sprinter, mais courir à une vitesse proche de votre vitesse maximale.

Note : après chaque première série, parcourir la même distance en trottinant, puis enchaîner avec la seconde.

Vous pourrez compléter ces échauffements par des échauffements des épaules, des coudes, du cou/nuque, etc.

c. L'entraînement physique aérobie

Pour travailler efficacement vos capacités cardio-respiratoires et musculaires, votre technique de course et connaître précisément votre allure, différents types d'entraînements existent.

Nous pouvons distinguer d'un côté la méthode des efforts continus, où les efforts durent de 20 à 45 minutes et de l'autre les méthodes des efforts intermittents[1], consistant en une succession d'efforts et de repos. Nous préférerons vous proposer un entraînement basé sur cette dernière méthode, car plus efficace, mais il sera aussi nécessaire d'intégrer des efforts continus dans votre programme d'entraînement.

La VMA

Dans ce qui va suivre, nous allons parler du terme VMA signifiant Vitesse Maximale Aérobie. Sans entrer dans les détails techniques, ce terme correspond à la vitesse à partir de laquelle une personne consomme le maximum d'oxygène. Connaître sa VMA est indispensable afin de planifier son entraînement. Elle est également une bonne indication sur le potentiel présent et futur du coureur.

Pour la connaître, trouvez un parcours plat dont vous connaissez exactement la longueur (piste d'athlétisme, terrain de football, de tennis...). Courez sur un temps précis de 6 minutes à la fin duquel vous devez être au maximum de vos capacités. La distance que vous avez parcourue vous permet alors de connaître votre VMA : distance parcourue (en mètres) / 100 = VMA (en km/h). Par exemple si vous courez 1 500 m, votre VMA est de 15 km/h.

Méthode des efforts intermittents de longue durée : le temps de travail équivaut au temps de repos. Il s'agit de réaliser 5 à 7 répétitions de 3 à 4 minutes chacune au cours desquelles l'intensité ne doit pas diminuer. Vous courrez à une vitesse égale à votre VMA ou supérieure jusqu'à 10 %. Le temps de récupération doit être rigoureusement le même que le temps que vous avez couru : la récupération étant l'élément fondamental de cette méthode.

La récupération entre les séries est active, c'est-à-dire qu'après l'effort, il ne faut pas s'arrêter, mais poursuivre par de la marche voire du footing à petites foulées. Veillez bien à respecter scrupuleusement ce dernier point.

Méthode des efforts intermittents de moyenne durée : le temps de travail est inférieur ou égal au temps de repos. Selon votre niveau, il s'agit de réaliser au minimum 8 répétitions de 1 minute chacune au cours desquelles l'intensité ne diminue pas. Vous courrez à une VMA de 110 à 120 %. Le temps de récupération peut varier de 1 à 2 minutes et est actif.

Méthode des efforts intermittents de courte durée : le temps de travail est inférieur au temps de repos. Encore une fois selon le niveau, il s'agit de réaliser 10 à 20 répétitions de 10 secondes ou 12 à 15 répétitions de 15 secondes au cours desquelles

1. Les méthodes que nous proposons sont basées sur les travaux de Michel PRADET.

l'intensité ne diminue pas. Vous courrez à une VMA de 120 à 140 %. Le temps de récupération peut varier de 1 minute 30 à 2 minutes et est actif.

Le 30-30 : le temps de travail est égal au temps de récupération. Ici, il s'agit de réaliser une succession de séries comprenant 30 secondes de course à 110-115 % de la VMA suivies de 30 secondes de récupération passive voire semi-active. Le nombre de séries sera déterminé par votre capacité à maintenir l'effort à la même intensité. Selon le niveau, de 12 à 20 répétitions. On peut faciliter l'exercice en découpant la séance en deux parties avec une pause de 2 à 3 minutes de récupération. Par exemple 6 séries de 30-30 suivies d'une récupération de 3 minutes, puis à nouveau 6 séries de 30-30.

d. Le renforcement musculaire

Compte tenu de l'effort à fournir pour l'EPG, une bonne préparation au niveau musculaire est nécessaire. Cette préparation ne requiert que très peu de matériel et peut très largement se faire chez vous : un tapis de sol, une barre de tractions, une bouteille d'eau et vous êtes parés.

Les différents ateliers sollicitent toutes les chaînes musculaires de votre corps, donc lors de vos séances de renforcement, il va falloir toutes les travailler. 2 à 3 séances par semaines sont conseillées.

Voici quelques exemples d'exercices :

- Sur le dos, bras croisés, décoller légèrement les épaules du sol, puis lever les jambes. Les genoux juste en dessous du bassin, plier les jambes pour qu'elles soient parallèles au sol (comme si l'on était assis sur une chaise). En essayant de conserver cuisses et genoux stables, effectuer des flexions/extensions. Faire 5 séries de 10 répétitions et à la dixième bloquer quelques secondes. Récupérer 15 secondes entre chaque série.
- Sur le dos, placer une main derrière la tête et tendre l'autre derrière de soi. Jambes pliées et pieds à plat sur le sol, poser une cheville au-dessus de votre genou. La jambe venant se poser est celle en diagonale du bras tendu. En position, effectuer des abdominaux en venant pointer votre main libre sur le côté opposé sans décoller les lombaires du sol. Faire 5 séries de 10 répétitions avec 15 secondes de repos. Alterner les côtés.
- Sur le ventre, placer les mains sous le menton. Lever simultanément les jambes (tendues) et les épaules et bloquer dans cette position 15 secondes. Réaliser 5 séries de 15 secondes avec 10 secondes de récupération.
- Selon le niveau, 4 à 5 séries de 8 à 15 pompes avec 1 min 30 de repos. Varier l'inclinaison, la vitesse de montée/descente, l'écartement entre les mains.
- Sur une barre de traction, effectuer 4 à 5 séries d'autant de tractions possibles avec un temps de récupération variant de 1 minute à 1 minute 30. Varier les positions (paumes vers l'intérieur ou vers l'extérieur, passer la barre derrière la nuque, etc.).

e. Conseils supplémentaires

Vous disposez à présent d'un modèle d'entraînement complet pour vous préparer à l'Épreuve Physique Gendarmerie, mais afin de l'optimiser ou de casser la monotonie, vous pouvez y ajouter certains éléments.

- Récréer les conditions de l'examen : la description de l'épreuve est suffisamment détaillée pour que vous puissiez recréer les conditions de l'examen. Ceci est intéressant pour se préparer au mieux et ne pas être surpris le jour J.
- Varier les activités : en complément, pour mêler renforcement musculaire et endurance, il peut s'avérer utile de changer d'activité physique. Pensez à la natation, au vélo ou au squash par exemple.

- Varier les terrains : on court différemment sur le plat, en campagne ou en montagne, etc. ce qui fait travailler différemment les chaînes musculaires ainsi que l'endurance. Une bonne formule de préparation est le « Fartlek » : des parcours tout-terrain en nature avec plats, côtes, descentes, sols divers, permettant de travailler tous les rythmes.
- S'étirer : n'oubliez pas de vous étirer après chaque séance, que vous ayez couru ou fait du renforcement musculaire. De la nuque aux chevilles, en passant par toutes les chaînes musculaires, comptez entre 10 et 20 minutes d'étirements.

3. À l'approche de l'épreuve

a. La veille de l'épreuve

Dès la fin de l'après-midi, il faut se préparer intelligemment à l'épreuve du lendemain. Voici les points clés à respecter :

- Arrêtez les boissons excitantes ou à base de caféine dès 16 h. Passé cette heure, vous vous exposez au risque de ne pas trouver le sommeil le soir.
- Faites un petit footing : cela vous permettra d'évacuer le stress et améliorera la qualité de votre sommeil. Ne vous adonnez surtout pas à un effort intense : autant vous éviter une blessure à ce moment ! Faites-le vers 17 h pour en tirer tous les bénéfices.
- Dînez équilibré : le repas du soir a des incidences sur votre nuit et votre forme du lendemain. Privilégiez les sucres lents qui vous restitueront une bonne énergie le lendemain matin. Évitez de manger trop lourd ou de sauter un repas.
- Dormez suffisamment : le sommeil est affaire personnelle. Si 6 heures peuvent suffire pour certains, d'autres auront besoin de 9 heures. Dormez donc suffisamment, autant d'heures que nécessaire.

b. Le jour de l'épreuve

Le matin de l'épreuve, pensez à vous lever suffisamment tôt. Le corps et le cerveau ont besoin de temps pour être dans leur forme optimale. Dans l'idéal, levez-vous deux heures avant l'heure du rendez-vous, cela vous permettra de commencer la journée sans le stress du retard, de ne pas petit-déjeuner à la va-vite et tout simplement permettre à votre corps de s'éveiller progressivement.

La veille, vous aurez pensé à préparer votre sac de sport dans lequel figureront un short, un t-shirt, une bouteille d'eau, des barres énergétiques, et des vêtements de rechange. Vous pouvez, si vous le souhaitez, y ajouter du chauffant musculaire.

Pour vous rendre sur les lieux, si vous n'êtes pas trop éloigné et que les conditions météorologiques le permettent, vous pouvez y aller en footing, ce qui est idéal pour chauffer les muscles et vous préparer un tant soit peu à l'épreuve.

c. Juste avant l'épreuve

Vous disposerez d'au moins 15 minutes pour vous échauffer. Ici, la meilleure méthode pour bien se préparer est la vôtre. En effet, préparez-vous comme vous l'avez toujours fait lors de vos entraînements précédents : faites votre propre routine, celle qui a fonctionné jusqu'ici. Ne commettez pas l'erreur de regarder ce que font les autres et de vouloir faire la même chose. Vous avez votre propre manière de faire, restez-en là. Gardez bien en tête que l'objectif est de mettre le corps dans de bonnes dispositions, donc arrêtez-vous avant de ressentir de la fatigue.

Vous voilà prêt, bonne chance !

PAPIER À BASE DE FIBRES RECYCLÉES

DUNOD s'engage pour l'environnement en réduisant l'empreinte carbone de ses livres. Celle de cet exemplaire est de :

1 kg éq. CO_2

Rendez-vous sur www.dunod-durable.fr

57844 - (I) - (2.5) - OSBR 80° - LAS - API
Imprimerie CHIRAT - 42540 Saint-Just-la-Pendue
Dépôt légal : juin 2012
N° 201204.0387

Imprimé en France